国家社科基金
后期资助项目
GUOJIA SHEKE JIJIN HOUQI ZIZHU XIANGMU

都刘平 著

元曲家考实

社会科学文献出版社
SOCIAL SCIENCES ACADEMIC PRESS (CHINA)

图书在版编目（CIP）数据

元曲家考实 / 都刘平著 . --北京：社会科学文献
出版社，2025.1. --ISBN 978-7-5228-4426-8

Ⅰ. K825.6

中国国家版本馆 CIP 数据核字第 2024AJ0324 号

国家社科基金后期资助项目

元曲家考实

著　　者 / 都刘平

出 版 人 / 冀祥德
责任编辑 / 赵晶华
文稿编辑 / 孙少帅
责任印制 / 王京美

出　　版 / 社会科学文献出版社·文化传媒分社（010）59367156
　　　　　 地址：北京市北三环中路甲 29 号院华龙大厦　邮编：100029
　　　　　 网址：www.ssap.com.cn
发　　行 / 社会科学文献出版社（010）59367028
印　　装 / 三河市龙林印务有限公司

规　　格 / 开　本：787mm×1092mm　1/16
　　　　　 印　张：26.5　字　数：452 千字
版　　次 / 2025 年 1 月第 1 版　2025 年 1 月第 1 次印刷
书　　号 / ISBN 978-7-5228-4426-8
定　　价 / 148.00 元

读者服务电话：4008918866

国家社科基金后期资助项目
出版说明

  后期资助项目是国家社科基金设立的一类重要项目，旨在鼓励广大社科研究者潜心治学，支持基础研究多出优秀成果。它是经过严格评审，从接近完成的科研成果中遴选立项的。为扩大后期资助项目的影响，更好地推动学术发展，促进成果转化，全国哲学社会科学工作办公室按照"统一设计、统一标识、统一版式、形成系列"的总体要求，组织出版国家社科基金后期资助项目成果。

全国哲学社会科学工作办公室

序

都刘平在山东大学文学院攻读博士学位，我为指导教师。他参与了我主持的《录鬼簿及续编校订笺释》的写作，贡献甚多。近日，他将多年写作的元曲家考实的文章结集成册，邀我作序，置诸卷端。我虽年逾九秩，艰于成文，却义不容辞。

刘平为人厚实，治学踏实，多年专心搜集元代曲作家生平的历史文献，遍览近世学人研究论著，我让他参加《录鬼簿》的校释，先汇辑元曲家生平的文献资料，随之作校释之初稿，我再斟酌修订。有赖刘平识见多，解决了一些疑难问题。我记忆最深的一例是关于元前期一位杂剧作家姓字的考证：《录鬼簿》初稿本著录"孙仲章"，增订本依之，附注"或云李仲章"，天一阁增续本改作"李仲章"。刘平从《山右石刻丛编》中查出《（元）脱脱禾孙李公孝思之碑》文，碑主为李英，"脱脱禾孙"是蒙古边区驿站负责盘查的官员的汉字译音。碑文叙及碑主李英父李仲璋的仕历，卒后赠其子脱脱禾孙职名。《录鬼簿》三本著录不同，显然是由不识"脱脱禾孙"为蒙古语的汉字译音，误将"孙"字与前三字断开所造成的，辨明其姓字，也获知了曲家李仲璋的生平大略。再一例是关于曲家赵天锡，孙楷第《元曲家考略》考出其为河南王不怜吉歹的门下士。刘平又揭出赵天锡最后是随不怜吉歹之子童童在浙江做地方官，并由之关注到童童的出身、居官的豪奢情况，这便可以窥知赵天锡作历史题材的杂剧的现实底蕴了。

老眼昏花，勉强看过刘平这本文稿，显然也是长年积累的新成果，具体说来，就是扩大、增详了对许多位曲家的生平事迹的稽考。特别有意义的是被姚燧识拔官至翰林待制的刘时中，当初合作《录鬼簿及续编校订笺释》时，刘平已征引较多的文献，由于我一时理不出个头绪来，未作改动，成为散曲家笺释文字较多的一家。刘平新考，更依时序，逐次叙出刘时中初见识于喜作曲的姚燧为吏，随姚燧入江西，又见识于大曲家卢挚人品，后被姚燧推举入官入朝的历史轨迹，文才吏能固然为本，能作曲也是受赏识的媒介。刘平没有稽考的马致远，早年入大都游于权贵大曲家卢挚门下，由于擅作曲而见识，后卢挚出为浙西地方政要，马致远随之南下，被推举入官。刘平考及的曹南儒士李时中，在大都曾与马致远、教坊李二合作杂剧《黄粱梦》，也应是随卢挚南下举为儒学教授、浙江省台掾的。这种现象表明原生民间的曲体文学，已为上层文士接受，他们乐于阅读和写作，不只是偶尔染指了。

刘平这本书稽考的大都是声名不太显的散曲作家，因此也大都是近世学人缺考和稽考不详的曲家，都考述得甚是周详，足以见其全人，无疑是多年专注元曲家生平事迹文献的成果，非一时之功。刘时中特幸，得遇享有文宗之誉的显宦姚燧，入仕后与大曲家卢挚、马致远和文学名公虞集、袁桷、马祖常等都有交集，又涉嫌著名散套《上高监司》创作权问题，散曲史中必定要著录论及。刘平对刘时中生平事迹稽考甚详，也显示出当时文苑的实况，传统诗文仍居严正主位，曲体（由词牌融合转化的曲牌）文学散曲也矗立其间，不容小觑。在那个时段里，有文名的勋臣又是散曲大家的贯云石寓居杭州，为专作散曲的张可久曲集作序，将张可久比作前朝大词人姜夔"赐免解出身"，谓"小山肯来京师，必遇赏音"。刘时中的际遇，正缘于此。

刘平常年搜集元曲家生平行实的历史文献及近世学人研究的信息，对"元曲晚期作家"和"元明交际时期曲家"的许多个人做出较翔实的稽考，有的还编制了年谱，依文献提供的历史信息，重在履历和交际，少涉曲作的评述，却大都是近世元戏曲研究论著没有关注过的人事情况。不言而喻，刘平的这番考述，对拓宽元戏曲史的历史幅度，深化对其整体状况和演进轨迹的认知，都具有不可忽视的参考价值。因此，也期望刘平在以往研究的基础上，编制出一部新的《元曲文艺系年》。

袁世硕

二〇二三年十二月十四日

目　录

前 言

　　知人论世是古代文史研究的传统，经过清代乾嘉学派的提倡和运用，真正成为一种自觉的学术方法，以致考证与义理成为古代文学研究的两根支柱，缺一不可。准确地说，考证属于历史学范畴，意在弄清已被尘封的历史事实，与自然科学的区别主要在研究对象的不同。后者揭示的是自然界的现象和规律，前者则是揭示历史中人类社会的真相。义理则属阐释学范畴，旨在说明作者所创作文本的本意及读者对文本的不同接受。借用韦勒克、沃伦《文学理论》的说法，考证属于外部研究，义理属于内部研究。陆侃如先生在《中古文学系年》自序中，将古代文学的研究分为三个阶段：朴学的工作、史学的工作和美学的工作。陆先生所说的朴学工作与史学工作大致相当于《文学理论》所说的"外部研究"，美学工作则相当于"内部研究"。考证是为了更好地阐释文本，外部研究是为内部研究服务，故考证这个工作必不可少，它是文本内部研究的前提与基础。没有这个基础，阐释只会是隔靴搔痒，甚至南辕北辙。

一

　　元人罗宗信在给周德清《中原音韵》作序时说："世之共称唐诗、宋词、大元乐府，诚哉！"然而在中国古代的文体序列中，元曲是没有地位的，以致四库馆臣不屑将其收录，所收录的张可久等人的少数散曲别集也只是作为词的附庸，所谓"词余"者也。真正运用现代科学研究方法系统地对元曲加以研究，使其在中国古代文学研究中占据一席之地的，始于王国维《宋元戏曲史》。自王史问世后，元曲成为古代文学研究领域的"新宠儿"，一跃成为与唐诗、宋词并肩的新成员。然而相对唐诗、宋词，元曲在当时受重视度低，元曲作家中除少数偶作散曲的"名公"外，绝大多数是沉沦下僚的"才人"，有关他们的传记几乎没有，更谈不上正史《文苑传》为之立传。相对唐诗、宋词作家，元曲家的事迹更加隐晦。《宋元戏曲史》在考察元曲家生平时，主要依据的材料是元人钟嗣成《录鬼簿》。真正将元曲家的生平履历作为专题研究对象的是孙楷第先生，他从浩繁的元代文献中挖掘出诸多过去鲜为人知的新材料，通过严密的编排考证，弄清楚了许多曲家的事迹。他的这项工作始于 20 世纪 30 年代，1953 年结集成书，由上杂出版社出版，题名《元曲家考略》。后来又陆续增补，1981 年上海古籍出版社出版修订本，全书共考证元曲家八十五位。此外，还有少量未被收录的散篇，如《元曲家考略稿摘钞》（包括《刘时中卒年考》与《冯海粟行年考》两文），发表于《文学遗产》1983 年第 4 期。又如考证关汉卿年代（《关汉卿行年考略》，《光明日报》1954 年 3 月 15 日，收入《沧州集》）、笺注有关白朴文献的文章（《元曲家考略续编》，《文学评论》1963 年第 5 期）。曾有学者评价孙先生是元曲作家生平考订的"第一功臣"（赵义山：《二十世纪元散曲研究的回顾与思考》，《文学评论》2001 年第 2 期），诚非虚言。孙先生的这项学术工作虽然用力甚勤，但较之获得的学术认可，似不成正比。与王国维《宋元戏曲史》在学界的深巨影响相比，自然无法媲美，即便与同性质的学术著作夏承焘《唐宋词人年谱》（上海古典文学出版社，1955）、傅璇琮《唐代诗人丛考》（中华书局，1980）相比，知名度与影响力也小得多，夏、傅二著多次再版，而孙书却没有。这一方面固然是由于我们还深受中国古代重诗词而轻曲传统的影响，另一方面则是由于孙书对有些作家的考证并无确凿可靠的材料证据，仅是姓名偶合而已，所得结论难以达成学界共识。如他在许有壬、余阙等人的文集中找到有名李好古者，至正年间先后出任江南行台、陕西行台御史，认为此人即《录鬼簿》著录的杂剧作家。然而据我们新发现的材料，此李好古名敏中，出任陕西行台御史已在至正十年（1350），至正十二年又拜中书省左司都事，而此时钟嗣成《录鬼簿》早已完成，与杂剧家李好古属"前辈已死"的时间严重不符。任南台、西台御史之李好古不可能是杂剧作家。

　　元曲家生平的研究相比唐诗、宋词作家的研究要沉寂得多，这是异代不同文体间的纵向比较，即便从同为曲文学的横向比较来看，元曲家研究与明清曲家的研究进展也不可同日而语。20 世纪 90 年代，伴随着昆曲研究的热潮，明清曲家生平的研究也先后取得了令人瞩目的成绩，如徐朔方《晚明曲家年谱》（浙江古籍出版社，1993）、陆萼庭《清代戏曲家丛考》（学林出版社，1995）等著作，在学界都产生了重要的影响。尤其是旅美戏曲学家邓长风先生的《明清戏曲家考略》（上海古籍出版社，1994）、《续编》（1997）、《三编》（1999），以丰富的史料、扎实的考证，将明清戏曲家（主要是清代）的研究推向新的阶段。上海古籍出版社 2009 年将三编合并出版，题为《明清戏曲家考略全编》。

20 世纪四五十年代，除孙楷第倾力于元曲家生平研究外，谭正璧《元曲六大家传略》（上海文艺联合出版社，1955）也是这方面的力作。此外，如冯沅君、叶德均等学者也有专文呼应，前者有《才人考：关汉卿的年代》（收入《古剧说汇》，商务印书馆，1947）、《记侯正卿》（1948）、《元曲家杂考三则》（1948）、《王实甫生平的探索——王实甫〈退隐〉散套跋》（1957）、《关于元曲家的两个问题》（1957）（后四篇收入《冯沅君古典文学论文集》，山东人民出版社，1980），后者有《白朴年谱》（1949）、《元代曲家同姓名考》（1949）（均收入《戏曲小说丛考》，中华书局，1979）。

六七十年代，出于政治原因，元曲家的研究基本处于停顿状态，中国台湾地区有论著问世，如叶庆炳《关汉卿》（台北河洛图书出版社，1977）、卢元骏《关汉卿考述》（台北正中书局，1977）。元曲家研究新春天的到来是在八九十年代，出现了不少个案研究的专著，其中以关汉卿的传记与资料汇编最夥。如温凌《关汉卿》（上海古籍出版社，1978）、李汉秋和袁有芬编《关汉卿研究资料》（上海古籍出版社，1988）、王钢辑考《关汉卿研究资料汇考》（中国戏剧出版社，1988）、张月中和卢彬主编《关汉卿研究新论》（花山文艺出版社，1989）、张云生《关汉卿传论》（开明出版社，1990）、宁宗一和陆广训《关汉卿》（新蕾出版社，1993）、徐子方《关汉卿研究》（台北文津出版社，1994）、王丕震《关汉卿》（台北秋海棠出版社，1996）、钟林斌《关汉卿》（春风文艺出版社，1999）、涂元济和江五生《关汉卿》（海天出版社，1999）、谢美生《悠悠写戏情——关汉卿传》（东方出版社，1999）。其他元曲家专论则有：杨镰《贯云石评传》（新疆人民出版社，1983）及与石晓奇、栾睿合著的《元曲家薛昂夫》（新疆人民出版社，1992）、吴乾浩《白朴评传》（中国戏剧出版社，1987）、李修生《白朴·马致远》（春风文艺出版社，1999）。此外，赵景深、张增元合编的《方志著录元明清曲家传略》（中华书局，1987），也是这一时期的重要著作。单篇论文更是难以确计。

20 世纪 80 年代以来，有数位学人在元曲家生平研究领域持久耕耘，为填补这一领域的研究空白贡献着自己的力量。其中尤以宁希元、门岿、杨镰、胡世厚为代表。宁希元教授自 20 世纪 80 年代发表《张可久生平事迹考略》（《中华戏曲》第 7 辑，1988），至 2016 年发表《元代散曲三家小记》（《中国古代小说戏剧研究》第 12 辑），前后约三十年，一直留心新文献的发掘，对不少元曲家的研究取得新的进展。这期间，宁先生发表的元曲家考证文章还有：《薛昂夫行年考略》（《西北第二民族学院学报》1990年第3期）、《奥敦周卿家世生平考略》（谢伯阳主编《散曲研究与教学》，浙江教育出版社，1992）、《元曲五家杂考》（《首届元曲国际研讨会论文集》，河北教育出版社，1994）、《杜善夫行年考略》（门岿主编《中国古典诗歌的晚晖——散曲》，天津古籍出版社，1994）、《邓玉宾名号、著述小考》（《河北师院学报》1994年第3期）、《王恽散曲系年小考》（《淮阴师范学院学报》2002年第3期）、《王嘉甫生平小考》（《殷都学刊》2003年第1期）、《散曲家鲜于枢行年考》（《中华戏曲》第34辑，2006）、《李爱山与王爱山》（《中国古代小说戏剧研究丛刊》第6辑，2008）。门岿先生80年代师从山东大学袁世硕先生攻读硕士学位时，即着手《录鬼簿》的整理校订工作，撰成《〈录鬼簿〉笺校》书稿，惜未能出版。这期间撰写了多篇元曲家考证的文章，如《元代两散曲家考补》（《光明日报》1983年11月15日）、《元曲家刘时中待制及其作品考》（《津门文学论丛》1984年第1期）、《谈元散曲大家张小山》（《津门文学论丛》1984年第3期）、《元曲家二十人资料点滴》（《文学遗产》1985年第1期）、《天津的元曲家鲜于枢》（《文学探索》1985年第1期）、《谈元散曲家刘时中的两个问题——与孟繁仁同志商榷》（《晋阳学刊》1985年第2期）、《刘时中待制与刘时中州判考》（《山东师大学报》1985年第6期）、《真定元曲十家》（《河北师范大学学报》1986年第4期）、《一代名士杜善夫》（《山东师大学报》1988年第3期）、《试论曹德和他的〈长门柳〉——兼谈〈元曲纪事〉中有关案语的失误》（《中国文学研究》1988年第4期）。后来结集成书，1990年由教育科学出版社出版，题为《元曲百家纵论》。1993年出版的论文集《元曲管窥》（天津人民出版社），也收录了这方面的研究成果。2014年由华夏文艺出版社出版个人文集，其中第一卷汇编关于元曲家研究的论文，题作《曲家论考》。杨镰先生因曾在新疆求学、工作，对元代西域民族作家颇多关注，后来又拜入孙楷第先生门下，对元代文献甚为熟悉，自80年代始，先后发表《贯云石新考》（《新疆大学学报》1983年第1期）、《贯云石集考实》（《文学遗产》1983年第2期）、《关于天一阁旧藏〈小山乐府〉》（《文史》第25辑，1985）、《薛昂夫新证》（《文学遗产》1991年第3期）、《张可久行年汇考》（《文学遗产》1995年第4期）、《贯云石与畏吾双语文学》（《文史知识》2017年第7期）等文。另有专著《贯云石评传》（新疆人民出版社，1983）及合著《元曲家薛昂夫》（新疆人民出版社，1992）。胡世厚先生自80年代始从事对白朴生平的研究，持续二十余年，这方面的论文有：《白朴卒年考辨》（《文献》1981 年第 3 期）、《关于白朴的籍贯》（《河南师大学报》1982年第 5 期）、《关于白朴生平的几个问题》（《中州学刊》1983 年第 5 期）、《试论白朴拒仕元朝之因》（《中州学刊》1986 年第 1 期）、《白朴世系考补正》（《中州学刊》2001 年第 6 期）、《白朴封赠及其诸子仕宦考——六安苏埠〈白氏宗谱〉阅读记》（《文教资料》2001 年第 6 期）、《白朴与〈白氏宗谱〉》（《文学遗产》2002 年第 5 期）、《白朴交游考补》（《山西大学学报》2002 年第 6 期）。2014 年结集为《白朴著作生平论考》，由台北"国家"出版社出版。

此外，这一时期对元曲家关注较多的学者还有孟繁仁与孔繁信。前者的主要研究对象是散曲名家刘时中，先后撰文多篇，对深入推进刘时中的研究着力甚多。如《关于散曲〈上高监司〉》（香港《文汇报》1983 年 7月 16 日）、《元散曲家刘时中的生平仕历》（《晋阳学刊》1984 年第 2 期）、《刘时中生卒时间笺证》（《山西大学学报》1984 年第 4 期增刊）、《散曲家刘时中有关问题澄疑——兼答门岿同志》（《晋阳学刊》1985 年第 6 期）、《刘时中〈小山乐府跋〉探考》（《晋阳学刊》1987 年第 3 期）、《刘时中〈祥符钟楼记〉考》（《山西大学师范学院学报》1998 年第 2 期）、《新发现的刘时中〈参政姚公谥议〉碑文》（《山西大学学报》2002 年第 1 期）。另有《元曲家关汉卿新考》（《中华戏曲》第 24 辑，2000）。孔繁信的研究对象则显得多样化，有《关于张养浩事迹》（《文学遗产》1981 年第 3 期）、《论元散曲家的两个刘时中》（《学习与探索》1985 年第 1 期）、《关于〈上高监司〉套曲几个问题的商榷》（《文学遗产》1986 年第 4 期）、《元初著名曲家杜善夫生平行迹考》（《东岳论丛》1990 年第 1 期）、《关于钟嗣成的籍里行迹考》（《文学遗产》2001 年第 5 期）等。

进入 21 世纪，有关元曲家生平研究的专著主要有：李占鹏《关汉卿评传》（南京大学出版社，2000）、王毅《冯子振研究》（巴蜀书社，2001）、杨光辉《萨都刺生平及著作实证研究》（高等教育出版社，2005）、孙侃《沉抑曲家——张可久传》（浙江人民出版社，2007）、段海蓉《萨都刺传》（兰州大学出版社，2014）等。而单篇论文的数量难以确切统计，这里也不拟单调地罗列，重点介绍彭万隆教授的成果。他近来连续撰文研讨元曲家事迹，如《元代文学家卢挚生平新考》（《浙江工业大学学报》2013 年第 1 期）、《卢挚生平几个疑难问题再考辨》（《浙江工业大学学报》2015 年第 2 期）、《元代文学家滕宾生平稽考——兼考徐琰》（与张永红合作，《浙江工业大学报》2015 年第 4 期)。近年又从台北"故宫博物院"新发现元人张雨所书著名散曲家刘时中诗词的书法真迹,从中辑出《全元诗》失收的刘时中佚诗 57 首,这 57 首新诗的发现,"成为刘致生平研究的重大突破口"(与魏素素合作,《元代文学艺术家姚燧、李衎二题——以新发现的刘致诗作为中心》,《浙江工业大学学报》2017 年第 4 期)。后依据新发现的刘时中佚文,撰作《元代散曲家刘致仕历新考——以新发现的诗词与材料为中心》一文(《江海学刊》2019 年第 3 期),推进了对刘时中生平的研究。

除研究文学的学者对元曲家孜孜不倦探索考证外,历史学家们同样不遗余力。著名史学前辈陈垣先生 1923 年即发表《西域之中国曲家》(《国学季刊》第 1 卷第 4 期)一文,1934 年由励耘书屋出版的学术名著《元西域人华化考》,其中就有曲家专篇,另外写有专文《萨都剌疑年》(《陈垣学术论文集》第 2 集,中华书局,1982)。元史研究专家蔡美彪先生先后撰有《关于关汉卿的生平》(《戏剧论丛》1957 年第 2 辑)、《关汉卿生平续记》(《戏剧论丛》1957 年第 3 辑)、《杜仁杰生平考略》(《文学遗产》2002 年第 1 期)等文。而长期致力于元代进士制度研究的桂栖鹏教授,自 20 世纪末以来,先后发表《萨都剌卒年考——兼论干文传〈雁门集序〉为伪作》(《文学遗产》1993 年第 5 期)、《元曲家奥敦周卿事迹考补》(《晋阳学刊》1995 年第 2 期)、《冯子振生平三考》(《浙江师大学报》2001 年第 4 期)、《薛昂夫事迹补正》(《绍兴文理学院学报》2001 年第 4 期)等文。又著名蒙古史研究专家周清澍有《卢挚生平及诗文系年再检讨》(《中华文史论丛》2014 年第 4 期)。毛海明、张帆《史彬事迹钩沉》(《中国史研究》2014 年第 1 期)一文,对《录鬼簿》卷上记载的史中丞的事迹进行了钩沉爬梳,纠正了学界一直以来认为其人为史天泽的错误认知。

二

综观近百年元曲家生平研究的学术史,我们惊叹于不同时期的学人以前仆后继、锲而不舍的学术精神与品格取得的丰硕成果,这无疑是后来者继续研究的前提和基础。本书稿共考证元曲家三十人,概括地说,主要做了三方面的工作。

其一,对过去因没有新材料而未关注的元曲家做出考证。《录鬼簿》卷下记载之范居中(号冰壶),我们从刘敏中文集中检得一首赠别范冰壶的五言律诗,根据刘诗所写的内容,再结合《录鬼簿》记载范居中在大德年间曾偕有文才的妹妹"被旨赴都"，知道刘敏中的诗是写于大德年间范居中离京之时。诗称范居中"妙龄"，而通过《元史·刘敏中传》、墓志及其文集，可考得刘敏中大德年间任官大都的确切时间，进而考得范居中生年约在至元十七年（1280）。再如《录鬼簿续编》记载徐孟曾为兰陵医学世家，以往学界对这位元明交际时期的曲家未做过考证，以致王绍曾先生误把他当作山东兰陵元曲家收入所编《山左戏曲集成》中。通过搜检元明文献，我们不但考实了徐孟曾的籍贯为常州兰陵（今江苏武进），也梳理清楚他本人及其家世谱系的基本情况：他本名徐述，字孟曾，号爱梦，与同胞弟徐迪（字孟恂）、徐选（字孟伦）俱以擅医术名乡里，有"徐神仙"之称，且撰有医学著作（佚）。徐氏虽以能医名世，但兼通儒学，"喜吟诗"，曾与同郡著名诗人谢应芳讨论诗歌创作。

其二，对以往学界已有的研究进行证伪，重新考证曲家其人身份。孙楷第《元曲家考略》揭出康熙《山阴县志》中记载任山阴县尹之高文秀，后来邓富华在万历《绍兴府志》中找到高文秀任山阴县尹的时间在至元五年的记载，断定为元世祖至元五年（1268）。此时山阴尚为南宋辖域，故邓氏审慎地说："这个高文秀与戏曲家高文秀的关系还有待进一步研究"。我们在清人编《越中金石记》中发现元人韩性所撰《重修朱太守庙记》，该文正是明清方志记载山阴县尹高文秀材料的原始出处。韩文所记时间在"至元五年岁在己卯"，是元顺帝后至元五年（1339）。又在《越中金石记》中找到一篇署名高文秀的《铜井龙祠记》，时间在后至元元年乙亥（1335）。坐实这位山阴县尹高文秀不可能是"前辈已死"、人称"小汉卿"的杂剧作家高文秀。元初"内外要职之人材，半出于东原（即东平）府学之生徒"，而当时文人学士的文集中未见任何关于出身东平府学之高文秀的踪迹，可能与他编写杂剧有关，被认为不足道。《录鬼簿》著录高文秀剧目《黑旋风敷演刘耍和》，刘耍和是金元之际著名的教坊色长，"长于科泛"。刘耍和之名还见于杜仁杰【般涉调·耍孩儿】《庄家不识勾栏》套数，叙勾栏门前有人高声叫："前截儿院本《调风月》，背后幺末《敷演刘耍和》"。杜仁杰金亡后依附东平严氏多年。表明刘耍和在金亡后曾一度居停东平，《录鬼簿》著录其两位女婿花李郎、红字李二所编剧目有《折担儿武松打虎》《板踏儿黑旋风》《窄袖儿武松》，都不似以四套唱词为主体的完型形态之元杂剧，应是为"长于科泛"的岳丈刘耍和量身编写的院本式短剧。而高文秀名下之《黑旋风乔教学》《黑旋风穷风月》《豹子尚书谎秀才》等剧，同样有重"科泛"动作、以滑稽逗乐为表演关目的特点。高文秀应是在著名艺人刘耍和居留东平期间加入其戏班，为刘氏量身编撰未成型为四大套之"幺末"院本。《录鬼簿》又记花李郎、红字李二曾与马致远、李时中合编《黄粱梦》杂剧，后二人皆大都籍，他们四人相识合作的地点应在大都，也即说刘耍和剧团在忽必烈定都大都之后又自东平前往京城。高文秀也随刘家戏班一同前往大都，继续编写数量极多的杂剧本子，在大都演艺圈引起不小的轰动，以致"都下"之人赠送雅号"小汉卿"。《元曲家考略》在元人余阙、许有壬等文集中发现有至正年间任江南行台御史之李好古，判定此人或即杂剧作家。我们通过检索考证发现，此李好古，名敏中，还曾在至正十年任陕西行台监察御史，至正十二年任中书省左司都事。此李好古年代甚晚，与《录鬼簿》所记李好古为"前辈已死"曲家的年代严重不符，不可能是杂剧作家。而考古发现的元人欧阳玄所撰《真定路乐户记》中之平山乐户李好古，从时间和人物身份判断，都与曲家李好古相吻合。

其三，对学界虽已做过考证而未能坐实，或考述事迹不详者，进一步详考证实。《录鬼簿》卷上记曲家姚守中为"牧庵学士"（姚燧）之侄，孙楷第揭出姚燧《希真先生祠碑》记有"族侄"姚埭，从字义的角度解释"埭"的意思即"守中"，从而认定姚埭即曲家姚守中。其实通过解读姚守中留存剧目和散曲作品中显现出的作家之为人品性、观念主张，姚守中即姚埭的论断可以得到证实。姚守中三种杂剧都是演绎汉唐人物重义尚节故事，与姚埭请叔伯作碑文宣扬希真道人重道义之品行，其内在精神是一致的。姚守中还作有散曲《牛诉冤》，以寓言的形式诉说农民的愿望和理想，而这正是姚埭前辈姚枢、许衡等人屡次向忽必烈提出的"重农桑，宽赋役"之政治主张的通俗化表述。我们进一步考得姚埭乃姚燧堂弟姚炖之子，他在世祖至元末出任江东建康道廉访佥事，《录鬼簿》记姚守中曾授平江路吏，当系其父举荐。学界对于《上高监司》散套之作者"古洪刘时中"与刘致（字时中）是否为同一人一直存在争议。其实问题的焦点在于：第一，《上高监司》套数的创作时间；第二，刘致（字时中）有无作《上高监司》散套的时间条件。有学者曾以《上高监司》散套中提到"红巾"，认为是作于元末韩山童红巾军起义的至正年间。其实通过检索就会发现，以"红巾军"称谓起义军屡见诸此前的宋代文献，如《续资治通鉴》卷一〇〇：建炎元年，"有红巾军于泽、潞间，尝劫宗翰寨，故金捕红巾甚急"。又《宋史·宁宗本纪》：嘉定十二年，"兴元军士张福、莫简等作乱，以红巾为号"。而从时人释大䜣《与高纳麟监司书》、《答匡正宗书》及《元史·高纳麟传》的记载来看，《上高监司》套数所写之"高监司"为天历初年任江西宪使之高纳麟。详考刘致（字时中）的行迹，天历初年他正在江南，并不在江西南昌，不具备作该散套的时间条件。再者，杨朝英曲选《阳春白雪》明确注刘致时中"号逋斋，翰林学士"。而杨氏在后出之《太平乐府》卷首"姓氏"中分列刘逋斋、刘时中，倘若二人为同一人，岂不自相矛盾！杨朝英正是因为清楚二人并非同一人，故在《阳春白雪》所收《上高监司》套数之作者刘时中的名字之上，特注出籍贯"古洪"，以区分石州之刘致时中。

　　钟嗣成《录鬼簿》卷上分元曲家为两类，一为"有乐府行于世者"，一为"有传奇行于世者"。"乐府"即现代学者所称之散曲，"传奇"即杂剧。实际上元代的杂剧作家也多兼作散曲，《录鬼簿》划分"乐府""传奇"两类，一方面固然是自觉的文体观念使然，另一方面也是以参与创作两类文体之作者的身份、地位不同为分类标准。"有乐府行于世者"乃"名公"，而"有传奇行于世者"为"才人"。钟嗣成以作家在当世所处社会地位为标准进行第一级分类后，又以自己所处年代为时间坐标，进行二级分类：分散曲家为"前辈已死"和"方今"两类；分杂剧家为"前辈已死"、"方今已亡"和"方今"三类。王国维《宋元戏曲史》依据钟嗣成的意见，将其划分元杂剧发展阶段的表述更换为"蒙古时代"、"一统时代"和"至正时代"。钟嗣成划分散曲家、杂剧家的年代存在重叠交叉处，再者，年代在钟嗣成之后、为《录鬼簿续编》收录之曲家，也应列为元曲家范围。如此，可依年代先后划分有元一代曲家为四个历史时段："前辈已死"、"方今已亡"、"方今"与元明交际时期，为表述更加清晰且符合现代学术用语规范，我们将四个阶段分别称为早期、中期、晚期和元明交际时期。需要说明的是，钟嗣成所分元杂剧作家三个历史时段，是以截至编撰《录鬼簿》时，其人是否在世暨卒年为划分标准。科学准确地划定作家及文体发展阶段，自然应以作家生年和主要活动年代为依据。

　　鉴于目前学界对白朴生平事迹的研究相对充分，甲编对白朴已共知的史实不再赘述，仅就白朴至元年间是否曾活动在元灭南宋军队中一事详做考证。而对于学界公开发表的多种《白朴年谱》彼此间存在文献解读有误、论点抵牾之处，综合现有材料详加考辨，撰为《白朴年谱汇考》作为附录。

　　《录鬼簿》所记"方今已亡"之元曲家，是其父辈一代，多数为钟嗣成本人青少年时亲炙过。与"前辈已死"曲家皆为北方人不同，这一阶段的曲家只有少数本籍为北方而寓居江南者（如宫大用、郑光祖），绝大多数为江浙人。《录鬼簿》列于"前辈已死"之杂剧家赵天锡，在《录鬼簿》初稿完成时，仍在镇江路府判任上，至顺三年致仕，以元代七十岁致仕推算，生年盖在中统、至元间，属中期作家。又白无咎，《录鬼簿》原列于"前辈已死名公有乐府行于世者"栏，然考其实际所处年代，他与"前辈已死"其他曲家相比要晚得多，略早于钟嗣成，故调整至中期。刘时中，《录鬼簿》初稿本列名于"前辈已死"之最后一位，增订本改列"方今名公"栏。考刘时中生活年代，仅略早于钟嗣成，《录鬼簿》初稿本或传抄致误，本书据实际判为元中期曲家。《录鬼簿》卷下所载"方今"曲家，是与钟嗣成同辈的作家，基本为江浙人，尤以杭州籍居最，多数与钟嗣成有直接交往。这一代曲家在青壮年时期适逢元廷恢复科考，他们也多锐意进取，如钟嗣成本人青年时就从名公邓文原受学于杭州，"以明经累试于有司"。同时他们积极参与时兴散曲、杂剧的创作，并以极大的热情搜集整理曲家文献、编集曲选、制定韵书，有抬高曲文学文体地位的自觉意识，为元曲走向经典化迈出了重要一步。一种文体的终结、质变，不能简单地以朝代结束划分。为元曲发展历史划定时段的钟嗣成，生年约在世祖至元十二年（1275），至至正二十八年（1368）元朝灭亡已年逾九十，在他之后的曲家不可能被《录鬼簿》著录。这部分曲家被记录在《录鬼簿续编》中，他们不仅出生在元朝，前半生也主要生活在元代，所作散曲、杂剧仍然是"元散曲"和"元杂剧"的延续，自然应该成为"元曲"的天然组成部分。《录鬼簿续编》中多次提到明成祖的尊谥"文皇帝"，行文中还有"永乐间""永乐中"之追叙语（汤舜民、沈士廉传），表明贾仲明已入洪熙、宣德年间。又书中记载杨彦华"永乐初，改除赵府纪善，凡有著述，举皆右让，亲王亦礼重，然终不遂所志，快快成疾而逝"。考《明史》及唐泽所撰《高祖梧冈先生（唐文凤）墓表》，宣德元年（1426）八月，汉王朱高煦反，宣宗亲征之，高煦出降；九月，法司鞫高煦同谋者，"词连"赵王朱高燧，赵王被削护卫，赵府"一时宫僚多得罪"，赵王本人也在"大惧"中于宣德六年逝世。杨彦华大概也因此受到牵连，"快快成疾而逝"。如此，"元曲家"的年代下限至早可以延伸至明宣德元年。

甲编　元曲早期作家

张子益

《录鬼簿》曹楝亭本、暖红室本、王国维校注本及天一阁抄本，"前辈已死名公有乐府行于世者"中均著录"张子益平章"。王本于此类曲家多以加按语注出其人本名、仕历，"张子益平章"名下阙如。孙楷第《元曲家考略》亦无考。隋树森编《全元散曲》据《北词广正谱》辑录其【大石调·鹧鸪天】套残曲三支，于其人名后仅注"字里不详，官平章"七字，无所稽考。叶德均《元代曲家同姓名考》检出元好问《送张书记子益从严相北上》诗，由于施国祁《元遗山诗集笺注》"张书记子益"名下无注，叶氏只谓张子益"其人乃元初人"①，却为稽考其人敞开了一个窗口。

《送张书记子益从严相北上》诗小序云："子益省郎，观国之光，从公于迈。扬雄词赋，良借力于吹嘘；邓禹功名，本无心于禄仕。诗以送别，亦以趣其归云。"诗云："故家人物饶奇俊，耸壑昂霄今已信。康侯昼接拜宠光，百里自应沾海润。六月貂裘风雪深，天河天驷日骎骎。莫把声华动台阁，东方书檄要陈琳。"②此诗载于《遗山集》卷四，为七言古诗，目次较后，参照元好问行迹，当作于蒙古宪宗五年乙卯（1255）。③"严相"为

---

① 叶德均：《戏曲小说丛考》卷上，中华书局，1979，第 332 页。
② 元好问：《遗山集》卷四，《景印文渊阁四库全书》（以下简称《四库全书》）第 1191 册，台湾商务印书馆，1986，第 50 页。
③ 《遗山集》卷三九《答大用万户书二》云："即欲东行，继闻相君北上，且留待他日。"知书与诗同时作。缪钺《元遗山年谱汇纂》云："惟书中有'时暑'之语，可知作于夏日。又有'奔诣太原，留百许日'之语，可知严氏之聘先生，盖在先生作书时前百许日，可推知为春日。考先生自辛丑年由东平归后至是年，凡四往东平（自注：乙巳、壬子、癸丑、乙卯）。乙巳冬往东平营葬事。壬子系应聘而往，然来聘之时在孟冬，与此书情事不合。癸丑之行，亦由应聘，然是年春先生方在东平，亦与书中情事不合。惟是年情事，与书恰合。是年二月，先生自汴梁北归，即书中所谓'西归鹿泉'也。是时盖得严氏之书，而以女病往太原，留百许日，则已至夏日矣。方欲东行，而闻相君（严忠济）北上，又复少留，故至八月始成行。严氏之聘先生，盖以东平府学将落成，欲请先生撰文记之，并邀先生校士也。又据《元史》卷一百四十八《严忠济传》：'乙卯，朝命括新军，山东益兵二万有奇，忠济弟忠嗣、忠范为万户，以次诸弟暨勋将之子为千户。城戍宿州、蕲县，而忠济皆统之。'书中所谓'相君北上'者，盖为山东益兵事，则尤足证是书之作于是年矣。"《缪钺全集》第一卷（下）《冰茧庵读史存稿》，河北教育出版社，2004，第 662 页。

袭官东平路行军万户的严忠济。题称张子益"书记",小序曰"省郎",是张子益为东平万户总管府属掾。序"观国之光"云云,谓其行将随严忠济北去朝谒元宪宗蒙哥,是以诗有"六月貂裘风雪深,天河天驷日骎骎"之句。序用东汉扬雄能词赋、邓禹从刘秀兴汉有功而无心于仕禄事,称扬张子益能文有谋,诗前四句则是实说其人"奇俊",在东平有所作为,深为"严相"亲宠器重。末二句"莫把声华动台阁,东方书檄要陈琳",即序末所说"诗以送别,亦以趣其归云"之意。

　　如果不止于诗句表层的意思,还可以进一步追询,诗人称这位"张书记"为"故家人物",对他自然是有所知的。他随称强一方的严忠济北去晋谒新立政权的皇帝,本是一个晋身发达的机遇,却作诗意在"趣其归",守住"故家人物"的本分,不受新朝的仕禄。这种无所顾忌的坦诚可知是知己。既然是彼此相知,那么在囊括元好问一生诗文的《遗山集》里应该留有些许印记。循此再检其书,发现了一篇《御史张君墓表》,依其文所叙,墓主是张汝明,金大安元年(1209)进士,做过多个地方的主簿、县令、知州。正大六年(1229)入为太常博士,次年授治书侍御史,八年迁礼部员外郎,纂修《起居注》。金亡,居家闭户读书十五年,病卒。金亡前一二年,元好问与张汝明同为朝官,又一同遭受了蒙古军攻陷汴京迫害金朝官员及其家属的"壬辰之难",二人虽然没有交往,彼此应该是知道的,金亡后的心志是一样的。

　　元好问作张汝明墓志,首先推出其子张昉的一大段话:

　　　　东平幕府从事张昉,持文士李周卿所撰先御史君行事之状,请于仆,言:"先御史在兴定、元光间,于州县为良民吏,于台阁为材大夫,朝誉蔼然,吾子所知。丧乱之后,挈家还乡社,春秋虽高,而神明未衰,乃一意与世绝,泰然以闭户读书为业者余十五年。凡向之所以为良民吏、材大夫者,未尝一语及之。沉默退让,齐鲁大夫士翕然称道之,亦吾子所知者。弃养以来,三见霜露,而不肖孤以斗食之役,汩没簿领间,不得洒扫坟墓,列树碑表,使先子名德懿范暗焉而不彰。诚惧一旦先狗马填沟壑,其何以暝目乎?今属笔于子,幸为论次之,以俟百世之下。"①

――――――――――

①　元好问:《遗山集》卷二一,《四库全书》第1191册,第238页。

《御史张君墓表》这段文字，可以视为对其《送张书记子益从严相北上》诗的注释。"张书记子益"即"东平幕府从事张昉"。古人取名、字，大都互相照应。"昉"，日初出，初日有待升高。六朝梁任昉取字彦昇，清洪昇取字昉思。"昉"引申义为"始"，有期望进步发达的意思。清方文《庐山诗·归宗寺》云："归宗昉自晋，唐宋道益弘。"张昉字子益，亦取此义。诗序称张子益"书记"，墓表曰"从事"，都为古语雅称，墓表后文说明其实职是"东平万户府经历官"，掌文牍事务、管辖府属官吏。颇疑称张子益"书记"是取自任昉《齐竟陵文宣王行状》"谋出股肱，任切书记"句，谓张子益能文而多谋。所以为严忠济亲宠器重，得以随从北上晋谒皇帝。张昉父亲曾任前朝官员，国亡后居家不仕，宜乎称其"故家人物"。据墓表，约在蒙古宪宗三年（1253），张昉请元好问作墓表，当非常动情地详述其父生前出处"名德懿范"，元好问也感觉到张昉不失其父风范品性，所以作文不惮烦赘，先引述了其一段恳切话语，并由之发表了一通感叹"圣人泽后世，深矣"的议论，这便可以视之为同道友了。后二年，张昉随严相北上晋谒皇帝，送别诗寄以"趣其归"之意，由此也就可以得到解释了。

张昉，《元史》卷一七〇有传，首叙其人出身，除"字显卿"三字疑或其改字，或史家误书，他如"东平汶上人，父汝明，金大安元年经义进士，官至治书侍御史"，"金亡还乡里，严实行台东平，辟为掾"[1]，悉与《御史张君墓表》相符。然又有所补充：金末，张昉曾"以任子（有功勋的现任官员子弟）试补吏部令史"[2]，是做了官的。金亡入蒙古，张昉也当"本无心于禄仕"，不去做新朝的官。他随严忠济北上晋谒新朝皇帝，面前出现人生道路的转机，元好问致诗"趣其归"，就没有拂其意的性质，而是同道长者温馨的叮嘱。此次北上，张昉没有"声华动台阁"，依旧归来，但也发生了元好问担心的事情。这年严忠济奉诏晋谒，"朝命括新军山东，益兵二万有奇"，严氏兄弟都为万户，子弟及有功勋将领为千户。[3] 张昉受命"权知东平府事"，由掾入官。他"以疾辞，家居养母"，没有违背元好问的嘱咐而改变人生道路。嗣后十数年，蒙古统治了大半个中国，忽必烈承袭汉族传统政体，完善了朝廷体制，定国号"大元"，东平多位名士相继应荐入朝为官。与之经历相似、同为东平幕府经历的商挺，做了四川行枢密院使，

---

① 《元史》卷一七〇，中华书局，1976，第3999页。
② 《元史》卷一七〇，第3999页。
③ 《元史》卷一四八《严实传》附《严忠济传》，第3507页。

荐举张昉为行枢密院参议，张昉进入仕途，不久又随商挺入朝为中书省左右司郎中，历十年，累官兵刑部尚书，旋"上疏乞骸骨，致其事"，卒赠参知政事，追封东平郡公。（《元史·张昉传》）约半个世纪后，钟嗣成作《录鬼簿》著录东平曲家，宜称"张子益平章"。

杨显之

杨显之是元代初期的著名杂剧作家，与关汉卿为"莫逆交"。《录鬼簿》增订本、天一阁增续本①均著录其剧目八种，尚存《临江驿潇湘夜雨》《郑孔目风雪酷寒亭》两种，都是现存元杂剧中的优秀作品，后者在元初更是有着广泛的流传和影响，同时期杂剧作品有模仿和引用其故事、人物的情况。但元人文献中不见有杨显之其人，致使其身份、行迹湮没不闻。检索元代文献，有两位候选人可作为考察对象。

一　杨春卿与杨显之

孙楷第《元曲家考略》习以人名考索曲家，但在元人文献中未发现有名"杨显之"者，故付之阙如。而同书"梁进之"条揭出杜仁杰《与杨春卿书》中有杜仁杰妹夫梁进之，推定其人即《录鬼簿》记载的杂剧作家梁进之。又元好问《遗山集》卷一〇《与冯、吕饮秋香亭》诗注云"三子皆吾友之纯席生"②，之纯即张澄，字之纯，一字仲经。元好问《与杨春卿先生书》开头说："某顿首：某别去又复久。如秋香亭夜饮之乐，宁复屡有？追诵诸弟佳什，以为叹息也。"③可知杨春卿即当日与冯、吕二姓侍陪元好问饮酒秋香亭的"三子"之一。张澄在金亡后北渡东平，受到东平世侯严实的赏识，聘为馆师"十余年"。④袁师世硕先生断杨春卿成为张澄的"席生"是在张氏授馆东平期间⑤。又杂剧家杨显之既与关汉卿为"莫逆交"，而杜

---

① 本书所称《录鬼簿》初稿本，指《说集》本、孟称舜刻本，记述简略，是钟嗣成著《录鬼簿》的初稿，王钢《校订录鬼簿三种》（中州古籍出版社，1991）称为"简本"。增订本指曹楝亭刊本、暖红室刊尤贞起本，是钟嗣成本人后来作的增修本，王钢称为"繁本"。天一阁本是明初贾仲明作的增续本，与钟嗣成增修本有别。参见袁世硕、张倩倩、都刘平校订笺释《录鬼簿及续编校订笺释·前言》，齐鲁书社，2021，第9页。

② 元好问：《遗山集》卷一〇，《四库全书》第1191册，第110页。

③ 狄宝心校注《元好问文编年校注》，中华书局，2012，第1534页。

④ 元好问：《张仲经诗集序》，《遗山集》卷三七，《四库全书》第1191册，第427页。

⑤ 袁世硕：《元杂剧三家考实》，《文学遗产》2021年第1期。

仁杰致书大都杨春卿的书信中提到的梁进之很可能与杂剧家是同一人，梁进之与关汉卿是"世交"，那么杨春卿是否有可能就是杨显之呢？

杨春卿（1209—1272）①，名时熙，以字行，号庸斋（一作"懦斋"），蓟州玉田（今河北玉田县）人。金末避地河南②。上文所说元好问《与冯、吕饮秋香亭》诗云：

> 庞眉书客感秋蓬，更在京尘涴涴中。莫对青山谈世事，且将远目送归鸿。龙江（原注：谓之纯）文采今谁似，凤翼（原注：永宁地名）年光梦已空。剩著新诗记今夕，尊前四客一衰翁。③

《遗山集》卷三七《张仲经诗集序》述张澄事迹云："仲经出龙山贵族，少日随宦济南，从名士刘少宣问学，客居永宁。永宁有赵宜之、辛敬之、刘景玄，其人皆天下之选，而仲经师友之，故备以诗文见称。及予官西南，仲经偕杜仲梁、麻信之、高信卿、康仲宁挈家就予内乡。时刘内翰光甫方解邓州倅，日得相从文字间，仲经之所成就，又非洛西时比矣。"④元好问于金正大四年（1227）任内乡县令⑤，其时张澄、杜仁杰、麻信之等人为避乱前来内乡依附元好问，平日赋诗倡和。《遗山集》卷三九《麻、杜、张诸人诗评》云："麻信之、杜仲梁、张仲经，正大中同隐内乡山中，以作诗为业。人谓东南之美，尽在是矣。"⑥《张仲经诗集序》中所说的张澄在避难内乡时，因与刘光甫等人"日得相从文字间"，成就远非"洛西（即永宁）时比矣"，与上引《与冯、吕饮秋香亭》诗"龙江文采今谁似，凤翼年光梦已空"句，说的是同一个意思。秋香亭在唐县治内⑦，康熙《唐县志》卷八《艺文志》收录田介《秋香亭记》。唐县在金代为州，元

① 刘因《玉田杨先生哀辞并序》："先生殁矣，后五年，至元丙子（1276）。"（《静修集》卷二〇）则杨春卿卒年在 1271 年。但张之翰《钝轩逸皓赞》序记杨春卿至元壬申（1272）令其作《芝蟾研滴诗》事，故暂以杨氏卒年在 1272 年。《析津志·名宦》记春卿卒年六十四，则可推定生年在 1209 年。
② 魏初：《庸斋先生哀挽诗引》，《青崖集》卷五，《四库全书》第 1198 册，第 779 页。
③ 元好问：《遗山集》卷一〇，《四库全书》第 1191 册，第 110 页。
④ 元好问：《张仲经诗集序》，《遗山集》卷三七，《四库全书》第 1191 册，第 427 页。
⑤ 元好问《长庆泉新庙记》："正大丁亥（1227），予承乏是邑（内乡）。"《遗山集》卷三二，《四库全书》第 1191 册，第 366 页。
⑥ 元好问：《遗山集》卷三九，《四库全书》第 1191 册，第 452 页。
⑦ 嘉靖《河南通志》卷二一"古迹"条，明嘉靖三十五年刻本。

好问正大四年任内乡县令，正大八年（1231）迁调南阳县令①。金内乡、南阳两县隶邓州，唐州与邓州相邻，都在今河南省南阳市内，元好问《与冯、吕饮秋香亭》诗正是作于内乡、南阳县令任上，杨春卿作为张澄的"席生"也是在此期间，而不是在东平时，杜仁杰与杨春卿的相识也应在这个时段。缘此，张澄逝世后，身在东平的杜仁杰致书其时在大都的杨春卿，请代作其师挽诗②。杨春卿的门生魏初在其逝世后撰写的《庸斋先生哀挽诗引》中，也说他"尝避地河南，北渡后居燕"③，并没有提到曾薄游东平的事。

　　杨春卿金亡后居大都，蒙古宪宗二年（1252），受月合乃举荐授河间常平仓提举④。中统元年（1260），改卫辉路劝农使，未几辞去。至元四年（1267），复授兴文署丞⑤，在任不久"复闲冷，不得尽所施"。中统年间曾寓游陕西长安，与时在陕西任职的商挺、李庭游览名胜，有诗作酬唱⑥。一生主要的时间是在大都度过，"卓然特立、独行不倚"，以"庸"名其斋⑦。"以教授为业"，"课童子学三十年"，名臣魏初十五岁即从之受学，出身燕京名族、金末名士王鹗的外孙周之翰，亦尝问学于杨氏。杨春卿擅诗，有"诗千余篇"，又济人贫困，有"布衣孟尝君之号"，在大都颇负声望，一时名公巨卿皆与之交。其中既有金末已成名者，如陈时可⑧、

---

① 郝经《遗山先生墓铭》："正大中，辟邓州南阳令。"元好问《邓州新仓记》（《遗山集》卷三三）作于正大八年四月，其拜南阳令当即在是年。

② 杜仁杰：《与杨春卿书》，吴弘道编《中州启札》卷一，《四库全书存目丛书补编》第79册，齐鲁书社，2001年影印本，第345页。

③ 魏初：《青崖集》卷五，《四库全书》第1198册，第779页。

④ 《元史》卷一三四《月合乃传》，第3245页。

⑤ 北京图书馆善本组辑《析津志辑佚·名宦》，北京古籍出版社，1983，第146页。

⑥ 魏初《庸斋先生哀挽诗引》："今陕西耆旧中，商左山参政、李先生咨议，皆素知先生之为人。"商左山即商挺，李咨议即李庭。商挺中统元年金陕西行省事，次年进参政，中统四年行四川枢密院事。（《元史》卷一五九本传）中统元年，廉希宪、商挺宣抚陕西，署李庭为讲议事。（王博文《故咨议李公墓碣铭并序》，李庭《寓庵集》附录）元骆天骧《类编长安志》卷九《胜游·蒙溪》录商左山、杨慵斋咏诗各一首。商诗云："竹根流水树头山，朝锁归云暮带烟。名胜旧传天尺五，壁间诗更尽时贤。"杨诗云："一庵尽领五台山，山在云烟紫翠间。老竹生孙梅结子，来游此地不知还。"

⑦ 郝经：《庸斋记》，《陵川集》卷二五，《四库全书》第1192册，第273页。

⑧ 魏初《庸斋先生哀挽诗引》："一时名公巨卿，如陈学士秀玉、梁都运斗南、先祖靖肃君玉峰，皆折官位、辈行与之交。"（《青崖集》卷五）陈秀玉，名时可，号寂通老人。燕人。金翰林学士，蒙古太宗二年（1230）十一月，始置十路征收课税使，以陈时可、赵昉使燕京。（鲜于枢《困学斋杂录》、《元史·太宗本纪》）

梁斗南①、魏璠②、王鹗（1190—1273）③、元好问（1190—1257）、杜仁杰（约1208—1290）④，又有元初新晋汉族士子如王恽（1227—1304）⑤、胡祗遹（1227—1295）⑥、郝经（1223—1275）、张之翰（1243—1296）⑦、刘因（1249—1293）⑧。凡此种种，皆与在大都杂剧圈内甚为活跃、熟悉勾栏演出的杂剧家杨显之的行迹不相符。

从《录鬼簿》对杨显之事迹的简括记载及其杂剧创作的特点来看，杨显之在当时大都的杂剧创作圈与演艺圈都十分活跃，其作品有相当的影响。其一，《录鬼簿》增订本记杨显之"大都人，与（关）汉卿莫逆交，凡有珠

① 梁斗南，名陟，斗南其号。良乡（今属北京市）人。金明昌进士，历官南京转运司同知。元以名儒征，领燕京编修，卒谥通顺先生。（万历《顺天府志》卷五《人物志》）梁斗南视元好问为前辈，《遗山集》卷三九《癸巳岁寄中书耶律公书》："耆旧如冯内翰叔献、梁都运斗南。"卷一〇《梁移忠诗卷》注末句"丁令还家先有期"云："时都运丈已下世，故诗中及之。"

② 魏璠，字邦彦，号玉峰，弘州顺圣人。魏初祖父。金贞祐三年进士，历官翰林修撰，金亡家居。世祖居潜邸，征至和林，访以当世之务。卒谥靖肃。（《元史》卷一六四附《魏初传》）

③ 苏天爵《元故奉训大夫冠州知州周府君墓碑铭》，墓主为王鹗外孙周之翰，记周氏"尝问学于杨先生时煦，文康公时，宾客日集其门，故君于近代故事、一时伟人悉能知之"。（《滋溪文稿》卷一七）"文康公"是王鹗的谥号。王鹗，字百一，曹州东明人。金正大元年进士第一，授翰林应奉。金亡为张柔所救，入仕祖藩邸，后徙居大都。中统元年授翰林学士承旨。（《元史》卷一六〇本传）

④ 蔡美彪：《杜仁杰生平考略》，《文学遗产》2002年第1期；周鄞：《〈杜仁杰生平考略〉订补》，《文学遗产》2003年第1期。

⑤ 王恽《挽杨春卿先生》（注杨春卿"曾为卫辉路劝农官"）："山泽臞仙老使君，十年谈笑接多闻。"《秋涧集》卷一七，《四库全书》第1200册。

⑥ 胡祗遹《哀诗人杨春卿》："违奉清谈两月强，岂期微疾作膏肓。"《紫山大全集》卷六。

⑦ 张之翰《钝轩逸皓赞》："钝轩逸皓赵君，余闻之旧矣。至元壬申（1272），承杨庸斋尝命为公作《芝蟾研滴诗》，每以不熟其面为恨。"（《西岩集》卷一七）"钝轩逸皓赵君"，即赵铉，字仲器。卢龙（今属河北）人。喜读书，不乐仕进。精易学，音律、占筮皆诣其妙。名公朝士，来质疑请益者无虚日。（《秋涧集》卷四八《卢龙赵氏家传》）《卢龙赵氏家传》作于大德己亥（1299），称钝轩"今年登期颐"，则其生年约在1200年。张之翰《芝蟾砚滴》诗，见《西岩集》卷八。同时赋诗的还有王恽（《秋涧集》卷二五《题赵仲器铜芝蟾瓶滴》，《四库全书》第1200册）、胡祗遹（《紫山大全集》卷七《芝蟾砚滴》，《四库全书》第1196册）。

⑧ 刘因《玉田杨先生哀辞并序》："昔者有自京师至者，曰：玉田杨先生尝问子动静于我。又曰：尝问子言貌于我。或又曰：先生谓予过此，必识子。是以来，若是者无虚岁。至有素疾予仇雠而挤毁百至，一及先生之门，则必幡然亲爱。予亦不知何以得此于先生也。后得先生手疏，访故人遗文行实，而先人与焉，予始疑先生之所以拳拳于予者，或以先人故，思欲一见以报其知，而先生殁矣。"（《静修集》卷二四）刘因父述，字继先，壬辰北渡后，刻意问学，尤邃性理之说，独好长啸。中统初辟武邑县尹，以疾辞。（苏天爵《静修先生刘公墓表》，《滋溪文稿》卷八；《元史》卷一七一附《刘因传》）

玉，与公较之"。天一阁本新增"号杨补丁是也"六字。"杨补丁"应是时人流传的对杨显之的绰号。贾仲明补吊词有云："幺末中补缺加新令，皆号为'杨补丁'"，"顺时秀，伯父称，寰宇知名"。① 顺时秀是元文宗时的教坊歌妓，明高启《听教坊旧妓郭芳卿弟子陈氏歌》云："文皇在御升平日，上苑宸游驾频出。仗中乐部五千人，能唱新声谁第一。燕园佳人号顺时，姿容歌舞总能奇。"② 她同时也是大都的著名杂剧女艺人，"杂剧于闺怨最为得体"③。杨显之"杨补丁"的雅号，应不仅仅指关汉卿时与之商订文辞，他可能常为杂剧艺人"补缺"剧本，在大都杂剧圈内很活跃，"寰宇知名"。其二，杨显之《郑孔目风雪酷寒亭》剧，天一阁本注题目正名为："萧县君托梦秦川道 郑孔目风雪酷寒亭"。萧县君为郑妻，该剧以郑孔目为主角，为"末本"。而初稿本《录鬼簿》于《酷寒亭》简名下注"旦末本"，增订本著全名《萧县君风雪酷寒亭》。似该剧分别有"旦本"和"末本"，现存脉望馆抄校本与《元曲选》本皆为"末本"。该剧在元初流传甚广，有极大的影响，花李郎《像生李子酷寒亭》、李致远《都孔目风雨还牢末》都是直接模仿它的情节而成。还有在杂剧中引用它作为典故，李文蔚《燕青博鱼》第一折【大石调·六国朝】云："眼见得穷活路觅不出衣和饭，怕不道酷寒亭把我来冻饿杀。"又如石君宝《曲江池》第三折【十二月】云："又不曾亏负了萧娘的性命，虽同姓你又不同名。"【尧民歌】曲云："你本是郑元和也上酷寒亭。"佚名氏《杀狗劝夫》第二折【滚绣球】云："似这雪呵，郑孔目怎生迭配？"杨显之《酷寒亭》杂剧之所以在元初影响如此大，恐怕不仅是因为故事情节的引人入胜，还应与他长期为勾栏艺人"补缺加新令"、编撰剧本，熟悉舞台演出有关。也正是如此，他在编完"末本"《酷寒亭》后，演出反响极好，既而又新编同题材的"旦本"，与今日某电影在市场效应不错的情况下又后出续集一个道理。关汉卿时或"躬践排场，面傅粉墨"（《元曲选序》），同样熟悉杂剧场上演出的情况，故而"凡有文辞"，与杨显之"较之"。其三，杨显之的杂剧带有鲜明的市井化、娱乐化的特点，说明他了解熟悉前来勾栏瓦肆听戏民众的审美需求。（1）《借通县跳神师婆旦》，按《元典章·刑部》卷十九"禁跳神师婆"条载：

---

① 袁世硕、张倩倩、都刘平校订笺释《录鬼簿及续编校订笺释》，第272—273页。
② 高启：《高太史大全集》卷八，《四部丛刊》影印江南图书馆藏明景泰间徐庸刊本。
③ 《说集》本《青楼集》"顺时秀"条，见孙崇涛、徐宏图笺注《青楼集笺注》，中国戏剧出版社，1990，第109页【校注】［2］［3］条。

至元十一年，中书兵刑部：

五月十六日，省掾元仲明传奉都堂钧旨："大都街上多有泼皮厮打底、跳神师婆并夜聚晓散底，仰本部行文字禁断。如是依前违犯，除将跳神师婆并夜聚晓散人等治罪外，据泼皮厮打的，发付着役施行。"①

《借通县跳神师婆旦》剧应就是根据大都"跳神师婆"这类带有巫觋祛灾性质的仪式表演结撰故事，或其编剧本身就是为仪式表演服务。邵曾祺《元明北杂剧总目考略》"杨显之"名下考释该剧云："金院本'诸杂大小院本'类有《师婆儿》，明刘东生《金童玉女娇红记》杂剧最后曾串入《师婆旦》院本，但未有具体描写。"②《金童玉女娇红记》串入之《师婆旦》，或即为杨春卿所作院本式短剧。（2）《丑驸马射金钱》，按钟嗣成散套【南吕·一枝花】《自序丑斋》【乌夜啼】曲云："一个射金钱武士为夫婿，韬略无敌，武艺深知。丑和好自有是和非。"③《水浒传》第六十三回"宋江兵打北京城"，写衙门防御使保义，姓宣，名赞，"生的面如锅底，鼻孔朝天，卷发赤须，彪形八尺，使口刚刀，武艺出众"，先前"因对连珠箭赢了番将，郡王爱他武艺，招做女婿"，"人呼为丑郡马"。《丑驸马射金钱》剧应是根据民间传说敷演故事。（3）《黑旋风乔断案》，写梁山泊好汉李逵"发乔"的滑稽剧，《水浒传》第七十四回"李逵寿张乔坐衙"有简括的叙述，与东平杂剧作家高文秀《黑旋风乔教学》，从题目到故事性质都十分相近。袁师以此剧目作为杨春卿曾至东平的依据④。按高文秀"都下人号'小汉卿'"，表明高文秀曾到过大都，且他的杂剧作品在大都流传甚广，有相当的影响，故而大都戏曲圈才拿杂剧界的名人关汉卿比拟他。而高文秀正是以创作"黑旋风"题材杂剧著称，杨显之作为熟悉大都演艺圈的杂剧作家，为迎合观众的口味，模拟享有盛誉的高文秀"黑旋风"杂剧而编撰《黑旋风乔断案》，自是情理中事。（4）名剧《临江驿潇湘夜雨》，写"书生负心"题材，这在现存元杂剧中极为少见，而这种题材在南戏中却比比皆是，从宋戏文《赵贞女蔡二郎》到"四大南戏"之《荆钗记》《白兔记》，贯穿始终。这类故事寄托的是人们对书生发迹后而"不负心"的美好愿望，故事的结局也都是大团圆，为百姓所喜闻乐见。

---

① 《元典章》第3册，陈高华等点校，中华书局、天津古籍出版社，2011，第1928页。
② 邵曾祺编著《元明北杂剧总目考略》，中州古籍出版社，1985，第191页。
③ 隋树森编《全元散曲》下册，中华书局，2018，第1564页。
④ 袁世硕：《元杂剧三家考实》，《文学遗产》2021年第1期。

二 杨诚之与杨显之

元好问《遗山集》卷十八《内相文献杨公神道碑铭》，碑主杨云翼（1170—1228），字子美，其先赞皇（今属河北）人，六代祖客乐平（今山西昔阳县），遂占籍。弱冠及金明昌五年（1194）进士第，授应奉翰林文字。贞祐三年（1215），擢礼部侍郎，兼提点司天台，充赐宋国岁元国信副使。兴定二年（1218），拜礼部尚书兼知集贤院事。兴定六年，改翰林学士。正大二年（1225），设益政院于内廷，取老成宿德充经筵官，云翼首选，实为内相。正大五年卒，享年五十九岁。谥曰文献。文章与赵秉文齐名，世号"杨赵"。元好问自称是其"门下士"，在杨氏卒后作《杨之美尚书挽章》，尾联云："受恩知己无从报，独为斯文泣至公。"① 杨云翼有二弟仲翼、叔翼，碑铭未记官职，可能未曾入仕。二子朴、恕，朴早卒，恕字诚之，金正大四年经义进士。元好问《癸巳岁寄中书耶律公书》②，向耶律楚材推荐中原流亡儒士名单中有杨恕。中统元年（1260）立行中书省于燕京，杨恕除提控令史③，中统二年代刘郁为左司都事，后迁翰林待制，终官易州尹④。

之所以疑杂剧家杨显之与杨诚之是堂兄弟行，除了杨显之与杨诚之取字相近外⑤，更重要的还是由杂剧作品所映射出的杨显之行迹，颇与杨云翼、杨诚之父子先后在汴梁、大都任官的经历相契合。其一，杨云翼晚年历任礼部尚书、翰林学士、益政院经筵官等职，都是在金汴梁为京官，杨诚之正大四年中进士后也在汴梁。按《录鬼簿》著录杨显之《蒲鲁忽刘屠大拜门》剧目，"蒲鲁忽"为女真语，《金史·金国语解》："布囊曰蒲卢浑。"⑥ "拜门"，《东京梦华录》卷五"娶妇"条："婿复参妇家，谓之拜门。有力能趣办，次日即往，谓之复面拜门。不然，三日、七日皆可，赏贺亦如女家之礼。"⑦ 盖演金时汴梁故事。其二，金南渡汴梁后，屡次攻伐

---

① 元好问：《遗山集》卷八，《四库全书》第1191册，第85页。
② 元好问：《遗山集》卷三九，《四库全书》第1191册，第448页。
③ 王恽：《中堂事记》卷上，《秋涧集》卷八〇，《四库全书》第1201册，第166页。
④ 王恽：《中堂事记》卷上，《秋涧集》卷八〇，《四库全书》第1201册，第172页。参见《玉堂嘉话序》，《秋涧集》卷九三，《四库全书》第1201册，第328页。
⑤ 依《录鬼簿》编撰体例，"显之"为字，而非名。
⑥ 《金史》，中华书局，1975，第2895页。
⑦ 孟元老：《东京梦华录》卷五，《东京梦华录（外四种）》，周峰点校，文化艺术出版社，1998，第34页。

南宋，杨云翼竭力主不可，陈述淮南之地不可得，且对比泰和年间伐宋之形势与今日之不同。元好问《内相文献杨公神道碑铭》引其言："宋不可伐，国家之虑，不在于未得淮南之前，而在于既得淮南之后。盖淮南平，则江之北尽为战地。进而争利于舟楫之间，我之劲弓良马有不得骋者矣。"①再者，贞祐三年，杨云翼充赐宋朝岁元国信副使，有过渡淮河、入南宋的经历。杨显之《临江驿潇湘夜雨》杂剧，故事正是从张天觉远谪江州、渡淮河，水流湍急翻船，致使父女失散展开，可能与曾听伯父讲述渡淮的经历而受启发有关。其三，杨诚之金亡后北渡大都，《元史·世祖本纪》载中统元年六月，召"燕京杨恕"等赴阙，可能即徙居大都，后来历任燕京行中书省提控令史、左司都事、翰林待制等职，也一直在大都。杨显之金亡随堂兄寓居大都，亦是自然的事。其四，杨诚之籍贯乐平，元代隶属冀宁路平定州，紧邻的真定路是其远游外出的必经之地，而其先祖的本贯赞皇县，就在真定路境内。元好问《杨公神道碑铭》记杨云翼"待二弟仲翼、叔翼备极友爱，家资悉推与之"，仲翼、叔翼应未入仕，且居住在家乡，故杨云翼外出为官时将"家资悉推与之"。② 杨显之极可能就是仲翼或叔翼的儿子，长年累月往返家乡与汴梁或大都之间，道经真定，受当地时兴通俗杂剧创作的影响染指其间，也就不难理解了。

三　小结

综合诸现象来看，杨显之虽可能是金末名臣杨云翼的侄辈、杨诚之的堂兄弟行，但没有像杨诚之一样凭借前朝进士的身份在元朝走上仕途，而更似职业性的杂剧作家。《录鬼簿》对于杂剧作家有官职或吏职者，例皆注明，但对杨显之仅传其籍贯及与关汉卿的关系，杨显之应未曾委吏入仕。此其一。其二，金元正统文人集中不见他的任何踪迹，《录鬼簿》仅记其与杂剧圈内名人关汉卿为"莫逆交"。贾仲明补吊词有"幺末中补缺加新令"语，大概杨显之常为艺人修订完善演出杂剧脚本，由此获"杨补丁"的雅号，杂剧女艺人顺时秀以"伯父称"之，亦当职此之故。其三，不作散曲，所编杂剧多取材于市井细民之传闻，带有鲜明的世俗化特征，注重故事情节的推进，其中《郑孔目风雪酷寒亭》剧在元初产生很大的影响，甚至出现模仿者。

---

① 元好问：《遗山集》卷一八，《四库全书》第 1191 册，第 202 页。
② 元好问：《遗山集》卷一八，《四库全书》第 1191 册，第 202 页。

徐 琰

徐琰字子方，号容斋，又号养斋、汶叟，是元初著名文人，诗文曲都有极高的成就。吴澄《送卢廉使还朝为翰林学士序》谓："往年北行，征中州文献，东人往往称李（谦）、徐（琰）、阎（复）。"[1] 李、徐、阎、孟（祺）在当时有"四杰"之称[2]。贯云石《阳春白雪序》以其与杨果、卢挚、冯子振、关汉卿、庚吉甫等曲家并举，评其特点曰"滑雅"[3]。侯克中赞其"学海汪洋萃众流"[4]。然《元史》未列传，使其事迹湮没不得其详。前辈学者最先做过考证的是冯沅君先生[5]，但冯先生是将其作为侯克中的交游对象之一来研究的，对徐的考察非其重点，故所论简括。近代学者研讨较翔实的则数门岿先生[6]，近来如彭万隆[7]、求芝蓉[8]、王连起[9]等先生也有新的研究成果，较前此的研究都不同程度地有所推进。但其中的诸多问题似并未全部解决，达到令人满意的程度。如徐琰的早期经历及仕宦究竟如何？其在不同时期所任官职的具体情况是怎样的？是否曾任过江浙行省参政？是否如彭万隆教授所说，在拜翰林承旨前还曾授翰林学士？这些问题都有待澄清解决，也是本篇所力图考辨者。

一 出身及早期仕宦

关于徐琰的生年，史无记载。徐卒后，以其门生自称的滕斌写有一首

---

① 李修生主编《全元文》第 14 册，凤凰出版社，2004，第 92 页。

② 袁桷：《阎公神道碑铭》，《清容居士集》卷二七，中华书局，1985，第 468 页。

③ 杨朝英编《新校九卷本阳春白雪》，隋树森校订，中华书局，1957，第 3 页。

④ 侯克中：《寄徐中丞子方二首》，《艮斋诗集》卷五，《四库全书》第 1205 册，第 472 页。

⑤ 冯沅君：《记侯正卿》，《冯沅君古典文学研究论文集》，袁世硕、张可礼主编《陆侃如冯沅君合集》第 14 卷，安徽教育出版社，2011，第 26 页。

⑥ 门岿：《学海汪洋萃众流》，《元曲百家纵论》，教育科学出版社，1990，第 44 页。

⑦ 彭万隆、张永红：《元代文学家滕宾生平稽考——兼考徐琰》，《浙江工业大学学报》2015 年第 4 期。

⑧ 求芝蓉：《元初文臣徐琰生平考》，魏崇武主编《元代文献与文化研究》第 3 辑，中华书局，2015。

⑨ 王连起：《程文海徐琰致义斋二札考》，《故宫博物院院刊》2015 年第 6 期。

题为《哭东园》①的悼诗，所谓"东园"即东道主。滕斌在《谢翰林徐承旨启》②中即谓徐琰乃自己的"东道主人"，而自己则是其"坐上客"。"东园"是与"西宾"相对而言。诗首联云："人间八十岁吟翁，一转头来梦幻空。"徐琰卒于大德五年（1301）二月，据清张鉴《春秋集传跋》载，时滕斌以此前徐琰之荐出任江西儒学副提举。从滕诗"化鹤何心归世外，骑鲸无信到江东"句看，滕应是听到噩耗后写下的这首悼诗，时应在大德五年二月后不久。若此，可逆推徐琰的生年在金元光元年（1222）。此说尚有一旁证，戴表元在《众祭徐子方承旨文》中谓容斋"位近三台，仕逾五纪"③。设其二十岁入仕，则致仕之年已八十岁。徐琰大德三年仍任翰林承旨，以此逆推，与我们推定的其生年在 1222 年也相吻合。徐琰与李谦、阎复、孟祺三人同出身东平府学员，后三人《元史》卷一六〇有传。《阎复传》："皇庆元年三月卒，年七十七。"则阎复生年在 1236年。《李谦传》："大德六年，召为翰林承旨，以年七十一，乞致仕。"则李谦生于 1232 年。《孟祺传》："至元十八年，擢太中大夫、浙东海右道提刑按察使，疾不赴。卒，年五十一。"④则孟祺约生于 1231 年。四人中，徐琰年辈最长。

　　徐琰早期的经历文献阙如，我们只能在已有材料的基础上做一定程度的推考。问题从两个不同的表述开始说起。一个记载是上文提到的戴表元在徐琰卒后的祭文中，谓其"位近三台，仕逾五纪"。也即是说，徐琰在仕途超过六十年。另一个记载是大德三年徐琰入朝拜翰林承旨之时，引荐滕斌任江西儒学副提举，滕斌在答谢的启文中说徐"扬历两朝，雍容一节，是以首居东阁，蔚昭年德之高"。所谓"两朝"是指元世祖、成宗两朝。元世祖忽必烈中统元年（1260）即帝位，至此时的大德三年（1299），前后凡四十年。问题正出在这二十年的时间差上。滕斌因徐琰的引荐而感激不已，以徐之门生自居，而戴表元在徐任浙西廉使时，也与徐接触颇多，还为其容容斋作赋，二人的记载从真实性上来说都没有问题，那么只能解读为二人分别是从不同的角度进行的表述。设徐琰二十岁入仕途，至中统元年，时间正约二十年。若此，我们便可以解释戴表元与滕斌二人记载的不同。戴表元所说的"仕逾五纪"，是自徐琰结束东平府学员身份时算起，而滕斌

---

① 杨镰主编《全元诗》第 29 册，中华书局，2013，第 415 页。
② 李修生主编《全元文》第 31 册，第 9 页。
③ 戴表元：《剡源文集》卷二三，《四库全书》第 1194 册，第 293 页。
④ 《元史》卷一六〇，第 3774、3767、3772 页。

是从中统初徐琰离开东平幕府为朝廷属官算起。

东平严实及其后继者严忠济兴修学校，招揽文士，这些人实际上是他的幕僚。元好问《东平行台严公神道碑》云："东州既为乐土，四外之人，托公以为命者相踵也。"① 《杨奂神道碑》载："东平严公喜接寒素，士子有不远千里来见者。"② 其中有金朝已享文名者，如杨奂、宋子贞、杜仁杰、王磐等，而徐琰、阎复、李谦、徐世隆、孟祺等较前者晚一辈，为生员。这些生员中的优异者，被委以差事，行走于严氏幕府之中。如孟祺，就试东平，"登上选，辟掌书记"。阎复为元好问校文时取为第一，"岁己未，始掌书记于行台"。李谦，"为东平府教授"，"累官万户府经历"。徐世隆，"严实招致东平幕府，俾掌书记"。③ 徐琰与孟、阎、李、徐数人同为东平府学员中之佼佼者，此时所授之官职或差事应也是"掌书记"类的文职。徐琰在东平幕府前后共二十年左右。其《萃美亭记略》④，乃游泰山时所作，应是在任东平幕府这段时间。嘉靖《山东通志》卷二一《宫室·萃美亭》载："在泰安州西十里泰山下，金知州姚荣建，元奉高尹王悟重修。"⑤ 此外，据王奕《和徐中丞容斋旧泰山一百五韵赞见》，知徐琰曾作颂泰山长篇排律，今不存。王奕和诗作于徐琰拜江南行台御史中丞任上，他曾出游泰山，故而以徐琰的旧《泰山》为韵，和作以"赞见"。泰山是东平名胜，徐琰在东平幕府前后二十年，公务之暇游览泰山、赋诗作文，当是常态。

滕斌谓徐琰"扬历两朝"，是从世祖即位之中统元年算起，可能滕斌对徐琰早年在东平幕府的经历并不十分清楚，也可能出于"为尊者讳"的目的，略而不书。现在的问题是，为何恰是在中统初徐琰离开东平幕府？按金室南迁汴梁后，河北、山东等地成为"两不管"的地带，也成为战争的最前线，百姓朝不保夕，因而此地的豪杰之士便应时脱颖而出，成为雄霸一方的实力派，其中以真定史天泽、东平严实为最著。这些汉族地主豪强在蒙古军南下时因最先投诚，且自身实力雄厚，受到蒙古统治者的信赖与重用，权倾一方。然而随着战事接近尾声，世祖定都大都，皇权趋于集中，这种状况自然不能再延续下去。再者，中统三年（1262），益都军阀李璮叛乱被平

---

① 元好问：《遗山集》卷二六，《四库全书》第 1191 册，第 286 页。
② 元好问：《遗山集》卷二三，《四库全书》第 1191 册，第 258 页。
③ 《元史》卷一六〇，第 3771—3772、3767—3768 页。
④ 李修生主编《全元文》第 10 册，第 625 页。
⑤ 嘉靖《山东通志》卷二一，明嘉靖刻本。

息后，世祖更加速对汉族地主权力的控制。史天泽子侄"即日解兵符者十七人"①。东平严氏也在此时罢侯。严忠济于中统二年即因为"大臣有言其威权太盛者"被夺职，由弟忠范代为东平总管②。忠嗣于中统四年因朝廷惩青齐之乱，居大藩者，子弟不得亲政，罢官家居③。随后忠范也改金陕西行省事。严氏世侯被罢撤，东平幕府不复存在，徐琰等人也只得离开东平，接受由朝廷委任的官职。

徐琰《冯垧神道碑铭》云："当草昧之际，去就合事宜，首纳民于大顺；疮痍之余，抚摩得治道，卒跻民于小康者，参议冯公之力也。予生也后，闻公之名而不及见。往年以使指过益都，始识公之孙泾，风流蕴藉，一座尽倾，人以为似其父。"④ 此参议冯公，名垧，字子坚。据徐所作神道碑铭，"春秋七十有三，辛丑正月二十有三日卒于私第之正寝"。墓志作于大德三年，徐琰回忆自己"往年以使指过益都"时，与墓主之孙冯泾初识的情景。"使指"，《汉语大词典》解释为天子、朝廷的意旨命令⑤。此应是徐琰任朝廷所授官职的开始。《元史·王磐传》载："东平总管严实兴学养士，迎磐为师，受业者常数百人，后多为名士。……所荐宋衜、雷膺、魏初、徐琰、胡祗遹、孟祺、李谦，后皆为名臣。"⑥ 按《元史·雷膺传》："中统二年，翰林承旨王鹗、王磐，荐膺为翰林修撰、同知制诰，兼国史院编修官。"⑦ 又《李谦传》："翰林学士王磐以谦名闻，召为应奉翰林文字。"⑧ 又《阎复传》："至元八年，用王磐荐，为翰林应奉，以才选充会同馆副使，兼接伴使。"⑨ 王磐是东平府学教授，孟祺、李谦、徐琰、阎复等人均为其学生，故而当其官拜翰林院时，举荐数人。按《元史》王磐本传："李璮素重磐，以礼延致之。……璮平，遂挈妻子至东平。召拜翰林直学士，同修国史。"李璮中统三年叛乱，寻即被平定。王磐初入翰林应即在中统三年，而在中统元年，王磐任益都路宣抚副使，"居顷之，以疾免"。而

---

① 《元史》卷一五五《史天泽传》，第3661页。
② 《元史》卷一四八《严忠济传》，第3507页。
③ 《元史》卷一四八《严忠嗣传》，第3508页。
④ 民国《寿光县志》卷一三《金石志》，1936年铅印本。
⑤ 《汉语大词典》卷一，上海辞书出版社，1986，第1329页。
⑥ 《元史》卷一六〇，第3751页。
⑦ 《元史》卷一七〇，第3991页。
⑧ 《元史》卷一六〇，第3767页。
⑨ 《元史》卷一六〇，第3772页。

宣抚使为宋子贞，子贞在该任上时间也很短，"未几，入觐，拜右三部尚书"①。宋子贞是协助严忠济兴修学校之人，王磐、康晔等人即由他延请至东平授学，徐琰等人则由他招收进来。《元史》本传载：金亡后，"子贞率众归东平行台严实。……实卒，子忠济袭爵，尤敬子贞。……子贞作新庙学，延前进士康晔、王磐为教官，招致生徒几百人，出粟赡之，俾习经艺。每季程试，必亲临之"②。宋子贞可谓徐琰的长官兼恩师，而当宋子贞、王磐于中统初分别由益都路宣抚使、副使任上入朝为官时，即引荐自己的学生任此职，此即徐琰所说的"以使指过益都"，此"使指"，即宣抚司属官。据《元史·百官志》："宣抚司，秩正三品。每司达鲁花赤一员，宣抚一员，同知、副使各二员，佥事一员，计议、经历、知事各一员，提控案牍架阁一员。"③徐琰所任当为宣抚司吏员之职。盛如梓《庶斋老学丛谈》记徐琰有《题莱州海神庙》诗："龙宫高拱六鳌头，六合乾坤日夜浮。贝殿走珠蛟构室，戟门烘雾蜃喷楼。中原北顾真孤岛，外域东渐更九州。咫尺深航倭秒近，好将风浪戒阳侯。"④据《元史·地理志》，莱州"元初属益都路"，中统五年，改隶淄川路⑤。该诗应即徐琰任职益都宣抚司期间所作。

虞集《瑞鹤赞》载："至元纪元，岁在甲子，实命诚明张真人建大醮于兹宫，有瑞鹤之应焉，今七十年矣，前太常徐琰见诸赞咏。"⑥所谓"诚明张真人"，即张志敬（1220—1270），中统三年，赐号光先体道诚明真人。王磐《诚明真人道行碑铭》亦记此事："至元二年，圣旨就长春宫建设金箓大醮三千六百分位。行事之日，有群鹤翔舞，下掠坛埠，去而复来累日。天子嘉之，赐师金冠云罗法服一袭，仍命翰林词臣作瑞应记，刻之碑石。"⑦虞集是七十年后的追述，而王磐以时人记时事，故应以王磐所记为是。据《元史·百官志》：中统元年，中都立太常寺，设寺丞一员。至元二年，翰林兼摄太常寺⑧。故王磐所说的"翰林词臣"，与虞集所谓"太常"实是一回事，并不矛盾。也即说，至迟至元二年（1265），徐琰已入朝拜翰林院属

① 《元史》卷一五九《宋子贞传》，第3735页。
② 《元史》卷一五九，第3735页。
③ 《元史》卷九一，第2310页。
④ 盛如梓：《庶斋老学丛谈》卷中，《四库全书》第866册，第544页。
⑤ 《元史》卷五八，第1374页。
⑥ 虞集：《道园学古录》卷二一，《四库全书》第1207册，第314页。
⑦ 李修生主编《全元文》第2册，第303页。
⑧ 《元史》卷八八，第2217页。

官，并兼摄太常寺。胡祗遹《容斋记》谓徐琰"一飞而亲日月之光"①，即指此。据《元史·胡祗遹传》，祗遹至元元年授应奉翰林文字，寻兼太常博士②，与徐琰同衙为官，宜乎所记确允。

二　陕西行省左右司郎中（1270 以前—1273）

罗振玉藏《金石萃编未刻稿》载徐琰撰《大元国京兆府重修宣圣庙记》，署款为"前陕西四川行尚书省左右司郎中"③。该文今存拓片，《北京图书馆藏中国历代石刻拓本汇编》第 48 册载录。文作于至元十三年（1276），署"前陕西四川"云云，知徐琰任陕西行省左右司郎中在至元十三年之前。记文云："教授李庭腾书有司，走谒当路，遑遑焉，汲汲焉，若不能一朝居者。时陕西四川行尚书省平章赛公，属有疆场之事，驻□巴蜀[行] 省，正奉严公视事之明日，祗谒庙下，徘徊顾瞻，已而叹曰：'今夫为教于世者三，而吾夫子居其一。'……命京兆总管府判寇君元德董其役，经始于至元七年之冬，断手于明年之夏。"文中所谓"赛公"，即赛典赤·赡思丁（1211—1279）。《元史》本传载："至元元年，置陕西五路西蜀四川行中书省，出为平章政事。莅官三年，增户九千五百六十五。……中书以闻，诏赏银五千两，仍命陕西五路四川行院大小官属并听节制。七年，分镇四川，宋将昝万寿拥强兵守嘉定，与赛典赤军对垒，一以诚意待之，不为侵掠，万寿心服。"④"正奉严公"即严忠范，"正奉"乃正奉大夫的简称，是散官官阶。忠范至元九年佥陕西五路西蜀四川行中书省事，十二年充国信副使，偕廉希贤至独松关，为宋将张濡所杀⑤。李庭（1199—1282），字显卿，号寓庵。华州奉先（今陕西蒲城）人。至元七年授京兆教授⑥。徐琰任陕西行省郎中应在至元七年之前，因为赛典赤至元七年"分镇四川"时，徐琰即随其一道至蜀，在赛氏幕中。临行之时，李庭作送行诗两首，

---

①　胡祗遹：《紫山大全集》卷一一，《四库全书》第 1196 册，第 209 页。
②　《元史》卷一七〇，第 3992 页。
③　国家图书馆善本金石组编《辽金元石刻文献全编》第 2 册，北京图书馆出版社，2003 年影印本，第 631 页。
④　《元史》卷一二五，第 3063 页。
⑤　《元史》卷八《世祖本纪五》，第 164 页。参见《元史·廉希贤传》《阿剌罕传》。
⑥　王博文：《故咨议李公墓碣铭并序》，李庭：《寓庵集》附录，《续修四库全书》第 1322 册，上海古籍出版社，2002 年影印本，第 351 页。

其一《送徐子方郎中》：

> 剑外方屯十万师，运筹帷幄要英奇。人材惟有徐孺子，士论共推
> 刘穆之。云栈路危休叱驭，锦江花好剩留诗。庙堂正阙经纶手，旦夕
> 除书下玉墀。

其二《送徐郎中之蜀》：

> 猎猎霜风卷旆旃，一鞭行色指巴川。军中正仰裴丞相，幕下仍登
> 鲁仲连。已办运筹枭逆虏，不妨横槊赋新篇。凯还定在春前后，伫看
> 除书下九天。①

第二首诗之颔联，分别歌咏赛典赤、徐琰，以二人比拟历史上的裴度、鲁
仲连。由此我们确知徐琰当时在赛氏军中任幕僚之职。

徐琰在任陕西行省郎中期间的交游，除上文讲到的李庭诗之外，没有
其他的文献。元人笔记记载徐在此任上的一件逸事，说某天"有属路申解，
内漏落头行一'圣'字，吏欲问罪，以为不敬"，徐琰提笔改云："照得来
解第一行脱漏第三字，今将元文随此发去，仰重别具解申来。"② 于此，亦
可见徐琰待人颇有宽宏之度。其卸任陕西行省郎应在至元十年（1273），
次年任莱芜铁冶都提举司提举。李谦《莱芜铁冶都提举司纪绩碑》载："莱
芜冶户刘顺等造余，言曰：莱芜铁冶尚矣，至元甲戌，翰林学士徐公琰以陕
西行中书省部（郎）来充提举，始立官冶，发户三千，专给冶事。"③ 至元
甲戌为至元十一年，所谓"翰林学士"，是以徐琰后来的任职追述，非谓此
时任翰林学士。

三　中书省左司郎中（1282—1285）

徐琰第一次为京官是至元初入翰林，第二次则是任中书省左司郎中。
虞集《张九思神道碑》载：

---

① 李庭：《寓庵集》卷二，《续修四库全书》第 1322 册，第 311 页。
② 李翀：《日闻录》，《四库全书》第 866 册，第 424 页。杨瑀《山居新语》卷一、陶宗仪《南
村辍耕录》卷五也载此事。
③ 嘉靖《莱芜县志》卷七《文章志》，明嘉靖刻本。

　　公首荐易州何公玮，东平徐公琰、马公绍，献州范公芳，裕皇次第用之。何参议中书，徐为左司郎中，范为右司郎中，马为刑部尚书，侍从以下，因公言而见用者，遍布朝著，一时号为得人。①

　　张九思推荐此数人是在阿合马被杀之后，元世祖"相和礼霍孙，革宿弊而新之"之时。阿合马被杀在至元十九年（1282）三月，世祖新拜和礼霍孙在同年四月。《元史·世祖本纪》："（至元十九年）夏四月辛卯，敕和礼霍孙集中书省部、御史台、枢密院、翰林院等官，议阿合马所管财赋，先行封籍府库。丁酉，以和礼霍孙为中书右丞相，降右丞相瓮吉剌带为留守，仍同金枢密院事。"②《新元史·和礼霍孙传》："（至元）十九年，王著、高和尚杀阿合马，命和礼霍孙至中书省，与省、台官同议阿合马所管财赋。……四月，拜中书右丞相。……五月，籍阿合马党七百十四人，褫其官。时阿合马之弊政尽为和礼霍孙所划革。"③ 张九思向裕宗推荐徐琰等人正是在这样的背景下，时间在至元十九年。

　　胡祗遹在《寄子方郎中书》中说：

　　某顿首再拜子方郎中执事：不肖以衰老不才，荆南得代还家，杜门括囊，四年于兹矣。不意误蒙录用，居官守职，牧养小民之外，非所当言。然以责成实效，多归于府州县司，有不得不言者。敢妄言一二，尘渎清听。④

　　按《元史·胡祗遹传》："宋平，为荆湖北道宣慰副使。……（至元）十九年，为济宁路总管，上八事于枢府言军政：曰役重，曰逃户，曰贫难，曰正身入役，曰伪署文牒，曰官吏保结，曰有名无实，曰合并偏颇。枢府是之，以其言著为定法。"⑤ 寄徐子方书应即作于至元十九年，其在济宁路总管任上。胡祗遹《紫山大全集》卷三又有《荐士一章呈子方郎中、飞卿侍御、子裕尚书、受益侍郎》诗，乃举荐之作。

---

①　虞集：《道园学古录》卷一七，《四库全书》第 1207 册，第 240 页。

②　《元史》卷一二，第 241 页。

③　柯劭忞：《新元史》卷一九七，张京华、黄曙辉总校，上海古籍出版社，2018，第 3935 页。

④　胡祗遹：《紫山大全集》卷一二，《四库全书》第 1196 册，第 226 页。

⑤　《元史》卷一七〇，第 3992 页。

四　岭北湖南道提刑按察使（1286—1288）

　　清顾嗣立编《元诗选癸集》记徐琰拜岭北湖南道提刑按察使在至元二十三年（1286），可信从。徐琰《广宁通玄太古真人郝宗师道行碑》云："至元二十三年，诏赐栖云弟子洞阳徐志根之号曰崇玄诚德洞阳真人，旌有德也。是年三月，予将赴官湖南，道出汴梁。"①徐琰所谓"赴官湖南"，即指自大都赴任湖南按察使。

　　徐琰在湖南提刑按察使任上，与当地文士颇多往来。姚燧《奉议大夫广州治中阎君墓志铭》载：

　　　　君讳宏，字子济。……至元（二十五年）戊子，辞直翰林，客邓，君方婿南阳医学提举刘君大亨，亦家邓，始以其文为贽，相过甚殷。余既以所得文法告之，及示其所注《遗山集》，余则曰……。君亦不以余言为逆，其听而止，归觐浏阳。时故翰林承旨徐公琰持宪长沙，手所为文以先，徐公奇之，答诗以誉。②

　　墓志作于至大二年（1309），时徐琰已谢世，故有"故翰林承旨徐公"之谓，是以后来的官职称前事，非指徐琰其时以翰林承旨"持宪长沙"。

　　卢挚《湖南宣慰使赵公墓志铭》云：

　　　　大德十有一年冬，前湖南宣慰使赵公，薨于潭州居第。……公讳淇，字元德。世族望临淄霍者。五季时刺抚州，后徙家衡山。……公以平远自命，太初其别号。平远之名闻天下。朋游间，多穹贵大贤，契予尤深者：故参政徐公子方、太子宾客姚公端父、平章何公仲韫、左丞赵公伯华。③

　　这里所谓的"故参政徐公"，与上文姚燧的称谓一样，是用后来的官阶追述前事，因徐琰曾任江西行省参政，故有此谓。

　　刘将孙《与姚牧庵参政书》云：

　　①　李修生主编《全元文》第 10 册，第 626 页。
　　②　姚燧：《牧庵集》卷二九，《丛书集成初编》第 6 册，中华书局，1985，第 369 页。
　　③　李修生主编《全元文》第 11 册，第 21 页。

　　（某）今且五十矣，忧患退堕，志落而才退，一无以自表于世。往
　岁东平容斋公于浙于湘，闻或者之称其少日也。①

　　刘将孙（1257—1325 以前），字尚友，号养吾。庐陵（今江西吉安市）人。
南宋著名诗人刘辰翁之子。刘将孙自幼继承家学，颇袭父风，刘辰翁号须
溪，刘将孙则被称作小须。著有《养吾斋集》四十卷。刘将孙仕途颇坎
坷，皇庆二年以荐授光泽主簿，后历任延平教官、临汀书院山长等职②。
刘将孙致姚燧书谓徐琰"于浙于湘，闻或者之称其少日也"。"于浙"是
谓徐琰至元二十九年任浙西廉访使之职（详后文），"于湘"即指任湖南
提刑按察使时。大概也与写此书目的相同，刘将孙曾以诗文拜谒徐琰，希
图引荐。
　　宋渤《衡阳村院得杖材寄徐容斋》：

　　　放舟清湘波，系舟湘水曲。落日红露生，蔽映两岸绿。衲衣何处僧，
　揖客看修竹。攀缘入幽深，松桂荐芬馥。轻飙振裳衣，余韵久回复。
　亭亭小梅花，却立野人屋。萧然方出林，碧玉万竿矗。敢攀筜龙新，
　请乞老枝麤。诗翁澹古思，与汝交不渎。往登读书堂，清修配佳菊。③

　　宋渤字齐彦，号柳庵。潞州长子（今属山西）人，宋子贞之子。《四朝诗·
元诗》还选录宋渤一首题为《丙戌冬至衡阳食柑》诗，其中有云："三年江
之南，光景去如失。……官事未易了，应止筋力率（衰）。"④ 丙戌为至元二
十三年（1286）。由诗可知，此时宋渤正拜官湖南。宋子贞是协助严忠济兴
办东平府学的重要人物，与徐琰有师生之谊。现其子与徐琰同在湖南为官，
二人交往当颇频繁，惜留存下来的文献仅此诗一首。
　　徐琰在湖南宪使任上所作诗文，今所知者有《跋宋徽宗书》，末署时间
为至元戊子九月下弦日，即至元二十五年（1288）九月二十三日。徐文有
云："刘彦明得于钱塘，携至长沙，出示予。"⑤ 按，柳贯《柳待制文集》
卷一一《刘彦明墓志铭并序》载，刘彦明名德智，字彦明，世家于歙。卒

①　刘将孙：《养吾斋集》卷八，《四库全书》第 1199 册，第 75 页。
②　纪昀等：《〈养吾斋集〉提要》，《四库全书》第 1199 册，第 1 页。
③　张豫章等编《四朝诗·元诗》卷一三，《四库全书》第 1440 册，第 18 页。
④　张豫章等编《四朝诗·元诗》卷一三，《四库全书》第 1440 册，第 18 页。
⑤　李修生主编《全元文》第 10 册，第 618 页。

于天历二年（1329），年五十五。然则至元二十五年，刘彦明方才十四岁。与徐琰相识之刘彦明似非此歙县刘彦明，俟考。

五　江南诸道行御史台御史中丞（1289—1290）

《元史·董文用传》载："（至元）二十五年，拜御史中丞。文用曰：'中丞不当理细务，吾当先举贤才。'乃举胡祗遹、王恽、雷膺、荆幼纪、许楫、孔从道十余人为按察使，徐琰、魏初为行台中丞，当时以为极选。"①董文用引荐徐琰为江南行台御史中丞在至元二十五年（1288），赴任则在明年，见张铉《至正金陵新志》卷六。

在江南行台御史中丞任上，徐琰曾给王恽寄送梅花，大约也同时附有诗作。王恽赋诗二首以答谢，题为《谢徐容斋赠梅》，其二有云："容斋清节扬州逊，赠我官梅兴寄深。"②王恽此时在福建闽海道提刑按察使任上。按中统元年，姚枢任东平宣抚使，辟王恽为详议官，徐琰最初与之相识或在此时。

侯克中《寄徐中丞子方》诗二首其一云："学海汪洋萃众流，早年名姓冠鳌头。星辉北极三台晓，霜落南台万象秋。"③"早年名姓冠鳌头"是说徐琰在东平府为学员时已崭露头角。所谓"三台"，即三公之位④。徐琰在至元十九年曾任中书省左司郎中，故侯诗有此谓。侯克中有《白敬甫经历有闽中之行》诗，白敬甫为元曲大家白朴之弟。诗首联云："里巷亲情未易疏，岂期岁晚别中吴。"⑤克中与敬甫同为真定人，故有"里巷亲情"语。由"岁晚别中吴"句，知写此诗时侯克中在苏州。据郑骞先生考证，白敬甫除福建宣慰司经历在至元二十八年五月至三十一年之间⑥，侯克中寓居苏州也即在此时间段。江南行台最初置司扬州，后移至建康，徐、侯二人当颇多交往。克中寄诗的第二首有云："五载分携忆汴京，慨然诗酒话平生。"自至元二十六年上推五年，时在至元二十一年，徐琰至元二十三年授湖南按察使之职，道经汴梁，有前引徐琰《跋宋徽宗书》为证，其与侯克中相

①　《元史》卷一四八，第3499页。
②　王恽：《秋涧集》卷二三，《四库全书》第1200册，第281页。
③　侯克中：《艮斋诗集》卷五，《四库全书》第1205册，第472页。
④　《晋书》卷一一《天文志上》："三台六星，两两而居，起文昌，列抵太微。一曰天柱，三公之位也。"中华书局，1974，第293页。
⑤　侯克中：《艮斋诗集》卷五，《四库全书》第1205册，第472页。
⑥　郑骞：《白仁甫年谱》，《景午丛编》下编，台湾中华书局，1972，第141页。

识或即在彼时。

在任江南行御史台御史中丞期间，姚燧有寄诗，题为《寄徐中丞容斋》：

> 李侯安庆来，遭君江间柂。问云归湍水，示声偶及我。自揆衰钝质，旧学日兼堕。百事于大贤，资取无一颇。始疑逢蒙弓，亦有虚发笴。终知匠石斧，材不捐琐琐。增惭失喜余，背觉芒刺荷。平生声相接，睟面见未可。文字亲友间，屡得观藻火。况闻闲世故，盘走夜光颗。仰止高山思，愿并余子夥。历推天日行，蚁右风轮左。吾徒不相值，其故正此坐。何时广陵游，倾盖愿终果。①

诗是说李侯自安庆而来，谓与君相遇，而提及我。从姚诗"平生声相接，睟面见未可。文字亲友间，屡得观藻火"，"吾徒不相值"，"何时广陵游，倾盖愿终果"等句来看，截至此时，徐琰与姚燧并未谋面。所谓"李侯"，即李世安，本西夏人，其祖官益都淄莱军民都达鲁花赤，故占籍淄川。父李恒乃元灭南宋功臣，至元二十一年，父卒，李世安袭任江西行中书省金事，兼本军万户。长期供职江西，平叛内乱，多有功绩。元贞、大德年间，任江浙、河南参政。李世安与徐琰同为山东籍，且徐琰早年曾在益都宣抚司供职，二人或早已相识。而姚燧因很长一段时间滞留湖广、江西一带，故与李世安结交。

宣城人汪泽民、张师愚所编《宛陵群英集》卷七收录汪鑫《赟徐容斋宪使》诗，宣城隶属江南建康道，是江南行御史台的下辖官署，徐琰与汪鑫结识应是在其任江南行台御史中丞之时。

盛如梓《庶斋老学丛谈》卷中载徐琰任南台御史中丞时，与"确斋苟公②、雪楼程公、校官胡石塘唱和无虚日，亦一时之文会也"。苟确斋即苟宗道，字正甫，号确斋。清苑（今属河北）人。以都事从郝经使宋，被留仪真，经授以学，遂为名儒。至元二十六年任江南行台治书侍御史③。胡石塘即胡长孺，字汲仲，号石塘。婺州永康（今属浙江）人。宋咸淳中，随其舅入蜀，铨试第一。胡长孺学问渊博，史称其"《九经》、诸史，下逮百氏名、墨、纵横，旁行敷落，律令章程，无不包罗而揆序之"。宋亡后，退

---

①　姚燧：《牧庵集》卷三二，《丛书集成初编》第 6 册，第 403 页。

②　"苟公"，原误作"荀公"，改正。

③　张铉：《至正金陵新志》卷六下，《四库全书》第 492 册，第 320 页。

栖故乡永康山中。至元二十五年，朝廷下诏求贤，有司强起之，授集贤院
修撰，因与宰相议不合，改任扬州教授①。程雪楼即程文海，字钜夫，号雪
楼。建昌（今江西南城县）人。元兵南下，与叔父降，觐京，世祖奇之，
授应奉翰林文字。至元二十四年，拜江南行台侍御史②。至元二十六年，桑
哥专政，法令苛急，四方骚动，程钜夫入朝上疏弹劾。桑哥大怒，将其羁
留京师不遣，奏请杀之，世祖不许③。程钜夫《徐容斋参政王安野治书更倡
迭和饮酒、止酒各极其趣次韵二首》之《止酒为容斋公赋》即作于二人同
供职江南行台这段时期。据《程钜夫年谱》，至元二十七年春，程钜夫自京
师还江南行台，二十九年五月，以十老臣之一赴阙赐对。而徐琰至元二十
八年南台御史中丞秩满，调任江西行省参政（详后文），徐《和止酒》及程
和诗应作于至元二十七年。徐诗不存。程和诗称容斋为参政，是就徐琰即
将就任之职而言。程诗有云：“从公淮海上，吊古马遥驻。夜归证前史，绕
几黄云炷。暍来高士州，止酒诵佳句。”④

　　引荐贤良是御史的职责之一，徐琰任江南行台御史中丞期间，曾推荐
西蜀大儒张塱为孔、颜、孟三氏子孙教授。吴澄《故文林郎东平路儒学教
授张君墓碣铭》载：

> 　　君蜀人也，姓张氏，讳塱，字达善，世居永康之导江。……父讳
> 瀛，特奏名迪功郎、江州彭泽县主簿，母黎氏。蜀有兵难，主簿君从
> 其外舅监丞黎公出蜀，寓浙。……天兵南来，家歼焉，君茕然一身，
> 授徒自给。初以浙西按察佥事夹谷公荐，授将仕佐郎、建康路教授，
> 迟迟四年始之官，未及一期而代。再以行台御史中丞徐公荐，授登仕
> 佐郎、孔颜孟三氏子孙教授。⑤

　　徐琰写于这一时期的作品，除上文提到的《和止酒》诗外，据王奕
《玉斗山人集》卷二《和中丞徐容斋贯户维扬》，知还有《贯户维扬》诗。
大概徐琰南台御史中丞秩满后，至赴任下一官职江西行省参政这段时间，
曾在扬州短暂居住。此诗今不存。王奕字伯敬，号斗山，玉山（今属江西）

①　《元史》卷一九〇《胡长孺传》，第4332页。
②　张铉：《至正金陵新志》卷六下，《四库全书》第492册，第319页。
③　程世京：《程钜夫年谱》，程钜夫：《雪楼集》附录，《四库全书》第1202册，第470页。
④　程钜夫：《雪楼集》卷二六，《四库全书》第1202册，第384页。
⑤　吴澄：《吴文正集》卷七三，《四库全书》第1197册，第707页。

人。生于南宋，入元后曾出任玉山县儒学教谕。与谢枋得等南宋遗民交往密切，诗文中不乏以遗民自居的文句。其和徐容斋《贯户维扬》诗，应作于徐琰任江西行省参政之时。又嘉靖《归德府志》卷二收录徐琰撰《重建睢阳双庙记》，注云"元江西行省参政徐琰"。记云："至元二十有六年，主簿柴叔武率里人好事者，以为城南去人辽远，香火不便，卜地于睢阳城中，面照碧堂而为之祠。介前归德府判、监察御史王茂来问……仍乞文以记。"①按《至正金陵新志》卷六下"监察御史"栏有王茂，至元二十六年任。知该记作于徐琰任江南行台御史中丞之时。《归德府志》署徐琰官职为江西行省参政，是后人择其历任官职之最高者，不能据以认定作文之时即其任该职的时间。

六　江西行中书省参知政事（1291）

吴澄《李世安墓志铭》载：

（至元二十一年）起复正议大夫、佥江西等处行中书省事，兼本军万户。二十四年，尚书省立，公佥行省事如初。……尚书省罢，旧官尽革，独存公一人，改参行中书省。既而参政徐公琰，公与协心划除宿弊。②

罢尚书省在至元二十八年五月。《元史·世祖本纪》载，至元二十八年春正月，"尚书省臣桑哥等以罪罢。……五月癸丑，罢尚书省事皆入中书。改尚书右丞相、右詹事完泽为中书右丞相，平章政事麦术丁、不忽木并中书平章政事"③。又《元史·燕公楠传》："（至元）二十七年，拜江淮行中书省参知政事。桑哥既败，而蠹政未尽去，民不堪命。……会欲易政府大臣，以问公楠，公楠荐伯颜、不灰木、阇里、阔里吉思、史弼、徐琰、赵琪、陈天祥等十人。"④《至正金陵新志》载至元二十八年江南行台御史中丞为魏初，此即徐琰南台御史中丞秩满之时。又据徐琰所撰《范文正公祠记》，其于至元二十九年已拜浙西肃政廉访使，则任江西行省参知政事当在至元二

---

① 嘉靖《归德府志》卷二《建置志·祀典》，明嘉靖刻本。
② 吴澄：《吴文正集》卷八五，《四库全书》第1197册，第803—804页。
③ 《元史》卷一六，第343页。
④ 《元史》卷一七三，第4051页。

十八年（1291）。

江西参知政事任上，徐琰颇重视提拔儒士。如吉水萧宗大，刘将孙《登仕郎赣州路同知宁都州事萧公行状》载：

> 公讳宗大，世为吉州吉水文昌乡虎溪人。……至元（十六年）己卯，举能治剧，授将仕郎、广州香山盐司副提举。（二十八年）辛卯，闽广选开，诵公才美者如指，改授邵武路邵武县尹，兼劝农事。前举者，为今广西廉访使忍斋温都尔公；后用者，则参政容斋东平徐公也。二公以无私闻海内，其得于二公也，不以私，二公之举而用之也，有以辞于人。[1]

又如豫章熊朋来，《元史·熊朋来传》：

> 熊朋来字与可，豫章人。宋咸淳甲戌，登进士第第四人，授从仕郎、宝庆府金书判官厅公事，未上而宋亡。……会朝廷遣治书侍御史王构铨外选于江西，于是参政徐琰、李世安，列荐朋来为闽海提举儒学官。[2]

据袁桷《清容居士集》卷三二《翰林承旨王公请谥事状》，王构调选江西在至元二十八年。又如长沙张图南，刘岳申《元故太常礼仪院奉礼郎致仕张君墓志铭》：

> 奉常讳图南，字则复，息堂其自号也。其先世家庐陵安成，自其父徙长沙，遂为长沙。自宋季已知名，见知故相江文忠公。至元（二十八年）辛卯，徐公琰起公为岳麓书院，自是为濂溪、为紫阳。宣慰赵公淮聘公教其子若孙，翰林卢公鸷（挚）荐公可翰院、可提学，又移书时宰，极道其才美。[3]

又如阎宏，徐琰任江西行省参政后，即辟之为掾史，"事资其谋，拔士子有

---

① 刘将孙：《养吾斋集》卷二八，《四库全书》第 1199 册，第 263 页。
② 《元史》卷一九〇，第 4335 页。
③ 刘岳申：《申斋集》卷八，《四库全书》第 1204 册，第 285 页。

学行者，进为校官"①。

对下属，徐琰也极力奖掖，黄溍《亚中大夫汉阳知府致仕卢公墓志铭》云："公讳克治，字仲敬，姓卢氏。……换从仕郎、龙兴路总管府经历，用察官及部使者荐，擢江西行尚书、中书两省左右司都事，以材敏见知于参知政事东平徐公。"②

此外，徐琰与滕斌的结识也是在其任职江西之时。大德三年，徐琰拜翰林承旨，引荐滕斌为江西儒学副提举，斌写有一份答谢启文《谢翰林徐承旨启》，文中说："中逢刮目，曲见盛心。如切如磋，乃师友起予；必躬必亲，而父兄教我。"③ 可见其时徐琰与滕斌关系之密切。滕斌以书法名世，徐琰亦以能书而闻名，此或是二人交笃的契机之一。

在任江西参政期间，徐琰还与当地的隐士往来，其一即南宋遗民刘辰翁。程钜夫有《题刘须溪、徐容斋所赠暗都剌怯林御史名字说后》诗，暗都剌怯林，事迹俟考。刘须溪即刘辰翁（1232—1297），字会孟，须溪其号。庐陵（今江西吉安）人。宋景定三年（1262）进士，为濂溪书院山长。宋亡，托方外以归，遂不复出。元大德元年卒，年六十六。刘须溪、徐容斋同时为暗都剌怯林赠字，应是在徐琰任江西行省参政之时。刘辰翁本人的作品也透露出他曾与徐琰有接触，其《长沙廉访司题名记》云："于是廉司之建逾年矣，俾来文于庐陵以为之记，重新制也。……吾江西人也，昔者得之徐公子方焉，曰：'是尝为湖南按察者，是尝为湖南按察而肃者。'"④ 又如江西名士萧炎亨，刘将孙《前贡士龙溪山长带溪萧君墓志铭》载：

> 吾庐陵衣冠世家，自唐至宋不绝者，惟吉文九江萧氏。……及擢龙溪山长，甫数月，竟以南谷忧去，免丧，泊然无进取意，鹭洲屡请为堂长，屡摄教事，强起，辄谢去。平生词赋负俊声，佳句多传诵，博学强记，为文辩给丽密，尤精于诗。初宗山谷，后纵意所如，奇捷妥雅。……南之陈中山，北之徐容斋，皆知己。容斋为诗序，方之子长、子美。……君讳炎亨，字可则。⑤

---

① 姚燧：《牧庵集》卷二九，《丛书集成初编》第 6 册，第 368 页。
② 《金华黄先生文集》卷三一，《黄溍集》第 3 册，王颋点校，浙江古籍出版社，2013，第 738 页。
③ 李修生主编《全元文》第 31 册，第 10 页。
④ 李修生主编《全元文》第 8 册，第 605 页。
⑤ 刘将孙：《养吾斋集》卷三二，《四库全书》第 1199 册，第 316 页。

在江西之时，徐琰还曾整修东汉名士徐孺子祠堂。嘉靖《江西通志》卷四《南昌府》"徐孺子祠"条收录胡姓撰写之文，其有云："元初，江西行省参政东平徐琰重作之。"① 又康熙《南昌郡乘》卷五四《杂志》记徐孺子墓云："元至元二十八年，行省参政东平徐琰识墓植垣。"② 徐琰自己在《故宋兵部侍郎徐公墓表》中也说："异时余参乘江西，以修从祖汉高士之祠于东湖。"③ 与此同时，徐琰对南宋名臣徐卿孙的名节极为称道，谓之为"吾宗人"，并欲将其列于徐孺子祠堂以"升侑之"，后因"去官而不果"④。

王恽《题徐中丞子方爱兰轩诗卷》三首，其一云："幽兰在谷似幽人，相近相亲有使君。独爱逊绵诗律细，宛从平淡发奇芬。"其三云："山行还喜得夷途，路转兰皋更可娱。十里晓烟香不断，春风吹袂过鹅湖。"⑤ 鹅湖在今江西铅山县。据顾逢《题徐容斋先生爱兰轩》诗，"爱兰轩"是徐琰任浙西廉访使时在杭州的堂斋，《爱兰轩诗卷》应是徐琰上任浙西宪使后对以往所作诗歌进行整理的合集，其中也包括在江西行省参政期间的作品。可惜这部诗集今不传。

七　江南浙西道肃政廉访使（1292—1296）

徐琰《范文正公祠记》云："至元壬辰，予奉命廉访浙西，莅吴中，是为文正范公之乡。"⑥ 至元壬辰是至元二十九年（1292），这是徐琰铨调江南浙西道肃政廉访使的时间。江南浙西道提刑按察司始置于至元十四年，至元二十八年改提刑按察司为肃政廉访司。

至元三十年，江南浙西道肃政廉访司移治杭州。方回《江南浙西道肃政廉访司题名记》云："（至元）三十年春正月，中奉大夫、大使东平徐公尝任中司参大政，自吴门移治于杭，以总各路分司之政。"⑦ 初就任，徐琰即开建公署池沼，成化《杭州府志》卷一五《公署·昌化县》载：

> 平清沼在县治阶下，旧有石泉一泓。至元（三十年）癸巳，宪使

① 嘉靖《江西通志》卷四，明嘉靖刻本。
② 康熙《南昌郡乘》卷五四，康熙二年刻本。
③ 李修生主编《全元文》第 10 册，第 632 页。
④ 徐琰：《故宋兵部侍郎徐公墓表》，李修生主编《全元文》第 10 册，第 632 页。
⑤ 王恽：《秋涧集》卷三三，《四库全书》第 1200 册，第 422 页。
⑥ 李修生主编《全元文》第 10 册，第 623 页。
⑦ 李修生主编《全元文》第 7 册，第 317 页。

东平徐琰按邑，始广为沼，仍作铭，取池水观政之意。①

此外，还兴修西湖书院，建三贤祠，置山长，购办书籍。黄溍《西湖书院田记》："至元二十有八年，故翰林学士承旨徐文贞公，持部使者节，莅治于杭，始崇饰其礼殿，而奉西湖上所祠三贤于殿之西偏。行省以其建置沿革之详达于中书，畀书院额，立山长员。"② 陈基《西湖书院书目序》云："于是西湖之有书院，书院之有书库，实昉自徐公。"③ 记载此事的还有陈泌《西湖书院三贤祠记》、方回《三贤堂移入西湖新书院》、张之翰《奉贺西湖书院三贤堂成寄呈容斋大参》诗二首。只是各家所记时间略有不同，黄溍、陈基记在至元二十八年，陈泌则记在三十一年。按，徐琰至元二十九年拜浙西廉访使，时治司在平江，三十年移治杭州，兴修西湖书院当在三十一年。徐琰当江南平定不久、百废待兴之时，作为朝廷派遣的北人官员首兴学校，其举大受南方学子拥戴，也为后来的为政者做了表率，人们为其立祠祭拜。贡师泰《重修西湖书院记》载："（后）至元元年，铁木奇公、胡公祖广重葺大成殿，开志仁、集义、达道、明德四斋以居来学，扁三贤祠曰尚德，别室以祠徐公，曰尚功。"④ 徐琰出身东平府学，由此入仕途，西湖书院兴建完毕，时勉励诸生勤奋向学。曹伯启《宪使徐公子方俾诸生赋勤学诗，盖示勉励之意，僭题卷末》诗云："绣衣来何莫，文帜张吾军。敦劝果无愆，英材见纷纭。"⑤

徐琰在任浙西宪使期间，公余之暇，与文人学士诗文唱和极多。所交往人群大体可分为两个类型：一是南下之北人，一是南人。而南人又可分为非遗民与遗民两种。下面分而论之。此时与徐琰酬唱最多的北方文人当属侯克中，侯有《徐廉访寄西湖杂诗因答之》及《口占赓徐容斋韵》（《艮斋诗集》卷五）、《和徐容斋廉访梅花韵》及《和徐容斋廉访兰花韵》（卷七）四首和徐诗。徐琰的原诗均不存。侯克中《钱唐客怀》诗有"白首飘零未到家"和"一片钱唐佳丽地，不应自我作天涯"⑥ 句，知其晚年一度客居钱塘。侯

---

① 成化《杭州府志》卷一五，明成化十一年刻本。
② 李修生主编《全元文》第 29 册，第 284 页。
③ 陈基：《夷白斋稿》卷二一，《四库全书》第 1222 册，第 292 页。
④ 贡师泰：《玩斋集》卷七，《四库全书》第 1215 册，第 614 页。"铁木奇"，四库本作"特默格"，兹从明嘉靖刻本改。
⑤ 杨镰主编《全元诗》第 17 册，第 316 页。
⑥ 侯克中：《艮斋诗集》卷一三，《四库全书》第 1205 册，第 516 页。

诗《口占赓徐容斋韵》有云:"海内每伤佳士少,天涯岂厌故人多。"可见二人交谊笃深。从克中的和诗中,可以看出他对徐琰极为推崇,《和徐容斋廉访梅花韵》云:"逋仙只合西湖上,大老何妨北海滨。"《和徐容斋廉访兰花韵》云:"从此伯鸾持入梦,东南复睹谢安家。"前者以海内大老称之,后者则比之为风雅宰相。

这期间另一位与徐琰交往密切的南下北人是张之翰。与寓居江南的侯克中不同,张之翰此时正供职于江南。张之翰(1243—1296),字周卿,号西岩。邯郸(今属河北)人。至元二十九年由翰林侍讲学士出知松江府①。在西湖书院落成之际,张之翰写有《奉贺西湖书院三贤堂成寄呈容斋大参》诗二首,另有《奉陪容斋诸公西湖雅集二首》《寄徐容斋参政、马性斋右丞》诸篇。

所交往的南人中官位显要者当属程钜夫,早在至元二十六年徐琰任南台御史中丞时,二人就同衙供职,诗酒相会。程钜夫《次徐廉使赠潘佥事诗韵却寄徐公》诗云:"持节南闽远帝庭,每怀东鲁旧仪刑。读书至老眼如月,忧世常多鬓转星。兴到湖边增涨绿,诗来物外见空青。于喁有唱不易和,小知闲闲愧大宁。"②据年谱,程钜夫至元三十年七月拜福建闽海道肃政廉访使,冬十二月至福州上任。"持节南闽"语表明程诗作于赴任闽海道廉访使之后。诗题中的潘佥事,事迹待考。佥事,即浙西肃政廉访司佥事。又程钜夫《书王西溪中丞、徐容斋参政赠邵炳炎手墨后》云:

> 天下初一,闽士邵君炳炎诣阙上书,天子下其议。逾年,有命,贰会府,兼领一道学事。未期年,去官,再诣阙上书。有命,参议行省,为上介使海外,不至而复。于是,君倦游矣,自北而南,走诸公间以归,一时多赠言焉。及升中丞西溪王公,书《归去来辞》《归盘谷序》以赠。及参政容斋徐公,书简斋《送张仲宗归闽中》诗以赠。乌乎!二公之心,岂特以华君之归而已哉,是诚有羡于君之归也。……余备位南台时,事二公为长,故知二公为深。王官将满告归,未及遂而逝。徐之心犹王之心也,至今縻于浙,欲归而未可。……至元甲午四月晦,广平程某书于闽海宪司之绣彩堂。③

---

①　张之翰:《松江府公廨记》,正德《松江府志》卷一一《官署志》,明正德七年刊本。
②　程钜夫:《雪楼集》卷二六,《四库全书》第1202册,第390页。
③　程钜夫:《雪楼集》卷二四,《四库全书》第1202册,第347页。

王西溪，即王博文（1223—1288），至元二十三年拜江南行台御史中丞，二十五年卒于扬州客舍。徐琰任江南行台御史中丞在至元二十六年。程钜夫至元二十四年任江南行台侍御史，二十九年入京，次年拜闽海廉访使，此期间一直供职南台。御史中丞是侍御史的上级，故程谓"余备位南台时，事二公为长，故知二公为深"。文章作于至元三十一年，其时徐琰在江南浙西道廉访使任上，即所谓"至今縻于浙"。

徐琰交往的南人中还有顾逢，今存顾氏写给徐琰的诗共六首：《谢徐容斋送米》《谢徐容斋见访》《史紫微、徐容斋、阎静轩过潘阆巷所居》《徐容斋庭下竹》《题徐容斋先生爱兰轩》《送徐阎二廉访游洞霄》①。顾逢（约1240—1313），字君际，号梅山，一作梅山樵叟。吴郡（今江苏苏州）人。宋末进士不第。与陈泷、汤益、高常并称"苏台四妙"。入元，隐居钱塘，后出任吴县儒学教谕。工诗，人称顾五言，自署居室为五字田家。徐琰《赠梅山顾先生》诗云："钱唐诗老顾梅山，乡校孤吟乐一箪。修翼分甘栖宿下，短章功到寂寥间。呕心长吉奚奴锦，染指昌黎白玉丹。好句真能换凡骨，觉君春色上苍颜。"② 以李长吉、韩昌黎期之，足见徐琰对其作诗功力评价之高。《史紫微、徐容斋、阎静轩过潘阆巷所居》之史紫微即史弼，字君佐，号紫微老人。本名塔刺浑。蠡州博野（今属河北）人。以战功封副万户，从伯颜南下攻宋，授扬州路达鲁花赤，兼万户。至元二十七年，授浙东宣慰使。二十九年，拜福建等处行中书省平章政事，往征爪哇，失利还，夺职家居③。阎静轩即阎复，字子靖（静），号静轩，与徐琰同为东平府学员出身。至元二十八年，出任浙西肃政廉访使，次年因其在翰林时所撰《桑哥辅政碑》被免职。三十一年，成宗即位，以旧臣召入朝，除集贤学士④。潘阆巷即北宋词人潘阆所居之地，在钱塘太庙东巷后，时人称"潘阆巷"⑤。《送徐阎二廉访游洞霄》诗之徐、阎即徐琰、阎复。洞霄宫是杭州著名的道教宫观，始建于汉武帝时，唐代弘道元年（683）奉敕建天柱观，乾宁二年（895）钱镠改建后称天柱宫，宋大中祥符五年（1012）奉敕改名洞霄宫。

此外，江南名士戴表元与徐琰亦相识。戴表元《容容斋赋》序云："东平

---

① 杨镰主编《全元诗》第 10 册，第 63、78、97、87、94、107 页。
② 杨镰主编《全元诗》第 9 册，第 128 页。
③ 《元史》卷一六二《史弼传》，第 3799 页。
④ 《元史》卷一六〇《阎复传》，第 3773 页。
⑤ 康熙《钱塘县志》卷三二，清康熙刊本。

徐公书燕居之斋曰容容。剡源戴表元尝过之，问曰：'是非汉人之所云白璧不可为者耶？'公曰：'不然。'因拟其意作《容容斋赋》，久不即就，而公归东平。怀感旧话，不敢负言，乃为赋。"① 赋作于徐琰浙西廉使秩满归乡之后，从序言可知戴表元曾拜访徐琰。戴表元（1244—1310），字帅初，一字曾伯，号剡源。庆元奉化（今属浙江）人。宋咸淳七年进士。经宋元战乱，家无生计，专一读书授徒，以卖文养家糊口。大德八年，以荐授信州教授，十年，再调婺州教授，以病辞。戴表元以文章名家，《元史》本传谓："至元、大德间，东南以文章大家名重一时者，唯表元而已。"②

任士林有《投容斋徐大使》诗，乃拜谒文章。诗中盛赞徐琰为官严明刚正，谓"谁持白月行，鬼物肝胆寒"。任士林（1253—1309），字叔实，号松乡。奉化人。早慧，六岁能属文。诸子百家无不周览，乡里子弟多从其学。任士林早有文名，通晓经学，但一生困顿，被称为"山林一老儒"，未见用于时。其所撰碑文，为赵孟頫所倾慕，遂定交于杭州。有《松乡集》十卷。

方夔《拟上徐容斋》诗，亦投谒之文。诗云："行台累分府，螫蠚驱蚊蝇。青溪古岩邑，膏油沸如蒸。猾吏溺死灰，饥穷坐相仍。此来独何晚，三载钦风稜。为回浙江水，六合俱清澄。"③ 歌咏徐琰浙西廉访使任上锄奸铲恶、救济贫困的功绩。方夔，又名方一夔，字时佐，自号知非子。淳安（今属浙江）人。宋末尝从何潜斋游，屡举进士不第，退隐富山之麓。入元，讲授生徒以终。学者称富山先生。有《富山遗稿》十卷。

徐琰交往的南宋遗民则有方回、马臻、吾衍、牟巘、周密、钱选、何梦桂数人。方回在写给朋友的一封《柬》中说："廉访徐容斋，东原大老，能诗能文，老于词翰，而许回唱和去年二诗，及回新年二十诗。"④ 书作于至元三十一年正月初七日。在徐琰秩满归乡的送别诗中，方回谓徐琰"每辱高轩过"，常常拜访他，可知二人交往颇密切。方回与徐琰唱和诗什，今所知者除上文已提到的《三贤堂移入西湖新书院》外，还有《次韵徐容斋赠丘通甫》，丘通甫是位医士，《桐江续集》卷一八有《赠医士清溪居士丘通甫》。又《追用徐廉使参政子方、申屠侍御致远、张御史鹏飞元日倡酬韵六首》。按《元史·申屠致远传》：致远字大用，其先汴梁人。金末随父徙

---

① 戴表元：《剡源文集》卷二一，《四库全书》第1194册，第272页。
② 《元史》卷一九〇，第4337页。
③ 方夔：《富山遗稿》卷四，《四库全书》第1189册，第399页。
④ 李修生主编《全元文》第7册，第23页。

居东平之寿张。致远肄业府学，与李谦、孟祺等齐名。至元二十年，拜江南行台监察御史，二十八年，丁父忧，起复江南行台都事，以终制辞。二十九年，金江东建康道肃政廉访司事，未至，移疾还①。晚年寓高邮（今属江苏），名其所居之堂曰九思②。徐琰与申屠致远集同乡、同窗、同僚之谊于一身，交情非同一般。徐琰还曾为申屠致远之子子迈画马图题词，虞集谓"其言忠厚而严正，得前辈之体"③。张鹏飞，名不详，号老山。亦北人。按《至正金陵新志》"御史中丞"有张闿，至元三十一年任④。或即此人。

马臻有《奉酬容斋徐廉使》诗，对徐琰称道备至："鲁国真儒惟一人，鲁国多士徒纷纭。"称赞其有儒者之风。"夫子之才难比数，复使清时见伊吕。一夜霜风动列城，黠胥缩胆如饥鼠。"说他为政廉明，有伊尹、吕望之才。且又具儒雅之风，"棠阴欲转公事余，高堂昼永娱琴书"。末云："昨朝来过幽人屋，亹亹玄谈唾珠玉。他日重朝扫石床，为啜山茶荐秋菊。"⑤ 知徐琰曾拜访过马臻。马臻（1254—?），字志道，号虚中、紫霞道士。钱塘人。生于宋末，宋亡，出家为道士，"隐约西湖之滨，士大夫慕与之交"⑥。大德五年随天师张与材至燕京行内醮，并前往上都，朝廷拟授道秩，辞归江南，"杜门择交，远迹声利"。（黄石翁《霞外诗集序》）平昔交往者多宋遗民，如龚开、陆文圭、仇远、吾衍、方回等。今存《霞外诗集》十卷。

王祎《吾丘子行传》载：

> 吾丘子行者，名衍，太末人也。其先为宋太学生，留弗归，因家钱唐。至子行，比三世。……达官贵人闻子行名，款门候谒，非其意，斥弗与见。或从楼上遥与语，弗为礼。或与为礼矣，送之弗下楼也。东平徐公子方，海内大老也，持部使者节浙西。所蓄古器物，款识多莫能辨，咸以为非子行莫能知者。徐公即命驾访子行，子行为一一鉴定之，徐公未尝不叹服其精敏。于是人皆谓徐公能下士，而子行非果于傲世者矣。⑦

① 《元史》卷一七〇，第3990页。
② 吴澄：《九思堂记》，《吴文正集》卷四二，《四库全书》第1197册，第444页。
③ 虞集：《题申屠子迈画马图》，《道园学古录》卷一〇，《四库全书》第1207册，第164页。
④ 张铉：《至正金陵新志》卷六下，《四库全书》第492页，第318页。
⑤ 马臻：《霞外诗集》卷一，《四库全书》第1204册，第61页。
⑥ 仇远：《霞外诗集序》，马臻：《霞外诗集》卷首，《四库全书》第1204册，第56页。
⑦ 王祎：《王忠文集》卷二一，《四库全书》第1226册，第438页。

　　牟巘有《和徐容斋正旦》诗，首联云："想见新年试笔时，风流应不减丘迟。"①徐琰《正旦》诗不存。牟巘（1227—1311），字献之，一字献甫。其先为蜀之井研人，十二岁随父去蜀，徙居湖州，遂占籍湖州（今属浙江）。南宋时登进士第，官至大理寺少卿、浙东提刑。入元后，杜门隐居，与子应龙切磋经学道义。至大四年（1311）卒，年八十五。著有《牟氏陵阳集》二十四卷。徐琰与牟巘亦非浅交。牟巘《题徐容斋荐稿》对徐琰重视举拔人才极口称赞，且所举被徐琰提拔的二人中之张模即牟巘的女婿。又记述自己在元贞二年来杭州时，徐琰访其客邸之事。牟氏题徐琰《荐稿》之时，徐已逝世，牟氏感慨道："览其遗墨，已成隔世，使人悲怆。"此外，徐琰与牟巘好友俞好问亦有交往。牟巘《俞好问刊诗集疏》云："俞好问甫胸中卓荦，笔下清新，七步即成章，莫逾其敏，一字不堪煮，乃坐此穷。北则容斋、老山，南则厚斋、虚谷，大相流品，尽可流传，可与运斤成风。"②俞好问名裕，字好问，湖州人③。事迹不详。与牟巘、方回等人交善，殆亦遗民。牟巘《俞好问交乐轩记》谓俞好问"居溮溪之上，萧爽数椽。堂有老母，以志为养，菽水尽欢，有如甘旨。""喜为诗，操笔立就，有佳客至，相与吟哦。"④《俞好问刊诗集疏》所举四人中之老山乃张鹏飞，亦即方回《桐江续集》卷二九《追用徐廉使参政子方、申屠侍御致远、张御史鹏飞元日倡酬韵六首》及卷三一《寄老山张鹏飞御史》诸诗中之张鹏飞。厚斋俟考，虚谷即方回。

　　周密《志雅堂杂钞》卷上载："（癸巳）二月二日，访徐子方，出王驸马水墨《烟江叠嶂图》，后有坡翁与王唱和两诗，王驸马用押字收附并印记。……又出白玉钢印，甚方正，其两边真字各两行，细如丝发，真奇物也。"⑤次年（前署甲午），周密再次于徐琰处见到此卷，记云："徐子方所收晋卿《烟江叠嶂图》，后有'元祐戊辰作'，及王驸马花字。李士宏所收王诜《楚江清晓图》，曾入德寿宫，有'万寿无疆'印，高宗'御府收附'印，略尝于画卷见，然未有此印也。"⑥癸巳为至元三十年（1293），甲午为三十一年，知周密亦曾多次拜访徐琰。

---

①　牟巘：《陵阳集》卷四，《四库全书》第1188册，第37页。
②　牟巘：《陵阳集》卷二二，《四库全书》第1188册，第204页。
③　方回：《俞好问字说》，《桐江续集》卷三〇，《四库全书》第1193册，第635页。
④　牟巘：《陵阳集》卷一〇，《四库全书》第1188册，第81—82页。
⑤　《志雅堂杂钞》，《周密集》第4册，杨瑞点校，浙江古籍出版社，2015，第4页。
⑥　《志雅堂杂钞》，《周密集》第4册，第13页。

清吴升《大观录》卷一五《南宋诸贤名画·雪溪翁纸本丛菊图卷》载："吴兴钱舜举，世以为画工，非也。当国初时，钱卿与赵松雪、鲜于困学、李息斋、徐容斋诸名公游，不乐仕进，读书赋诗，衡门瓶石，晏如也。性喜画，兴到振墨为之，初不择纸卷，皆臻精妙。"① 钱舜举，名选，号玉潭，又号习懒翁、雪川翁、清臞老人。吴兴（今浙江湖州）人。宋景定间乡贡进士，入元后，流连于诗画以终。《雪溪翁纸本丛菊图卷》所列数人除徐琰外，其他几位分别是赵孟頫、鲜于枢、李衎。

何梦桂有《和访使徐容斋西湖韵寄县尹赵文玉二首》，徐原《西湖》诗不存。何梦桂，字岩叟，别号潜斋。淳安人。咸淳元年进士，官至大理寺卿，引疾去，筑室小酉源。宋亡后，隐居不仕。元至元中，屡召不起，终老于家②。

在浙西廉访使任上，徐琰同样注意引荐才能、奖拔后进。浙西廉访司置平江时，徐琰就曾辟当地名士龚璛为幕佐，后又举其为和静、学道两书院山长。黄溍《江浙儒学副提举致仕龚先生墓志铭》载：

> 先生讳璛，字子敬，姓龚氏。……迨先生以宦游久留平江，又家焉。……声誉籍甚，人称其兄弟曰楚两龚，以比汉之两龚云。东平徐公持浙右宪节，闻先生名，辟置幕下。寻举教官，历平江之和静、学道两书院山长。③

牟𪩘《题徐容斋荐稿》也谓徐琰"人有寸长片善，不啻如自口出。廉问浙西，士之贤者，多所论荐。尤留意学校，举学官二人焉以示劝，江西李淦性学、西秦张楺仲实是也。于仲实称道尤至，不但喜其文词言语，直以高迈超卓，通国体、识时务者归之。谓其他日成就，必越伦辈，可号于天下，曰知己矣"④。王沂《张君仲实行述》载："翰林学士徐公琰廉察浙右，素闻先生贤。甫至，致礼与相见，器之，即荐宜充本朝文学选。"⑤ 张楺是牟𪩘的女婿，于徐琰为后辈晚生，徐琰对其绝口称道，以知己许之，真可谓于引荐人才不遗余力。又黄溍《上海县主簿吴君墓志铭》记杭州吴

---

① 吴升：《大观录》卷一五，《续修四库全书》第 1066 册，第 683 页。
② 纪昀等：《〈潜斋文集〉提要》，《四库全书》第 1188 册，第 365 页。
③ 《金华黄先生文集》卷三三，《黄溍集》第 3 册，第 791—792 页。
④ 牟𪩘：《陵阳集》卷一五，《四库全书》第 1188 册，第 132 页。
⑤ 王沂：《伊滨集》卷二四，《四库全书》第 1208 册，第 593 页。

福孙元贞元年由徐琰察举，"补嘉兴路儒学录，迁宁国路儒学正"①。又王祎《书徐文贞公诗后》记吴兴沈成之受知于徐琰，"居幕下"②。

此外，孔齐《至正直记》谓其父孔文升（字退之）曾与徐琰宴游盛事。一次酒席间，有歌妓千金奴伴宴，请赠乐府，徐琰属之文升，文升即席赋【折桂令】调，"容斋大喜，举杯度曲，尽兴而醉"。孔文升亦因此而得名。文升尝以律诗拜谒徐琰，琰当场在其诗后题词，极力赞赏："吾退之天资颖异，笔力过人，擅江淮之英，本邹鲁之气，观此佳作，未能走和，甚觉吾老迈矣。吾退之当勉力为政，以继前修，则吾深有望也。"③

徐琰还曾引荐著名画家黄公望。嘉靖《浙江通志》卷六八《杂志·仙释》载："黄公望，富阳人。聪敏绝伦，通百氏说，尤工画山水，运思落笔，出人意表。元至元中，浙西廉访使徐琰辟为书吏。未几，竟弃去。"④嘉靖《常熟县志》卷九《邑人文苑志》记载此事更详细："浙西宪司辟为掾史，使徐某礼重之，然非其好也。一日着道士服，持文书白事，宪怪而诘之，公望即引去，自是绝意仕进，放浪湖海。"⑤杨瑀《山居新语》卷四也谓公望"博学多能之士，阎子静、徐子方、赵松雪诸名公莫不友爱之"⑥。

光绪《东平州志》卷二二《金石录》载："《元东平韩氏先茔碑铭》，中奉大夫、（江西）等处行省参知政事徐琰撰，中议大夫、（江南）建康（道）肃政廉访使吴衍书，朝□大夫、（治）书侍御史、行御史台事李处巽（篆）。至元二十九年四月立石。"⑦吴衍字曼庆，鄄城（今属山东）人。李处巽字元让，东平人。此时应是徐琰刚由江西行省参政迁调浙西廉使之时，治平江。徐、吴、李三人均为山东籍，现又同在江南行台任职，故而合作完成此碑铭（佚）。

徐琰今存的诗文，以作于任职浙西廉使期间为最夥。《剑池二首》诗，乃游览平江虎丘时作。阎复有追和，题为《次子方参政剑池韵二首》⑧。按范成大《吴郡志》卷一六载："虎邱山，又名海涌山，在郡西北五里，遥望平

① 《金华黄先生文集》卷三八，《黄潜集》第 4 册，第 936 页。
② 王祎：《王忠文集》卷一七，《四库全书》第 1226 册，第 349 页。
③ 孔齐：《至正直记》卷四，《四库全书存目丛书》子部第 239 册，齐鲁书社，1997 年影印本，第 273 页。
④ 嘉靖《浙江通志》卷六八，明嘉靖四十年刻本。
⑤ 嘉靖《常熟县志》卷九，明嘉靖刻本。
⑥ 杨瑀：《山居新语》卷四，余大钧点校，中华书局，2006，第 231 页。
⑦ 光绪《东平州志》卷二二，清光绪七年刻本。
⑧ 杨镰主编《全元诗》第 9 册，第 114 页。

田，中一小邱。《吴地记》云：去吴县西九里二百步，高一百三十尺，周二百十丈，比入山，则泉石奇诡，应接不暇。其最者剑池，千人坐也。剑池，吴王阖庐葬其下，以扁诸、鱼肠等剑各三千殉焉，故以剑名池。""剑池，浙中绝景，两岸划开，中涵石泉，深不可测。"① 阎复至元二十八年任浙西廉访使，二十九年因桑哥之败而罢官，三十一年春，成宗即位，以旧臣招入朝，拜集贤学士。徐琰至元二十九年由江西参政铨调浙西廉使，莅吴中。二人所赋《剑池》诗应在至元二十九年至三十年，盖徐琰初至平江，故而相邀好友游览当地名胜。此外，阎复撰《平江府报恩万岁贤首教寺碑》《平江路常熟县重修文庙记》二文，均由徐琰篆额。清程祖庆《吴郡金石目》著录："《平江府报恩万岁贤首教寺碑》，阎复撰并书，徐琰题盖。至元二十九年八月望日，住持处薰建，正书。在报恩寺，俗称北寺。"又"《平江路常熟县重修文庙记》，至元三十年十二月庚寅，阎复撰并书，徐琰题盖，行书"②。

徐琰为高克恭绘图所作《钱唐夜山图歌》，末署："至元（三十一年）甲午阳月望日，徐琰子方父跋于武林官舍之芳润堂。"③ 高克恭（1248—1310），字彦敬。西域人，家族入居中原，先寓大同，后定居涿州房山（今属北京市）。早年入国子监，至元十二年补工部令史，进入仕途。至元二十五年累迁监察御史，出为江淮行省郎中。徐琰《夜山图歌序》谓高彦敬"左右司秩满之后，闲居武林，不求仕宦，日从事于画"，行省照磨李公略"寓居吴山之巅，南向开小阁，俯瞰钱塘江及浙东诸山，历历可数，如几案间物。彦敬每相过，未尝不留连徙倚以展清眺"。同时题诗的还有戴表元、赵孟頫与鲜于枢。鲜于枢题诗有云："古人无因驻清景，高侯有笔能夺移。容翁复作有声画，冥搜天巧为补遗。后来知有李侯之德高侯画，千年人诵容公诗。"④ 这是说彦敬的画与容斋的题诗相得益彰。

《元诗选癸集》收录徐琰《访东坡遗迹》诗，也作于杭州期间，诗有云："西菩山更入山深"，"双峰上耸摩天碧，一刹中涵布地金。""黑黍黄粱先得味"，"净潜寂灭坡先逝，无复风流水石吟"。⑤ 成化《杭州府志》卷一二"山川"条载："西菩山在县四十五里，高三百二十丈，尝见菩萨像，因

① 范成大：《吴郡志》卷一六"虎邱"条，《丛书集成初编》，商务印书馆，1939，第141页。
② 程祖庆：《吴郡金石目》，《丛书集成初编》，商务印书馆，1936，第30页。
③ 杨镰主编《全元诗》第9册，第129页。
④ 杨镰主编《全元诗》第13册，第123页。
⑤ 杨镰主编《全元诗》第9册，第130页。

名。九锁交陈，双峰对峙，明智寺在焉。"① 苏轼任杭州通判时曾登此山，赋《与毛令方尉游西菩寺》诗二首，徐琰诗"黑黍黄粱先得味"句，即化用苏诗"黑黍黄粱初熟后"语。

《杨玉翁山居》，成化《杭州府志》卷一二收录。府志载："柱石山在县西一十五里，交溪之上。元宪使容斋徐琰《题杨玉翁山居》诗。"杨玉翁，生平不详。从诗内容看，应是一位隐士，以读书山林为乐，或南宋遗民。诗前两联云："天为诗翁性爱山，故教坐在万山间。朝凭山坐舒青眼，暮对山眠拥翠鬟。"②

《全元诗》据明人谈迁《海昌外志》收录徐琰无题诗一首（蕞尔孤城扼贼喉）。其实徐琰当时所写的是一组诗，共五首，成化《杭州府志》卷三五"坛庙"条载录，题署"江南浙西道肃政廉访使东平徐琰诗五首"。现将《全元诗》失收的四首录如下：

　　御侮都归好弟兄，横罹残酷死犹生。一时忠义谁能比，只有真卿共杲卿。
　　千古萧萧易水风，寒心宁与五公同。遥思骂贼捐躯际，贯日知形几白虹。
　　乡里睢阳俱立庙，神游宁隔旧关河。临淮若见浮图矢，应向人间切齿过。
　　当时南八泗州还，死去幽冥记贺兰。好向灵祠壁间画，鬼兵生抉进明肝。③

张巡、许远曾任睢阳太守，死守睢阳，保完江淮之间，使安禄山叛军不得南入，为大唐中兴创造了条件。其时一并被俘不屈而死的还有南霁云、雷万春、姚訚等，唐肃宗对数人皆有赠封，而睢阳世代立祠祭祀张、许二人，号"双庙"。徐诗所谓"一时忠义谁能比，只有真卿共杲卿"之真卿、杲卿，即颜真卿、颜杲卿，二人为从兄弟，都曾抵抗安禄山叛军，杲卿被俘惨死。睢阳被围之时，张巡遣南霁云突围赴临淮贺兰进明处借兵，而贺兰氏不愿发兵，且奏乐以图留下霁云。霁云泣曰："昨出睢阳时，将士不粒食

---

① 成化《杭州府志》卷一二，明成化十一年刻本。
② 杨镰主编《全元诗》第 9 册，第 130 页。
③ 成化《杭州府志》卷三五。

已弥月。今大夫兵不出，而广设声乐，义不忍独享，虽食，弗下咽。今主将之命不达，霁云请置一指以示信，归报中丞也。"因拔佩刀断指，一座大惊，为出涕。卒不食去。抽矢回射佛寺浮图，矢着砖，曰："吾破贼还，必灭贺兰，此矢所以志也！"① 这就是徐琰诗"临淮若见浮图矢，应向人间切齿过"以及"当时南八泗州还，死去幽冥记贺兰。好向灵祠壁间画，鬼兵生扶进明肝"等句的历史本事。许远为杭州人，后代除在睢阳建祠祭祀张、许外，在其故乡亦设庙祭拜，即徐诗所谓"乡里睢阳俱立庙"。成化《杭州府志》载："雄挺尽节庙，唐睢阳太守许远庙也，在县西一百三十步。《临安志》云：梁大同二年建，后增祀张中丞巡，乃号'双庙'。宋绍兴八年，县令胡诜与邑人礼部侍郎张九成请于朝，并增祀南霁云、雷万春、姚闇，诏许之，皆赐公爵号，号五国公。以先增祀张巡，故世但号为双庙。致祭于五公尽节之日。"② 徐琰身为地方廉访使，兴修前代忠臣义士祠堂，赋诗以劝忠，本其职责应有之事。至元二十六年，其任江南行台御史中丞时，也因同僚王茂之请而撰《重建睢阳双庙记》文。

光绪《於潜县志》卷一六《艺文志》收录元浙西廉访副使李梅庭两首诗，题为《至正癸未春巡至於潜，有石刻在县堂隅，视之乃容斋徐廉使和西皋赵提刑诗二首，因述俚语以次其韵》。至正癸未为至正三年（1343），李梅庭事迹俟考。李诗所云徐琰所和之赵西皋，即赵文昌（1232—?），字明叔，号西皋，济南人。其时任浙西按察副使③。徐容斋与赵西皋同为山东籍，于时又为上下属关系，公余之暇唱和诗什必多，今皆不存，且录李梅庭次韵诗以推想其义。李诗云：

> 按临昌化过双溪，路返於潜三月时。远树高山真是画，行云流水自成诗。星星白发年虽迈，耿耿丹衷志不衰。固是坡仙文尽美，容斋毋乃太谦辞。
>
> 为政当先去暴残，牧民惟在不饥寒。劝农建学斯时务，阜浴淳风后日看。扬激尽公诚不易，行藏以道果何难。勉旃令尹须修己，己若能修民自安。④

---

① 《新唐书》卷一九二《张巡传》，中华书局，1975，第 5539 页。
② 成化《杭州府志》卷三五《坛庙》。
③ 方回：《赵西皋明叔集序》，《桐江续集》卷三二，《四库全书》第 1193 册，第 669 页。
④ 光绪《於潜县志》卷一六，1913 年石印本。

昌化、於潜都是杭州路的属县。苏轼有《於潜僧绿筠轩》诗，徐琰对苏轼很推崇，上文所举《访东坡遗迹》诗就化用了东坡的成语。现到了於潜，自然不会不知道苏轼的这首诗，大约徐在和诗中表达了自己对坡仙文才的赞赏，故李诗有"固是坡仙文尽美，容斋毋乃太谦辞"语。由李氏的第二首和诗，可以推想徐原诗大概主要是讲为政为官当先修身正己、激浊扬清等内容。此外，借由李梅庭的和诗"按临昌化过双溪"句，推测徐琰《题双溪新亭》诗，可能也是作于杭州任上。首联云："见说溪亭风景好，公余聊此一凭阑。"①

故宫博物院所藏徐琰书法孤本《车从帖》，亦作于杭州期间。王连起先生曾予以整理公布，现引录如下：

> 琰顿首拜复同知相公义斋先生：日者车从过钱塘，无以相馆谷，反承燕犒，备极丰腆，不胜感激。阁下前在浙西，风节凛凛，甚为官吏所敬畏。我辈继之，实不及也。近闻上台新选，有江东廉副之除，始知朝廷公议固在，如阁下者，岂肯终置之于远外哉！相见在迩，可喜可喜。黄蓑郎已收得，极荷留意。徐琰顿首拜覆同知相公义斋阁下。②

据王先生考证，"义斋"乃陆垕，字仁重，号义斋。江阴（今属江苏）人。据陆文圭撰《陆庄简公家传》，陆垕至元二十六年任江南浙西道按察副使，"居无何，按察司罢，改肃政廉访司，公以例去。……久之，起除中顺大夫、同知台州路总管府事"③。改按察司为廉访司在至元二十八年，徐琰至元二十九年拜浙西廉使，三十年廉访司移治杭州。又陆垕在台州任上仅"六十余日"即有"新选"，时已在元贞元年。故知陆垕由江阴赴任台州同知，"车从过钱塘"在至元三十一年末。又据《陆庄简公家传》，陆垕"以元贞元年改江东建康道肃政廉访副使"，此即徐琰书帖所谓"近闻上台新选，有江东廉副之除"。江东建康道治宁国（今属安徽宣城市），由台州赴宁国，道经杭州，故徐书有"相见在迩，可喜可喜"云云。亦可知徐书所作时间在元贞元年初。

元贞二年（1296），徐琰仍在杭州，次年得代，返家乡东平。其由浙西

① 杨镰主编《全元诗》第 9 册，第 130 页。
② 转引自王连起《程文海徐琰致义斋二札考》，《故宫博物院院刊》2015 年第 6 期。
③ 李修生主编《全元文》第 17 册，第 649 页。

廉使秩满归乡，方回为作送别诗三十韵，末云："七旬惭暮景，三载傍清标。再见知何日，临风泪欲飘。"① 方回生于 1227 年，时年七旬，即大德元年（1297），此即徐琰浙西廉使秩满归乡之时。方诗对徐琰在浙西宪使任上的功绩进行了概括性的总结："荐拔皆奇士，寅恭尽选僚。"谓其能简拔才能，用人唯贤。"不扶儒学起，焉革庶风浇。""祠植三贤仆，书重万卷雕。武林增炳焕，文庙郁岧峣。" 这是说他兴修西湖书院，立三贤祠，提倡儒学。最后是对徐琰的美好祝愿："终须坐廊庙，未许老渔樵。""围腰堪玉带，画像早金貂。"谓其终会为朝廷所重，端坐廊庙，调和鼎鼐，为宰相之职。此时张之翰在松江府知府任上，当徐琰归乡时，他也写有赠别诗，题为《奉寄容斋大参为登舟一笑》。所谓"大参"，是指容斋曾任江西参政，因此时徐琰已浙西廉访使秩满，无官位在身，朋友之间相称呼，取其往日所任官职之最高者。诗云："第一三贤创作祠，尽堪书入去思碑。功名富贵有如此，政事文章谁似之。余刃解牛除恶日，扁舟载鹤治装时。不妨且近西湖住，过了梅花动未迟。"② 首联也是说徐琰在浙西廉使任上兴建西湖书院，立三贤祠事。此外，张伯淳也有《送徐廉访》诗，中云："乞身始遂登龙愿，未面曾闻荐鹗章。"③ 似张伯淳与徐琰未曾谋面，而后者曾举荐伯淳。张伯淳（1242—1302），字师道，号养蒙先生。嘉兴崇德（今浙江桐乡）人。宋末举进士，仕为太学录。元至元二十三年，以荐授杭州路儒学教授，迁浙东道按察司知事，二十八年，擢福建廉访司知事。至元末，以荐为世祖召见，授翰林直学士。元贞初，授庆元路总管府治中。大德四年，即家拜翰林侍讲学士，明年造朝，扈从上京。大德六年，卒于官。享年六十一④。《送徐廉访》诗应作于庆元路总管府治中秩满家居之时。

最后，需要对徐琰是否曾任江浙行省参政一事做些考辨。正德《姑苏志》卷二二《官署志》载："元宣化堂，宋郡宅堂基，或云即黄堂也。元贞初，治中王都中以旧春雨堂移建，参政徐琰为题此扁。"⑤《元人传记资料索引》谓徐琰至元二十八年"除江浙参政"⑥。《全元文》《全元诗》徐琰小传

① 方回：《前参政浙西廉访徐子方得代送别三十韵》，《桐江续集》卷二一，《四库全书》第 1193 册，第 490 页。
② 张之翰：《西岩集》卷六，《四库全书》第 1204 册，第 406 页。
③ 张伯淳：《养蒙文集》卷九，《四库全书》第 1194 册，第 513 页。
④ 程钜夫：《翰林侍讲学士张公墓志铭》，《雪楼集》卷一七，《四库全书》第 1202 册，第 229 页。
⑤ 正德《姑苏志》卷二二，明正德元年刻本。
⑥ 王德毅等编著《元人传记资料索引》第 2 册，台北新文丰出版公司，1982，第 894 页。

亦持此说。至元二十八年徐琰任江西行省参政，此其一。其二，徐琰未曾做过江浙行省参政。据《元史》本传，王都中拜平江路总管府治中，"时年甫十七"。都中生于 1278 年，其任平江路治中在至元三十一年（1294），任满，"除浙东道宣慰副使"①，时间当在元贞二年（1296）。而元贞元年四月，徐琰仍在浙西廉访使任上。正德《松江府志》卷一一《官署志》著录张之翰撰《公廨记》，末署：

> 元贞元年四月初吉，朝列大夫、松江府知府兼劝农事张之翰记并书，中奉大夫、江南浙西道肃政廉访使徐琰篆。②

又牟巘《题徐容斋荐稿》云："犹记丙申岁，予偶来杭，容斋首访寄邸，称仲实不置，且贺予得婿，意甚惓惓。"③ 应注意的是，牟氏这里所说的"犹记丙申岁"，是承接上文"（徐公）廉问浙西，士之贤者，多所论荐"而来。也即说，至迟元贞二年丙申，徐琰所任官职仍是浙西廉访使。或谓阎复《次子方参政剑池韵二首》称徐琰为参政，此何解？据上文所考，徐、阎《剑池》诗所作时间在至元二十九年至三十年，而以至元二十九年徐琰由江西参政迁调浙西廉使时可能性大，时浙西廉访司治平江，徐琰初上任，故游玩平江名胜剑池，好友阎复次韵和作。阎诗所谓"子方参政"，乃指徐琰任江西参政之职，而非江浙参政。④

八 淮东道宣慰司使（1298）

彭万隆、张永红《元代文学家滕宾生平稽考——兼考徐琰》谓徐琰元贞二年由浙西廉使迁调翰林学士，实误。浙西廉使任满后徐琰返家乡东平。戴表元在为徐琰在杭州时的寓所"容容斋"所作赋的序中说："因拟其意作《容容斋赋》，久不即就，而公归东平。"又光绪《东平州志》卷二二《金石录》载："《元刘秉钧神道碑》，建康教授施泽民撰，中奉大夫、江南浙西

---

① 《元史》卷一八四，第 4229 页。
② 正德《松江府志》卷一一，明正德七年刊本。
③ 牟巘：《陵阳集》卷一五，《四库全书》第 1188 册，第 132 页。
④ 参见彭万隆、张永红《元代文学家滕宾生平稽考——兼考徐琰》，《浙江工业大学学报》2015 年第 4 期。

道肃政廉访使徐琰书，儒林郎、秘书少监杨桓篆。大德元年八月。"① 杨桓，字武子，兖州人。至元三十一年，拜监察御史。成宗即位，升秘书少监，秩满归乡。大德三年以国子司业召，未赴，卒，年六十六。② 杨桓篆额《刘秉钧神道碑》之时，正是秘书少监秩满家居期间。故知书该碑之大德元年八月，徐琰已由杭州返回家乡东平。此说尚有一旁证，光绪《东平州志·金石录》还著录元《赐东平玺书碑阴记》，注云："大德元年十一月立石。中奉大夫、前江南浙西道肃政廉访使徐琰记，从事郎、前通事舍人周驰书。"③ 这里明谓"前江南浙西道"，说明此时徐琰无官职在身，前此所任官职为江南浙西道廉访使。

在家居住大约不到一年的时间，徐琰即拜新的官职。民国《寿光县志》卷一三《金石志》著录徐琰撰《冯坦神道碑铭》。冯坦字子坚，益都寿光（今属山东）人。金泰和中，以词赋及第，先后任淄川教授、章丘主簿等职。元兵下山东，说益都军民降，授山东淮南等路行省参议。《冯坦神道碑铭》记："予生也后，闻公之名而不及见。往年以使指过益都，始识公之孙泾。……近岁，宣慰淮东，而泾为宝应路倅。……至大德己亥，予忝翰林承旨，泾适迁山北宪司，叩门来谒，出公行状，请文之，将以揭诸神道。"④ 这里讲到三个时间点："往年"、"近岁"和"大德己亥"（大德三年，1299）。其中"近岁"与"大德己亥"是前后相承的关系，当即大德二年或元年。据上文引大德元年十一月，徐琰所撰《赐东平玺书碑阴记》所署官职为"前江南浙西道肃政廉访使"，此时徐琰应尚未授淮东宣慰使之职，其任该职殆在大德二年。再者，据张伯淳《拙斋记》："青社冯君司东浙宪事政成，还里道杭，以余尝从事幕府，过从甚款，命余曰：吾以拙名斋，子试发明其意。……君名泾，字宽夫，以朝列大夫副浙东道按察使云。"⑤ 青社即青州。按程钜夫《张伯淳墓志铭》：元贞元年，伯淳授庆元路总管府治中；大德四年，即家拜翰林侍讲学士；五年，造朝，扈从上都。冯泾浙西廉使任满返乡，道经杭州，与张伯淳相遇，当在伯淳庆元路总管府治中秩满、大德五年入朝前这段家居时间。而冯泾任宝应路倅，当在浙东廉使之前。这与我们推定"近岁"为大德二年的结论略相合。宝应为高邮府属县，隶属淮东道宣慰使司。冯泾是徐琰的下

① 光绪《东平州志》卷二二。
② 《元史》卷一六四《杨桓传》，第3853页。
③ 光绪《东平州志》卷二二。
④ 民国《寿光县志》卷一三。
⑤ 张伯淳：《养蒙文集》卷三，《四库全书》第1194册，第449页。

级属僚，徐琰对他称赞有加，说他"干济循良，百事顺治"，有其祖风范。

徐琰在任淮东宣慰使期间，与时任松江府知府张之翰多有往来。徐琰迁调翰林承旨时，张为作送行诗云："比邻赖有申与储，日夕杖履相招呼。南风吹堕容斋书，书中问仆今何如。"淮东宣慰司置扬州，与松江可谓"比邻"。二人在至元二十六年，徐琰任江南行台御史中丞时结识，现在故友重逢，不仅有书信往来，且公余之暇"杖履相招呼"，往来密切。

九 翰林院学士承旨（1299—1301）

徐琰自谓"大德己亥，予忝翰林承旨"。徐琰由淮东宣慰使迁翰林承旨，临行时张之翰作赠行诗："霜台一别十载余，两脚著处多畏途。尝历险阻经崎岖，老天又驱入京都。"① 张之翰至元二十九年拜松江府知府，此时仍在任。徐琰至元二十六年（1289）任江南行台御史中丞，与张之翰相识，至大德三年己亥（1299），凡十一年，故张诗云"霜台一别十载余"。徐琰自南台中丞后，先后任江西行省参政、浙西道廉访使等职，故诗有"尝历险阻经崎岖，老天又驱入京都"语。

方回有《送丘子正以能书入都，并呈徐容斋、阎靖轩、卢处道集贤翰林三学士》《送周汉东入都，并呈徐学士子方、阎学士子静、卢学士处道》② 二诗，丘子正、周汉东二人以能书被召入朝，方回为作诗，向徐琰、阎复、卢挚三人引荐。阎复自至元三十一年成宗即位，至大德十一年乞骸还乡，一直供职于集贤、翰林两院。卢挚因吴全节的引荐，元贞二年（1296）由河南路总管拜集贤学士。大德二年二月，以集贤学士身份代祀南岳、南海，离开京师。卢挚《代祀南海神记》云："大德二年二月，诏近侍阿闾赤，集贤院学士、太中大夫卢挚代祀南海。以三月癸丑至，翌日甲寅奠于南海广利灵孚王。"③ 大德三年，出任湖南宪使。刘致《姚燧年谱》载："大德三年己亥，先生六十二岁，寓武昌。……致时为湖南宪府吏。疏斋除湘南宪，致承传请，上至武昌，与先生会。"④ 也即说，大德三年徐琰入朝拜翰林承旨时，卢挚已授湖南廉访使，并不在大都。远在江南的方回大概不清楚此

① 张之翰：《寄答徐容斋参政》，《西岩集》卷三，《四库全书》第1204册，第379页。
② 杨镰主编《全元诗》第6册，第439、453页。
③ 嘉靖《广州志》卷三五"礼乐"条，广州市地方志办公室编《南海神庙文献汇辑》，广州出版社，2008，第111—112页。
④ 刘致：《姚燧年谱》，姚燧《牧庵集》附录，《丛书集成初编》第7册，第11页。

事，故有"并呈"徐、阎、卢之作。

此期间牟巘代人写有一首题为《寄阎静斋、徐容斋二学士》诗，大概是一首自荐性质的诗，其云："向来先后持玉节，共仰福星在吴分。""东南秀士颇不乏，当年着意极搜引。而今造化况在手，想见姓名犹见省。"① 所谓"先后持玉节"，指阎复、徐琰分别于至元二十八年、二十九年先后任浙西廉访使之职。后面的诗句是说当年宪使任上就注意引荐人才，如今高坐庙堂，造化在手，更是提携奖掖人才的时候。

程钜夫有《送余率翁秩满谒选并寄容斋承旨、肯堂学士》② 诗。余率翁事迹俟考。肯堂即王构，东平人。大德元年，因纂修《世祖实录》升翰林学士。二年，参议中书省事。七年，因与执政不合，引疾归东平③。据《程钜夫年谱》，程钜夫自大德元年冬闽海廉使代归，至四年二月拜江南湖北道廉访使这段时间，一直家居。徐琰大德三年方才拜翰林承旨，诗首句有"江南四月梅子黄"语，雪楼寄容斋、肯堂诗应即在大德三年四月。程钜夫又有《家园见梅，有怀畴昔同僚诸君子，因成廿六韵，奉寄徐容斋、王肯堂、俞正父、赵元让、黄文瑞诸公》诗，有云："独贤天所矜，家山问鸡豚。归来适仲冬，平旦窥荒园。"④ 与前一首诗应作于同时。

滕斌《谢翰林徐承旨启》云："青云荐牍，深惭国士之知；白首文盟，敬致门生之谢。……恭惟某官，东道主人，南州高士。……扬历两朝，雍容一节。是以首居东阁，蔚昭年德之高；清极北扉，独受丝纶之密。……斌阶庭旧物，尘土余生。……中逢刮目，曲见盛心。如切如磋，乃师友起予；必躬必亲，而父兄教我。……虽内翰之爱方叔，未收一日之成；然相国之举淮阴，终致累月之达。漫寻仕版，方倚都门。遴乘褒鄂之章，遽得重马之价。秉铨者拘牵于常调，当轴者确信于公言。遂玷儒林，获登吏选。……斌敢不勉修士业，益励身修。下不负所学，上不负所知，或可扶斯文之帜；穷则观其交，达则观其主，期无辱先生之门。"⑤ 滕斌字玉霄，黄冈（今属湖北）人。徐琰与滕斌相识殆在至元二十八年任江西行省参政时，大德三年，徐入朝拜翰林承旨，引荐滕斌，即谢启所谓"首居东阁""青云荐牍""内翰

① 牟巘：《陵阳集》卷三，《四库全书》第1188册，第24页。
② 程钜夫：《雪楼集》卷二七，《四库全书》第1202册，第402页。
③ 袁桷：《翰林承旨王公请谥事状》，《清容居士集》卷三二，《丛书集成初编》第9册，第555页。
④ 程钜夫：《雪楼集》卷二六，《四库全书》第1202册，第385页。
⑤ 李修生主编《全元文》第31册，第9页。

之爱方叔"。彭万隆、张永红二先生发现的清张鉴《春秋集传跋》载："皇元大德（四年）庚子，雪崖黄先生慨是书之不传，而愿见者众，欲锓梓而未集。（五年）辛丑岁，文台二提举张思敬、滕斌亦求助好事者，仅成三卷。"① 又大德五年江西儒学副提举已是许善胜②。如此，滕斌任江西儒学副提举在大德三年至五年，正是徐琰入朝为翰林承旨之后③。

今所知徐琰这一时期所作的文章有《故宋兵部侍郎徐公墓表》。墓主名卿孙，字麒仲。临江之清江（今属江西）人。南宋忠臣。徐琰在任江西行省参政之时，即对其名节极为称道。修建徐孺子祠堂时，"尝欲列吾宗人之有德有爵者升祔之，属去官不果"④。如今墓主的女婿文升来京师，致其内兄之辞，乞请徐琰为撰墓表。此外，《重修大庆寿寺碑》作于大德三年九月十五日，亦任翰林承旨期间。光绪《顺天府志》卷一六"寺观"条载："双塔庆寿寺，本金大庆寿寺遗址也，在今西长安街。"⑤ 又吴师道《绛守居园池记》跋云："泰定丁卯（1327），予在宣城，得赵氏注《园池记》刊本。大德中，知晋州日，翰林徐公琰、阎公复所为序引者读之，与向所见抄本多异。"⑥ 据吴师道皇庆二年所作另一篇跋文，此处所说的赵氏即赵仁举，字伯昂，滦阳人。大德初知晋州（元属真定路，今河北晋州市）⑦。《绛守居园池记》系唐代樊宗师作，其"文僻涩，不可句读"，唐时有王晟、刘忱二家为之注解，赵仁举又补注⑧。据后文所考，徐琰大德五年正月返乡，其为赵仁举补注《绛守居园池记》作序，必在此之前。徐琰、阎复二序，今皆不存。

十　魂归东平（1301）

徐琰由翰林承旨归乡时，张伯淳为作【婆罗门引】《送徐容斋》词：

---

① 转引自王重民《中国善本书提要》，上海古籍出版社，1983，第 26 页。

② 许善胜：《中州启札序》，吴弘道编《中州启札》卷首，《四库全书存目丛书补编》第 79 册，第 338 页。

③ 参见彭万隆、张永红《元代文学家滕宾生平稽考——兼考徐琰》，《浙江工业大学学报》2015 年第 4 期。

④ 李修生主编《全元文》第 10 册，第 632 页。

⑤ 光绪《顺天府志》卷一六，清光绪十五年重印本。

⑥ 吴师道：《绛守居园池记跋》，樊宗师：《绛守居园池记》附录，《四库全书》第 1078 册，第 574 页。

⑦ 陶宗仪：《南村辍耕录》卷一二"园池记"条，参见嘉靖《真定府志》卷四《官师志》，《四库全书存目丛书》史部第 192 册，第 50 页。

⑧ 纪昀等：《〈绛守居园池记〉提要》，《四库全书》第 1078 册，第 555 页。

　　　容斋平日，一身用舍系安危。儿童走卒皆知。谁料鲈鱼江上，忽
忆故山薇。任西风别酒，月正圆时。　性斋有诗。道扫舍，待吾归。
二老相招如此，公论畴依。人生行乐，对佳水佳山何必归。公笑曰：
归去来兮。①

　　据程钜夫《张公墓志铭》，张伯淳元贞初任庆元路总管府治中，大德四年，
即家拜翰林侍讲学士，明年，造朝，扈从上都②。张伯淳抵京在大德五年
（1301），又据李之绍《祭徐承旨文》，徐琰于大德五年二月谢世，张词有
"任西风别酒，月正圆时"语，推测徐琰由京返乡或在大德五年正月十五
日，归乡后约半月即逝世。张之翰在徐琰由淮东宣慰使迁翰林承旨之时作
诗送别，其中有云："尝历险阻经崎岖，老天又驱入京都。束薪如桂米如
珠，眼前风浪无时无。人方睥睨鬼揶揄，玉堂固好非所居。"③ 是说京师
物价昂贵，人怀鬼胎，政治"风浪"无时不有，玉堂翰林固然是清要
衙门，但也非"所居"之地。徐琰在翰林院供职仅两年，就有"归去来
兮"之念，果如张之翰所料。伯淳词"性斋有诗"之性斋，即徐琰任职
浙西廉使时，张之翰所赋《寄徐容斋参政、马性斋右丞》诗中之马性斋
（1239—1300），名绍，字子卿，性斋其号④。济州金乡（今属山东）人⑤。
以荐授中书左右司都事出知单州。自至元十九年，拜刑部尚书、参议中书
省事，一直供职庙堂。元贞元年，迁江浙行省右丞。大德三年，移河南。
明年卒⑥。

　　徐琰死后，李之绍撰《祭徐承旨文》，开篇云："维大德五年春二月辛
卯，中书平章政事赛典赤等谨致祭于故翰林学士承旨徐公之灵。"⑦ 赛典赤
至元元年任陕西四川等处行中书省平章政事。七年，分镇四川，其时徐琰
任陕西行省左右司郎中，尝随赛典赤入蜀，担任幕僚，二人乃上下级关系。

---

①　张伯淳：《养蒙文集》卷一〇，《四库全书》第1194册，第525页。

②　程钜夫：《雪楼集》卷一七，《四库全书》第1202册，第230页。

③　张之翰：《西岩集》卷三，《四库全书》第1204册，第379页。

④　汪砢玉《珊瑚网》卷二二载"马子卿号性斋所藏"有《萧遹幽公帖》等，知性斋乃马绍
　　号。《四库全书》第818册，第368页。

⑤　马绍自称东平人，如其诗《元贞丙申九月十五日，东平马子卿谒洞霄宫，题诗录谢郎一山
　　及舒桂林，借行济南张可与、大名钦伯祥、汴梁杨威卿、高祐之》，杨镰主编《全元诗》
　　第9册，第222页。

⑥　《元史》卷一七三《马绍传》，第4053页。

⑦　李修生主编《全元文》第20册，第94页。

李之绍亦东平人，曾受业于徐琰同窗好友李谦，时为翰林国史院编修官，徐琰生前任翰林承旨，是其上级。故当徐琰逝世，赛典赤、李之绍等人撰文致祭。此外，戴表元也写有《众祭徐子方承旨文》，重在称扬徐琰不遗余力奖拔人才："至于贵者吝权而忌善，贱者徇势而忘身。惟我徐公，天性清真，闻一言之中于道，一材之适于用，则夸张赞诩，至自引其躬，以为如不可及。虽草茅侧陋，江海阻绝，内不度己之嫌疑，外不顾人之愿欲，而必将使之处屈而能伸。位近三台，仕逾五纪，衣冠之所楷则，中外之所警策。"① 综观徐琰历任各地官职，皆以引荐人才为务之事实，戴文可谓中肯，非泛泛谀辞。徐琰的讣告传至江西，曾被徐琰辟为行省掾史的阎宏，在徐琰任江西行省参政时所新修之徐孺子祠堂中，"即是地为位，立叙其情以哭之"。又图其像，求姚燧为赞，"岁时以事"②。据刘致《牧庵年谱》，姚燧大德八年（1304）拜江西行省参知政事，明年，作《徐子方真赞》。今不存。于此一事，亦略可见徐琰为政一方时，确以举荐才能为己任，拔士子于穷途困厄之中，也因此得到很多人由衷的尊崇。同样曾受徐琰引荐的滕斌，在其逝世后写下了极为沉痛的哀诗。在《寄张达善》诗中说："长风吹我发，忽忽天外秋。怀哉徐夫子，仰叹白日流。夫子九皋鹤，嗷嗷谁其俦。平生坐上客，敬公凛前修。人生如风花，茵砌在所投。我昔及夫子，如遇鸿蒙游。堂堂荐鹗书，意欲空南州。呜呼负知己，逝者何可留。"③ 滕斌曾先后依附于主政江西的管如德、忙兀台，然终不得志，以致有"天意不然人奈何""衔杯无路发悲歌"④ 之叹。直至遇到徐琰，"中逢刮目，曲见盛心，如切如磋，乃师友起予；必躬必亲，而父兄教我"⑤。举为江西儒学副提举，自此"获登吏选"。故滕斌对徐琰之心怀感激可谓真诚实切。其所寄之张达善，即张翌，徐琰任江南行台御史中丞时，曾荐其教授孔、颜、孟三氏子孙。此外，滕斌《哭东园》诗也是写徐琰。诗云："人间八十岁吟翁，一转头来梦幻空。化鹤何心归世外，骑鲸无信到江东。香名合列仙班上，老气犹横诗卷中。如此英灵元不死，梅梢月落响松风。"⑥

① 戴表元：《剡源文集》卷二三，《四库全书》第 1194 册，第 293 页。
② 姚燧：《奉议大夫广州治中阎君墓志铭》，《牧庵集》卷二九，《丛书集成初编》第 6 册，第 368 页。
③ 杨镰主编《全元诗》第 29 册，第 414 页。
④ 滕斌：《呈孙郎中》，杨镰主编《全元诗》第 29 册，第 416 页。
⑤ 滕斌：《谢翰林徐承旨启》，李修生主编《全元文》第 31 册，第 9 页。
⑥ 杨镰主编《全元诗》第 29 册，第 415 页。

　　徐琰有一子，名公达，曾任职东宫卫，大德六年（1302）迁东平路总管府判官。王构《东平路公廨记》载："大德壬寅，前翰林承旨容斋徐公之子公达，由东宫卫以便亲易路判官，澡雪淬励，请分任兴功之责，监路允之。"①

---

　①　康熙《东平州志》卷五《艺文志》，《历代东平州志集校》，郭云策整理，中国文史出版社，2008，第82页。

白　朴

王博文《天籁集序》谓中统初，白朴曾辞史天泽之荐，不愿做官。然而又有种种材料显示，白朴与至元十年前后南下侵宋的元朝军队中的一些武将文官有着密切的联系，且与降元的南宋重要将领吕文焕、吕师夔叔侄等有文辞往来，与后者关系尤为密切。因而有不少学者对此产生疑问，或推测白朴当时可能在元朝军队之中。如徐凌云先生说："白朴与吕师夔深交，显然不是为做官（因为在以前有史天泽，后有董源推荐白朴入仕，均遭拒绝），如果说为经济上的好处，好像也不是，因为至元间，其弟白恪在江北淮东道提刑按察司任职，所以白朴经济上也不必仰仗吕师夔，且师夔主要为武将，也不可能是文字之交，另外，师夔为南人，这一系列的因素，让我们实在搞不清白朴为什么与吕师夔有那么深的交谊，且对师夔推崇备至，实在是一个值得深入研究的谜。"① 白朴有【西江月】《九江送刘牧之同知之杭》词，其中有"置酒昔登岘首，题诗今对匡庐"句，郑骞先生认为该词作于至元十三年，岘山位于襄阳城南，此地在至元十年二月吕文焕降元前一直为宋军把守，故而推测白朴至岘山只能是至元十一年史天泽、伯颜率军南下之时②。也即说白朴是跟随南侵元朝军队南下至襄阳、九江一带。白朴又有【满江红】《题吕仙祠》及《留别巴陵诸公》词，作于岳阳，其中有"亲友间中年哀乐，几回离别"句，邓绍基先生以为这里所说的"巴陵诸公"是由北方南下的他的朋友，其中可能就包括史天泽的儿子、元军重要将领史格，因为史格正是跟随阿里海牙沿着岳州、潭州一路南下③。

前辈学者的研究一方面揭出问题所在，给我们很多启发，但另一方面似又没有将问题彻底说清说透，只是点到为止。因此这个问题实际上仍悬而未决，有进行切实研究还原历史真相的必要。

王博文《天籁集序》云："中统初，开府史公将以所业力荐之于朝，再

①　徐凌云：《白朴交游考述》，《古籍研究》1995 年第 4 期。
②　郑骞：《白仁甫年谱》，《郑骞戏曲论集》，台北"国家"出版社，2012，第 450 页。
③　邓绍基：《白朴三题》，《中国社会科学院研究生院学报》2012 年第 1 期。

三逊谢，栖迟衡门，视荣利蔑如也。"① 按《元史·世祖本纪》："中统二年四月，命宣抚司官：劝农桑，抑游惰，礼高年，问民疾苦。举文学才识可以从政，及茂才异等，列名上闻，以听擢用。"又《元史》卷一五五《史天泽传》载："（中统）二年夏五月，（史天泽）拜中书右丞相。"故王序所说的"中统初"即中统二年（1261）。这一年白朴逊谢史天泽的引荐，"栖迟衡门"，离家南游。其所作【念奴娇】《壬戌秋泊汉江鸳鸯滩寄赠》词有"又今年、孤负中秋明月"语，壬戌为中统三年，则前一年白朴已南游。白朴虽谢绝史天泽的推荐，但并不是说他与史氏再无往来，相反，他在六十一岁时，在梦中尚从"史公欢游如平生"。（【水调歌头】"三元秘秋水"）此外，在辞荐之后，他与真定史家诸多成员尤其是担任元军重要职务者有密切的联系，有的还写有赠词。白朴寓游鸳鸯滩可能就是投奔史天泽的侄子史权。鸳鸯滩在襄阳府光化县（今湖北老河口市）南二十里汉江中②，蒙哥五年（1255）元军败宋舟师于鸳鸯滩③。史权中统二年十月，授江汉大都督④。王恽《秋涧集》卷一六《哀大都督史公》诗序云："名权，中统初授江淮大都督。"诗有"威慑荆蛮尽父风，士乐死怀羊傅爱"之句。"羊傅"用西晋羊祜故事，知史权镇守襄阳北一带。又如白朴有【水龙吟】《送史总帅镇西川，时方混一》词，胡世厚与徐凌云两位先生均考定该词作于至元四年（1267）⑤，赠史天泽侄史枢。按《元史·史枢传》："至元四年，宋兵围开、达诸州，以枢为左壁总帅，佩虎符，凡河南、山东、怀孟、平阳、太原、京兆、延安等军悉统之，宋兵闻之，解去。"又《世祖本纪三》："（至元）四年春正月甲午，陕西行省以开州新得复失，请益兵，敕平阳、延安等处签民兵三千人，山东、河南、怀孟、潼川调兵七千人益之。"十一月甲辰，"立夔府路总帅府，戍开州"。开州、达州皆在四川。四川在宋时曾称西川路，雍正《四川通志》卷二："宋乾德三年平蜀，置西川路。"又《读史方舆纪要》卷六六《四川·瞿塘关》：南宋景定五年（1264），守将

① 白朴：《天籁集》卷首，《中华再造善本》影印清康熙杨友敬刻本。
② 正德《光化县志》卷一"山川"条载："汉水自汉中府嶓冢山发源，东流至大别山入江，经云嶓冢导漾，东流为汉，即此自西北，径本县南入毅城境。……鸳鸯滩，在县南二十里。"
③ 《元史》卷一四七《史枢传》，第3484页。
④ 《元史》卷四《世祖本纪一》，第75页。
⑤ 胡世厚：《白朴六词系年》，河南省社会科学院文学研究所、河南省文学学会编《文学论丛》第3辑，河南人民出版社，1985；徐凌云校注《天籁集编年校注》，安徽大学出版社，2005，第17页。

徐宗武于白帝城下岩穴设拦江锁七条，立二铁柱，企图阻挡元军舟师顺江东下①。所以白朴词有"楼船万橹，瞿塘东瞰，徒横铁锁"语。另外，王恽《秋涧集》卷一三有《十一月十三日宿滩宁梦总帅史子明见教》诗，尾联云："何时挥老泪，墓额拜征西。"又卷七五【感皇恩】（叠嶂际清江）词序有"史公总帅子明"语，子明为史枢字，证实史枢确曾任"征西"总帅。胡、徐二氏的观点可以信从。

　　白朴有【西江月】《九江送刘牧之同知之杭》词，郑骞考该词作于至元十三年（1276）。误。该词实作于至元十五年。（1）《元史·世祖本纪六》："（至元十四年）十一月庚子（十五日），命中书省檄谕中外，江南既平，宋宜曰亡宋，行在宜曰杭州。"知南宋都城临安恢复杭州旧称在至元十四年十一月之后，而白朴至元十四年冬方离开岳阳，其【满江红】《用前韵，留别巴陵诸公，时至元十四年冬》词可证，故他至九江应在至元十五年春季。（2）【玉漏迟】《段伯坚同予留滞九江，其归也，别侍儿睡香，予亦有感》词可作白朴本年春季在九江的旁证。词有"睡香花正吐"句，"睡香"乃早春开放之花②。（3）白朴有【水调歌头】《至元戊寅为江西吕道山参政寿》一阕，至元戊寅为至元十五年。《元史·世祖本纪七》："（至元十五年）秋七月丙申，以右丞塔出、左丞吕师夔、参知政事贾居贞行中书省事于赣州，福建、江西、广东皆隶焉。"（4）白朴又有【贺新郎】（喜气轩眉宇）词，王文才以为作于至元元年，依据是词中有"老我三年江湖客"句，白朴中统二年辞史天泽举荐后南游，"栖迟衡门"，故该词大约是"出游之后不久"所赋③。但该句的完整表述是"浪花溢浦，老我三年江湖客"。据《庐山记》："江州有青盆山，故其城曰溢城，浦曰溢浦。"知该词作于九江。而九江是在至元十二年正月才为元军所占，此前一直为宋军把守，白朴不可能在此留滞三年。我们认为该词作于至元十五年，白朴至元十三年在九江结识吕师夔，至本年正是三年之久。可知至元十五年白朴已由岳阳返回九江。【西江月】《九江送刘牧之同知之杭》词有"置酒昔登岘首，题诗今对匡庐"句，岘首即岘山，在襄阳城南不远。嘉庆《大清一统志》卷三四六《襄阳府一·形势》引晋习凿齿《襄阳记》云："檀溪带其西，岘山亘其南。"又《山川·岘山》云："在襄阳县南九里，一名岘首山。"④可知白朴

---

①　顾祖禹：《读史方舆纪要》卷六六，《续修四库全书》第 606 册，第 464 页。
②　参见陈寅恪《柳如是别传》上册，生活·读书·新知三联书店，2011，第 269 页。
③　王文才：《白朴年谱》，《白朴戏曲集校注》附录，人民文学出版社，1984，第 330 页。
④　嘉庆《大清一统志》卷三四六，《续修四库全书》第 620 册，第 282—283 页。

在至元十五年之前曾至岘山，且与友人置酒游玩。襄阳在至元十年二月吕文焕降元前一直为宋兵据守，白朴不可能至岘山优游观览，他至岘山只能是至元十一年史天泽、伯颜率军南下之时，因为至元十三年白朴在九江，十四年在岳阳，十五年又返回九江（详后文），没有至襄阳的迹象。

至元十二年（1275）正月，江州守将吕师夔降元，伯颜以吕为江州守。白朴次年在九江结识吕师夔，其【满江红】词序云："吕道山左丞觐回，过金陵别业。至元丙子，予识道山于九江，今十年矣。"道山为师夔号①，至元丙子为至元十三年，该年冬白朴在九江又作有【木兰花慢】《丙子冬寄隆兴吕道山左丞》词。按《元史·世祖本纪六》：至元十三年秋七月，"以江东江西大都督知江州吕师夔、淮东淮西左副都元帅陈岩并参知政事"。此时江西行省治在隆兴（今江西南昌）。对于白朴之所以与吕师夔有如此深切的交往，徐凌云先生表示"实在搞不清"，是个"谜"。我们认为其原因正在于白朴身在元军队中，且他所投靠者是元军中极有分量的人物。《元史·伯颜传》载：至元十二年正月，"伯颜至江州，即以师夔为江州守。师夔设宴庾公楼，选宋宗室女二人，盛饰以献。伯颜怒曰：'吾奉圣天子明命，兴仁义之师，问罪于宋，岂以女色移吾志乎。'斥遣之"②。吕师夔作为投诚的宋将，自然想极力拉拢蒙古军中的高级将领以取得信任，而这些高级将领因对宋降将或存有戒心，往往并不好接近，这样就需要从他们身边的亲近人物入手，采用迂回手段。这或是吕师夔极力与白朴打交道来往的真正用意与目的所在。再者，白朴的父亲白华于金哀宗天兴二年因至邓州招兵，事不济，随邓州节度使移剌瑗降宋，至襄阳，在宋滞留三年之久。《金史·哀宗本纪》载："（天兴二年正月）乙亥，遣右宣徽提点近侍局事移剌粘古如徐州，相地形，察仓库虚实；白华如邓州召兵。……四月甲辰，邓州节度使移剌瑗以其城叛，与白华俱亡入宋。"③ 又《白华传》：天兴二年，"适朝廷将召邓兵入援，粘古因与华谋同之邓，且拉其二子以往，上觉之，独命华行，而粘古改之徐州。华既至邓，以事久不济，淹留于馆，遂若无意于世者。会瑗以邓入宋，华亦从至襄阳，宋署为制干，又改均州提督。后范用吉杀均之长吏，送款于北朝，遂因而北归"。《宋史·理宗本纪》：端平三年三月，"襄阳北军主将王旻、李伯渊焚城郭仓库，相继降北"④。白华自邓

---

① 杨瑀：《山居新语》卷四，第233页。
② 《元史》卷一二七，第3104页。
③ 《金史》卷一八，第397—398页。
④ 《宋史》卷四二，中华书局，1977，第810页。

州降宋至襄阳，后授均州提督，自金哀宗天兴二年（1233）至宋端平三年（1236），前后达三年。宋均州隶属襄阳府，辖境大致相当于今湖北丹江口市和十堰市①。吕文德、文焕兄弟在宋时先后镇守襄阳，他们与白华即便谈不上多深的交谊，也必然相识。也正是因为这一层面的关系，吕师夔打着感情牌，借着上一辈的"交情"，竭力与白朴接近，再以他为桥梁取信于元朝的新主子。

白朴至元十四年春至岳阳，冬季离开，在彼滞留一年，写有四首词，分别为：【水龙吟】《登岳阳楼，感郑生龙女事，谱大曲〈薄媚〉》、【绿头鸭】《洞庭怀古》、【满江红】《题吕仙祠飞吟亭壁，用冯经历韵》、【满江红】《用前韵，留别巴陵诸公，时至元十四年冬》。从【水龙吟】"洞庭春水如天"句，知该年春白朴已至岳阳。白朴为何会在岳阳逗留一年之久，学界多无解释。我们认为白朴自九江至岳阳之行，极可能是为投奔史格而去。岳阳在至元十二年为阿里海牙攻下。《元史·阿里海牙传》："至元十有二年春三月，（阿里海牙）与（宋）安抚高世杰兵遇巴陵"，"世杰败走，追降之于桃花滩。遂下岳州"。史格至元十二年从阿里海牙攻潭州，十三年春拔，因受伤，遂留戍。《元史·史格传》（附《史天泽传》）："俾从平章阿里海牙攻潭州"，"遂以军民安抚留戍"。又《世祖本纪六》："至元十三年春正月丁卯朔，克潭州。"白朴至元十三年始识吕师夔于九江，同年七月吕氏走任隆兴；十四年春白朴即西行岳阳，然史格于前一年五月已从阿里海牙南下攻广西静江，白朴可能至岳阳方得知史格已离开潭州的消息，故只得逗留岳阳，于本年冬方离开。《元史·世祖本纪六》："（至元十三年五月）辛未，命阿里海牙出征广西。"秋七月"丁未，诏谕广西路静江府等大小州城官吏使降"。《阿里海牙传》亦载：至元十三年十一月，"遂逼静江"。《史格传》："入觐，加定远大将军，赐以天泽所服玉带，从攻静江。"白朴与吕师夔结识且交往深厚，徐凌云先生认为不可能是经济上的缘故，我们恰恰以为白朴至元十四年离开九江，西走岳阳，正是因为此时吕师夔已不在九江，白朴在经济上失去依赖，只得西行投奔史格。因为至元十三年七月，吕师夔由江州知州升任江西行省参知政事，铨调隆兴。《元史·世祖本纪六》：至元十三年秋七月，"以江东江西大都督知江州吕师夔、淮东淮西左副都元帅陈岩并参知政事"。《元史·地理志五》"龙兴路"（即隆兴路）条载："（至元）十四年，改元帅府为江西道宣慰司、本路为总管府，立行中书

① 史为乐主编《中国历史地名大辞典》上册，中国社会科学出版社，2005，第 1185 页。

省。"这里时间上稍有出入，当是设置官守在至元十三年，而置实际的官署则在明年。白朴【贺新郎】（喜气轩眉宇）词有"浪花溢浦，老我三年江湖客"句，【朝中措】（东华门外软红尘）词亦有"三年浪走"语。这里所谓的"三年"，乃举成数，即指至元十三年七月吕师夔走任隆兴，白朴失去经济依靠，离开九江，辗转岳阳，至至元十五年又回到九江的这段时间。

　　白朴有【越调·小桃红】小令，序云："歌姬赵氏常为友人贾子正所亲，携之江上，有数月留。后予过邓，径来侑觞，感而赋此，俾即席歌之。"这里的贾子正，学者多以为不可考。按袁师世硕先生的意见，可能就是贾居贞。（1）以古人名与字取同义之惯例来看，"居贞"可能是名，"子正"是字，"贞"与"正"意思相同。《元史·贾居贞传》记居贞字仲明，这大概是他的另一个字。（2）白朴小令有"比着当时□江上，减容光"，"软金罗袖，犹带贾充香"句。前一句是回忆过去，讲贾子正尝携赵姬泛长江、歌酒相会；后一句写现在，并以贾充比之子正，由此也可知贾子正的身份绝非如有的学者所说的"漂泊江湖之游子"①。白朴散曲中所说的这两点与贾居贞的经历、身份实相吻合。用贾充故事，自然是由于二人同姓贾，但更深层的缘由是贾充为西晋时南下伐吴的总统领，且曾屯兵襄阳。《晋书·贾充传》载："伐吴之役……（充）乃受节钺，将中军，为诸军节度，以冠军将军杨济为副，南屯襄阳。吴江陵诸守皆降，充乃徙屯项。"② 而贾居贞是南下灭宋之元朝军中的重要成员，且曾镇守湖北、江西一带，与历史上的贾充相类，白朴用此典可谓精妙至极。按《元史·贾居贞传》："至元十一年，丞相伯颜伐宋，居贞以宣抚使议行省事。既渡江，下鄂、汉，伯颜以大军东下，留右丞阿里海涯与居贞分省镇之。"又《世祖本纪七》：至元十五年秋七月，"以右丞塔出、左丞吕师夔、参知政事贾居贞行中书省事于赣州，福建、江西、广东皆隶焉。"贾居贞是真定获鹿人，曾与史天泽共事，白朴与之结识当早在真定之时。从【越调·小桃红】曲辞看，贾居贞与歌姬赵氏携酒江上时，白朴大约也在场。此外，贾居贞与吕师夔至元十五年同参江西行省事，二人的相识或在此之前，进一步推想，白朴与吕师夔结识很可能与贾居贞的引介有关。居贞殁于至元十七年，白朴所赋小令并无哀悼伤感之意，当作于此前。

　　白朴赋有【沁园春】《十二月十四日为平章吕公寿》词，这里的平章吕

---

① 徐凌云：《白朴交游考述》，《古籍研究》1995 年第 4 期。
② 《晋书》卷四〇，第 1169 页。

公指吕文焕。按《元史·世祖本纪十一》：至元二十三年春正月，"吕文焕以江淮行省右丞告老，许之，任其子为宣慰使"。从"平章事，便急流勇退，黄阁难留"句看，词应作于吕文焕告老后不久。词有云："盖世名豪，壮岁鹰扬，拥兵上流。把金汤固守，精诚贯日，衣冠不改，意气横秋。"所谓"拥兵上流""把金汤固守"云云，是说吕文焕在宋时曾据守长江上游重镇襄阳。襄阳地处南北冲要，历来为兵家必争之地，也是宋元两军最重要的战场，可以说，谁占据了襄阳谁就决定了战争的最终结局。《元史新编·吕文焕传》谓："襄阳居吴楚上游，立国东南者，恒恃为藩蔽。襄阳不守，则浮汉东下，长江天堑皆失其险。……（襄阳）复成重镇，越二十余年而又坏于吕文焕兄弟。襄阳失，而宋遂不支。有金汤之险，无干城之良，不能守也。"① 据《元史·阿里海牙传》："刘整欲立碎其城，执文焕以快其意。阿里海牙独不欲攻，乃身至城下，与文焕语曰：'君以孤军城守者数年，今飞鸟路绝，主上深嘉汝忠。若降，则尊官厚禄可必得，决不杀汝也。'文焕狐疑未决。又折矢与之誓，如是者数四，文焕感而出降。"白朴当时在军中，或对其中的实情知之甚详，因而在贺词中特别表出吕文焕曾坚守襄阳城事，对其大加称颂。白朴一方面赞叹吕文焕身为宋臣"衣冠不改"的"精诚意气"，但另一方面也肯定他知天运、明时务。

白朴又有【水龙吟】《九月四日为江州总管杨文卿寿》词，亦当作于至元十五年。按《元史·地理志五》，江州于至元十四年升为江州路，设总管府。而至元十四年白朴在岳阳，冬季方返回九江。故该词只能是作于至元十五年九月。杨文卿，名仁风，潞州襄垣人。（王恽《中堂事记》）与王恽相识，后者有《简寄杨治中文卿》诗。至元十一年任南下元军断事官。《元史·伯颜传》载：至元十一年，"大举伐宋"，十月"乙丑，命断事官杨仁风招之，不应"。十二月"师次鄂州，遣吕文焕、杨仁风等谕之"。又《阿剌罕传》：至元十一年十月，"取鄂州，阿剌罕同断事官杨仁风东略寿昌，得米四十万斛，遂统左翼军顺流东下，沿江州郡悉降，乃抚辑其人民"。白朴为杨文卿祝寿，见得二人交谊匪浅。白朴大概不似杨氏在元军授实职，但其时身在军中却因此而得以证实。

《元史·贾文备传》载：至元十一年，贾文备"从阿术先渡江，大军继之，遂取鄂、汉，以功赐白金，加昭毅大将军，守鄂州"。贾文备，贾辅之子，张柔部下，与白朴亦相识相交。至元二年任真定路总管兼府尹，

---

① 魏源：《元史新编》卷二九，江苏广陵古籍刻印社，1990年影印本，第318页。

至元四年八月乙卯（二十八日）世祖忽必烈诞辰之日，请白朴代作贺寿词，即【春从天上来】《至元四年恭遇圣节，真定总府请作寿词》。白朴又因元好问，与张柔家族关系甚密。【秋色横空】词序云："顺天张侯毛氏，以太母命题索赋。时壬子冬。"【垂杨】词序云："壬子冬，薄游顺天，张侯毛氏之兄正卿，邀予往拜夫人。既而留饮，撰词一《咏梅》，以【玉耳坠金环】歌之；一《送春》，以【垂杨】歌之。词成，惠以罗绮四端。"壬子为蒙古宪宗二年（1252）。【凤凰台上忆吹箫】（笳鼓秋风）词，即为宪宗四年张柔移镇亳州时，白朴所赠①。白朴在元军中的靠山，其中可能就有贾文备。

　　综合以上排比考证，可以得出以下几点结论。（1）白朴中统二年虽逊谢史天泽的举荐拒绝出仕，但并未与史家断绝交往。相反，在此之后白朴与史权、史枢、史格等元军中的重要人物过从甚密，或曾投奔对方，或写有赠词。（2）元军至元十年下襄阳，十一年渡江至鄂州，白朴正是跟随着这支军队一道南下，并曾与友人至襄阳岘山，置酒游会。（3）至元十一年伯颜、阿术、阿里海牙三军会师鄂州，自此军分两路：伯颜、阿术沿长江东下，阿里海牙驻守鄂州，以阻扼长江中上游，同时向南攻占岳阳、潭州等地，直抵广西静江。因而此时湖北、江西、湖南等地相继为元军所有，需要官员镇抚，故而如贾文备、贾居贞、杨文卿、李元让②、刘牧之③等南下北人均没有随伯颜大军东下，而是留戍鄂赣湘一带，担任各地要职。白朴可能没有担任元军中的具体职务，他此时并没有随大军继续东下，也是留守在大后方，主要在江西九江和湖南岳阳一带，往返于来自北方、现居要职的"诸公"之间。（4）吕文焕、吕师夔叔侄作为降元的宋朝重要将领，一方面希望得到新主子的信任，另一方面又摸不清新主子的脾气，故而从侧面入手，竭力接近拉拢元军中类似幕僚参佐一类的人物，以便献诚。正是从这个角度出发，才能比较合理地解释吕师夔与白朴之所以走得亲近的背后真正的原因。（5）吕师夔选择与白朴打交道，而白朴也将自己与吕师夔的关系看得很重，其中还有一个原因可能是白朴的父亲白华在金哀宗天

---

① 参见胡世厚《白朴六词系年》，《文学论丛》第 3 辑。
② 李元让，名处巽，东平人。见陶宗仪《书史会要补遗》，《四库全书》第 814 册。
③ 刘牧之其人具体事迹不详，当也是南下之北人，除与白朴相识外，与魏初、侯克中、张之翰等北方文士亦均有交往。魏有《出溢浦寄刘牧之》诗，侯有《宿酒成疾寄刘签事》《寄刘签事牧之、郭运副邦彦》《寄刘牧之、霍清甫二廉访》《他日刘牧之回持李鹏举书，并所和诗见寄，复用前韵答之》四诗，张有【沁园春】《送刘牧之同知归江南》词。

兴二年降宋，任均州提督，在宋留滞三年之久，与吕师夔的父亲吕文德、叔父吕文焕相识。吕师夔借着这个因缘，打着"世交"的幌子，主动亲近白朴。而在白朴这边，多少有对自己父亲的"旧友"心怀尊崇、对其后代抱有好感的因素，且还有一个重要原因，即可以解决彼时自己生活需求的问题。

高文秀

　　高文秀是元初杂剧大家,在大都时人以"小汉卿"称之。钟嗣成《录鬼簿》著录其杂剧名目凡三十二种,尚存五种。孙楷第《元曲家考略》在元人张铉《至正金陵新志》卷六中发现有任溧水县达鲁花赤高文秀,上任时间在至元十七年(1280)至十九年,并列举至元间汉人任达鲁花赤者,认定此人即杂剧家高文秀。这个结论没有其他文献佐证,从下文的考察来看很值得怀疑。孙先生又在康熙十年《山阴县志》卷一八《职官志》中找到元代任山阴县尹之高文秀,《山阴县志》未注明上任时间,故对此高文秀是否为曲家,孙氏未下断语。后来邓富华先生在万历《绍兴府志》卷二八《职官志四》及嘉靖《浙江通志》卷二〇《祠祀志第四》中也发现元代任山阴县尹之高文秀。其中《浙江通志》的材料尤为可贵,有时间记载:"朱太守庙在昌安门外四里。汉朱买臣守郡,有破瓯越功,民庙祀之。元至元五年山阴尹高文秀重修。"① 邓先生认定至元五年为元世祖忽必烈时纪年,即公元1268年。其时山阴(今浙江绍兴)尚为南宋疆域,故认为"这个高文秀与戏曲家高文秀的关系还有待进一步研究"②。自是审慎谨严的科学态度。按,万历《绍兴府志》、嘉靖《浙江通志》及康熙《山阴县志》的材料均出自元人韩性《重修朱太守庙记》,记云:

　　　　朱太守庙在越城之北,岁久浸圮,山阴县尹高侯文秀,葺而新之。……江南内附三十有四年,王君祯更为修缮。至是三十余年,栋宇倾挠,门庑隤圮尤甚。高侯过之而叹息,为易其朽蠹,更创两庑,使完好而可久。阅四月而毕工,至元五年岁在己卯孟夏既望,则毕工之岁月也。③

---

① 嘉靖《浙江通志》卷二〇,《中国方志丛书·华中地方·浙江省》第532号,台北成文出版社,1983年影印本,第1042页。邓氏引文点读有误,不从。
② 邓富华:《元代戏曲作家高文秀新考》,《古籍研究》第57—58卷,安徽大学出版社,2013。
③ 杜春生:《越中金石记》卷九,《辽金元石刻文献全编》第3册,第513页。

据黄溍《金华黄先生文集》卷三二《安阳韩先生墓志铭》，韩性字明善，绍兴人。"先生之卒，以至正元年五月七日，享年七十有六"①，则生于元世祖至元三年（1266）。又世祖至元五年为戊辰年。然则，《重修朱太守庙记》中的至元五年为元顺帝后至元五年，即公元1339年。故而也可以断定此任山阴县尹之高文秀不可能是杂剧作家高文秀。《越中金石记》卷九还载录此高文秀所作《铜井龙祠记》，署云："承直郎、绍兴路山阴县尹兼劝农事高文秀撰。"文云：

> （后）至元（元）年岁在乙亥，春不雨，至于四月。田亩槁干，种不入土。郡邑雩祭弗效，邑人列县署请祷于铜井。文秀白之郡，凤斋戒至于山下。……庙成，偕邑人具牲牢，以揭虔妥灵，遂记神之灵缋刻于乐石。使后之人严事修葺，永永勿怠，而神孚佑缋，答得百里之民，永有依怙，此建立祠宇之意也。至元五年岁在己卯十月吉日，士民金□祥等立石。②

则此山阴县尹高文秀，后至元元年（1335）已在任。

《录鬼簿》记杂剧家高文秀系东平府学生员。按元好问《东平府新学记》载："盖经始于壬子之六月，而落成于乙卯六月初。"③乙卯为元宪宗五年（1255）。又东平严实卒后，其子严忠济袭位。忠济中统二年因"大臣有言其威权太盛者"被夺职，由其弟忠范代为东平总管。至元元年（1264）十二月，诏"罢诸侯世守，立迁转法"④。严忠范于至元九年（1272）授陕西四川等处行中书省金事。至此，东平严氏世袭爵位被罢，东平幕府亦不复存在。高文秀入东平府为学生员，时间必在1255年至1272年之间。据阎复《乡贤祠记》，金末名士康晔以"逾从心"之年（七十岁）拜东平府学儒林祭酒，其入室弟子有周砥、李谦、徐琰、孟祺、张孔孙、刘愂、杨桓、夹谷之奇⑤。又据苏天爵《元朝名臣事略》卷一〇《平章宋公》引阎复之文，康晔弟子还有马绍、吴衍⑥。此外，阎复、申屠致远亦曾入东平府学⑦。此

---

① 黄溍：《金华黄先生文集》卷三二，《续修四库全书》第1323册，第415页。
② 杜春生：《越中金石记》卷九，《辽金元石刻文献全编》第3册，第514页。
③ 元好问：《遗山集》卷三二，《四库全书》第1191册，第359页。
④ 《元史》卷五《世祖本纪二》，第101页。
⑤ 李修生主编《全元文》第9册，第249页。
⑥ 苏天爵辑撰《元朝名臣事略》卷一〇，姚景安点校，中华书局，1996，第201页。
⑦ 《元史》卷一六〇《阎复传》、卷一七〇《申屠致远传》。

数人中，生年可考者有孟祺（1231）、李谦（1232）、张孔孙（1233）、阎复（1236）、马绍（1239）。当乙卯年（1255）东平府学落成之际，此数人年岁在十七至二十五。高文秀年辈当与数人相若，生年约在1230年。此说尚有两项旁证。其一，元末邾经在《青楼集序》中以杜仁杰、关汉卿、白朴并举，谓三人乃"金之遗民"①。杜仁杰生年约在金泰和五年（1205）②，白朴生于金哀宗正大三年（1226），关汉卿年岁当在二人之间。依上文推定，高文秀生年约在1230年，与其"小汉卿"的称号相吻合。其二，杜仁杰散套【般涉调·耍孩儿】《庄家不识勾栏》有"前截儿院本《调风月》，背后幺末《敷演刘耍和》"语。所谓"幺末"，即指杂剧，贾仲明补高文秀吊词云："比诸公，幺末极多。"《敷演刘耍和》，全称《黑旋风敷演刘耍和》，高文秀编，孟本及曹本《录鬼簿》均著录。杜仁杰金亡后返回长清故里，不久入东平幕府，为严实、严忠济父子幕佐前后达三十年之久，直至中统初年退隐故里③。《庄家不识勾栏》散套就是其在东平所看到的杂剧演出的真实记录。高文秀正是以擅作"黑旋风"杂剧而闻名④，其剧作在东平这个元初杂剧繁盛之地必然很受欢迎，时常为艺人搬演。也即说，至迟在中统初年，高文秀《黑旋风敷演刘耍和》杂剧已创作完成并上演。其时高文秀殆三十岁。

钟嗣成记高文秀"早卒"，贾仲明吊词增补为"早年卒，不得登科"。盖有所据。对于"不得登科"的解读，学界大体有三种意见：一种认为指未赶上窝阔台九年（1237）的贡举，一种指未能赶上仁宗延祐二年（1315）首开科考，一种认为泛指未曾入仕为官⑤。其中第一种看法最站不住脚。若所谓"不得登科"指高文秀没有活到窝阔台九年的贡举，则其时他至少二

---

① 孙崇涛、徐宏图笺注《青楼集笺注》，第20页。

② 杜仁杰《河内公祠堂记》云："壬辰之祸，古今无是惨，河朔萧然者，盖五十余年于兹矣。"（李修生主编《全元文》第2册，第372页）壬辰为金哀宗正大九年改元为开兴元年，又改天兴元年（1232），"五十余年"，则已是元至元二十年（1283）之后。如壬辰年他三十岁上下，作文时已当年近八十矣。又按其所作《清虚小有第一洞天三言铭》，题至元二十六年五月，则年逾八十，与胡祗遹《挽杜止轩》"八十康强谈笑了"语相合。以此逆推杜仁杰生于金泰和五年（1205）前后。

③ 参见蔡美彪《杜仁杰生平考略》，《文学遗产》2002年第1期；周郢《〈杜仁杰生平考略〉订补》，《文学遗产》2003年第1期。

④ 高文秀所编"黑旋风"杂剧还有：《黑旋风穷风月》（佚）、《黑旋风双献功》（存）、《黑旋风大闹牡丹园》（佚）、《黑旋风乔教学》（佚）、《黑旋风诗酒丽春园》（佚）、《黑旋风借尸还魂》（佚）、《黑旋风斗鸡会》（佚）。

⑤ 邓绍基：《关于高文秀为元代东平府学生员问题》，《中华文史论丛》1985年第3辑，上海古籍出版社。

十岁，生年就在 1217 年前后，比白朴大九岁，甚至年长于关汉卿，显然与史实不符。此其一。其二，《元史·选举志》虽谓这次考试"其中选者，复其赋役，令与各处长官同署公事"①。实际上中选者仅被承认为儒户而得以免除赋役，入仕者寥寥无几。宋子贞《中书令耶律公神道碑》载："丁酉（窝阔台九年），汰三教，僧、道试经，通者给牒、受戒，许居寺、观。儒人中选者，则复其家。"② 虞集《金燕南河北道肃政廉访司事赵公神道碑》："金之亡，其民颠沛奔走无底止，四民无所占其籍，征调一起，柔强并驱，俊义无别。太宗皇帝思养其贤才而用之，乃择知名之士，乘传行郡县，试民之秀异者以为士籍，而别于民，其尤异者复其家。"③《元朝名臣事略》卷七引李谦撰《张文谦先茔碑》："戊戌岁（窝阔台十年），会朝廷试天下儒士，公试大名中选，得免本户徭役。"④ 第二种观点同样有矛盾。按上文我们的考察，高文秀约生于 1230 年，时至延祐二年，已是八旬老翁，不可谓之"早卒"。退一步说，本文推定高文秀的生年不成立，既谓"早卒"，至多四十岁。如此，其生年应当在至元七年（1270），方才与未赶上延祐二年科考的解释对接得上。显然这个推论与高文秀"前辈已死才人""小汉卿"的时间坐标不符。

当金末元初之际，大半个北方地区在历经战乱之后，学校毁于灰烬，士人沦落为编氓。河北真定、山东东平由于史天泽、严实采取的休养生息、接纳儒士政策，成为废墟中的一片乐土。在延纳名士、培养新进方面，尤以东平为突出。元好问《杨奂神道碑》云："东平严公喜接寒素，士子有不远千里来见者。"⑤ 东平府学培养"自先圣、颜、孟子孙至生徒几百人"⑥。这些新进士子构成即将到来的新元王朝官僚体系的基本骨干，胡祗遹《泗水县重建庙学记》谓："即今内外要职之人材，半出于东原（即东平）府学之生徒。"⑦ 考阎复、孟祺、徐琰、李谦、夹谷之奇诸人入仕履历，初入仕途的时间大致在世祖中统、至元之间。如李谦约中统三年因翰林学士王磐

---

① 《元史》卷八一《选举志一》，第 2017 页。

② 李修生主编《全元文》第 1 册，第 175 页。原文句读有误，不从。

③ 虞集：《道园学古录》卷四二，《四库全书》第 1207 册，第 598 页。

④ 苏天爵辑撰《元朝名臣事略》卷七，第 143 页。参见陈高华、史卫民《中国政治制度通史·元代卷》，人民出版社，1996，第 358 页；萧启庆《内北国而外中国：蒙元史研究》，中华书局，2007，第 384 页。

⑤ 元好问：《遗山集》卷二三，《四库全书》第 1191 册，第 258 页。

⑥ 苏天爵辑撰《元朝名臣事略》卷一〇《平章宋公》，第 201 页。

⑦ 胡祗遹：《紫山大全集》卷一〇，《四库全书》第 1196 册，第 198 页。

之荐，"召为应奉翰林文字"①。孟祺以宋子贞荐，"擢国史院编修官，迁从仕郎、应奉翰林文字，兼太常博士"。至元七年，持节使高丽，还授山东东西道劝农副使②。阎复"岁己未，始掌书记于行台，擢御史掾。至元八年，用王磐荐，为翰林应奉"③。夹谷之奇，"授济宁教授，辟中书省掾。大兵南伐宋，授行省左右司都事"；"会御史台立，擢之奇佥江南浙西道提刑按察司事"④。当金元交际，北方汉族地主豪强因首先投诚蒙古军队，加上自身实力雄厚，故而受到蒙古统治者青睐。然当皇权稳固后，这种局面势必要打破，中统三年益都军阀李璮叛乱被平息之后，世祖更加速对汉族地主权力的控制。史天泽子侄"即日解兵符者十七人"，东平严氏也在此时罢侯。严忠济于中统二年即因为"大臣有言其威权太盛者"被夺职，由其弟忠范代为东平总管。忠嗣于中统四年因朝廷惩青齐之乱，居大藩者，子弟不得亲政，罢官家居。随后忠范也改佥陕西行省事。如此，原来供职于东平幕府的文人不得不听从中央朝廷的派任，这也是读书人改变从属的幕僚身份，真正迈入独立仕途的机遇所在。高文秀殆在至元初年四十岁左右时即逝世，未能赶上此盛事，故贾仲明以略带惋惜的语气说他"早年卒，不得登科"。

　　在"内外要职之人材，半出于东原府学之生徒"⑤，翰林院、国子监官员"始命，独东平之士什居六七"⑥ 的元代初期，未见当时文人学士的文集中有关于出身东平府学的高文秀的痕迹，可能与高文秀参与时兴杂剧的编写有关，认为其人不足道。《录鬼簿》著录他的杂剧名目有《黑旋风敷演刘耍和》，刘耍和是金元之际著名的教坊色长，陶宗仪《南村辍耕录》卷二五"院本名目"条叙云："金有院本、杂剧、诸宫调，院本、杂剧，其实一也。国朝，院本、杂剧始厘而二之。""其间副净有散说，有道念，有筋斗，有科泛。教坊色长魏、武、刘三人，鼎新编辑。魏长于念诵，武长于筋斗，刘长于科泛，至今乐人皆宗之。"⑦ 此所说"教坊色长魏、武、刘三人"，无疑即为当时曲家高安道【般涉调·哨遍】《嗓淡行院》讥讽野路子伶人表演

---

① 《元史》卷一六〇《李谦传》："翰林学士王磐以谦名闻，召为应奉翰林文字。"按《元史·王磐传》："李璮素重磐，以礼延致之，……璮平，遂挈妻子至东平。召拜翰林直学士，同修国史。"李璮中统三年叛乱，寻被平定。王磐初入翰林应即在此时。

② 《元史》卷一六〇《孟祺传》，第3771页。

③ 《元史》卷一六〇《阎复传》，第3772页。

④ 《元史》卷一七四《夹谷之奇传》，第4061—4062页。

⑤ 胡祗遹：《紫山大全集》卷一〇，《四库全书》第1196册，第198页。

⑥ 袁桷：《送程士安官南康序》，《清容居士集》卷二四，《四库全书》第1203册，第325页。

⑦ 陶宗仪：《南村辍耕录》卷二五，中华书局，1959，306页。

拙劣所说"辱末煞驰名魏、武、刘"(《太平乐府》卷九)。刘耍和之名又见于杜仁杰【般涉调·耍孩儿】《庄家不识勾栏》套数,叙勾栏门前有人高声叫:"前截儿院本《调风月》,背后幺末《敷演刘耍和》。"《黑旋风敷演刘耍和》剧目与杜仁杰"幺末《敷演刘耍和》"句,似都有主谓倒置的特点,令人费解。其实院本本身即以滑稽取笑为尚,剧名不妨换个花样说,别生趣味。勾栏门前招揽观众的人高喊"背后幺末敷演刘耍和",就是以知名艺人演压轴戏为噱头。杜仁杰、高文秀都是东平人,刘耍和当是蒙古破汴梁灭金之时带领其行院北渡至东平栖身。《录鬼簿》记刘耍和有两位女婿——红字李二、花李郎,皆有姓无名,当亦是行院中人。《录鬼簿》增订本著录红字李二杂剧目《折担儿武松打虎》《板踏儿黑旋风》《病扬雄》三种,天一阁本增《全火儿张弘》《窄袖儿武松》两种,除《全火儿张弘》不知系何题材①,其余四种皆为水浒故事。《折担儿武松打虎》,应是武松打虎用力特猛,打折了木棒。《板踏儿黑旋风》,"板踏"意为性情死板、行事粗鲁,是李逵本色。都是重科泛动作而少唱曲,类似院本而与以四大套曲为基本结构单元的元杂剧有别的短剧,应是为配合适应副净色的岳丈刘耍和的表演需要而编写。花李郎《莽张飞大闹相府院》《懒懆判官钉一钉》两剧,亦当如是。这便与高文秀所编杂剧题材、特征联系起来了。《录鬼簿》增订本著录高文秀剧目三十二种,其中梁山好汉李逵的题材尤夥,共计八种,占四分之一。李逵是梁山泊好汉中最粗野而内秀的人物,让他"乔教学""穷风月""诗酒丽春园",自然滑稽可笑、趣味盎然,在本属梁山泊地区的东平府,更具有天然的乡土气味。还有三种以"豹子"称号打头的剧,即《豹子尚书谎秀才》《豹子秀才不当差》《豹子令史自请俸》,也是演的名实不符、贤愚颠倒生发的滑稽事。由这类剧目名称显示的剧情比较简单,《乔教学》在《水浒传》小说第七十四回里有极简括的叙述:李逵闯进一处学堂,吓得先生、学生逃走。高文秀的剧不会有复杂情节,只会是一场更形象生动有趣的戏,别的剧目亦应如是。蒙古破汴梁,金宗庙乐器、教坊艺人多流落东平,东平勾栏瓦肆多演院本,东平前辈曲家杜仁杰《庄家不识勾栏》散套:"前截儿院本《调风月》,背后幺末《敷演刘耍和》。""幺末"即未完型之杂剧。此则元杂剧趋于定型阶段,院本与杂剧混同的现象。高

---

① 王钢《校订录鬼簿三种》增补本(天一阁本)校勘记第二五八条注《全火儿张弘》:"'全'字疑误。案红字李二所作杂剧五种,此目之外,皆水浒故事剧,疑此亦水浒剧,即衍龚开《宋江三十六人赞》中'船火儿张横'事者。果如是,则此'全'是'船'音近(或方言音同)之误,'弘'系'横'音同之借。"(第211页)可备参考。

文秀编杂剧三十二种，数量仅次于"捻杂剧班头"的关汉卿，天一阁本贾仲明补吊词云："比诸公幺末极多。""幺末极多"显然不是供阅读品赏，高文秀当时应为在东平演艺界颇负声名的教坊色长刘耍和的行院编写剧本。

增订本《录鬼簿》卷上记李时中"大都人"，剧目《开坛阐教黄粱梦》注云："第一折马致远、第二折李时中、第三折花李郎学士、第四折红字李二。"马致远亦曾在大都，花李郎、红字李二两位教坊乐人与大都的两位文士合编《黄粱梦》杂剧，表明他们后来由东平至大都。天一阁本《录鬼簿》传高文秀："都下人号'小汉卿'。""汉卿"指的自然是"躬践排场，面傅粉墨"的大都演艺圈红人关汉卿，"小汉卿"应是当时演艺界广泛流传的叫法，表明高文秀的年辈、造诣、影响都较关汉卿低。"都下人号"，表明高文秀也曾至大都，教坊艺人"冲州撞府"，高文秀可能随同驰名的刘耍和行院来到大都，其所编杂剧在大都演艺圈产生不小的影响，赢得赞赏。

陈国宝

　　《录鬼簿》初稿本卷上"前辈已死名公有乐府行于世者"栏，载录有陈国宝宪使；增订曹本，陈国宝作陈国宾；刘本作陈国宝，注云"宝，一作宾"；天一阁增续本未录其名，盖明初时，陈国宝散曲已不甚流传，以致贾仲明失载其人。现存《录鬼簿》诸版本中，唯曹本作陈国宾，刘本"宝，一作宾"之注云，很可能是因见到曹本作陈国宾而加此注。按朱权《太和正音谱》"俱是杰作"一百五人中有陈叔宝，而《录鬼簿》并无陈叔宝，应是陈国宝之误。

　　王恽《秋涧集》卷一三《题柯山宝岩寺壁》云：

　　　　同游者山长赵文龙、前教授徐梦龙牦友、教官余性道（自注：二人皆广信人，徐有文笔，最健）、府推官保定张式仪卿、别驾东平陈珪国宝，子公孺侍行。至元（二十七年）庚寅冬十月望日，秋涧老人题。

　　　　龟阜西南麓，名山世少双。烂柯仙有局，绝观石为矼。事去空遗史，风恬爱此邦。来游情眷眷，留咏寄僧窗。

　　　　喜得陈张友，来游兴不孤。江山开怪供，风月阀清都。阅世惊棋局，看题倒酒壶。暮归应稛载，只欠画为图。①

王恽至元二十六年（1289）授福建闽海道提刑按察使，二十七年，以疾得告北归。王公孺《王公神道碑铭》："（至元）廿六年，授少中大夫、福建闽海道提刑按察使。……廿七年，以疾得告北归。"② 其《闽清汤池留题》诗序亦云："'熙宁十年八月赴福唐，元丰元年九月被召还朝，往返皆经此。十五日南丰曾巩题。'仆以大元至元廿六年己丑秋按部来闽，与令裔孙冲子同事。明年秋，以理去官。与先生往还时月略同。旷世相符，有似非偶然

---

　　①　王恽：《秋涧集》卷一三，《四库全书》第1200册，第156页。
　　②　李修生主编《全元文》第13册，第258页。

者。"①《题柯山宝岩寺壁》诗正是北返途经衢州时所作。同游者数人：柯山书院山长赵文龙、前衢州路儒学教授徐梦龙（字㹏友）、教官余性道、衢州路总管府推官张式（字仪卿）、治中陈珪（字国宝）及王恽之子王公孺。其中对张式、陈珪二人，明确道出籍贯及字，王恽与二人在此之前当已相识，故第二首诗的开篇说："喜得陈张友，来游兴不孤。"康熙《衢州府志》卷一二《府官表》载：张式，至元二十六年任衢州路总管府推官，阶承务郎；陈珪，至元二十四年任衢州路治中，阶奉议大夫。按中统元年（1260），姚枢任东平宣抚，辟王恽为详议官（《元史》卷一六七本传），王恽与陈珪的初次相识或即在此时。又至元十四年前后，王恽迁燕南河北道按察副使，燕南河北道按察司置真定路，与保定路相邻，其与张式的结识或在此时。金末元初，由于严实父子的经营，东平经济富裕、社会安定，严氏父子又广延儒士，使东平一时成为文人会聚之地，也是元初北方杂剧的四个中心之一（其余三个分别为大都、河北真定与山西平阳）。故我们推测，此任衢州路总管府治中的陈珪字国宝者，应该就是《录鬼簿》记载的陈国宝。《录鬼簿》记其官职为宪使，当是其衢州路治中之后的任职。"宪使"，即御史性质的官。按《至正金陵新志》卷六《官守志》，江南行御史台监察御史有两位陈珪：其一奉直大夫（从五品），至大元年（1308）任；其二承直郎（正六品），至大四年任。知此二陈珪非同一人，其中一人当即东平陈珪国宝。这也是《录鬼簿》著"陈国宝宪使"的由来。《太和正音谱》"俱是杰作"栏虽录其名，惜其散曲今不传。

元代文献中还有另一陈国宝，见傅若金《傅与砺诗集》卷六《美陈国宝州判新修高风书院》：

圣贤祠宇高峰下，风雨漂摇感慨多。兴学遂烦新柱石，来游不使废弦歌。旗临碧水晴云动，碑映苍山夕照过。遗爱百年何所系，诸生朝夕诵菁莪。②

高风书院，又称高节书院，在余姚县。余姚是东汉名士严光（字子陵）的故里，刘仁本《过余姚州谒严子陵故宅高节书院》诗云："昔年过桐江，钓台郁千尺。扁舟泊祠下，高风不可涉。岁月忽飘零，惆怅尘沙隔。今来舜

---

① 王恽：《秋涧集》卷一三，《四库全书》第1200册，第156页。
② 杨镰主编《全元诗》第45册，第123页。

江上，先生有遗宅。"① 按《元史·选举志一》："（至元）二十八年，令江南诸路学及各县学内，设立小学，选老成之士教之，或自愿招师，或自受家学于父兄者，亦从其便。其他先儒过化之地，名贤经行之所，与好事之家出钱粟赡学者，并立为书院。"② 余姚高风书院的创设应该就在至元二十八年（1291）。元余姚县隶属绍兴路，元贞元年（1295）始升州。（《元史·地理志五》）故可知傅若金《美陈国宝州判新修高风书院》诗，必作于元贞元年以后。傅若金（1303—1342），字与砺，新喻人。至顺三年（1332）游京师，公卿交口称誉之。顺帝元统二年（1334）正月，遣吏部尚书帖住、礼部郎中智熙善使交趾（越南古称），以《授时历》赐之，傅若金为参佐同行。明年，安南陪臣执礼物来贡大都，傅若金以功授广州路儒学教授。在此任上，修缮儒学宫殿，核复学田。未几，暴卒，时在至正二年（1342）三月③。其《美陈国宝州判新修高风书院》诗应是顺帝至元元年（1335）授其广州路儒学教授，他途经余姚时所作。余姚州属下州，州判官秩正八品。若此陈国宝即《录鬼簿》所载之陈国宝宪使，其任宪使当又在顺帝至元元年以后。而《录鬼簿》初稿完成于至顺元年，陈国宝已被列入"前辈已死"条，此任余姚州判官之陈国宝当非散曲家陈国宝。

除了同名陈国宝外，元人文献中还有两位陈国宾，也易引起疑误，有必要一并考察，以便证伪。其一见叶颙《樵云独唱》卷二《谢陈国宾见寄》：

> 陈兄遗我山中诗，随风落空成珠玑。寒光绕壁夜窗紫，清声响涧山泉飞。杜陵去后天无功，飘飘千古遗悲风。老兔入云霄汉黑，大龙上天江海空。知君笔有万牛力，追转风骚气无敌。辞丰意远欲乘虚，天高风冷寒生骨。作诗为谢来意勤，自惭瓦缶无美音。阑干一抚三叹息，天风西来洗予心。④

又卷五《延祐丁巳，陈国宾出奇石数枚，曰石羊、石兔、石鱼、石雁、石鸡、石鸟、石蟠桃，时彦咸赋诗，予亦为赋七绝》。叶颙（1300—？），字景南，自号云颙天民，金华人。一生不求仕进，"诛茅结庐于城山之东隅，林深而木

① 杨镰主编《全元诗》第 49 册，第 184—185 页。
② 《元史》卷八一，第 2032 页。
③ 苏天爵：《元故广州路儒学教授傅君墓志铭》，《滋溪文稿》卷一三，《四库全书》第 1214 册，第 161 页。参见《元史·顺帝本纪一》。
④ 叶颙：《樵云独唱》卷二，《四库全书》第 1219 册，第 66 页。

嶽，水秀而峰奇，居处孤峻，名其庭曰云巘。闭门却扫，谢宾客，日与樵夫刍叟盘礴乎丘园林麓之中，披云啸月，钓水采山，无少休暇。久之，移家城山之西隅，负郭而楼居，形势虚敞，窗户轩豁，而南屿北巘，争献奇秀，其俨然之容，苍然之色，入吾屏几，清致复不减于云巘也。东西相望不数里，故吾得以幅巾便服，轻鞋瘦策，从樵夫刍叟相往还于其间。……斧斤之余，浊酒自适，觞咏谈笑，击壤赋诗"①。叶诗有"陈兄遗我山中诗""作诗为谢来意勤"诸语，此陈国宾应也是金华的隐士，能诗，即叶颙《樵云独唱自序》中所说的"樵夫刍叟"，与《录鬼簿》所记散曲家陈国宝宪使非同一人。

另一陈国宾分别见李序《云松巢歌赠陈国宾》、程文《云松巢为陈国宾作》，由诗题知此二陈国宾为同一人。李诗云：

> 妫公子，碧烟里。薜萝引作鱼鳞衣，衣上清风如流水。云为宇，松为墙。绸缪牖户碧缕香，翠华之幄青瑶珰。乱发郁郁焕紫光，十年不出生文章。手扳苍虬上风雨，蓬莱山中木天下。②

程诗云：

> 青松白云里，隐约见巢居。密户布清影，小窗涵太虚。鸣鸠春欲下，栖鹤暮何如。风雨匡庐外，幽人方读书。③

李序，字仲伦，东阳人。尝游京师，许有壬言于中书省，牒江浙行省俾为学校官，未用而省遇火，牒毁。遂绝意仕进，归隐东白山中，与友人陈樵日相吟咏④。"云松巢"，典出李白《登庐山五老峰》诗："庐山东南五老峰，青天削出金芙蓉。九江秀色可揽结，吾将此地巢云松。"传说孙膑的祖先本是陈国公族，原姓妫。故李诗称陈国宾为"妫公子"。程文（1289—1359），字以文，号黔南生，婺源人。游京师，预修《经世大典》，书成，借注休宁县黄竹岭巡检，任满调怀孟路学教授，累官监察御史，以礼部员

①　叶颙：《樵云独唱自序》，《樵云独唱》卷首，《四库全书》第 1219 册，第 47 页。
②　杨镰主编《全元诗》第 29 册，第 269 页。
③　杨镰主编《全元诗》第 35 册，第 299—300 页。
④　顾嗣立编《元诗选三集》李序小传，中华书局，1987，第 240 页。

外郎致仕，寓居绍兴，后徙杭州①。从李、程二诗"云松巢"的题目及诗的内容，知此陈国宾亦隐士。程诗末联云："风雨匡庐外，幽人方读书。"知其曾隐居庐山，用李白《登庐山五老峰》诗典名居所可谓妥帖。此陈国宾与《录鬼簿》之陈国宝宪使亦非同一人。

① 汪师泰：《程礼部文传》，程敏政编《新安文献志》卷六六，《四库全书》第 1376 册，第 132 页。

史　樟

　　史樟，号散仙，所作杂剧有《花间四友庄周梦》一种，今存。朱权《太和正音谱》列其名于"俱是杰作"一百五人中，别作史九敬先，"敬先"应是"散仙"形近音同生误。其生卒年，史无记载。史樟为史天泽次子，据已有的文献记载和考古新发现材料，可考知史天泽长子史格与第四子史杠的生年，据此可推定史樟之生年。姚燧《牧庵集》卷一六《平章政事史公神道碑》载："公（史格）亦薨，实至元二十八年秋七月十有五日，年止五十八。"① 则史格生于蒙古窝阔台六年（1234）。又1992年在河北省石家庄市后太保村考古发现元代史氏家族墓，其中有郭士文撰《大元故资德大夫湖广等处行中书省右丞史公墓志铭》：

> 　　公讳杠，字柔明，姓史氏，大兴永清人。……在荆南者凡十年，年七十有九遘疾。一日令具汤沐易衣巾曰："吾将逝矣。"少顷，端坐而薨，实延祐二年九月十五日也。②

则史杠生于蒙古窝阔台九年（1237）。史格为史天泽长子，樟为次子，杠为四子，史樟的生年在史格与史杠之间。又史格与史杠相差三岁，依常理，史天泽前四子先后相差一岁为宜，次子史樟以窝阔台七年生最为可能。冯沅君先生曾推考史樟生年在公元1240年③，似稍迟了些。郑海涛先生依据考古材料最先做过考证，只是他将出土碑文中"年七十有九遘疾"误引为"年七十有遘疾"，进而推考史樟生年在1234—1245年④，较冯沅君先生的论断更宽泛了。

　　关于史樟卒年，按王恽《秋涧先生大全集》卷八《春溪小猎行》诗序

---

① 姚燧：《牧庵集》卷一六，《四库全书》第1201册，第562页。
② 河北省文物研究所：《石家庄市后太保元代史氏墓群发掘简报》，《文物》1996年第9期。
③ 冯沅君：《元曲家杂考三则》，《冯沅君古典文学研究论文集》，袁世硕、张可礼编《陆侃如冯沅君合集》第十四卷，第37页。
④ 郑海涛：《元杂剧作家史樟生卒年考》，《古籍整理研究学刊》2007年第5期。

云："经略史公子明春溪小猎，九公子有诗以纪其乐，索予同作。至元庚辰三月三日五夜灯下走笔赋此。"① 诗序所谓的"九公子"即史樟。至元庚辰为至元十七年（1280），此时史樟尚在世。《秋涧先生大全集》卷一九有《挽史九万户》诗，中有"半生希古振长缨"句，冯沅君先生据此推定史樟的卒年约在至元二十五年。细绎《秋涧先生大全集》卷一九的诗篇，多为王恽晚年所作，其中明确记载的时间有至元二十三年丙戌（《丙戌岁中秋后二日，梦过真定与宣慰张鹏举相会，作诗为赠，既觉，颇记首尾意韵，因足成之》）、二十四年丁亥（《老境六适并序》《梦王尚书子勉时罢中丞在扬州》）、二十五年戊子（《清明日花下独酌》《王尚书子勉挽辞三首》）、二十八年辛卯（《贺士常侍御受吏部尚书》）、二十九年壬辰（《夹谷尚书哀挽》）。冯先生据此断《挽史九万户》诗作于至元二十五年，且认为史樟即卒于该年。按王挽诗有"暮雨山丘宿草生"语，是作于史樟死后数年。但由于该诗未必作于至元二十五年（1288），冯先生断史樟卒年约在至元二十五年还是可以信从。如此，史樟享年五十四岁，与王恽挽诗"半生希古"语也基本吻合②。

天一阁本《录鬼簿》记史樟授武昌万户，贾仲明补吊词亦云"武昌万户散仙公"。而《元史·史天泽传》记史樟曾官真定、顺天新军万户。按《元史·地理志》："大德五年，以鄂州首来归附，又世祖亲征之地，改武昌路。"③ 也即是说，直至大德五年（1301），方才有"武昌"地名。据上文考证，史樟约至元二十五年已卒。《录鬼簿》记载史樟授武昌万户实有误。又据李谦《孙拱神道碑铭》："（至元）十三年，改顺天为保定路。"④ 史樟既授顺天万户，当在至元十三年改顺天为保定之前。又现存《张炼阳先生碑铭》石刻首署："翰林直学士、朝请大夫、知制诰、河东高鸣撰，真定万户史樟书并篆。"文末标识立石时间为至元十六年春三月⑤。则至迟至元十六年，史樟仍官真定万户。也就是说，史樟曾先后拜顺天、真定新军万户，《录鬼簿》所载武昌万户显然不对。

王恽与史樟交往密切，曾作《九公子画像赞》，绘其行状性情。首云：

① 王恽：《秋涧集》卷八，《四库全书》第 1200 册，第 93 页。
② 从王恽挽诗"半生希古振长缨"句看，史樟应中年而卒。白朴至元十四年五十二岁，亦自称中年。其【满江红】《用前韵留别巴陵诸公，时至元十四年冬》词云："亲友间，中年哀乐，几回离别。"可为史樟终于五十四岁的一个旁证。
③ 《元史》卷六三，第 1524 页。
④ 牛贵琥、李润民：《〈全元文〉补遗二篇》，《山西大学学报》2008 年第 1 期。
⑤ 王宗昱编《金元全真教石刻新编》，北京大学出版社，2005，第 220 页。

"史开府子名樟，喜庄列学，屡为万夫长，有时麻衣草屦，以散仙自号。"后面全是说其人之身份与心性的反差："出纨绮之间，无豪贵之习"；蔚然"熊豹之姿"，却心"抱夷惠之志"；时而"戴远游之冠"，疏放自适，时而"骑将军之马"，舞剑挥刀，战气凌云；坐将军虎皮椅上，不是运筹决胜之策，而是肆谈玄理，"提笔挥洒"；不求"其身之外乐"，但得其"心之内怡"。① 王恽在其生前还写有《赠九万户》②，死后写有《挽史九万户》③，两诗里都说这位万户学道，能阐发道书之疑义："兰舌解纷词调新"，"三箧补遗安世博"；勇于排难解纷："千金为寿鲁连轻"；擅书法："一传散仙怀素叙，为君珍惜比书评"。史樟这位高级将领应该没有上过战场指挥打仗，因而也就没有军功可说了。

---

① 王恽：《秋涧集》卷六六，《四库全书》第 1201 册，第 16 页。
② 王恽：《秋涧集》卷九，《四库全书》第 1200 册，第 104 页。
③ 王恽：《秋涧先生大全集》卷一九，《原国立北平图书馆甲库善本丛书》第 683 册，国家图书馆出版社，2013 年影印本，第 1290 页。

阎仲章

《录鬼簿》增订本"前辈已死名公有乐府行于世者"载阎仲章学士。王国维校本下注:"案,白兰谷(白朴)《天籁集》附载僧仲璋《九日述怀》【念奴娇】一阕,注云:'仲璋俗姓阎,法讳志琏,号山泉道人。'"实误。《录鬼簿》著称曲家为学士者,几乎都是指其为元朝掌制诰撰述之高官。学士分属于翰林国史院、集贤院、奎章阁学士院,有翰林学士、侍读学士、侍讲学士、直学士等,品级不一。僧人为出家人,习尊称法师、禅师、上人等名号。"法讳志琏"之阎仲璋,岂能有官职,何得称学士?而且他名仲璋,非仲章,不可混为一人。近世郑骞《白仁甫年谱》对此提出疑问,并进而认为阎仲章极可能是"曾官翰林学士甚久"之阎复①。无疑是正确的。

阎仲章,《元史》卷一六〇本传、袁桷《清容居士集》卷二七《翰林学士承旨荣禄大夫遥授平章政事赠光禄大夫大司徒上柱国永国公谥文康阎公神道碑铭》历叙其家世仕历:名复,字子靖(静),其先平阳(今山西临汾)人,父名忠,金末避兵,徙家山东高唐。阎复弱冠入东平府学,东平行台严忠济招诸生习进士业,邀诗文大家元好问试其文,预选"进士"四人,阎复居首位,从而辟为行台书记,擢御史台掾。翰林学士王磐荐举,入翰林院为应奉文字,以才充会同馆副使。扈驾上京,赋应制诗二首,受忽必烈赏识,升修撰、翰林直学士、侍讲学士,改集贤侍讲学士。中间曾短时出金河北河南道提刑按察使,至元末出为浙西道肃政廉访使,坐翰林院曾为"奸臣"桑哥撰《辅政碑》罪免官。成宗继位,仍以旧臣召入,迁翰林学士,再晋翰林承旨,年已逾七十。他在元世祖、成宗两朝近四十年,几乎全在翰林院,从初级应奉到从二品的承旨,最宜称"学士"。他出身东平府学,东平府学生多有因荐为朝官者,与阎复同为元好问预选的四人,都成为元初名臣。东平亦多作词曲者,《录鬼簿》著录"前辈已死名公有乐府行于世者",杜仁杰为阎复前辈,徐琰、张孔孙与阎复同学,徐琰还同是元好问预选"进士";"前辈已死名公才人有所编传奇行于世者",高文秀、张

---

① 郑骞:《景午丛编》下编,第103页。

时起等亦出身东平府学。《青楼集》记阎复与姚燧过访大都著名女艺人张怡云，"每于其家小酌"。一日遇史中丞（史彬），邀同往，怡云为歌【水调歌头】一阕。"又尝佐贵人樽俎"，姚燧、阎复在焉，张席上作【小妇孩儿】（又名【殿前欢】）小令。姚燧、史彬同为《录鬼簿》"前辈已死名公有乐府行于世者"，列名于杜仁杰之后的阎仲章，殆即为袁桷称"操笔缀词赋，音节和畅"之阎复。遗憾的是史传和墓志都载其有《静轩集》五十卷，没有传世，今存缪荃孙辑佚本《静轩集》五卷、诗一卷、文四卷。至于其字，《元史》本传作"子靖"，袁桷所作墓志作"子静"，当以后者为是，而字"仲章"，却是可以解释的。因为一人可以有多个字或号。考北宋有章宪，史称"乐道好德"，"尤邃于《春秋》，有《复轩集》十卷"①。阎复未出仕翰林院前在东平以"仲章"为字，"子静"当系入仕后改，知之者少，致《元史》纂修者误书为"子靖"。如同张昉在东平为掾史时字子益，入朝做了高官改字显卿。

---

① 范成大：《吴郡志》卷二六《人物》，《丛书集成初编》，第 244 页。

王和卿

《录鬼簿》"前辈已死名公有乐府行于世者"、《太和正音谱》"群英乐府格势",均著王和卿名。元人曲选《太平乐府》卷首"姓氏"栏载其名,选录其散曲特多,见得当时传世者甚多,也颇有名气。陶宗仪《南村辍耕录》卷二三载:"大名王和卿,滑稽挑达,传播四方。中统初,燕市有一蝴蝶,其大异常。王赋【醉中天】小令云⋯⋯。由是其名益著。时有关汉卿者,亦高才风流人也。王常以讥谑加之。关虽极意还答,终不能胜。"① 可见在当时名气颇大,然其生平事迹却无文献可考,以致明代以博学著称的胡应麟竟据陶宗仪所记,误疑王和卿即为《西厢记》作者王实甫。孙楷第作《关汉卿行年考》,谓《危太朴文续集》所载王和卿"即《辍耕录》与汉卿为友之王和卿"。后著《元曲家考略》,从元人文集中揭出有关王和卿的两种文献。一为王恽《中堂事记》卷上载中统初燕京行中书省"架阁库官二人",其一是"王和卿,太原人"。另一为危素《危太朴文续集》卷四《故承事郎汴梁路通许县尹王公墓碣铭》,并据之考证出王鼎(字和卿)之家世、行状,然以所记其卒年晚于关汉卿,与《南村辍耕录》所记关死于王后不合,断与曲家王和卿非一人。隋树森《全元散曲》小传亦谓"或以和卿即汴梁通许县尹王鼎,恐未必确"②。近年出版的中国文学史、散曲史,对其曲作滑稽游戏风格的评价精当,而于其生平则语焉不详。

其实,若对危素《故承事郎汴梁路通许县尹王公墓碣铭》作进一层细读体味,所叙墓主王鼎身世行状与王和卿存曲中隐含的作者影像基本上相吻合,是可以相互印证的。危氏墓碣铭首云:"公讳鼎,字和卿。"取古称宰辅大臣"调和鼎鼐"意,至为明显允妥。古人重礼节,对人习以"字"称之,《录鬼簿》著录曲家数百人,几乎无一例外,于王鼎亦当如是。文中载王鼎"家占军籍,公以褒衣峨冠出入队伍,主将异视之。使之赋诗,操

---

① 陶宗仪:《南村辍耕录》卷二三,第279页。

② 隋树森编《全元散曲》上册,第46页。

笔辄就。请于朝，得归农，于是益修其业"①。"家占军籍"就是要服兵役，轮流调充地方守卫。穿着宽大不整的衣服外出，已是不雅，混在队伍里更显得可笑。应命赋诗"操笔辄就"，可能不是纯正的古今体诗，但也表明他有此嗜好和才情，转为"儒户"，便可以学文研习作诗。危素还为其子王宏钧作《大元钦象大夫提点司天监事王公寿藏碑》，叙及王宏钧"省通许府君于官所，府君为长短句训之，公守之勿妄（忘）"②。可见王鼎晚年做通许县尹时还没有改变即时随意用押韵的话语行文表意的习性。这本身就带有游戏趣味。危文称道王鼎以"长短句"训子，作的不会是讲究调式、声律，可以"操笔辄就"的雅词，而是词通俗化了的韵文格言。

危素墓碣铭载王鼎和卿"生于壬寅岁"，即蒙古乃马真后称制元年（1242），以岁贡入仕，先后做中书令史、高唐尉、深泽主簿、曹州知事。至元十七年（1280），其父行简精《易》数，秘书监荐入司天台（观测天文气象的机关）③。王鼎"以亲年高，弃官归养，训诸子以学，隐居廿余年"④。危文的这段叙述，可以视为汇通后来做通许县尹的王鼎和卿行状与曲家王和卿散曲隐含的作者身影的时空联结点。这二十余年，他以"养亲"为名闲居大都，未失士大夫的身份，还要"训诸子以学"，摆脱了做地方官的簿书公务之劳，大有时间交友饮宴、观剧听曲、寄兴风雅。当时的大都是新兴的大都会，通俗戏曲兴盛起来，出入教坊的文士为之编杂剧本子，朝中高官也不免时亦染指散曲。年轻时喜欢"赋诗"的王鼎和卿在这种气候下一时热衷作散曲，与大曲家关汉卿成为挚友，可以说是性情使然。

隋树森编辑的《全元散曲》辑录王和卿散曲小令二十一、套数一、残套数二，所作当不止此。观其存曲多咏俗人俗事。《咏大蝴蝶》："吓杀寻芳的蜜蜂。轻轻的飞动，把卖花人扇过桥东"。《咏秃》："笠儿深掩过双肩，头巾牢抹到眉边。款款的把笠檐儿试掀，连荒（忙）道一句：君子人不见头面"。《胖妻夫》："两口儿便似熊模样"，"绣帏中一对儿鸳鸯象"。皆富滑稽幽默之趣，亦可见其才情。如《偷情为获》等则失于粗俗，更带有游

---

① 危素：《危太朴文续集》卷四，《元人文集珍本丛刊》第 7 册，台北新文丰出版公司，1985 年影印本，第 533 页。
② 危素：《危太朴文续集》卷三，《元人文集珍本丛刊》第 7 册，第 521 页。
③ 危素：《大元钦象大夫提点司天监事王公寿藏碑》，《危太朴文续集》卷三，《元人文集珍本丛刊》第 7 册，第 520 页。
④ 危素：《故承事郎汴梁路通许县尹王公墓碣铭》，《危太朴文续集》卷四，《元人文集珍本丛刊》第 7 册，第 533 页。

戏性质，与危文所叙王鼎和卿早年"以褒衣峨冠出入队伍"，晚年教训已成年的儿子还编"长短句"的可性是一致的。他年未四十时便以"养亲"为名闲居大都，耽心作俗曲，这既是适兴而为的乐趣，也是生命的一种寄托。没有仕禄心，自然也没有失志的牢骚和虚拟的归隐山林的情怀，市井物事成为嘲谑调侃的对象，毕竟还算不上有成就。所以年臻六旬又回归老路，应荐去做汴梁通许县尹芝麻官。游戏人生实际上也是游戏了自己。士大夫的王鼎和曲家王和卿实为一人，岂能说不宜！

李寿卿

李寿卿是元杂剧第一期作家,《太和正音谱》"古今群英乐府格势"栏列李寿卿第四位,评其"词如洞天春晓。其词雍容典雅,变化幽玄,造语不凡。非神仙中人,孰能致此"。《阳春白雪》前集卷三选录李寿卿【双调·寿阳曲】小令一首,该小令又见于《中原音韵》,然未注撰者,而《录鬼簿续编》兰楚芳传,谓此曲系兰楚芳与歌妓刘婆惜合作。隋树森编《全元散曲》以为"兰楚芳时代较晚,《续编》说似未可信",将其归属李寿卿名下。《录鬼簿》著录其杂剧目十种,今存《说专诸伍员吹箫》《月明三度临岐柳》两种。另《鼓盆歌庄子叹骷髅》剧,存【仙吕·点绛唇】佚套。

《录鬼簿》初稿本记李寿卿"太原人,将仕郎",增订本补官职县丞,钟嗣成当有所据。孙楷第《元曲家考略》从元人文集中揭出元代名李寿卿者五人,其一见元淮《金囷集》、侯克中《艮斋诗集》,其二见安熙《默庵集》,其三见吴澄《吴文正集》,其四见蒲道源《闲居丛稿》,其五见同恕《榘庵集》。元淮《金囷集》有长题诗《己丑春,廉五总管李寿卿公出溧阳,酒边称颂尚书省掾王直卿父母在堂齐年八十,此乃人之罕有者,属予即席赋诗,以咏其美》,侯克中《艮斋诗集》卷六有《王同知直卿父母均年八十五,辄解印养亲,李提举寿卿索赋》。元代官署设总管、提举者甚多,二诗未确言何职,孙楷第断言"寿卿为总管为提举,必是管理财赋工匠之官"。按世祖至元二十六年(1289)六月,"立江淮等处财赋总管府,掌所籍宋谢太后资产"。(《元史·世祖本纪十二》)后一度废除,大德元年(1297)三月,复立江淮等处财赋总管府及提举司。(《元史·成宗本纪二》)元淮诗是己丑岁(至元二十六年)江浙行省掾王直卿双亲寿八十时因李寿卿所求而作,侯克中诗则在王直卿父母年八十五时因"李提举寿卿索赋"作,则李寿卿在江南任提举至少五年。《艮斋诗集》卷六又有《送李提举寿卿北上》,当是至元末、元贞初罢江淮财赋总管府及提举司,李寿卿北上时作。孙楷第据元淮诗题中"廉五总管李寿卿公"语,谓李寿卿"为总管"。按"廉五",非地名,应指廉姓排行第五者,与杂剧家史樟因在从兄弟中排行第九,故而被称作"史九"同理。从年代来看,"廉五"当是元初名臣廉希宪的兄弟辈。综合元淮、侯克中及方回《题李提举心远轩》(自注:"寿卿")① 三首诗,所谓"廉五总管李寿卿公",应指廉五总管府治下之李寿卿提举。孙楷第谓"《金囦集》《艮斋诗集》之李寿卿,即曲家李寿卿。以此李寿卿曾为江浙总管提举,杭州溧阳,是其宦游之地。而今传李寿卿《临岐柳》《伍员吹箫》二剧演柳翠与浣纱女事,正杭州溧阳掌故也"②。然据《元典章·吏部·典章七》载,诸提举司提举掌从五品印,与《录鬼簿》记载授将仕郎、县丞(正八品)之曲家李寿卿的官职不相吻合。按《伍员吹箫》剧本是演绎历史故事,同时期编撰此题材的还有吴昌龄《浣纱女抱石投江》杂剧。且李寿卿颇偏好结撰历史题材杂剧,《录鬼簿》著录其剧目十种,其中历史题材超过一半之多,除《伍员吹箫》剧外,尚有《鼓盆歌庄子叹骷髅》《司马昭复夺受禅台》《吕太后夜镇鉴湖亭》《吕太后定计斩韩信》《吕太后祭浐水》等,这些历史故事却并非"杭州溧阳掌故"。而《临岐柳》剧则是在民间流传故事的基础上敷演而成,金院本中已有《月明法曲》《净瓶儿》等类似题材。以此推定供职江淮提举之李寿卿即曲家李寿卿,证据似嫌不足。

蒲道源《闲居丛稿》中亦有李寿卿,其一见卷一八《送李寿卿之成都路知事序》,蒲道源在序中称李寿卿为"友人",李寿卿年岁应与蒲道源(1260—1336)相仿。又卷一二《酹江月》词,题曰"次李寿卿侍西轩先生九日赏菊"③。"西轩先生",即王得舆(1219—1292),字载之,号西轩。世为高平(今属山西)人,徙兴元南郑(今属陕西),"寓汉中四十年"。中统元年(1260),提举兴元学校。④ 李寿卿原词已佚,蒲道源和词有"手当红牙,觞飞急羽,且为酬佳节","座上狂歌,尊前起舞"句。《闲居丛稿》卷二《为西轩先生赋冬日葵花》诗序云:"丁亥岁十月,西轩先生园中葵花忽开,诸君子皆有诗。"⑤ 丁亥为至元二十四年(1287),李寿卿应也是赋诗相贺的"诸君子"之一。这表明此李寿卿能诗善词,《送李寿卿之成都路知事序》亦谓其"和而文",与友朋宴会赏花之节对酒当歌,亦属风雅中人。另,同恕《榘庵集》卷一五有《题李寿卿画山水》绝句二首,其二末联云:

---

① 方回《题李提举心远轩》(题下小字注:寿卿):"心远渊明拟问之,悠然身世见山时。强名真意元无物,缘底忘言更有诗。宇宙襟怀千斛酒,王侯勋业一枰棋。古来大隐在朝市,可待休官办菊篱。"《桐江续集》卷一八,《四库全书》第 1193 册,第 451 页。

② 孙楷第:《元曲家考略》,上海古籍出版社,1981,第 49—50 页。

③ 蒲道源:《闲居丛稿》卷一二,《四库全书》第 1210 册,第 669 页。

④ 蒲道源:《西轩王先生行实》,《闲居丛稿》卷二六,《四库全书》第 1210 册,第 772—776 页。

⑤ 蒲道源:《闲居丛稿》卷二,《四库全书》第 1210 册,第 579 页。

"鬼工有识应嗔道,漏泄诗家句外禅。"① 赞其山水画有鬼斧神工之妙,画中有诗。同恕(1254—1331),年岁与李寿卿相近,奉元(今陕西西安市)人。此李寿卿与友蒲道源、任成都路总管府知事之李寿卿应为同一人。李寿卿友人蒲道源亦作乐府,其【黄钟·人月圆】《赵君锡再得雄》小令为《全元散曲》收录。如此,李寿卿染指时兴之散曲、杂剧,自然也极有可能。由阶从八品、属吏员的路总管府知事铨调正八品的县丞,也就顺成自然了。《太和正音谱》评李寿卿乐府"雍容典雅","造语不凡,非神仙中人,孰能致此",与上引《闲居丛稿》《榘庵集》中的李寿卿之风貌精神颇相契合。按王得舆年长蒲道源、李寿卿约四十岁,李寿卿与王得舆之子乃属同辈,彼此也应相识。王得舆次子王无妄(字元亨)曾出任陕西四川道提刑按察司佥事②,李寿卿除成都路总管府知事或与王无妄的荐举有关。

① 同恕:《榘庵集》卷一五,《四库全书》第 1206 册,第 799 页。
② 参见蒲道源《饯蜀宪金王元亨》,《闲居丛稿》卷四;《祭金宪王元亨文》,《闲居丛稿》卷二三,《四库全书》第 1210 册。

尚仲贤

尚仲贤作为元初杂剧重镇真定的剧作家，居乡时应已从事杂剧创作，后入吏为江浙行省务官，仍坚持创作。《尉迟恭三夺槊》杂剧曲辞为任溧阳路总管的元淮化用入诗[1]，该剧或即尚仲贤在江南任职时所作，今存元刊本，当时可能已刊刻流传。"王魁负桂英"是南宋戏文早期的剧目之一，徐渭《南词叙录·宋元旧篇》著录。《海神庙王魁负桂英》杂剧，或是尚仲贤供职江浙时，借鉴南戏题材加工改编而成。《太和正音谱》"古今群英乐府格势"栏评尚仲贤"词如山花献笑"。不见有散曲流传。《录鬼簿》初稿本、天一阁增续本均著录杂剧目九种，增订本增《汉高祖濯足气英布》一种，共计十种。《洞庭湖柳毅传书》《尉迟恭三夺槊》《汉高祖濯足气英布》等三种传世。有佚曲者三种：《陶渊明归去来兮》，存【正宫·倘秀才】【灵寿杖】两支；《海神庙王魁负桂英》，存【双调·新水令】一套；《凤凰坡越娘背灯》，存【双调·太清歌】一支。

尚仲贤之名不见于元人其他文献，孙楷第《元曲家考略》揭示："元有尚从善，字仲良，大名人，业医，历官御诊太医，宣授成全郎上都惠民司提点，提举江浙医学。"[2] 孙氏揭出的文献见清张金吾编撰《爱日精庐藏书续志》卷三《本草元命苞》尚从善、班惟志、冯子振等序。其中班惟志序作于其任常熟州知州时，署时后至元三年（1337），序谓尚仲良"年逼耳顺"，据此可推知尚仲良生年不得早于元世祖至元十五年（1278）。另，清陆心源编《皕宋楼藏书志》卷四七"子部"类著录尚从善[3]编次《伤寒纪玄妙用集》（十卷，旧抄本），依次引录袁裒皇庆癸丑（1313）序、冯子振至大辛亥（1311）序、张翥后至元二年丙子（1336）序。张翥序引尚仲良自述云："予少雅嗜医，客次钱唐，从邺人张信之游。热不以未脱絮之为酷，

---

[1] 元淮《历涉》诗颈联"截发搓绳联断铠，扯旗作带系金创"，化用尚仲贤《尉迟恭三夺槊》杂剧第一折【混江龙】曲辞："不枉了截发搓绳穿断甲，征旗作带勒金疮。"

[2] 孙楷第：《元曲家考略》，第108页。

[3] "善"，原误作"喜"，从改。

寒不以犹衣绤之为单，败席之枕，薄糜诳饥，矻矻穷日夜，心求口诵，自《本草》《灵枢》，下逮古今之经方论诀与其训注，悉参而订之，必精析其宜，及研索其旨趣，明辨其标本。居二十年，始粗通其要。缙绅君子，历试诸脉之难察、疾之罕愈者，遂见誉于时。用荐者征，以至遭遇得五品服，而又提医学江浙。"① 统观尚仲良的自述和班惟志《本草元命苞序》，尚仲良本籍大名，未弱冠之年即客居杭州，从张信之学医，苦学二十年之久。技艺精湛，"能名大振"，因荐授太医、御诊，两任上都惠民司提点（从五品）。冯子振序《伤寒纪玄妙用集》署款："至大辛亥冬，集贤待制、承事郎长沙冯子振序。"至大辛亥为至大四年（1311），尚仲良官太医御诊、上都惠民司提点的时间也当在此前后。张翥序《伤寒纪玄妙用集》在后至元二年寓居扬州之时，班惟志序《本草元命苞》是在后至元三年任常熟州知州时，尚仲良授江浙医学提举（从五品）应在元顺帝至元年间。

　　《元曲家考略》引录班惟志《本草元命苞序》，揭出元有尚仲良，由于尚仲良与《录鬼簿》记载之曲家尚仲贤里籍、年代、官职无一相合，二人是否为同一人而异字，孙氏未下断语，谓"《秋涧诗集》有'名医仲贤'，岂即尚仲贤乎？"② 似又有认为大名医士尚仲良即曲家尚仲贤的倾向。按孙氏所谓"名医仲贤"，见王恽《秋涧先生大全集》卷一三《座中偶得示舜举旧游仲贤良医》。此"仲贤良医"未必尚姓，此其一。其二，他与大名医士尚仲良年代不合，二人不是同一人。《秋涧先生大全集》大体按文章年代先后编次，卷一三的诗作中，署时最晚者在元贞二年（1296），其时王恽七十岁。《座中偶得示舜举旧游仲贤良医》末联云："君恩如许报，白发且休添。"③ 所作时间应也在世祖至元末，而其时大名尚仲良年未弱冠，正在杭州孜孜学医。否定尚仲良与曲家尚仲贤为同一人还基于以下两条反证。其一，元淮《金囦集》有《历涉》七律诗，注云："榆橥词。"颈联"截发搓绳联断铠，扯旗作带系金创（原注：音'疮'）"，是化用尚仲贤《尉迟恭三夺槊》第一折【混江龙】曲辞："不枉了截发搓绳穿断甲，征旗作带勒金疮。"（《元刊杂剧三十种》本）元淮《历涉》诗引云："此（比）来守官溧阳，暇日因笔书于赵信国南圃晚香堂云。"④ 元淮至元二十四年（1287）以军功授溧阳路总管，二十七年至行省，请改溧阳为州，后不久致仕还乡。

① 陆心源编《皕宋楼藏书志》卷四七，《续修四库全书》第 928 册，第 523 页。

② 孙楷第：《元曲家考略》，第 109 页。

③ 王恽：《秋涧先生大全集》卷一三，《四库全书》第 1200 册，第 153 页。

④ 杨镰主编《全元诗》第 10 册，第 130 页。

《历涉》诗应作于至元二十四年、二十五年初上任时，而此时的大名尚仲良不过是十岁的孩童。其二，尚仲良年未及弱冠即客居杭州学医，前后长达二十年，而班惟志青年时期亦寓杭州，受学于邓文原，二人很早就相识。尚仲良"年未艾"之时就曾为班惟志治愈病疾（《本草元命苞序》），故班惟志亲切地称尚仲良为"吾友"。班惟志后至元三年为年近六旬的老友尚仲良《本草元命苞》作序时，对其一生仕宦履历叙述详尽，若尚仲良果即尚仲贤，对他曾任职"江浙行省务官"恐怕不会只字不提。

姚守中

钟嗣成《录鬼簿》卷上"前辈已死名公才人有传奇行于世者"栏著录姚守中，名下列剧目三种，初稿本、增订本均谓其系"牧庵学士侄"，钟嗣成当有所据。盖牧庵学士即文章巨公姚燧，钟嗣成不会无端塞给他一位作不登大雅之杂剧的侄儿。按姚燧《牧庵集》卷一二《希真先生祠碑》，谓有"族侄埭自汴至长安"，求为汴梁丹阳观末代观主王道清道士撰碑文。孙楷第《元曲家考略》曾从字义角度推断姚燧此族侄埭"疑即守中"①。姚氏自姚枢始，以五行相生命名，姚燧之子分别名：壎、坼、城、埴②，姚燧堂弟姚炜有子名埼③，姚埭与诸人当系从兄弟行。姚枢、姚燧伯侄相继为元朝极品高官，子弟多读书入仕，成为一时显赫的大家族，出了个一时趋新作了些散曲、杂剧的，并不奇怪。姚燧就是《录鬼簿》著录的有乐府传世之"前辈名公"。

一 姚燧族侄姚埭即元曲家姚守中

进一步细读体味《希真先生祠碑》中显现的姚燧"族侄"姚埭的为人品性，其与姚守中散曲杂剧中隐含的作者身影正可相互印证，二人可合而为一。《希真先生祠碑》叙汴梁奉金主元旦、朔望吉日朝贺场所的丹阳观末代观主王道清道士（号希真纯素大师）生平，重在显扬其重道义之行状：师卒，为迁葬故里，"茔居三年"；不靳接纳贤士大夫，"虽其徒厌讥不恤也"；重然诺，"与之期事，虽风雨寒暑，未尝爽言"；特置茔地，安葬师友及"名价重一时"之贤士，为之树碑立传；乐谈"前朝勋戚大家事，其言亹亹，能倾究其隆赫衰摧之由，听者忘倦，皆可笔之野史"，是位关怀世道、劝人尚义的"方外人"。结末姚燧称赞这位族侄"无他营求"，只是以

---

① 孙楷第《元曲家考略》云："《广韵》'代'韵：'埭，徒耐切。以土堨水。'《类篇》十三下'土'部：'埭，壅水也。堨，其例切，堰也。又阿葛切，遮拥也。'今江南犹多埭堰。以土石壅水，视水之溢浅、天之旱潦而及时泄闭之，是谓守中。"（第142页）
② 姚壎、姚坼、姚城之名见于刘致《牧庵年谱》，姚埴之名见于王士点《秘书监志》卷九。
③ 王士点：《秘书监志》卷九，《四库全书》第596册，第843页。

故旧之交颂扬王道士"夙昔之贤",恳求为作碑文,曰:"子亦贤也。"这也显现出姚埙之为人。按《录鬼簿》于姚守中名下著录杂剧三种,名目分别为《汉太守郝廉留钱》《神武门逢萌挂冠》《褚遂良扯诏立东宫》,都是演述汉唐人物重义尚节故事,劝世意旨与姚埙请姚燧作碑文传扬王道士贤良义事相一致。

姚守中还作有【中吕·粉蝶儿】《牛诉冤》套数,借耕牛口吻,诉其力田劳作反遭杀戮之冤苦。从寓言角度说,绘出的是农民的心理图像,较之《孟子·梁惠王上》所说"吾不忍其觳觫,若无罪而就死地"之怜悯,进而强调力田耕作之功:"有我时田园开辟,无我时仓廪空虚。"(【四煞】)这正是姚埙前辈姚枢、许衡不遗余力地向忽必烈建议"重农桑"之政治主张的通俗化表述。元世祖忽必烈中统、至元年间,在国家政策方面一直存在两派相对立的意见:一边是以阿合马、王文统为代表的蒙古贵族,他们主张应全面施行蒙古游牧政策,甚至要求将汉人的耕地变更为草原,"专以财利一事为重"(吴澄《吴文正集》卷四十三《刘忠宪公行状》),甚而皇室贵族也参与放高利贷,即所谓"羊羔利";一边是以许衡、姚枢、窦默、刘秉忠等为代表的汉族儒臣,他们极力劝说忽必烈效仿历代中原王朝,施行儒家治国理念,重视农耕生产,减轻赋税徭役,与民休养生息。这一代儒学汉臣经历过金亡元兴历史更替的纷争战乱,都渴望在政治上有所作为,匡扶时弊。许衡在《训子》诗中说:"身居畎亩思致君,身在朝廷思济民。"① 又《题武郎中桃溪归隐图》诗云:"严陵晦迹终垂钓,韩伯韬声猥学医。此辈君侯休羡慕,但当匡救主民疲。"② 这些都是他自己的真切心声。姚枢早在关中侍从忽必烈时,就向其提出"重农桑"的意见,且身体力行付诸实际行动。中统元年(1260),朝廷立十道宣抚使,姚枢宣抚东平,至则置劝农、检察二人以监之,推物力以均赋役。中统二年,入朝拜大司农,同样"屡陈农桑之事",以为劝农桑可以"富民厚生"。其时王文统"以言利进为平章政事",姚枢、许衡入侍,则"言治乱休戚,必以义为本"。(《元史》卷一五八《许衡传》)许衡于至元三年(1266)奏疏"时务五事",其一即为"农桑学校",认为重视农桑、学校,则"民可使富,兵可使强,人才由之以多,国势由之以重"。指出取天下与守天下"各有其宜",今国家施行的"敛财"政策,不但不能"生财",反而"害于生财",只有"优重农

---

① 《许衡集》下册,许红霞点校,中华书局,2019,第362页。
② 《许衡集》下册,第378页。

民，勿使扰害"，使"农安于为农"，如此积以时日，则"仓库之积，非今日比矣"，此方为"平天下之要道"①。解读姚守中留存杂剧目、散曲中显露出的其人之品性、思想观念，可以由疑似进而认定：《录鬼簿》著录之曲家姚守中即姚燧《希真先生祠碑》中称作"族侄"的姚埭。

二　姚守中之父姚燉行迹仕宦考详

姚燧门人刘致《牧庵年谱》系《希真先生祠碑》于至元十五年（1278），谓此文"无岁月可考，亦当此年也"，是或然推测之语。按碑文记希真王道人至元十三年卒，"后七年，族侄埭自汴至长安"求铭，是作于至元十九年（1282）。姚燧至元十七年拜陕西汉中道提刑按察副使，二十年迁山南湖北道按察副使，《希真先生祠碑》正是作于长安。据姚燧《中书左丞姚文献公（枢）神道碑》，姚氏先祖贯籍柳城，金时徙居洛阳，姚枢有同胞弟姚桢、姚格，枢生炜，桢生燧，格生燉②。据《牧庵年谱》，姚枢之子炜生于世祖至元元年（1264），至姚燧作《希真先生祠碑》之至元十九年，方才19岁，此族侄姚埭不可能是姚炜之子，应是姚燧堂弟姚燉之子③。按早年随许衡受学于长安，至元八年与姚燉一道被召为国子监伴读之诸学友中，耶律有尚生于1236年（苏天爵《耶律文正公神道碑铭》），吕端善生于1237年（苏天爵《吕文穆公神道碑铭》），族兄姚燧生于1238年，白栋生于1244年（姚燧《河南道劝农副使白公墓碣》）。姚燉年岁盖与此数人相仿，生年约在窝阔台十二年（1240），至至元十九年，年逾不惑，姚埭当年及弱冠。姚埭的生平未见记载，而其父姚燉的事迹散见于元人文献，钩稽排比这些材料，可大致勾勒其行履宦迹，有助于进一步了解认知曲家姚守中。

姚燉早年应与堂兄姚燧一样，跟随伯父姚枢读书问学。姚燧在《姚文献公神道碑》中说："燧生三岁而孤，公卵翼之，不知其蒙暗，教督而急其成，俾粗有闻。"姚枢在金亡后随杨惟中北觐蒙古皇帝窝阔台，窝阔台七年乙未，"诏二太子（蒙哥、忽必烈）南征"，俾姚枢、杨惟中"即军中求儒、道、释、医、卜、酒工、乐人"。（《姚文献公神道碑》）及蒙古军攻占德安，

---

① 《许衡集》上册，第 279 页。

② 刘致：《牧庵年谱》，《姚燧集》附录，查洪德编校，人民文学出版社，2011，第 682 页。《国朝文类》卷一二载王构《翰林承旨姚燧父桢赠官制》，谓姚燧父名桢。恐误。

③ 姚燧《河南道劝农副使白公墓碣》（《牧庵集》卷二六）叙至元八年诏许衡弟子十二人为伴读，谓"孙安与（高）凝、燧、燉自河内"。姚燉当为弟。

姚枢得识南方大儒赵复（字仁甫），后者"尽出程、朱二子性理之书付公"。岁辛丑（1241），姚枢拜燕都行台郎中，"时惟事货赂，天下诸侯，竞以掊克入媚。以公幕长，必分及之，乃一切拒绝"。癸卯（1243），姚枢携家归隐辉州，垦荒苏门山，设堂供奉孔子画像，"傍垂周、两程、张、邵、司马六君子像，读书其间，衣冠庄肃，以道学自鸣"，版刻儒学著作《小学书》《语孟或问》《家礼》《四书》《尚书》等。其时居停大名的许衡，也潜心儒学，姚枢时至大名，与许衡、窦默"相聚茅斋"，"朝暮讲习，至忘寝食"。（《姚文献公神道碑》《元史·窦默传》）姚枢在苏门山除研读、版刻程朱理学诸书，还教授子弟门生读书。姚燧《辉州三贤堂记》云："先公（指姚枢）以癸卯来此（指辉州），而承旨（指王磐）已师是方，后将以事趋燕，尽前其徒，假先公以函丈，俾师之，以无废受业。迨庚戌（1250），左揆（指许衡）徙家自魏"，"无几时，先公出应世祖之招，左揆独留师是方，其道同也。"① 该年姚燧13岁②，姚燉当与族兄一道跟随许衡学。他们除研读儒家经典外，亦读史书，姚燧《国统离合表序》记："走未壮时，读《通鉴纲目》书于苏门山。"③

庚戌（1250），忽必烈以皇弟身份据守关中，遣使征姚枢，后者为忽必烈陈说救时之弊三十条，其一为"重农桑，宽赋税，省徭役"，以为如此"则民力纾"。姚枢提出的重视农业生产的建议为忽必烈所接纳，遂"教使劝农"，姚枢"身至八州诸县，谕上重农之旨"，成效显著。甲寅（1254），征拜许衡为京兆府儒学教授，次年乙卯（1255），由宣抚使廉希宪举荐，升任陕西行省儒学提举。同年姚燧在关中拜弟子礼，从许衡学，姚燉亦在其中。《牧庵年谱》引姚燧《与许德卿书》云："十八年，谬齿弟子之列于长安，时立下席。"④ 当时许衡在北方士林中的声望极高，其教授关中时，北方儒生多不远千里前来求学，如耶律有尚"逾弱冠"之年，自家乡东平"往从之游"。（苏天爵《耶律文正公神道碑铭》）许衡在陕西任儒学提举前后达五年，中统元年（1260），忽必烈即帝位，许衡应诏北行。（《元朝名臣事略》卷八《左丞许文正公》）至此，包括姚燧、姚燉兄弟在内的从许衡受学于关中的众弟子都各自返回了自己的家乡。

① 《牧庵集》卷七，《姚燧集》，第114页。
② 刘致《牧庵年谱》"定宗简平皇帝五年庚戌"系年引姚燧《与许德卿书》："燧生十三年，拜先履絢于苏门。"
③ 《牧庵集》卷三，《姚燧集》，第44页。
④ 刘致：《牧庵年谱》，《姚燧集》附录，第683页。

姚燧、姚焌兄弟迎来人生重大转折点是在元世祖至元八年（1271）。该年许衡拜国子监祭酒，"以国人世胄子弟就学"，奏昔日门生弟子十二人为伴读，于是"王梓自汴，韩思永、苏郁自大名，耶律有尚自东平，孙安与（高）凝、（姚）燧、（姚）焌自河内，刘季伟、吕端善、刘安中自秦，独公（指白栋）自太原"，皆驿致大都①。这十二位弟子除作为贵胄子弟的伴读外，还协助许衡处理日常教务，"相与辅佐为教"。（苏天爵《吕文穆公神道碑铭》）许衡在国子监任教前后三年，至元十年，由于"权臣阿合马屡毁成法，国学廪饩又不继，诸生多引去"，当时有"学者治生最为先务"的舆论②。于是许衡请辞归，遂以王恂摄学事，以许衡弟子耶律有尚、苏郁、白栋三人为助教。姚燧《白公墓碣》载："三年，吾侪或病告官去。"伴读之一的吕端善即在此时还京兆，"御史台荐其才，命为陕西道按察司知事"。（苏天爵《吕文穆公神道碑铭》）姚燧至元十二年为秦邸文学，未几授奉议大夫，兼提举陕西、四川、中兴等路学校。（《牧庵年谱》）高凝于至元十六年授江南行台监察御史。（《至正金陵新志》卷六下）姚焌至元十年结束国子监伴读后应亦曾授职，姚燧《希真先生祠碑》记"族侄埥自汴至长安"，上文考姚燧此"族侄埥"即姚焌之子，文作于至元十九年，或此前后姚焌供职汴梁路。

明清方志多记载姚焌在至元间曾任职江西提刑按察司。按虞集《道园类稿》卷二四《宗濂书院记》载：

> 宋亡，精舍毁。豫章之内附也，李武愍公恒以淄莱之军守之。……世祖皇帝之顾念远人也，鹿泉贾公来宣慰为省官，高公凝为省郎中。宣布德意，兴文学，礼故老贤士，以施教于人。河东刘公宣来为按察使，副之者柳城姚公焌也。一时名卿贤大夫，蔼然邹鲁其人矣。贾公旧臣，刘、高、姚，皆覃怀之学者。于是郡人万公一鹗、前进士熊公朋来等，皆为诸公出。郡之闻风而兴者，始相与出钱，市民间废宅一区。中为礼殿，象夫子燕居。西室祠周子，东室祠文忠公。行省宪司，转闻于朝，更为书院。其讲堂名光霁堂，署山长以主之，以道学之宗，学者趋焉，遂与诸学鼎峙。③

---

① 《河南道劝农副使白公墓碣》，《牧庵集》卷二六，《姚燧集》，第406页。
② 《许衡集》上册，第40页。
③ 虞集：《道园类稿》卷二四，《元人文集珍本丛刊》第5册，第606页。

"鹿泉贾公"即贾居贞,字仲明,是参与蒙元灭宋战役的著名汉人武将。据《元史》卷一五三本传,至元十五年,贾居贞由湖北宣慰使迁江西行省参知政事,主政期间,平息叛乱,平反冤狱,赈济灾民,颇多惠政,至元十七年卒于位。行省郎中高凝,字道凝,与姚燧、姚燉兄弟不仅系同乡,还同为至元八年许衡拜国子监祭酒时驿传至大都为伴读的同窗。按察使刘宣,字伯宣,太原人。擢中书省掾时,"在京从许文正公学,每退食就师,讲明经理"。(吴澄《刘忠宪公行状》)同属许衡门人。故虞集《宗濂书院记》谓"刘、高、姚,皆覃怀之学者"。按俞德邻《佩韦斋集》卷一〇《送刘伯宣尚书序》记云:"太原刘公亭刑江右之二年,政成化洽,治最,上闻,遂以大宗伯召。"按吴澄《刘忠宪公行状》,刘宣入为礼部尚书在至元二十二年[1]。则刘宣与昔日同窗姚燉分任江西湖东道提刑按察使、副使的时间在至元二十一年(1284)。

姚燉等在江西任职期间,除"兴文学"、复新书院外,还"礼故老贤士"。同治《崇仁县志》卷八之二《人物志》载:

> 黄丙炎,字纯宗,号思梅,邑东耆人。咸淳元年进士,授临桂簿,辟建康府凤台酒库。德祐初,干办江西制司,带行礼部架阁。……干办江西时,制使黄万石置司抚州,适元兵大至,洪都陷,万石弃城遁,纯宗不能挽,从行,由旴入闽,不两月,京城亦陷,遂归隐。刘伯宣、姚燉、高凝为宪使,皆具礼币迎主洪都学,并遣子受学,欲荐于朝,固拒之。[2]

《崇仁县志》谓"刘伯宣、姚燉、高凝为宪使",略有误。据虞集《宗濂书院记》,高凝时任江西行省郎中。这段文字的前半部分来自刘辰翁《黄纯父墓志铭》,"刘伯宣"以下的记载为墓志所无,或刘辰翁为贤者讳。按诸墓志铭,黄丙炎生于宋理宗端平三年(1236),卒于元至元二十三年(1286)。

吴澄《吴文正集》卷九一《题姚竹居画卷》云:"竹居昔过此,荏苒三十春。此画今到眼,见竹不见人。"[3] 姚竹居即姚燉(见后文)。考《吴澄

---

① 《元史》卷一六八《刘宣传》记刘宣任礼部尚书在至元二十三年,恐误。
② 同治《崇仁县志》卷八,清同治十二年刻本。
③ 吴澄:《吴文正集》卷九一,《四库全书》第1197册,第844页。

年谱》，吴澄自至元二十一年至二十三年，在抚州崇仁居家丁父忧。姚燧拜访吴澄并赠画竹，当是任江西按察副使期间。吴澄乃南方大儒，与姚燧业师许衡有"南吴北许"之称①，而年岁约与姚燧相仿。姚燧拜访这位居家的文儒宗师，固然是作为地方官员礼重贤能的表现，更多的应该还是出于志同道合的惺惺相惜。

嘉庆《宁国府志》卷二《职官表·江东道佥事》栏列名姚燧，注云："（至元）二十九年正月到任，三十年八月得代。"方志所记姚燧任江东建康道廉访司佥事的时间略误，应在至元二十八年。赵介如《双溪书院记》载：

> 大元混一车书，兴崇学校。部使者所至，非循旧规以增广，则出新意以开设，于番，则双溪其始事也。至元十七年庚辰秋，按察副使竹庵粤（奥）屯公希鲁行部来浮，士子无所依归，请立书院养士储才。公从之，买宅于双溪之上，以名堂。以介如尝闻父师之教，爰命为长，与朋友讲习。……越十年庚寅秋，寇至邑焚，延及书院，惟孔颜二像犹存。明年辛卯冬，廉访佥事竹居姚公燧循行属邑，登临故址，慨然曰："此竹庵公遗迹也。"遂命少府燕山王君存古董其事，俾介如同山长胡云龙、教谕程之瑞、讲宾朱以清副之，且捐金示倡。②

元代鄱阳县隶属江浙行省饶州路，为江东建康道肃政廉访司治下。（《元史·地理志五》）辛卯为至元二十八年，是年提刑按察司更名肃政廉访。文中说"廉访佥事竹居姚公燧循行属邑"，"竹居"应是姚燧自号，也证实上文吴澄《题姚竹居画卷》是为姚燧所作。为双溪书院作记文的还有江西庐陵人刘辰翁，刘氏记文除赵介如文已交代的内容外，还有所补充：兴修书院的工作开始于至元二十九年二月，十月完工。"燕居晬容，皆公（姚燧）手所是正，如孔林旧。"③

姚燧任江东建康道廉访佥事期间，还曾结识众多鄱阳当地的名士。清人史简编《鄱阳五家集》卷一《黎廷瑞芳洲集》卷首记述黎廷瑞行状云：黎廷瑞，字祥仲，"生而颖拔，日诵数千言，即了大义"。南宋度宗咸淳辛未赐同

---

① 揭傒斯《吴公神道碑》："皇元受命，天降真儒，北有许衡，南有吴澄。所以恢宏至道，润色鸿业，有以知斯文未丧，景运方兴也。"吴澄：《吴文正集》附录，《四库全书》第 1197 册，第 949 页。

② 康熙《浮梁县志》卷七，李修生主编《全元文》第 20 册，第 104 页。

③ 刘辰翁：《双溪书院记》，《须溪集》卷一，《四库全书》第 1186 册，第 407 页。

进士出身,授迪功郎、肇庆府司法参军。南宋亡,"幽居十稔,以文墨自娱"。"北方士大夫之来南者,闻公名,莫不愿见,既见,欢如平生。竹庵奥屯公希鲁、疏斋卢公挚、竹居姚公燧廉问之日,以歌诗、乐府相唱答。"① 奥屯希鲁约至元十五年任江东建康道提刑按察副使②,卢挚任该职约在至元二十二年。奥屯希鲁、卢挚都是元初北方名士,且作词和散曲,名列《录鬼簿》卷上"前辈已死名公有乐府行于世者"。时人评奥屯希鲁词"豪宕清婉,律吕谐和"③,《全元散曲》辑存奥屯希鲁小令、套数各两首,卢挚小令一百二十首。他们先后任职江东宪府,与治下名士黎廷瑞"以歌诗、乐府相唱答",自是情理中事。今存黎廷瑞《芳洲集》卷三有两首写给奥屯希鲁的词,调名分别为【水调歌头】与【眼儿媚】。

苏天爵《滋溪文稿》卷一四《故静观处士刘君墓碣铭》亦载:刘传,字芳伯,"大父元芝,宋迪功郎","少学于家庭,迪功府君教诲甚严,君读书清苦,日记千言。前至元时,江东部使者柳城姚公燧按行至鄱,鄱之名士黎君廷瑞、吴君存偕迪功府君同往造谒,君操几杖以从。姚公爱其颖慧,命题赋诗,君援笔立成。姚公嘉叹,期以远大"④。黎廷瑞、吴存、刘元芝诸人,皆为鄱阳"名士",吴存"少力学,有卓识","俊声四驰",姚燧曾荐举出仕,不从⑤。

黎廷瑞《芳洲集》卷一有《癸巳七月送姚廉访移司金陵二首》(自注:"录其一"):

> 十载孤怀郁不开,二年谈麈得重陪。亦知久聚难为别,纵复相逢有此回。野老共遮骢马路,仙翁合管凤凰台。慈湖相见如相问(自注:"谓年魁陈宜之"),已约钟山探蚤梅。⑥

癸巳为至元三十年。诗有"二年谈麈得重陪"语,当是前一年姚燧以江东建康道廉访佥事身份巡行至鄱阳时与黎廷瑞结识,上文提到在鄱阳兴修双溪书院即在至元二十九年。黎诗提到的"慈湖",乃陈钺,字宜之,当涂人,宋咸

---

① 史简编《鄱阳五家集》卷一,《四库全书》第1476册,第268页。
② 方回:《饶州路治中汪公元圭墓志铭》,程敏政编《新安文献志》卷八五,《四库全书》第1376册,第395页。
③ 俞德邻:《奥屯提刑乐府序》,《佩韦斋集》卷一〇,《四库全书》第1189册,第77页。
④ 苏天爵:《滋溪文稿》卷一四,《四库全书》第1214册,第172页。
⑤ 危素:《吴仲退先生墓表》,李修生主编《全元文》第48册,第495页。
⑥ 史简编《鄱阳五家集》卷一,《四库全书》第1476册,第279页。

淳辛未科第三名，与黎廷瑞为同年，故黎以"年魁"称之。陈钺曾辟建康阃幕，因家焉。入元后任建康府学教授，不受俸禄，所作诗文书"甲子"，自称"慈湖民"，学者称为"慈湖先生"。在大德五年姚燧任江东廉访使时，"闻其以道自守，屏车骑诣门"，有诗作唱和①。

　　察举地方隐逸贤士，同样是廉访官员的职责之一。嘉靖《江西通志》卷九《饶州府·科目》载："周应极，字南翁，鄱阳人，生有异质。弱冠，邃经史、制书。部使者姚燧荐授婺源学正，弃官归养。"②元代婺源县隶属江浙行省徽州路，与鄱阳县同为江东建康道廉访司治下。

　　江东建康道廉访司原置司建康路，后为避江南行御史台，迁至宁国路（今属安徽宣城市）。宣城人汪泽民、张师愚编《宛陵群英集》卷三有王圭《和姚竹居按察赋木犀古韵》，中云："霜台诗老清不贫，高斋宴坐花为宾。""不须重续小山词，自有公诗敌琼琈。"③姚燧原诗佚。王圭，字敬仲，与弟王璋并以诗名，与元初江南名诗人戴表元倡和，"尤工五言"。（《宛陵群英集》卷三王圭小传）

　　《宛陵群英集》卷八还选录宣城人张师愚《和姚竹居过赵忠定公故宅诗韵》："翊戴功成赖屏翰，岂知蝼蚁困泥蟠。南荒地远劳行役，北阙云深欲见难。纳册未占风拔木，怀沙先见畹滋兰。惟公千古精忠在，奸党何殊一鼠肝。"④赵忠定公即赵汝愚，字子直，宋宗室名臣，居饶州余干。孝宗时擢进士第一，签书宁国军节度判官。拥立宁宗有功，拜右丞相，任用朱熹、吕祖谦等贤能之士，故张诗有"翊戴功成赖屏翰"语。后为韩侂胄列为党禁，遭贬谪，庆元二年死于贬地衡州。《宋史》卷三九二《赵汝愚传》评云："方孝宗崩，光宗疾，大丧无主，中外汹汹，一时大臣有畏难而去者矣。汝愚独能奋不虑身，定大计于顷刻，收召明德之士，以辅宁宗之新政，天下翕然望治，其功可谓盛矣。"⑤赵汝愚曾任职宁国，或其地有故宅，姚燧作为后任者，拜谒前朝贤臣名相故居，亦属常情，惜其所赋诗亡佚。姚燧颂扬前朝"精忠"良臣赵汝愚，与其子姚埴请伯父姚燧撰文传颂当世重道义之贤人王道士，内在的劝世意旨彼此相通。

---

① 张铉：《至正金陵新志》卷一四，《四库全书》第492册，第637页。
② 康熙《鄱阳县志》卷一一作："弱冠，邃经史，上书部使者姚燧，燧奇之，荐授婺源学正，弃官归养。"
③ 汪泽民、张师愚编《宛陵群英集》卷三，《四库全书》第1366册，第983页。
④ 汪泽民、张师愚编《宛陵群英集》卷八，《四库全书》第1366册，第1037页。
⑤ 《宋史》卷三九二，第11993页。

前引嘉庆《宁国府志》记姚燧任江东建康道廉访司金事至至元三十年得代，可信从。《安徽通志稿·金石古物考》载录方回撰《太平路修学记》，前署："奉训大夫、前签江东建康道肃政廉访司事姚燧篆额。"[①] 文中记路学兴修于至元二十八年（1291）冬，至元三十一年（1294）春竣工，则至元三十一年姚燧已卸任江东宪府金事之职。按《录鬼簿》增订本记姚守中曾任平江路吏，乃父既为江东建康道廉访金事，举荐其子做平江路吏，亦在所必然。

大德、皇庆十余年间，姚燧的经历无考，延祐五年（1318）铨调河南宪府。虞集《道园类稿》卷四三《湖南宪副赵公神道碑》载：

> 湖南副宪赵公，讳天纲，字之维。……赵氏之先世为安阳人，仕于金，多贵显。……公之生，能世其家学。（父）侍郎又以公见许文正公于京师，又见静修刘先生因于保定。许公使公授业于其门人耶律伯强氏。……延祐五年，康里公回回、某郡韩公云卿、柳城姚公燧，同在河南宪府，复起公为掾，犹不肯。母夫人曰："不仕无义，非先君志也。"强起行。[②]

康里公回回，名臣不忽木之子，巎巎之兄。《元史》卷一四三附《巎巎传》："兄回回，字子渊，敦默寡言，耆学能文。""至大间，调大司农卿，除山南廉访使，改江南行台治书侍御史，迁淮西廉访使，皆有政声。再改河南廉访使。""与弟巎巎，皆为时之名臣，世号为双璧云。"[③] 韩云卿，即韩从益，云卿其字，安阳人。按，回回之弟巎巎，幼年在国子监受学于许衡，与姚燧为学友。乃父不忽木，亦作散曲，名列《录鬼簿》卷上"前辈已死名公有乐府行于世者"。神道碑载墓主赵天纲曾受业于许衡门人耶律伯强，耶律伯强即姚燧同门友耶律有尚，至元十年许衡辞国子祭酒，以耶律有尚为助教。

延祐五年以后，姚燧事迹无考。按姚燧族兄姚燧卒于皇庆二年（1313），享年七十六岁。上文考姚燧生年约在1240年，延祐五年时，已年近八旬，或此后不久即谢世。

---

①　《辽金元石刻文献全编》第 2 册，第 212 页。
②　虞集：《道园类稿》卷四三，《元人文集珍本丛刊》第 6 册，第 300 页。
③　《元史》卷一四三，第 3416 页。

　　姚氏伯侄不仅仕宦显赫，在文学艺术上也颇多建树。姚枢虽倾心理学，但亦能诗，《元诗选》辑录姚枢诗二十五首，近世编《全元诗》又据石刻拓片增补一首。且善书，尤以"善草书"名世，袁桷《题姚雪斋右丞草书》谓姚枢"诗昉于苏（轼），骎骎乎太白矣；字源于黄（庭坚），则与之俱为怀素之弟子矣"①。蒲道源《题姚文献公草书真迹》评姚枢"翰墨工"，他人"未易继高风"②。吴澄《题葛教授家藏雪斋姚公墨迹后》亦谓姚枢"辞翰逸迈，近世鲜俪"③。程钜夫《跋雪斋墨迹》记姚枢曾赠诗于程氏季父西渠公，谓姚枢"名迹不下古人，字画亦非后来所及"④。据王鹗《龙门建极宫记》，姚枢曾奉敕为龙门建极宫书写匾额⑤。姚燧《鄢陵主簿毛府君阡表》记姚枢曾书"夙夜以思无益，不如学也"十字赠予墓主毛宪。《牧庵年谱》引姚燧《跋张总管父都漕公手泽》，记姚燧至元丙戌（1286）于张梦卿家观先伯父姚枢三帖。姚燧更是以文章名海内，亦作诗余、散曲，是《录鬼簿》著录的有乐府传世的"前辈名公"。今存三十六卷本《牧庵集》为清康熙间辑本，其中第三十五、三十六两卷存词作四十余首。《全元散曲》辑其小令二十九首、套数一套。姚燧之父姚燉亦能诗，任职江东建康道宪司时，与鄱阳文士黎廷瑞"以歌诗、乐府相唱答"，后进刘传因能赋诗，还受到他的褒奖。宣城人王圭、张师愚分别有《和姚竹居按察赋木犀古韵》《和姚竹居过赵忠定公故宅诗韵》，惜诗作不存。按姚燧【烛影摇红】《赋海棠》词序云："见促录'玉簪'乐章，非昨暮被酒，不敢歌淫哇于师旷侧也。蒙此庞和，且感且惭。此题藏斋乐总管首唱，时至元七年作。弟来序褒揄过高，阅之令人身汗面赤也。"⑥ 词序所说"弟"，或正是姚燉，姚燉当亦曾参与至元七年唱和"玉簪"乐章事，知悉其中原委。此次堂兄将众人"庞和"同题诸作集录，姚燉赠序"褒揄"，亦属同道雅趣。姚燉还擅书画，早在做国子监伴读期间，其师许衡即"教诸生习字，必以颜鲁公为法"⑦。他在江东宪府供职时，还曾为《太平路修学记》石刻篆书碑额。任职江西时赠画卷与吴澄，后者为作《题姚竹居画卷》诗。姚枢之子姚炜亦能书，《金石文考略》

①　袁桷：《清容居士集》卷四九，《四库全书》第 1203 册，第 651 页。诗题"右丞"误，当作"左丞"。
②　蒲道源：《闲居丛稿》卷八，《四库全书》第 1210 册，第 637 页。
③　吴澄：《吴文正集》卷五八，《四库全书》第 1197 册，第 571 页。
④　程钜夫：《雪楼集》卷二五，《四库全书》第 1202 册，第 364 页。
⑤　李修生主编《全元文》第 8 册，第 9 页。
⑥　《牧庵集》卷三六，《姚燧集》，第 557 页。
⑦　《许衡集》下册，第 482 页。

卷一五记延祐四年姚炜为王公孺所撰《敕修太师忠烈公比干庙碑铭》题额。《山左金石志》卷二三记至顺三年姚炜为辛明远所撰《重修崇庆院记》书丹。元初北方正经文士亦不妨作时兴杂剧，出身于官宦显赫、文艺氛围浓厚之大家族的姚守中，一时趋新作散曲、杂剧，并不奇怪。

李好古

李好古是元杂剧第一期著名作家，所编撰《张生煮海》剧为时人杂剧作品征引。朱权《太和正音谱》"古今群英乐府格势"评其"词如孤松挂月"。孙楷第《元曲家考略》揭出元人文集中有至正初任江南行台监察御史之李好古，尚有忽略。此李好古至正十年（1350）还出任陕西行台监察御史，至正十二年任中书省左司都事，与曲家李好古年代不合，不是杂剧作家。金石志及考古发现之真定路平山县乐户李好古，实具备为曲家之可能。

一　与曲家同名之李敏中好古

《录鬼簿》所记李好古仅有籍贯，而无事迹，且籍贯也有三说：初稿本未注明籍贯；增订本作保定人，又注："或云西平人"；天一阁增续本又作东平人。王国维《录曲余谈》谓元有三李好古。其一"即制《张生煮海》杂剧者，见钟嗣成《录鬼簿》。其二皆宋末元初人，一作《碎锦词》者，一字敏仲，见赵闻礼《阳春白雪》"①。明确将杂剧作者与非杂剧作者区别开来。按《全宋词》所收李好古之《碎锦词》凡十四首，自署"乡贡免解进士"，其中【清平乐】（清淮北去）有云："点点尽堪肠断，行人休望长安。"又同调云："更愿诸公着意，休教忘了中原。"② 当为南宋中后期的南方人，不可能是杂剧作者。王国维所说的字敏仲者，检赵闻礼《阳春白雪》卷七，署作："李仲敏好古。"③ 唐圭璋《全宋词》注云："清吟阁本《阳春白雪》云，李好古字仲敏，下邳人。"④ 知此李好古字仲敏。赵氏《阳春白雪》卷七选录其【谒金门】（花过雨）一首，末两句云："若使胡尘吹得去，东风侯万户。"⑤ 当也是南宋后期南方人，非杂剧作家。孙楷第先生在

① 《录曲余谈》，《王国维戏曲论文集》，中国戏剧出版社，1957，第 274 页。
② 唐圭璋编《全宋词》第 4 册，中华书局，1965，第 2702 页。
③ 赵闻礼选《阳春白雪》卷七，《丛书集成初编》，商务印书馆，1940，第 201 页。
④ 唐圭璋编《全宋词》第 4 册，第 2700 页。
⑤ 赵闻礼选《阳春白雪》卷七，《丛书集成初编》，第 201 页。

许有壬、梁寅、余阙等人的别集中发现有李好古，先后任江南行台、陕西行台御史。又陶宗仪《书史会要》卷七有李敏中字好古者，"河南人，官至陕西行省郎中。工大字"①。孙氏疑与御史李好古为同一人。王德毅等编撰《元人传记资料索引》即信从此说。现据新发现的材料，证实任江南行台、陕西行台御史之李好古与《书史会要》之李敏中字好古者为同一人。除任行台御史外，此李好古至正十二年（1352）拜中书省左司都事，陕西行省郎中当是其最后任职。其人工书法。（详后文）按《录鬼簿》初稿完成于至顺元年（1330），增订稿有至正五年（1345）的文本信息，列杂剧家李好古于"前辈已死"栏，与任行台御史之李好古在时间上相矛盾，学界一般不认为任行台御史之李敏中好古是杂剧作家。

余阙《青阳集》卷一《送李好古之南台御史》云：

> 都门相送处，旭日动兰晖。绮树莺初下，金沟絮渐飞。分骖向远道，把袂恋音徽。去去江南陌，应看满路威。②

李好古在江南行御史台所任职务为监察御史（详后文），余阙诗是在大都临别时所赋，或此前李好古已有其他官职。据宋濂《余左丞传》，余阙元统元年（1333）进士，授同知泗州事，俄召为应奉翰林文字，转中书刑部主事，以不阿权贵弃官归里。寻以修辽宋金三史召，复入翰林为修撰，拜监察御史，改中书礼部员外郎，出为湖广行省左右司郎中③。考《元史·顺帝本纪》，诏修辽宋金三史在至正三年（1343）三月，五年十月成。又《元书·余阙传》载，余阙出为湖广行省左右司郎中在至正七年④。故知余诗作于至正三年至七年。又李好古江南行台监察御史秩满在至正八年，以元制外任三年为限计之，余诗应作于至正六年暮春（诗有"金沟絮渐飞"句）。余阙拜御史台监察御史应在三史修完之后，推测其时李好古可能供职御史台，与余阙同僚，故当其外任时，余赋诗赠行。

关于李好古在江南行御史台监察御史任上的事迹，我们新发现数条材

① 陶宗仪：《书史会要》卷七，《四库全书》第814册，第757页。
② 余阙：《青阳集》卷一，《四库全书》第1214册，第364页。
③ 《潜溪后集》卷六，罗月霞主编《宋濂全集》第1册，浙江古籍出版社，1999，第245页。参见《元史》卷一四三《余阙传》。
④ 曾廉：《元书》卷八二，《四库未收书辑刊》第4辑第15册，北京出版社，2000年影印本，第573页。

料，其一是元人刘孟琛编撰的《南台备要》"书吏奏差犯赃"条载：

> 至正八年十月，准御史台咨：
> 至正八年九月二十二日御史台奏：
> 俺根底南台备监察御史拜瑚、秃鲁、哈剌台、赫斯、忙古歹、安明德、李焕文、李敏中、刘真（贞）、李从政与将文书来："尝谓风宪之职，纠察贪污，肃清风化，固贤能之是尚，亦清白之为先，苟或犯于赃私，实有玷于风纪。欲励廉明，宜严约束，故犯赃加等断罪籍没，赃重流远，已有定制。……"么道说将来有。俺商量来：依着南台家说将来的遍行为例遵守呵，怎生？奏呵，"那般者"。么道圣旨了也。①

江南诸道行御史台置监察御史二十八员（《元史·百官志》），李好古是其一。由此可知，至正八年（1348）九月李好古还在南台监察御史任上。杨维桢《东维子集》卷一九《竹近记》云："书'竹近'之扁者，实南台御史李公好古，与生为忘年友之书也。……李公由南端业羽仪于天朝，生阶而上之，吾且见生之获近清光于明天子已。"②《竹近记》作于至正八年十一月。孙楷第《元曲家考略》据此推定李好古南台任满赴朝在至正八年十一月前不久。不甚确。按，徐乃昌编《安徽通志稿·金石古物考》载录《太平路儒学归田记》，前署云：

> 承直郎、江南诸道行御史台监察御史普达世理撰
> 朝列大夫、江南诸道行御史台监察御史刘贞书
> 儒林郎、江南诸道行御史台监察御史李敏中篆额③

文作于至正九年五月吉日。书者刘贞（1289—1361），即上引《南台备要》之刘真，字廷幹，号晦叟，益都人。《书史会要》亦录其名④。如何解释杨维桢记文"李公由南端业羽仪于天朝"与新材料的抵牾呢？结合《南台备要》与杨文两则材料，李好古南台监察御史秩满应在至正八年十月，或因接替者此时尚未到任，故而李好古迟至次年五月仍滞留于该职。《元典章·

---

① 《永乐大典》卷二六一〇引，《四库全书存目丛书》史部第 257 册，第 12 页。
② 杨维桢：《东维子集》卷一九，《四库全书》第 1221 册，第 573 页。
③ 《辽金元石刻文献全编》第 2 册，第 243 页。
④ 陶宗仪《书史会要》卷七作"刘桢"。

吏部》卷五《职制二·代满》"代官到任方许离职"条载：

> 至元四年，"中书省札付：'各路迁转官员，钦依圣旨，拟三十个月为满一考，较其功过，以凭升迁降转施行。'奉此。照得旧例：'诸执事官皆代官到日，方许去任。'除已具呈中书省，相度：如有任满官员，无得辄便离职，候代官到日方许去任，依例求仕"事。承此。①

《元奉议大夫慕信碑》亦载：慕信"钦受宣命奉议大夫、会昌州知州。在任五载而无代，急流勇退，告老归家"②。

李好古南台监察御史秩满，调任陕西行御史台监察御史，临行之时，陶安赋《送李好古赴西台御史》赠别：

> 天花剪玉澡英姿，绿萼梅招梦里诗。百二山河劳跋涉，九重耳目寄询咨。锦袍召对金銮殿，宝墨留题太液池。正值长安花满路，青骢腾踏辔如丝。③

又陶安《陶学士集》卷一三《送李仪伯赴西台序》云：

> 李君仪伯，大梁人也。……用荐者拜南台监察御史，乃至正（八年）戊子。守省湖广，连劾大官，威震徼外。明年，谳狱州县，情无冤疑，于是宪纲尊肃，而政体清严矣。又明年，调西台御史。……君在南台，其同官李正卿、赫彦凯、李好古，皆时之所重。君又与之同官于西台，粲乎珪璋之交映也，锵乎金石之相宣也。④

陶序所记数人，其中李好古即前引《南台备要》之李敏中，赫彦凯当即赫斯，而李正卿、李仪伯当即李焕文、李从政⑤。只是文献不足，无法确指。按，《陶学士集》卷四有长题诗《己丑九日，南轩山长许栗夫邀学官及诸生登高翠微亭，以唐人登高诗前四句分韵赋诗，在座诸生有得开字者，余为

---

① 《元典章》第 1 册，第 391 页。
② 光绪《登州府志》卷六五《金石志上》，《辽金元石刻文献全编》第 3 册，第 594 页。
③ 陶安：《陶学士集》卷五，《四库全书》第 1225 册，第 641 页。
④ 陶安：《陶学士集》卷一三，《四库全书》第 1225 册，第 732 页。
⑤ 《南台备要》是官方文件，所以书名。陶安送别诗、序是友朋间的交往文字，故以字称。

代赋五十韵》，中有"虎踞城如昨""台空凤凰去""六朝归感慨"等句①，知至正九年己丑（1349），陶安确在金陵（江南行台治司所在）。

梁寅《石门集》卷四《送李好古御史》诗：

> 秦淮垂柳翠毵毵，乌府先生发去骖。路入云山函谷里，梦怀雪屋大江南。（原注："君初生时，以雪水浴之，名之曰浴雪。"）汉官执法时流美，唐代遗踪野老谈。应念西人久凋瘵，飞章先看斥奸贪。②

又《石门集》卷四《送李仪伯御史之西台》诗：

> 钟阜石城嗟久淹，秦山渭水入遥瞻。邮程渐与江湖异，殊俗喜闻官吏廉。云浪鱼龙三月暖，霜天鹰隼九秋严。明年簪笔明光殿，褒擢重期圣泽霑。③

该诗与《送李好古御史》同卷、同韵，所叙时间及内容均相近，是同时之作。性质与上引陶安诗及序相同，均为送别之作。按，李仪伯，其名不详，从古人名与字取义相近的通例推测，可能是《南台备要》中的李焕文。至正五年曾任章丘县尹，政绩为诸县之最④。此外，《石门集》卷三有《普元礼御史迁浙省都事奉饯》五律，普元礼，即上文所引《太平路儒学归田记》的撰者普达世理。梁寅（1303—1389），字孟敬，新喻（今江西新余市）人。据石光霁《石门先生行状》："迫（至正八年）戊子岁，行省架阁张君济请至建康，训厥子。次年，而学徒益增，北方学者尤多，以科业中者益众。自是久寓金陵，一时交游皆知名士，若晋伸李先生，则师尊之，陶公主敬诸彦，则友交之。……（至正十年）岁庚寅，先生辞司训职。"⑤ "陶公主敬"，即陶安。再次证实其送李好古、李仪伯诗与陶安诗、序同时同地而作。

李好古由南台监察御史调任西台之前，曾赴大都办理交接手续。许有

①　陶安：《陶学士集》卷四，《四库全书》第 1225 册，第 630 页。
②　梁寅：《石门集》卷四，《四库全书》第 1222 册，第 639 页。
③　梁寅：《石门集》卷四，《四库全书》第 1222 册，第 639 页。
④　嘉靖《章丘县志》卷三《县令题名八》，《天一阁藏明代方志选刊续编》第 57 册，上海书店，1990 年影印本，第 133 页。
⑤　石光霁：《石门先生行状》，梁寅：《石门集》卷首，《元人文集珍本丛刊》第 7 册，第 614 页。

壬《至正集》卷二二《和原功钓台寄李好古韵》末联云："可人幸遇吾乡彦，袖得清风入帝城。"① 原功是欧阳玄的字，据孙楷第先生考证，欧阳玄至正六年除福建闽海道廉访使，行次浙西，疾复作，因请致仕，故许和韵有"江海相望添白发，山林高蹈奈苍生"云。其结识李好古在赴福建闽海道廉访使任途经集庆之时。李好古至正九年五月仍滞留江南行台，十年上任陕西行台，故其赴大都当在十年春（许诗有"袖得清风入帝城"语）。考许有壬行迹，至正十年在安阳闲居，并不在大都②，或李好古江南行台任满赴京，路经安阳时拜访了许有壬。

至正十年（1350），李好古上任陕西行御史台监察御史，督办兴建东汉渭南孝子蔡顺墓碑。嘉靖《渭南县志》卷一一引元人田远曾《蔡孝子墓碑》云：

> 孝子蔡顺事迹，具载范氏《东汉史》，其死葬之详，则无纪焉。渭南为奉元属县，在汉为京兆之密峙县。南二十里原，曰常稔里，曰孝子古坟二，世传为蔡孝子墓。盖一为顺，一为其母云。迨本朝，有民王文信家是里，岁时为之拜扫，盖有所慕者。既而坟为耕者所夷，文信诘诸农以埋，复遂为之封域，仍求其乡先生太常博士侯君伯正为五言诗若干韵，櫽括史传，著本末以谕氓民，使知闻之熟。皇帝至正之十年，西御史台监察御史、奉训大夫禹苏福天锡，承直郎李敏中好古二公按部东道属县，咨谋度询，以尽厥职，因求访遗迹，持得古人名节之士、前湖北道金肃政廉访司事拜瑚文昭持侯君诗，以言其乡里之故实。御史乃命于在县之官属曰："旌异淑善，以树风声，励浇俗，莫先于忠孝之道。若蔡氏之孝行，遗冢岿然，不为之表识，将见湮没，使俗无以劝，可乎？"适庐陵邹任志游寓渭滨，县之官属既承御史命，偕来曰："若是者何如也？"任志曰："此御史之知所务也……"于是官属咸曰："令定其茔一亩，修为场，以侯君之诗勒于石，且请有以记之。"遂为之书。时同行察院御史李彬景文、苏斌宪章也。③

---

① 许有壬：《至正集》卷二二，《四库全书》第1211册，第163页。
② 许有壬《庚寅岁新正信笔》："万事无心绰绰然，不知寒暑自推迁。园池才治三三径，岁月俄惊八八年。晚境偷安难报主，瘦田谋食尚祈天。圭塘觞咏多余力，时为西山一着鞭。"（《至正集》卷二二）至正十年庚寅，许有壬六十四岁。又《圭塘小稿》卷一三【满庭芳】《庚寅正月十六日夜独酌戏成》："天恩偶听归田，良辰美景，相遇更欣然。细数人生行止，或城市，或在林泉。都评过，忘形适意，惟是在尊前。"
③ 嘉靖《渭南县志》卷一一《祠祀考下》，明钞本。

文中提及的拜瑚文昭，即《南台备要》中的拜瑚，文昭其字。渭南人。至顺中举茂异，历官奉训大夫、陕西行御史台监察御史，升中议大夫、江南湖北道肃政廉访司佥事①。

至正十二年，陕西行台监察御史任满，李好古调中书省左司都事。欧阳玄《中书省左司题名记》载：

> 至正十二年壬辰夏四月，左司郎中汝中柏子真、崔敬伯恭，员外郎伯颜帖木儿复礼、张让谦甫，都事完者帖木儿秉中、王时本中、尚绚彦文、李敏中好古，咸极一时之选。……翰林学士承旨、荣禄大夫、知制诰兼修国史长沙欧阳玄记。②

行台监察御史秩正七品，中书省左司都事亦正七品（《元史·百官志》），属平级迁调。《书史会要》记李好古官至陕西行省郎中，应是最终任职，从五品。依元制，年七十致仕，至正十二年李好古除中书省左司都事，以三年任期计之，其陕西行省郎中秩满当在至正十八年。以此逆推，李敏中好古生年约在世祖至元二十五年（1288）。

欧阳玄《圭斋文集》卷一四有《西平李氏族谱》，孙楷第认为是欧阳玄应李好古之请而作。又，许有壬《和原功钓台寄李好古韵》有"可人幸遇吾乡彦"句，许有壬祖籍颍州，与西平县同属汝宁府，孙楷第据此推定此李好古系"西平人而家于江南"。王钢认为孙说"过于曲迂"③，在校订《录鬼簿》时将"或云西平人"五字径直删去，认为是后人增补④。孙先生先认定许有壬寄诗之李好古即杂剧家，又据许诗来证实《录鬼簿》记载之李好古为西平人，陷入循环论证。通过上文的考证，许有壬寄诗之李好古并非杂剧作家，但他确系西平人，这与《录鬼簿》记载的杂剧家李好古"或云西平人"纯属偶合而已。现为孙先生的推定补充一条证据，夏镇《西平李氏族谱序》载：

> 氏族之盛，莫如故李，谪仙称"我李盘根大"，是以就李氏而论，功臣世禄，宜莫如西平家。临洮第七子江西观察使长子守衰，因家郡

---

① 嘉靖《渭南县志》卷一六《人物传》。
② 北京图书馆善本组辑《析津志辑佚》，第13页。
③ 王永宽、王钢：《中国戏曲史编年》（元明卷），中州古籍出版社，1994，第112页。
④ 王钢：《校订录鬼簿三种》，第105页。

东，与观察使皆卜葬焉。其子孙居袁者，若萍邑之三河，若分宜之白芒，及散居庐陵者曰朋田，曰福塘，曰河源谷平，曰醪溪，皆迹吾乡也。吾尝铭芒溪李唐佐墓，阅其状，亦祖红花。仰今考之，李氏分派，信族谱世次特详于西平，则所以别亲疏，定昭穆。吾闻李氏惓惓叙九族之谊，有生子若孙者，谨书之，惟恐阙遗。椒聊蕃衍，又复数世矣。虽同邱里、同族祖者，犹不能尽识，况在他乡他郡者乎？然或者尚论其世，而得以知其亲亲之教，则有谱之力也。吾家唐元和间世果由大原来宜春，李氏有自宜春分庐陵，是吉、袁两郡皆相与有桑梓之好，故慷慨执笔而题卷后。（后）至元（二年）丙子夏吉日，翰林学士夏镇果斋撰。①

夏镇，字定远，号果斋，宜春人。延祐元年乡试第三，至治元年以《春秋》登进士第②。欧阳玄元统元年（1333）改金太常礼仪院事，拜翰林直学士，编修四朝实录，俄兼国子祭酒，召赴中都议事，升侍讲学士复兼国子祭酒。重纪至元五年（1339）拜翰林学士③。欧阳玄《西平李氏族谱》与夏镇谱序应是二人同在翰林院时应李好古之请而作。欧阳玄，浏阳人，欧阳修后裔，本籍庐陵，二人之所以为李好古作族谱与序，或是念及同属江西籍之乡谊。此说还有一旁证，王礼《麟原文集》前集卷一〇《跋李氏族谱后》云："西平李氏，自唐至今，三百余年，二十余世。……其孙尚敬父子，犹惓惓有望于立言君子发挥先美，何也？其意固欲来者知之，克励克绍，以无忝其先烈云尔。"④ 王礼（1314—1386），庐陵宣溪人。又江西吉安人周巽《性情集》卷六有《题李尚敬所藏乃祖秋润亭遗像卷子》。李尚敬事迹虽不可考，从为之作族谱跋及题乃祖遗像之二人均系江西人来看，李尚敬应也是江西籍，或正是李好古后人。如此，则证实并修正孙楷第的结论：李敏中好古，西平人而寓居江西。按《书史会要》记李好古河南人，似与西平说相矛盾。按《元史·地理志》：统辖西平之汝宁府，至元七年省遂平、平舆入汝阳，隶属汴梁路。至元三十年，升为散府，直隶河南江北行省。古人记载籍贯本身就有较大的随意性，再者以大一级行政区域概称所属下级行政区域也无错误，《书史会要》谓李好古河南人亦无不可。

---

① 李修生主编《全元文》第31册，第155—156页。
② 正德《袁州府志》卷七《科第》、卷八《人物》，明正德刻本。
③ 《元史》卷一八二《欧阳玄传》，第4197页。
④ 王礼：《麟原文集》前集卷一〇，《四库全书》第1220册，第439页。

二 真定路乐户李好古即杂剧作家

有学者在清人编撰的《常山贞石志》卷二二中发现一篇题为《真定路学乐户记》的碑文，欧阳玄撰，其中平山县礼乐户有李好古。该碑文又见于光绪《正定县志》卷一一《学校》①。2000 年 8 月 29 日，河北省正定县中医院南侧施工工地发现五块石碑，其中就有《真定路乐户记》，有学者将其整理点校公布出来。据笔者的比勘，出土碑文与《常山贞石志》转录者仅个别文字略有不同。现将出土碑文引录如下：

> 真定路乐户记
> 翰林侍讲学士、通奉大夫、知制诰同修国史兼国子祭酒欧阳玄撰
> 赐进士及第、奉议大夫、监察御史李齝书
> 正议大夫、御史台治书侍御史徐奭篆额
> 镇阳郡学礼乐生通七十有八户，郡刺史之所陈请，肃政使者之所建明，省台部之所详定。既复其户，凡诸征徭无所与于有司矣。教授赵璧、学正孙诚、学录宋举惧岁久籍漫，谋寿诸石，乃砻坚珉，具梗概，请于郡人春官侍郎苏君天爵，访玄司成之馆，征辞以记之。玄与苏君俱以礼乐为职事者也，记可辞乎？按郡学始建，置乐生十有六人，春秋二仲上丁释奠犹用俗乐。延祐五年改作雅乐，增置四十有五人。至顺二年援乐生例，请设相礼及诸执事者，又置礼生二十有五人，寻增置八人，然后声容文物烨然，最圻内诸郡。夫三代以来，学校之制，学者入学无不学礼，亦无不学乐。当时，弟子员即礼乐生也。更秦废坏，汉叔孙通以鲁三十生及其弟子百余人起朝仪于野外，益州刺史王襄命王褒作《中和》《乐职》《宣布》等诗，得郫县何武与成都杨覆众等习之，宣帝以为盛德之事，召武等赐帛。此礼乐生昉见史传者也。今镇阳为河朔上郡，户口繁夥，有司拔一二于千百，以备一郡制作之美，是岂小补哉！矧叔孙生之徒，皆起家拜爵为郎，何武它日仕至三公，人材自此涂出亦未可量也。余感苏君敬共桑梓之意，故以远者、大者进而勖之。
> 户在录事司者二十有三：曰陈惟仁、李荣祖、程宣差、武秀实、

---

① 车文明：《元代"礼乐户"考》，《文学遗产》2005 年第 5 期。

耿顺和、黄兴、和仁、曹仙、康天益、郭荣祖、傅聚、刘进、赵亨、赵楞、梁聚、郭从、刘郁、李盛、阎恭、宋仲禄，若陈西户之杨德新、谢宝户之王弘毅，皆在是数焉。在真定县者十有五：曰董子政、李演、刘成、张斌、秦山、孙爵、郭秉忠、张德、李文成、靳用、李顺、张青、谷德、阎德、王祺。在栾城县者，曰陈用、王庆。在藁城县者，曰刘□、李信。在平山县者，曰李好古、李楫。是三县皆二户。在古城县者赵杰。在无极县者吴贯。是二县皆一户云。

　　至元四年闰八月辛亥记。宁昌王节篆勒。鹿泉刘守信刊。①

　　元代的礼乐户分为中央太常礼乐户和地方一级的礼乐户两种，地方礼乐户的增设是在仁宗延祐五年（1318），"命各路府宣圣庙置雅乐，选择习古乐师教肄生徒，以供春秋祭祀"②。真定路学春秋释奠改用雅乐，增置乐生四十五人，正是在延祐五年。礼乐户是朝廷礼仪院统辖的专门执行祭祀礼乐事的专业户，礼乐生与儒生的身份相当，可以应科举考试、入仕做官，与属于"贱民"的教坊、行院乐人不同。《元统元年进士题名录》"汉人、南人第二甲"十五名之第十一张颐："贯恩州，附籍太常礼仪院礼乐户。"③《元史·世祖本纪》载：至元二十九年八月，"敕礼乐户仍与军站、民户均输赋"④。《庙学典礼》卷四"辩明儒人难同诸色户计"条亦载：

　　　　元钦奉圣旨，止该军、站、礼乐户及弘州纳面户计，和顾和买一例均当，别不曾该载儒户，亦无杂泛差役语句。……省府：检照至元二十九年八月初四日，奏过事内一件节该：太庙里礼乐户四百余户，弘州纳面的户计，和顾和买事，不分军、站、民户，众人均匀著者。⑤

至元二十九年"敕礼乐户仍与军站、民户均输赋"，说明在此之前礼乐户享有免输赋税的特权。危素《说学斋稿》卷二《赈恤乐户记》甚至记载自世祖以来元朝历代皇帝对乐户的特殊恩赐。欧阳玄应苏天爵之

---

①　转引自齐易《元代〈真定路乐户记〉碑研究》，《音乐研究》2012 年第 2 期。
②　《元史》卷六八《礼乐志二》，第 1699 页。参见张咏春《元代礼乐户的界定》，《音乐研究》2013 年第 2 期。
③　《元统元年进士题名录》，《北京图书馆古籍珍本丛刊》第 21 册，书目文献出版社，1998 年影印本，第 384 页。
④　《元史》卷一七《世祖本纪十四》，第 365 页。
⑤　《庙学典礼（外二种）》，王颋点校，浙江古籍出版社，1992，第 79—80 页。

请，撰写《真定路乐户记》以刻石的目的之一，就是纪念"既复其户，凡诸征徭无所与于有司"事。说明元代中后期对礼乐户免赋税的政策一度恢复施行。

《真定路乐户记》所载平山县之礼乐户主李好古，有可能即《录鬼簿》记载之杂剧作家，有以下四条旁证。其一，时代相近。欧阳玄《真定路乐户记》作于后至元四年戊寅（1338），所载礼乐户名录则是早已在录事司注册者，可能就是记中言及的"延祐五年（1318）改作雅乐，增置四十有五人（乐生）"，或者"至顺二年（1331）援乐生例，请设相礼者（礼生）"时，年代不晚于钟嗣成。其二，既为礼乐生，可能就是乐师，懂音韵、曲律，具备制作以套曲为主体的杂剧的才能。真定是元前半期杂剧创作的重镇，能文者颇多作杂剧者，礼乐户李好古作杂剧，更未偏离本行。其三，钟嗣成初稿本未载李好古里籍，增订本补录，列于几位教坊中人之前一位，紧随其后的是"教坊色长"赵文益、"教坊管勾"张国宝、"教坊刘耍和婿"红字李二，该不是无意识的，可能就是因为李好古是"乐户"身份。其四，依此，《录鬼簿》著李好古里籍为"保定人，或云西平人"，亦可得到解释。元代真定路与保定路紧邻，平山为真定下县，非通都大邑，钟嗣成不详其所在，误为保定路属，不敢自信，又附以传闻："或云西平人。"后来贾仲明改补《录鬼簿》作"东平人"，是皆由不识平山生误。如此，则杂剧家李好古为平山人无疑，与欧阳玄所记平山礼乐户李好古即可合二为一。

李好古留存的杂剧仅有《沙门岛张生煮海》一种，有《元曲选》与《柳枝集》两个版本，题目正名同作"石佛寺龙女听琴，沙门岛张生煮海"。两版本在文辞上也基本相同，而体制差别较大。《元曲选》本第一、二、四折为正旦主唱，第三折为正末（石佛寺长老）唱。《柳枝集》本第三折也是正旦（阆苑仙母）唱，其余三折与《元曲选》本同，孟称舜眉批云："仙母作媒，吴兴本（即《元曲选》本）改做石佛寺长老。今看曲辞与长老口角不肖，仍改从原本。"按《宝文堂书目·乐府》类著录《沙门岛张生煮海》剧目，孟称舜所谓"原本"，或即此本。"张生煮海"故事在元初流传甚广，白朴《墙头马上》第二折【牧羊关】曲云："一个张生煮滚东洋大海。"又马致远《荐福碑》第三折【鲍老儿】曲云："我不曾学了煮海张生怪。"按现存《鲸背吟集》有《沙门岛》诗：

积沙成岛浸苍空，古祀龙妃石崦东。亦有游人记曾到，去年今日此门中。①

《鲸背吟集》有至元二十八年辛卯（1291）朱晞颜自序："仆粗涉诗书，薄游山水，偶托迹于胃科，未忘情于笔砚，缘木求鱼，乘桴浮海。观千艘之漕饷，势若龙骧；受半载之奔波，名如蜗角。碧汉迢遥，一似浮槎于天上；银涛汹涌，几番战栗于船中。今将所历海洋山岛与夫风物所闻、舟航所见，各成诗一首。"②清人顾嗣立编《元诗选》，谓据赵孟𬒗为宋无《翠寒集》所作序，宋无旧以晞颜字行，先世自晋陵迁吴，冒朱姓。"至元辛巳（至元十八年，1281），其父国珍领征东万户案牍，适病痿，无丐以身代，许之。入海抵竹岛，风雹交作，随惊涛上下。经高丽诸山，罹沉痼，瘦骨柴立，未尝废吟咏。"③与今存《鲸背吟集》朱晞颜自序有别，四库馆臣即表示异议④。另外，《元诗选》于宋无名下又辑选一首同题《沙门岛》：

　　孤屿压沧海，风涛直下危。鲛人依蜃市，鱼女祭龙祠。月黑犀牛斗，波红蟏蛛垂。登临有奇观，感慨但言诗。⑤

且不论顾嗣立所说朱晞颜与宋无为同一人是否有据，现存《鲸背吟集》自序是确凿的，顾氏新辑同题《沙门岛》诗也应该属实。"古祀龙妃石崦东""鱼女祭龙祠"云云，与今存李好古杂剧《张生煮海》的情节恰吻合。"亦有游人记曾到，去年今日此门中"两句，化用唐人崔护诗句，指的可能就是李好古《张生煮海》杂剧的故事⑥。由此亦可知李好古早在至元初就已创作该杂剧，这与《录鬼簿》记载他是"前辈已死"作家的身份相合。

①　朱晞颜：《鲸背吟集》，《四库全书》第1214册，第430页。
②　朱晞颜：《鲸背吟集序》，《鲸背吟集》卷首，《四库全书》第1214册，第428页。
③　顾嗣立编《元诗选初集》戊集，中华书局，1987，第1259页。
④　纪昀等：《〈鲸背吟集〉提要》，《四库全书》第1214册，第427页。
⑤　顾嗣立编《元诗选初集》戊集，第1267页。
⑥　参见徐朔方《浅谈〈张生煮海〉》，《元杂剧鉴赏集》，人民文学出版社，1983，第88页。

李时中

　　孙楷第《元曲家考略》从元代文献中揭出三位李时中，其一为曹南人，见苏天爵《滋溪文稿》卷五《曹南李时中文稿序》、张以宁《翠屏集》卷三《送李逊学献书史馆序》、成廷珪《居竹轩诗集》卷二《吴中五日追念故友李时中、李钦嗣有感而作，为时中生忌》、王沂《伊滨集》卷八《寄李时中》；其二为真定路学录，见《滋溪文稿》卷四《燕南乡贡进士题名记》；其三见《至正金陵新志》卷六下《官守志》，泰定元年（1324）任江南行台监察御史。此三位李时中是否有为元曲家者，孙先生未下断语。从所揭示的文献材料研判，曹南李时中实具备与曲家李时中为同一人之可能。

　　其一，二人生活的年代相合。《录鬼簿》记李时中曾与马致远、花李郎、红字李二合编《黄粱梦》杂剧。按马致远散套【中吕·粉蝶儿】有"至治华夷"语，至治是元英宗的年号，表明马致远至迟至治元年（1321）尚在世。曲家李时中的年岁当与马致远相仿。曹南李时中的卒年，按苏天爵《滋溪文稿》卷五《曹南李时中文稿序》云："延祐、至治间，吴先生（澄）两被召命入朝，道出真、扬，馆于时中之家，时中受教益多。"[①] 据危素《临川吴文正公年谱》，吴澄第二次被召入朝在至治三年（1323）。苏序又云："予官淮东，访求士之贤者，得数人焉，时中其一，每叹去世之蚤，不及与之讲所学也。"考《元史》卷一八三《苏天爵传》，天爵出为淮东道肃政廉访使在后至元五年（1339），其时李时中已逝世有年。又成廷珪《居竹轩诗集》卷二有《吴中五日追念故友李时中、李钦嗣，有感而作，为时中生忌》七律，李钦嗣与李时中同居扬州时从王祁受业，据李扮《李钦嗣墓志》，李钦嗣卒于后至元三年[②]。李时中的卒年应在至顺初年（1330）前后。

---

　　① 苏天爵：《滋溪文稿》卷五，《四库全书》第 1214 册，第 59 页。

　　② 李修生主编《全元文》第 51 册，第 480 页。

其二，李时中无散曲作品，杂剧仅《录鬼簿》所著录与马致远等人合编之《黄粱梦》一种，表明他是正统的文士，与人合作的《黄粱梦》不过是青年时期薄游大都时兴趣所至偶一措手而已。按苏天爵《曹南李时中文稿序》，曹南李时中"少学于藁城王祁京甫"。据《吴文正集》卷九《滕司业文集序》、危素《临川吴文正公年谱》，吴澄大德七年（1303）自京师归，次扬州，王祁因从之受业。又李扝《李钦嗣墓志》载，李钦嗣"与左丞朔庭多理质班公、教授曹南李时中、内掾郇郡杨从道同师于中山王京甫先生"①，李钦嗣"终于扬州寓居"。李钦嗣、李时中卒后，成廷珪为作悼诗。（《吴中五日追念故友李时中、李钦嗣，有感而作，为时中生忌》）表明李时中从王祁受业是在扬州，时间应在王祁大德七年在扬州拜吴澄门下之后不久。王沂《伊滨集》卷八《寄李时中》诗云："津亭官树叶黄时，把酒船头话别离。待诏依然穷索米，还家何事悔看棋。空怜鬓发惊秋早，岂有文章结主知。书到淮南又摇落，定将佳句慰相思。"②王沂，字师鲁，徙居真定，延祐二年（1315）首科进士，累官翰林院待制、礼部尚书。王沂释褐入仕之前曾旅食大都达十年之久，《伊滨集》卷二《仙人山》云："十年住京华，学馆多暇逸。"卷六《送揭理》云："京华为客久，不是赏音稀。"《寄李时中》诗，"乃未达时"在大都作，此时李时中已在扬州，扬州在宋代隶属淮南东路，故末联云："书到淮南又摇落，定将佳句慰相思。"按马致远有散曲【双调·湘妃怨】《和卢疏斋西湖》四首，是和大德十年（1306）任浙西道肃政廉访使的卢挚之作，李时中离开大都南下大约是因昔日好友马致远其时在杭州任职江浙行省属官。在扬州受业于王祁门下，又及侍大儒吴澄，"读书刻苦"，沉浸于程朱之学，并作起传统的诗文。张以宁《翠屏集》卷三《送李逊学献书史馆序》记李时中"尚友古时豪杰人，著《江居集》自见"③。顾名思义，《江居集》应是其客寓扬州时所作，于是便不再作昔日偶好的时兴杂剧了。苏天爵《曹南李时中文稿序》记李时中因荐举"得为校官，又辟掾行省，不乐俯仰，辄弃去"，张以宁《送李逊学献书史馆序》亦载："曹南李时中教授有志士，尝两辟省台掾，辄弃去。"④则李时中曾做过江浙行省某路的儒学教授、行省掾史。《录鬼簿》所记"中书省掾，除工部主事"，应是后来任职，工部主事已是

① 李修生主编《全元文》第 51 册，第 480 页。
② 王沂：《伊滨集》卷八，《四库全书》第 1208 册，第 457 页。
③ 张以宁：《翠屏集》卷三，《四库全书》第 1226 册，第 603 页。
④ 张以宁：《翠屏集》卷三，《四库全书》第 1226 册，第 603 页。

品官，从七品衔。李时中有《江居集》（佚），苏天爵作序称"辨博宏衍，若无涯涘"。"聚经若史诸书数万卷"，至正初诏修宋辽金三史，其子敏（字逊学）献之朝廷①。

---

① 　参见张以宁《翠屏集》卷二《送李逊学献书北上》（自注："所藏父书"）、卷三《送李逊学献书史馆序》，《四库全书》第 1226 册。

乙编　元曲中期作家

赵天锡

赵天锡之名见于《录鬼簿》卷上"前辈已死名公才人有所编传奇行于世者"栏，小传云："汴梁人，镇江府判。"天一阁本贾仲明补吊词："曹公汤饼试何郎，大德①名公家汴梁，《金钗剪烛》音清亮。为府判，任镇江，出台阁，官样文章。显新句，贮锦囊，金玉铿锵。"②《至顺镇江志》卷一六记镇江路总管府判官有赵禹圭，注云："字天锡，河南人。"③ 与《录鬼簿》记载姓字、籍贯、官职均吻合，孙楷第《元曲家考略》认定此赵天锡即杂剧家，学界基本认同此说。据《至顺镇江志》的记载，赵天锡任镇江路总管府判官在至顺元年（1330）七月至至顺三年（1332）十月，此时钟嗣成《录鬼簿》初稿已经完成。且《至顺镇江志》记其至顺三年已致仕，若以元代七十岁致仕的常例推算，赵天锡的生年约在元世祖中统四年（1263），显然属元杂剧中期作家。而贾仲明生于元末明初，对赵天锡的事迹可能更不甚知晓，只是见其位列"前辈已死"，故谓其为"大德名公"——大德元年（1297），赵天锡不过三十余岁。所作杂剧有《试汤饼何郎傅粉》《贾爱卿金钗剪烛》二种，均佚。

杨朝英《太平乐府》卷三选录赵天锡【双调·雁儿落过清江引碧玉箫】《美河南王》二首④，河南王即不怜吉歹，蒙古兀良合氏，曾祖速不台、祖父兀良合台、父阿术相继为蒙古灭金、平宋的功勋武将，皆被追封为河南郡王。不怜吉歹授封河南王爵位在元仁宗延祐元年（1314）⑤。孙楷第曾据"盖村居绿野堂""访谢安在东山卧"等句，推测赵天锡曾拜谒不怜吉歹在汴梁的别墅。按《美河南王》带过曲中还有"赛兰省红莲幕"，"幕府夜谈

---

① "大德"，原作"天德"。不通。贾仲明在给"前辈已死"杂剧家补吊词时，常提及元贞、大德年号，如赵公辅"元贞大德乾元象"，狄君厚"元贞大德秀华夷"，赵子祥"一时人物出元贞"。故改。参见王钢《校订录鬼簿三种》"赵天锡"条，第206页注［209］。
② 袁世硕、张倩倩、都刘平校订笺释《录鬼簿及续编校订笺释》，第329页。
③ 俞希鲁编纂《至顺镇江志》卷一六，《续修四库全书》第698册，第712页。
④ 隋树森编《全元散曲》上册，第640页。
⑤ 《元史》卷二五《仁宗本纪》，第565页。

兵"语,不怜吉歹曾先后任江浙行省平章政事、河南行省左丞相等职,赵天锡所谓"兰省红莲幕""幕府",自然说的是自己,借此也得以知道他一度在不怜吉歹的幕府为僚佐。

　　不怜吉歹家族自其父阿术开始,已在汴梁立下根基,这是忽必烈时期采取中路攻取南宋的军事战略所决定的结果。中统三年(1262),阿术拜征南都元帅,佩金虎符,治兵汴梁①。元贞元年(1295),因不怜吉歹之请,敕赠阿术开府仪同三司、太尉、并国公,谥曰武宣。不怜吉歹"将即汴梁赐第建祠树碑,昭明三代",谒请翰林学士王恽为撰碑铭②。王恽在奉诏撰写的《赠谥故光禄大夫左丞相都元帅阿术制》中也有"甲第赐书"语③。至迟自不怜吉歹一辈起,其家族应已居住汴梁④。赵天锡为汴梁本籍人,可能青年时代就已拜谒过不怜吉歹,结识已久,在后者任职江南时,更是得其提携,迈入仕途。(详后文)也因此,赵天锡在《美河南王》散曲中对不怜吉歹的履宦、品行、志趣的叙述皆与史实相合。其云:"羡此行,南蛮平定。听,和凯歌回敲金镫。"据《元书》卷五二本传,不怜吉歹至元二十年(1283)拜江淮行省平章政事,讨平建宁总管黄华之叛。至元二十六年,复将兵讨平婺州寇叶万五⑤。"成宗立,迁同知枢密院事。"⑥ 按俞希鲁《至顺镇江志》卷一七"行大司农司管勾"栏有赵禹珪,注云"字天锡"⑦,显然与同书卷一六所载之镇江府判赵禹圭天锡为同一人,亦即杂剧家。按《元史·食货志》:至元二十五年(1288),立行大司农司及营田司于江南⑧。然《世祖本纪》载,至元二十四年二月,升江淮行大司农司事秩二品,设劝农

---

①　王恽:《大元光禄大夫平章政事兀良氏先庙碑铭》,《秋涧先生大全集》卷五〇,《原国立北平图书馆甲库善本丛书》第683册,第1601页。

②　王恽:《大元光禄大夫平章政事兀良氏先庙碑铭》,《秋涧先生大全集》卷五〇,《原国立北平图书馆甲库善本丛书》第683册,第1599页。

③　王恽:《秋涧先生大全集》卷六七,《原国立北平图书馆甲库善本丛书》第683册,第1743页。

④　阿术至元二十三年奉命北征叛王昔剌木等,明年凯旋,继西征至哈剌霍州,以疾薨,葬大同宣宁县。(王恽《大元光禄大夫平章政事兀良氏先庙碑铭》)这或是战争时期就近安葬的权宜之计,但在文献无征的情况下,不敢遽断阿术时代其家族已迁居汴梁。

⑤　曾廉:《元书》卷五二《不怜吉歹传》(附《阿术传》),《四库未收书辑刊》第4辑第15册,第394页。《新元史》本传记讨平婺州李万五乱在至元二十七年。按《元史·世祖本纪》亦记此事在至元二十六年。《新元史》恐误。

⑥　曾廉:《元书》卷五二《不怜吉歹传》,第394页。

⑦　俞希鲁编纂《至顺镇江志》卷一六,《续修四库全书》第698册,第729页。

⑧　《元史》卷九三《食货志》,第2356页。

营田司六，秩四品，使、副各二员，隶行大司农司①。《至顺镇江志》也注行大司农司至元二十四年立②。可知江南行大司农司始置于至元二十四年。至元三十年，江南行大司农司自平江徙扬州，兼管两淮农事③。元贞元年五月，罢行大司农司④。故赵天锡任江南行大司农司管勾的时间只能在至元二十四年至元贞元年（1295）。而据上引《元书·不怜吉歹传》，这也正是不怜吉歹任职江淮（江浙）行省平章政事期间。又《元史·世祖本纪》载：至元三十年二月，"却江淮行枢密院官不怜吉带进鹰"⑤，则此期间不怜吉歹还曾供职江淮行枢密院。赵天锡出任江南行大司农司管勾之职，应是不怜吉歹举荐之故。杨朝英编《阳春白雪》，前集卷二选录赵天锡小令【双调·蟾宫曲】《题金山寺》，这首小令又见于张养浩《云庄乐府》。隋树森编《全元散曲》不置可否，将该曲"互见赵、张两家曲中"⑥。金山寺是镇江的历史名胜，赵天锡任职此地，描写本地的景观自然是情理之中的事，这首散曲的著作权属赵天锡应更接近事实。又杨朝英编《阳春白雪》约在延祐元年（1314），是又知赵天锡作《题金山寺》小令不会是至顺元年（1330）至三年拜镇江路总管府判官之时。

《美河南王》又云："北镇沙陀，千里暮云合；南接黄河，一线衮金波。"这是指成宗驾崩，不怜吉歹鼎力赞翊武宗、仁宗夺得帝位之事。按《元史·武宗本纪》：大德十一年（1307）正月，成宗崩，左丞相阿忽台，平章八都马辛，前中书平章伯颜，中政院使怯烈、道兴等潜谋推成宗皇后伯要真氏称制，安西王阿难答辅之。此时武宗尚在漠北，仁宗与皇太后于是年二月自怀州（治今河南沁阳市）至京师，以右丞相哈剌哈孙之谋，定计诛阿忽台、怯烈等。五月，仁宗侍太后至上都，与武宗会，废成宗皇后伯要真氏，赐死，武宗即帝位于上都。六月，诏立其弟爱育黎拔力八达（即仁宗）为皇太子。⑦"大德间，（不怜吉歹）调湖广行省平章政事，寻罢官闲居。"⑧ 其闲居之地应在汴梁。因出身世袭武官，手握兵权，在护送仁

---

① 《元史》卷一四《世祖本纪》，第 295 页。
② 俞希鲁编纂《至顺镇江志》卷一六，《续修四库全书》第 698 册，第 729 页。
③ 《元史》卷一七《世祖本纪》，第 372 页。
④ 《元史》卷一八《成宗本纪》，第 393 页。
⑤ 《元史》卷一七《世祖本纪》，第 371 页；屠寄：《蒙兀儿史记》卷九一《卜怜吉歹传》，中国书店，1984 年影印本。
⑥ 隋树森编《全元散曲》上册，第 639 页。
⑦ 《元史》卷二二《武宗本纪》，第 478—480 页。
⑧ 屠寄：《蒙兀儿史记》卷九一《阿术传》附，第 595 页。

宗返大都并襄助武宗成功夺得帝位的过程中，不怜吉歹起到了中流砥柱的作用。《元史·囊加歹传》载：囊加歹，乃蛮氏，家河南。"成宗崩，昭献元圣太后与仁宗在怀州，太后召囊加歹、不怜吉歹、脱因不花、八思台等谕之曰：'今宫车晏驾，皇后欲立安西王阿难答，尔等当毋忘世祖、裕宗在天之灵，尽力奉二皇子。'……既至京师，仁宗遣囊加歹与八思台诣诸王秃剌议事宜。时内外汹汹，犹豫莫敢言，囊加歹独赞秃剌，定计先发。归白仁宗，意犹迟疑，固问可否，对曰：'事贵速成，后将受制于人矣。'太后与仁宗意乃决，内难既平。"① 《元书·不怜吉歹传》亦载："其时有囊家台……亦与不怜吉歹赞翊仁宗，入靖内难。"② 所以程钜夫延祐元年代作《丞相卜怜吉台封河南王制》云："昔将平于内难，朕大投艰；方深计于中途，卿独决进。志存弼亮，身佩安危，所谓社稷之臣。"③ 陈益稷《挽卜怜吉歹河南王》诗亦有"手扶红日名犹在"语④。

　　不怜吉歹虽出身行伍，戎马生涯，但其人及家族汉化颇深，礼敬儒士。不怜吉歹的妻子胡氏，系汉人⑤。他本人早年游名儒许衡之门，"通学术，居官有善政，尤亲贤敬士"。史载仁宗嗣位，御史中丞郝天挺出为河南行省平章政事，不怜吉歹以其为名儒，"待以师礼"⑥。又黄溍《承务郎杭州路富阳县尹致仕倪公墓志铭》载，不怜吉歹任江浙行省平章政事时，很欣赏杭州路儒学正倪渊，"闻公讲说，大契其意，即遣子从公受学"⑦。其子童童，更是完全汉化的士大夫，仿效汉族士人取号南谷，能诗，许有壬《至正集》卷二十三有《和南谷平章题吕公亭韵》绝句⑧，《全元诗》辑佚诗四首⑨。且能作曲，《太和正音谱》列其名于"俱是杰作"一百五人中，据说他"善度曲，每以不及见董解元为恨"⑩。《全元散曲》辑存两套数。又擅绘事，曹伯启有《题童童平章画梅卷》⑪诗，王结有《南谷学士示以〈舟行诗意图〉》，

①　《元史》卷一三一《囊加歹传》，第 3185—3186 页。

②　曾廉：《元书》卷五二《不怜吉歹传》，第 395 页。

③　苏天爵编《元文类》卷一二，商务印书馆，1958，第 153 页。

④　顾嗣立编《元诗选初集》，第 2533 页。

⑤　马祖常：《追封河南王夫人制》，《石田文集》卷六，《四库全书》第 1206 册，第 552 页。

⑥　曾廉：《元书》卷五二《不怜吉歹传》，第 394 页。

⑦　《金华黄先生文集》卷三二，《黄溍集》第 3 册，第 788 页。

⑧　许有壬：《至正集》卷二三，《四库全书》第 1211 册，第 171 页。

⑨　杨镰主编《全元诗》第 36 册，第 438 页。

⑩　吴亮中：《南曲九宫正始序》，蔡毅编著《中国古典戏曲序跋汇编》，齐鲁书社，1989，第 87 页。

⑪　杨镰主编《全元诗》第 17 册，第 386 页。

且以鄙作见征，倥偬之余，哦兹五言聊塞雅命》① 诗，《中州金石记》卷五载录《古槐图记》，署云："皇庆癸丑立，童童写图。"② 不怜吉歹本人是否曾作文赋诗，文献阙如，无从考证，但他喜结交文士、谈论风雅当属实事。加之蒙古人本身爱好歌舞，不怜吉歹的远祖捏里必者即"以善歌曲称"③。赵天锡《美河南王》称赞不怜吉歹"满腹才能，幕府夜谈兵"，谓其"红粉歌，笙箫齐和"，俨然儒将风采。虽不免有幕佐揄扬吹捧主子的嫌疑，但也不是完全没有事实依据。

现在再回过头来看《美河南王》这首带过曲，既称不怜吉歹为"河南王"，写作时间自然不能早于延祐元年主人公授封之时。该曲没有被《阳春白雪》所收，而被杨朝英至正年间所编《太平乐府》收录，可为其写作时间较晚作一旁证。程钜夫《丞相卜怜吉台封河南王制》有云："是用命汝，袭诸侯王，以长守于富贵；归丞相印，以自养于寿龄。"④ 则其时不怜吉歹年事已高，与赵天锡《美河南王》散曲"闷携藜杖行，醉向花阴卧，老官人闲快活"，"赛渊明五柳庄，胜尧夫安乐窝"，"访谢安在东山卧"诸语相合。再者，自延祐元年（1314）到至顺元年（1330）赵天锡除镇江路判官，这中间有长达十六年的时间间隔，赵天锡的这段履历无史料记载，推测他这十六年的时光可能是在河南王幕府之中。赵氏散曲所谓"兰省红莲幕"，是因为延祐年间不怜吉歹不仅是河南王，同时兼任河南江北等处行中书省左丞相。而至迟在泰定四年（1327），其子童童又拜河南行省平章政事⑤。不怜吉歹"亲贤敬士"，童童倜傥风雅，有"谪仙人"之称⑥，亦擅作曲，赵天锡与他们父子二人名位上属幕主与幕僚的关系，相处当十分愉悦，平日饮酒赋词、宴燕听曲，当不在少数，前引"红粉歌，笙箫齐和"是真实写照。按《太平乐府》卷七收录署名童童学士【越调·斗鹌鹑】"鹤背乘风"套数，题目为《开筵》，这首散套还出现在出土磁州窑瓷枕上，现藏于

---

① 王结：《文忠集》卷二，《四库全书》第 1206 册，第 215 页。
② 毕沅：《中州金石记》卷五，《续修四库全书》第 912 册，第 678 页。
③ 王恽：《大元光禄大夫平章政事兀良氏先庙碑铭》，《秋涧先生大全集》卷五○，《原国立北平图书馆甲库善本丛书》第 683 册，第 1599 页。
④ 苏天爵编《元文类》卷一二，第 153 页。
⑤ 《元史》卷三○《泰定帝本纪》：泰定四年八月，"御史李昌言：'河南行省平章政事童童，世官河南，大为奸利，请徙他镇。'不报。"（第 681 页）
⑥ 许有壬《题南谷平章画象》："河南王孙谪仙人，骑鹤来玩人间春。"《至正集》卷七，《四库全书》第 1211 册，第 52 页。

河北邯郸市磁州窑艺术馆①，足见其传唱度之高。内容是祝寿之辞，极尽渲染铺陈之能事，写主人公之富贵，筵会之盛况，最后【尾声】点明主题："金樽饮罢雕鞍控，畅好是受用文章巨公，比北海福无穷，似南山寿长永。"这首祝寿散曲大概是赵天锡为少主人童童而作，与《美河南王》性质一样。

　　赵天锡至顺元年任镇江路判官及至顺三年的致仕，也可能与童童先后得势、失势有关。《元史·文宗本纪》载：至顺二年三月，"监察御史劾江浙行省平章童童荒洪宴安，才非辅佐，诏免其官"②。童童任江浙行省平章政事自然在至顺二年（1331）之前。同年九月，"御史台臣劾太禧宗禋使童童淫侈不洁，不可以奉明禋"，"请罢黜之"③。童童罢官后寓居杭州，建寿福楼，钱惟善赋诗云："壮观湖山开甲第，黑头宰相考中书。气占牛斗窥南极，手摘星辰切太虚。宾客风流常座满，神仙缥缈好楼居。飞阑十二标霞外，注目吴山千里余。"④ 或赵天锡晚年也依附童童留寓杭州。

① 安际衡编著《磁枕精华》，河北教育出版社，2014，第 31 页。
② 《元史》卷三五《文宗本纪》，第 780 页。
③ 《元史》卷三五《文宗本纪》，第 791 页。
④ 钱惟善：《南谷平章寿福楼落成》，《江月松风集》卷三，《四库全书》第 1217 册，第 807 页。

金仁杰

金仁杰，字志甫，元代中期杂剧作家，《录鬼簿》著录其剧目七种，今存《萧何月夜追韩信》一种，有《元刊杂剧三十种》本。无散曲流传。其事迹略见于钟嗣成《录鬼簿》：

> 金志甫，名仁杰。杭州人。余自幼时闻公之名，未得与之见也。公小试钱谷，给由江浙，遂一见如平生欢，交往二十年如一日。天历元年戊辰冬，授建康崇宁务官。明年己巳正月叙别，三月，其二子护柩来杭，知公气中而卒。呜呼，惜哉！所述虽不骈丽，而其大概多有可取焉。

吊词云："心交元不问亲疏，契饮那能较有无。谁知一上金陵路，叹亡之，命矣夫。梦西湖何不归欤？魂来处，返故居，比梅花想更清癯。"① 钟嗣成自谓"自幼时闻公之名，未得与之见也"，嗣成约至元二十七年（1290）在杭州从邓文原学，其时大约十余岁，而金仁杰已经成名，年龄应在三十岁左右。由此上推，仁杰当生于宋理宗景定年间（1260—1264）②。天历二年己巳（1329）卒，年届致仕，故钟嗣成十分替他惋惜。

金仁杰在"小试钱谷，给由江浙"之前，钟嗣成对他仅是"闻公之名，未得与之见"。待"给由江浙"后，交往二十年，直至金仁杰天历二年逝世。由天历二年上推二十年，时在元武宗至大二年（1309）。钟嗣成至元二十七年入杭州路学，先后师事邓文原、曹鉴、刘濩，学业结肄约在大德七年至八年（1303—1304），随后入职江浙行省为书吏③。故金仁杰至大二年

---

① 袁世硕、张倩倩、都刘平校订笺释《录鬼簿及续编校订笺释》，第426页。

② 胡士莹《话本小说概论》（商务印书馆，2011，第366页）推测至元二十七年前后，金仁杰至少当在五十岁，进而逆推仁杰生年当在宋理宗景定年间（1260—1264）。按：若五十岁，应生于宋理宗嘉熙年间（1237—1240）。如此，天历元年（1328）授建康崇宁务官时已年近九旬。恐非事实。

③ 钟嗣成《录鬼簿》赵君卿小传："又于省府同笔砚。"自作散曲【南吕·一枝花】《自序丑斋》有"既通儒，又通吏"语，知为吏已非一年。参见王钢《钟嗣成年谱》，《校订录鬼簿三种》附录，第291—294页。

"给由江浙"，钟嗣成得以与之相识，"一见如平生欢"。所谓"小试钱谷"，即初任钱谷官。元代钱谷官，又称仓库官①，至元三十一年（1294）之前，由民户充当，是为差役。至元三十一年后，改从府州司县司吏、典史内选用。《元典章·吏部》卷三"选差仓库人员"条载：

> 至元三十一年，御史台咨：奉中书省札付：
>
> 准江西行省咨该："先为各处官司差税户充仓库官、攒典、库子人等，放富差贫，本省与行台监察等一同完议得：南方税家，子孙相承，率皆不晓事务，唯以酒色是娱，家事一委干人。归附之后，捉充仓库官，并不谙练钱谷，又不通晓书算，失陷官钱，追陪之后，破家荡产。亏官损民，深为未便。如蒙照依本省移准中书省咨文事理，今后各路仓库官、大使、副使，拟于见役府州司县［司］吏、典史内，验物力高者指名点取。"②

仓库官征选制度变革的最终完成是在大德八年，规定由先前各路自行选差改为统一由行省任命。《元典章·吏部》卷三"仓库官例"条载：

> 大德八年七月，江浙行省：
>
> 准中书省咨："［来咨：］'［准中书省咨：］吏部呈……'"其仓库官员，在前俱系各路自行选差，近年以来本省铨注，中间恐无抵业，设若侵欺钱粮，追究无可折挫，有累官府，深为未便。省府仰照验，今后照依都省咨文内事理，于各路见役司吏，或曾受三品以上衙门文凭、历过钱谷官三界相应人内，从公选用有抵业、无过之人充仓库官。满日，依例升迁施行。③

《元典章》的这条记载有出土文献，后者系前者的删节版，但最后一节保留了《元典章》中没有的文字：

> 遍谕各路，依例于路府请俸司吏或有相应钱谷官内，抵业物力高

---

① 许凡：《元代吏制研究》，劳动人事出版社，1987，第23页。
② 《元典章·吏部》卷三《选差仓库人员》，第1册，第324—325页。
③ 《元典章·吏部》卷三《仓库官例》，第1册，第329—331页。

强、通晓书算者点差，齐年随粮交代，庶革官吏贪贿之弊，亦绝废民积久之患。钦此。①

所谓"相应钱谷官"，应指比路仓库官低一级的地方仓库官。黑水城出土的另一份文书中，就有屯田军百户所自主任命的仓库官②。由上面所引的两条文献得知，自大德八年以后，各路钱谷官的来源有两种：一是诸路司吏，一是比路低一级的地方钱谷官。也是从大德八年仓库官选用制度改革之后，诸路司吏升迁过程中，出任仓库官成为其中必经的一环。《元史·选举志四》载：

> 大德十年，省准："诸路吏六十月，须历五万石之上仓官一界，升吏目，一考升都目，一考升中州案牍或钱谷官，通理九十月入流。五万石之下仓官一界，升吏目，两考都目，一考依上升转。补不尽路吏，九十月升吏目，两考升都目，依上流转。"③

《录鬼簿》记金仁杰"小试钱谷，给由江浙"，所谓"给由"，即"出给解由"的省称。"考满职除曰解，历其殿最曰由。"④ 也就是说官吏在某职位上任满、出任下一职位之前，官府要对其任职期间的表现进行考核，定其"殿最"，考量合格发给"解由"，任职者携带"解由"上任新的职位。其性质是官吏迁转的凭据。元代"解由"的出给有两步：首先"于本衙门官司随即依例照勘完备，出给依式解由"，然后"申覆合属上司，更为照勘无差，倒给完备解由"⑤。也就是说先由官吏所在的"本衙门"填写好该官吏在此任期间的表现情况，再申覆上一级衙门，"照勘无差"后，"解由"方才算完备⑥。金仁杰在出任钱谷官之前，要将"解由"申覆江浙行省，据上引《元典章》及出土文献可知，诸路钱谷官的选调来自路司吏或比路低一级的钱

---

① 转引自杜立晖《黑水城文献所见元代地方仓库官选任制度的变化》，杜建录主编《西夏学》第 11 辑，上海古籍出版社，2015。
② 杜立晖：《黑水城文献所见元代地方仓库官选任制度的变化》，杜建录主编《西夏学》第 11 辑。
③ 《元史》卷八四《选举志四》，第 2111 页。
④ 徐元瑞：《吏学指南》卷二，《续修四库全书》第 973 册，第 293 页。
⑤ 《元典章·吏部》卷四《告叙官员格限》，第 1 册，第 362 页。
⑥ 《元典章·吏部》卷五《解由体式》对"解由"的填写格式有详细规定，包括出身、前任职时间始末、有无公私过犯、有无欺借贷系官钱粮等。黑水城出土文献中有元代"解由"文书残卷，题为《刘连代郑忠充任扎黑务税副使文书》。见杜立晖《黑水城文献所见元代税使司的几个问题》，杜建录主编《西夏学》第 10 辑，上海古籍出版社，2014。

谷官（即"相应钱谷官"）。比路低一级的仓库官的上司是路总管府，而非行省，因此，金仁杰在至大二年出任钱谷官之前，所任为江浙行省某路吏员。按元制，路府州县的吏员实行避籍迁转之法①。金仁杰所任应不是杭州路吏员，也因此出生杭州的钟嗣成"自幼时闻公之名，未得与之见"。上引《元典章》及出土文献均记载出任钱谷官者需"有抵业"，"物力高强"，目的是在有"侵欺钱粮"的情况下，有抵偿能力。由此可以推知金仁杰虽仕途和大多数南方士人一样，在科第无望的情况下走上由吏员入仕的道路，但家道应较为殷实。

"钱谷官，通理九十月入流"，按《元史·成宗本纪》，大德八年五月，"定馆陶等十七仓官品级：诸粮十万石以上者从七品，五万石以上者正八品，不及五万者从八品"②。钟嗣成谓"公小试钱谷"，"试"即初任之意。《史记·高祖本纪》："及壮，试为吏，为泗上亭长。"钟嗣成是说金仁杰吏员考满，出职钱谷官，终于"小试"为品官。

《录鬼簿》又载，金仁杰天历元年"授建康崇宁务官"。元代路一级行政机构设都税使司，路总管府下辖的县、镇等机构也设置相应大小不等的税使司。《至顺镇江志》卷一七载：镇江路除设有"在城都税使司"外，所辖丹阳县、金坛县分别设有"丹阳税使司"和"金坛税使司"，此外还设有"谏壁税使司"、"丁角税使司"和"吕城税使司"等镇级税使司③。县、镇税使司隶属所在路"在城都税使司"管辖④。"崇宁"地名，不见于建康方志文献。胡长孺《崇宁万寿禅寺杨氏施田记》有"杭州路浙江崇宁万寿禅寺住持无受正传长老"语⑤，知杭州路有崇宁，然与钟嗣成传文"授建康崇宁务官"及吊词"谁知一上金陵路"不符。按《至正金陵新志》卷四上："常宁镇，在句容县东南五十里，天禧元年，以镇置寨。今有税务。"⑥ 又卷七《句容县·税粮》："常宁务税课：贰伯捌拾肆定肆两捌钱捌分。"⑦ 句容为建康路属县。"常"与"崇"字形相近，颇疑《录鬼簿》所记"崇宁"为"常宁"误写。

---

① 陈高华、史卫民：《中国政治制度通史·元代卷》，人民出版社，1996，第394页。
② 《元史》卷二一《成宗本纪四》，第459页。
③ 俞希鲁编纂《至顺镇江志》卷一七，《续修四库全书》第698册，第719页。
④ 《元典章·户部》卷八《江南诸色课程》："各处在城管下县镇各立院务去处。"第2册，第795页。
⑤ 朱存理编《珊瑚木难》卷四，《四库全书》第815册，第118页。
⑥ 张铉：《至正金陵新志》卷四上《疆域志一》，《四库全书》第492册，第236页。
⑦ 张铉：《至正金陵新志》卷七，《四库全书》第492册，第359页。

阿鲁威

　　钟嗣成《录鬼簿》未载阿鲁威其人，杨朝英《阳春白雪》卷首"古今姓氏"栏列其名，选录小令十九首。朱权《太和正音谱》"古今群英乐府格势"栏亦列其名，评其散曲"如鹤唳青霄"。阿鲁威，字叔重（一作叔仲），号东泉，蒙古人。其名又译作阿鲁灰、阿鲁恢、阿鲁温、阿鲁羣等。他因受汉文化影响较深，遂仿效汉人取名，以鲁为姓，威为名，题跋《虞雍公诛蚊赋》末署："和林鲁威叔重父谨题。"序洪希文《续轩渠诗集》末署："燕山阿鲁威。"盖祖籍和林，徙居大都，遂占籍。阿鲁威汉化表现不仅在于效仿汉人取名，还颇好读书，虞集《奉别阿鲁威东泉学士游瓯越》诗云："挂冠俄去国，连舸总盛书。"[1] 又《寄鲁学士》诗云："往岁楼船过太湖，珠帘翠幕护图书。"[2] 所作诗文为时人所称赏，王沂赠诗有"不独文章高一世"语[3]，洪希文谓其"诗工缀锦，王翰求邻，咀嚼群经，搜罗百史，办下功夫日日新"[4]，绝非虚词。藏书甚多，以致有"元室文献之老"的美称[5]。

　　阿鲁威的生平，孙楷第先生最先做过考证，后来陆续有学者增补。现我们在新发现材料的基础上，对其中若干问题的澄清解决又有进一步的推动。其一，据新见阿鲁威佚文《续轩渠诗集序》，可知阿鲁威任泉州路总管至迟在延祐五年。该任上，他与莆田文士洪希文交往甚密，后者有一诗一词赠予阿鲁威。其二，孙楷第曾引《元史·泰定帝本纪》所载之吏部员外郎阿鲁灰，认为与曲家非同一人。然据阿鲁威本人的小令及洪希文的诗，证实阿鲁灰即曲家。其三，学界对陶宗仪《南村辍耕录》所记阿鲁威曾任中书参政一职持怀疑态度，现据陈旅撰《两淮都转运盐使司副使李侯去思颂有序》所存阿鲁威篆额署款，该问题可以得到证实。

---

① 虞集：《道园遗稿》卷二，《四库全书》第 1207 册，第 739 页。
② 虞集：《道园学古录》卷二九，《四库全书》第 1207 册，第 421 页。
③ 王沂：《醉乡诗为阿鲁威学士赋》，《伊滨集》卷一○，《四库全书》第 1208 册，第 474 页。
④ 洪希文：【沁园春】《寿东泉郡公》，唐圭璋编《全金元词》下册，中华书局，1979，第 941 页。
⑤ 徐一夔：《国子助教李君墓志铭》，《始丰稿》卷一二，《四库全书》第 1229 册，第 345 页。

一　佚文钩稽

李修生主编《全元文》未收阿鲁威文，现辑得其佚文两篇，为一跋一序，对进一步考证其生平事迹颇有帮助。其一为《跋虞雍公诛蚊赋》：

> 宋之南，其宰执惟虞雍公为最贤，观其《诛蚊赋》，所谓"使天下之为人臣者得以安其君，天下之为人子者得以宁其亲"，则知公之志。诛恶锄奸者，欲以宁君亲也，其以忠孝教天下后世者至矣。伯生世其家学，能于圣时致身西清，被宠眷也殊甚，及闲寂中乃书先太师此赋以赠人，其志亦有所在乎？闲上人再见伯生，其为我验之。和林鲁威叔重父谨题。①

阿鲁威此跋清季尚存，叶昌炽曾有题跋：

> 作者雍公。书者道园，其六世孙也。目未能分析。
> 鲁叔重跋。此跋后署"和林鲁威叔重父"。钤"和林鲁威氏"方印。②

虞雍公，即南宋名相虞允文，《宋史》卷三八三有传。《珊瑚网》所录和林鲁威跋之前有虞集自跋，落款云："元统乙亥三月二十七日，集谨识。"③ 元统乙亥为元统三年。阿鲁威跋有"（伯生）闲寂中乃书先太师此赋以赠人……闲上人（虞集书帖所赠之人）再见伯生，其为我验之"诸语，知阿鲁威跋与虞集跋非同时作，且此时虞集尚在世。阿鲁威跋作于元统三年（1335）后、至正八年（1348，虞集卒年）前。

第二篇佚文为《续轩渠诗集序》：

> 《三笑图》中着一诗人诗家，固有笑也，然而笑正自难。贾大夫不

---

① 汪砢玉辑《珊瑚网》卷一〇，《四库全书》第 818 册，第 153 页。该文又见于叶盛《水东日记》卷三〇。
② 叶昌炽：《题汪星台家藏经训堂法帖跋·虞雍公诛蚊赋》，《奇觚廎文集》卷中，《清代诗文集汇编》第 766 册，上海古籍出版社，2010 年影印本，第 772 页。
③ 汪砢玉辑《珊瑚网》卷一〇，《四库全书》第 818 册，第 153 页。

能射雉，不足以动其妻，况他人乎？吾圃洪先生，莆士巨擘，蚤有赋声，得隽场屋，本出于古诗之流。今观《轩渠遗稿》，造语清新，择料亭当，复以体物浏亮之制，发为缘情绮靡之章，使人一唱三叹，永歌不足，不知手之舞之、足之蹈之者，而为之轩渠。今其子缓斋绍闻衣德，言先生必含笑于神清之洞，曰：予有后，弗弃基家之叔党，邓禹不得而笑人矣。元延祐第五戊午长至节日，燕山阿鲁威书于莆阳。①

《续轩渠诗集》为莆田人洪希文的别集，"莆阳"即莆田，元代隶属兴化路。该序作于阿鲁威任泉州路总管之时，泉州、兴化二路接壤，阿鲁威任职期间与洪希文交游密切，时常往返于两地之间。

二 行年征略

阿鲁威的生年，史无确载。近人所撰有关元曲辞典及编选的元散曲选本，多以"生卒年不详"阙如。门岿先生曾推测其年辈"当与虞集、张雨相若"②，依据是虞、张二氏与阿鲁威有唱和诗作。此说太过笼统，此其一。其二，虞集生于世祖至元九年（1272），张雨生于至元二十年，与阿鲁威有和诗的还有张翥、朱德润，二人分别生于至元二十四年与至元三十一年。此数人彼此间年岁相差最大者已在二十岁以上，无法确证阿鲁威与何人年辈"相若"。按虞集《书赵学士经筵奏议后》：

> 泰定元年春，皇帝始御经筵，皆以国语译所说书。……四年之间……任润译讲读之事者，翰林则……学士吴澄幼清、阿鲁威叔重、曹元用子贞、撒撒干伯瞻、燕赤信臣、马祖常伯庸及集。③

虞集所列以翰林学士身份任经筵讲读官的数人中，吴澄生于蒙古海迷失后称制元年（1249），泰定元年任经筵讲官。（《元史》卷一七一本传）曹元用生于至元五年④，泰定二年授太子赞善，转礼部尚书，兼经筵官。（《元

---

① 陆心源编《皕宋楼藏书志》卷九九，《续修四库全书》第 929 册，第 440 页。
② 门岿：《元代蒙古族及色目诗人考辨》，《文学遗产》1988 年第 5 期。
③ 虞集：《道园类稿》卷三三，《元人文集珍本丛刊》第 6 册，第 128 页。
④ 宋本：《曹公墓志铭》，转引自山东省济宁地区文物局《山东嘉祥县元代曹元用墓清理简报》，《考古》1983 年第 9 期。

史》卷一七二本传）撒撒干伯瞻，即李峿，约生于至元七年①。燕赤信臣，生平俟考。马祖常生于至元十六年，泰定元年三月拜典宝少监，四月与王结、虞集充经筵讲官，随驾至上都。明年拜太子左赞善，寻迁翰林直学士，仍兼赞善。（苏天爵《滋溪文稿》卷九《马祖常墓志铭》）虞集生于至元九年，泰定初除国子司业，迁秘书少监，后拜翰林直学士，兼国子祭酒。（《元史》卷一八一本传）数人的排列次序实有年齿先后之别。其中，虞集年岁在马祖常之上，而排名马氏之后，此属文人自谦之举。若此，阿鲁威的生年应在吴澄与曹元用之间，盖在中统元年（1260）前后。阿鲁威致和元年（1328）秩满后遁迹江南，时年约六十九岁，与元代官制以七十致仕的常例相合。

　　杨朝英《阳春白雪》卷二选录阿鲁威散曲十六段，注云："南剑太守，诏作经筵官。"②南剑即延平路。阿鲁威是由泉州路总管铨调翰林学士兼经筵官，而非南剑总管，孙楷第先生对此已有考辨。按阿鲁威序洪希文《续轩渠诗集》署款："元延祐第五戊午长至节日燕山阿鲁威书于莆阳。"知其至迟延祐五年已任泉州路总管，随后入朝为翰林，文宗登基之际退隐江南，后亦未再入仕，其任延平路总管应在泉州路总管之前。

　　有关阿鲁威任泉州路总管的文献，除上文所引《续轩渠诗集序》外，弘治《八闽通志》卷三二《秩官·泉州路总管》栏载："阿鲁威，至治间任。"③又乾隆《泉州府志》卷二六《职官·总管》栏：

　　　　廉忱，延祐间任。

　　　　阿鲁威。

　　　　乌古孙艮祯，至治间任。④

---

① 吴澄《李公墓志铭》："公讳世安，字彦豪，国言名散术觯。宪宗朝癸丑岁九月五日生于宣德府龙门川，人称李龙川云。……（延祐）三年，公念太夫人王氏寿将九十，乞侍养，得请。七年，丁太夫人忧，扶榇合葬武愍公之墓。……（至顺）二年三月二十六日，公以微疾薨。……及武愍夫人终，公年逾七十，而公之长子翰林直学士、中议大夫峿归省，已近六十，须鬓皓白，人不辨其为父子。"（《吴文正集》卷八五，《四库全书》第 1197 册）据墓志铭，李世安生于宪宗三年（1253），卒于至顺二年（1331）。武愍夫人终于延祐七年（1320），时世安六十八岁。墓志称"武愍夫人终，公年逾七十，而公之长子翰林直学士、中议大夫峿归省，已近六十"，知李峿归省在武愍夫人逝世数年后。设此时世安年七十三，即 1325 年。时李峿"已近六十"，设其年五十六，则李峿约生于至元七年（1270）。
② 杨朝英编《新校九卷本阳春白雪》，第 19 页。
③ 弘治《八闽通志》卷三二，《四库全书存目丛书》史部第 178 册，第 14 页。
④ 乾隆《泉州府志》卷二六，清光绪八年补刻本。

综合这三项材料，阿鲁威授泉州路总管约在延祐五年至至治三年（1318—1323）。任泉州路总管期间，阿鲁威与洪希文交往甚密。吴源《洪先生李孺人墓志铭》谓洪希文"气刚言扬，遇事敢言，郡太守、部使者多咨询焉，而东泉鲁公尤最知己者也"①。洪希文【沁园春】《寿东泉郡公》词云：

> 农乐丰年，击壤西东，千仓腐红。正火剂漫山，丹青炫转，朱华冒水，云锦缤纷。钟秀燕山，分付壶峤，郁郁葱葱初度辰。人争道，卿云甘露，毓瑞储精。　公余玉麈纶巾。远赛过唐贤辈行人。看笔军扫阵，羊欣给役，诗工缀锦，王翰求邻。咀嚼群经，搜罗百史，办下功夫日日新。东泉水，愿永沾学海，混混涯津。（自注：《汉文帝纪》：初为郡守，为铜虎符，竹使符剖，竹分符各，留其半，右留京师，左以与之。《史记·天官书》：若烟非烟，若云非云，郁郁纷纷，萧瑟轮囷，是谓卿云。卿音庆，轮音菅。"）②

阿鲁威延祐五年为洪希文《续轩渠诗集》作序，对其人其文推崇备至，见得二人交谊笃深。洪希文（1282—1366），字汝质，号去华山人。莆田（今属福建）人。其父洪岩虎，宋朝贡士，曾任兴化教谕。洪希文与父隐居山中，生活清贫，父子倡和无愠色。洪岩虎死后，洪希文嗣为乡先生，郡县名族争致西席。郡学聘为训导，大宾延请无虚岁。至正二十六年卒，享年八十五岁。

阿鲁威泉州路总管代满，入朝为官，时间约在泰定元年（1324）。《元史·泰定帝本纪》载：泰定元年十一月，"遣兵部员外郎宋本，吏部员外郎郑立、阿鲁灰，工部主事张成，太史院都事费著，分调闽海、两广、四川、云南选"③。按宋褧《燕石集》卷一五《宋公（本）行状》：

> 是年（泰定元年）冬，进兵部员外郎、奉议大夫。国家幅员，视古为广，要荒州县赴京师，动涉万里，因定制：四川、云南、福建、广南、（广）西五道，三岁一遣官廉慎、有干局者，诣所隶行省，偕行台监察御史，注拟三品以下官。比奏闻降制，敕先遣赴。上是岁适当

---

① 吴源：《洪先生李孺人墓志铭》，洪希文：《续轩渠集》附录，杨讷、李晓明编《文渊阁四库全书补遗·集部》第 4 册，北京图书馆出版社，1997 年影印本，第 466 页。
② 唐圭璋编《全金元词》下册，第 941—942 页。
③ 《元史》卷二九，第 651 页。

铨朝堂，久才公，俾分典福建铨。……二年还朝，转中书左司都司、奉政大夫。①

孙楷第曾揭出《元史·泰定帝本纪》材料，认为此吏部员外郎阿鲁灰非曲家，理由是虞集《郑氏毛诗序》谓阿鲁威由泉州路总管入朝拜翰林学士，而非吏部员外郎②。按阿鲁威【双调·湘妃怨】小令云：

> 楚天空阔楚天长，一度怀人一断肠。此心只在肩舆上，倩东风过武昌。助离愁烟水茫茫。竹上雨湘妃泪，树中禽蜀帝王。无限思量。③

又阿鲁威好友洪希文《陪东泉郡公作霖料院，雨登楫江水亭》诗云：

> 峨峨高阁临江渚，千古惊涛拍石矶。瓦栋龟鱼知客至，水天霞鹜背人飞。奔流电激玻璃碎，激滟风生杖屦微。文采风流旧朝士，岳阳景物尚依依。（原注："韩退之巴陵岳阳楼别窦司直庠，唱和□杜诗：'瓦影荫龟鱼。'"）④

"水天霞鹜""岳阳景物"，分别用王勃《滕王阁序》、范仲淹《岳阳楼记》故典。阿鲁威小令与洪希文诗应同时作，或阿鲁威当时也有诗作。其以吏部员外郎身份廉察两广，路经湖南岳阳时，洪希文由故乡莆田前来，友人久别重逢，又饱览历史名胜，故而赋诗填词。

泰定三年至致和元年（1326—1328），阿鲁威先后授翰林侍讲学士、侍读学士、同知经筵事，进讲经筵，翻译《世祖圣训》《资治通鉴》等。《元史·泰定帝本纪》载：

> （泰定三年秋七月）乙卯，诏翰林侍讲学士阿鲁威、直学士燕赤译《世祖圣训》，以备经筵进讲。
> （泰定四年）六月辛未，翰林侍讲学士阿鲁威、直学士燕赤等进讲，仍命译《资治通鉴》以进。……（秋七月）戊戌，遣翰林侍读学

---

① 宋褧：《燕石集》卷一五，《四库全书》第1212册，第511页。
② 孙楷第：《元曲家考略》，第47页。
③ 隋树森编《全元散曲》中册，第769页。
④ 洪希文：《续轩渠集》卷六，《四库全书》第1205册，第113页。

士阿鲁威还大都，译《世祖圣训》。

　　（致和元年三月）己丑，以赵世延知经筵事，赵简预经筵事，阿鲁威同知经筵事，曹元用、吴秉道、虞集、段辅、马祖常、燕赤、字术鲁翀并兼经筵官。①

供职翰林院期间，阿鲁威与虞集结下深厚友谊。虞集《郑氏毛诗序》云："（集）中岁备员劝诵，有阿鲁灰叔仲自守泉南入朝，为同官。"② 阿鲁威还曾以经筵进讲官的便利身份，与同列虞集向皇帝进言在京师濒海之地，效仿"浙人之法，筑堤捍海以为田"，招募百姓耕种，"能以万夫耕者，授万夫之田，为万夫之长，千夫、百夫皆如之"。三年之内朝廷免征赋税，"十年授以命，佩之符印，得以传之子孙，如军官之法"。如此，"可以近卫京师，外御岛夷，远宽东南海运之征，以息吾民"。然而最终以"说者以为一有此制，执事者必以贿成"而未能施行③。

　　正德《松江府志》卷八《田赋下》载陈旅《两浙都转运盐使司副使李侯去思颂有序》，末署："翰林侍讲学士、资善大夫、前中书省参知政事阿鲁威篆。"④ 又陶宗仪《南村辍耕录》卷一九"妓聪敏"条载：

　　　　歌妓顺时秀，姓郭氏，性资聪敏，色艺超绝，教坊之白眉也。翰林学士王公元鼎甚眷之。偶有疾，思得马版肠充馔，公杀所骑千金五花马，取肠以供。至今都下传为佳话。时中书参政阿鲁温尤属意焉，因戏谓曰："我比元鼎如何？"对曰："参政，宰相也；学士，才人也。燮理阴阳，致君泽民，则学士不及参政；嘲风咏月，惜玉怜香，则参政不如学士。"参政付之一笑而罢。⑤

吴梅《元剧研究》最先注意到陶宗仪《南村辍耕录》记载的这则材料，并判断此中书参政阿鲁温即元曲家⑥。但由于这是一条孤证，又出自文人笔记，其可靠性受到怀疑。因此学界对阿鲁威曾任中书参政一事，既无法证

①　《元史》卷三〇，第671、679、685页。
②　虞集：《道园学古录》卷三一，《四库全书》第1207册，第450页。
③　虞集：《书袁诚夫征赋定考后》，《道园类稿》卷三五，《元人文集珍本丛刊》第6册，第151页。
④　正德《松江府志》卷八，《四库全书存目丛书》史部第181册，第495页。
⑤　陶宗仪：《南村辍耕录》卷一九，第235—236页。
⑥　《吴梅全集》（理论卷）上册，王卫民编校，河北教育出版社，2002，第344页。

实，也无法证伪。现依据正德《松江府志》的这条新材料，则可以了结此公案。这里再补充一条旁证：张雨【水龙吟】《代玄览和东泉学士自寿之作》词有"宰相神仙"之语①，所谓"宰相"，即指其曾任中书参政一职。孙楷第先生曾据高启《高太史大全集》卷八《听教坊旧妓郭芳卿弟子陈氏歌》及陶宗仪《南村辍耕录》卷四"广寒秋"条的记载，考证顺时秀为至治、天历间人，王元鼎拜翰林学士也在此时，阿鲁威任参知政事殆在泰定末。归旸《般阳焦氏世德碑铭并序》谓阿鲁威"以罪去，居平江"，这或许是《元史·宰相年表》不录其名的原因。

虞集《道园学古录》卷二《寄阿鲁翚学士》诗云：

> 问讯东泉老，江南又五年。凉风鸣步檐，明月棹歌船。陪讲长怀旧，还朝独后贤。治平二三策，蚤晚玉阶前。②

虞集元统元年（1333）请老，写诗时阿鲁威在江南已五年。则至迟致和元年（1328）秩满后，阿鲁威就遁迹江南。临行时，虞集赋《奉别阿鲁威东泉学士游瓯越》诗：

> 忆昔同经幄，春明下玉除。挂冠俄去国，连舸总盛书。笋脯尝红稻，莼羹斫白鱼。莫言江上远，咫尺玉堂庐。③

又《寄鲁学士》诗云：

> 往岁楼船过太湖，珠帘翠幕护图书。泉南五马传灯后，天上群龙进讲余。满座宾朋尊有酒，盈畴粳稻食多鱼。趣装未觉曹参晚，应有贤人载后车。④

此外，王沂《醉乡诗为阿鲁威学士赋》也作于阿鲁威隐退江南后，诗云：

> 南园寂寂几经春，草木还曾识凤麟。不独文章高一世，由来道谊

---

① 唐圭璋编《全金元词》下册，第916页。
② 虞集：《道园学古录》卷二，《四库全书》第1207册，第21页。
③ 虞集：《道园遗稿》卷二，《四库全书》第1207册，第739页。
④ 虞集：《道园学古录》卷二九，《四库全书》第1207册，第421页。

重千钧。乾坤胜概宁无意，今古神交自有人。惟以壶觞留好客，却抛轩冕乐闲身。苍苔蜡屐曾留迹，白日洼尊绝点尘。适意沧浪谁与濯，忘机鸥鸟自相亲。一川花气晴云热，万壑松声夜雨新。要识经纶存妙理，坐令风俗尽还淳。仪型久矣瞻耆德，物论终期领缙绅。早晚避堂先舍盖，定应容吏吐车茵。①

王沂，字师鲁，祖籍云中襄阴，徙居真定。延祐二年（1315）进士，历临淮县尹、嵩州同知。至顺年间为翰林编修，历国子监博士、翰林待制。至正初任礼部尚书，参与编修辽金宋三史。卒年在至正二十二年以后。

阿鲁威隐退江南后定居钱塘，往来于江浙湖山间，与张翥、张雨、朱德润等文士载酒泛舟、赋诗酬唱。张翥《陪东泉学士泛湖》诗云：

> 山霭忽空无，春晖正满湖。船头载家乐，花里驻行厨。乐任喧呼动，归从酩酊扶。使君留客意，更为倒金壶。②

又《偶成二绝句简鲁威学士》云：

> 云物凄凉小雪初，半庭残菊蝶来疏。连朝笔砚多忙事，借得东泉学士书。
> 病起头颅不可风，南窗晴日正融融。天怜老境无差使，乞与诗篇酒盏中。③

张翥（1287—1368），字仲举，号蜕庵。晋宁（今山西临汾）人，寓居钱塘。张雨【水龙吟】《代玄览和东泉学士自寿之作》词云：

> 古来宰相神仙，有谁得似东泉老。今朝佳宴，杨枝解唱，花枝解笑。钟鼎山林，同时行辈，故人应少。问功成身退，何须更学，鸱夷子、烟波渺。　我自深衣独乐，尽从渠、黄尘乌帽。后来官职清高，一品还他三少。不须十载光阴，渭水相逢，又入非熊梦了。到恁时、

① 王沂：《伊滨集》卷一〇，《四库全书》第 1208 册，第 474 页。
② 孙原理编《元音》卷九，《四库全书》第 1370 册，第 526 页。
③ 张翥：《蜕庵集》卷五，《四库全书》第 1215 册，第 88 页。

拂袖逍遥，胜戏十洲三岛。①

又《鲁东泉学士以多病故人疏为韵，赋诗五章见寄，依次用韵答谢》二首：

幽忧缘底事，终年常抱病。阅世悟炎凉，观物感衰盛。皮里有阳秋，目前无凡圣。严霜凋众草，松柏见半性。

古人谁复见，但见新人故。昔日衣锦城，于今铁炉步。试看明月辉，不碍浮云妒。谁能强笑面，百折如尝醋。②

张雨（1283—1350），字伯雨，号贞居子，又号句曲外史，钱塘人。入茅山为道士，住持西湖福真观，延祐七年居开元宫，历主茅山崇寿观、元符宫，后至元二年（1336）归杭。《代玄览和东泉学士自寿之作》词题中的玄览，即杭州著名道士王寿衍（1273—1353），字眉叟，号玄览，又号溪月。至元二十五年提举杭州开元宫事，元贞元年提点佑圣观。大德五年，嗣其师陈义高之位，提点玉隆万寿宫。至大二年还居开元宫。延祐元年，征授弘文辅道粹德真人，管领杭州路道教事③。东泉隐居钱塘，与玄览亦有交往唱和。朱德润《存复斋文集》卷九《俞元明参军雪中以诗招饮，就和韵，时学士东泉鲁公、大参叔能王公、御史子昭郭公同行》二首云：

上方山头雪迷路，石湖桥上作行春。湖光万顷送归棹，山鸟一声如唤人。静乐可忘轩冕贵，清游端胜绮罗尘。人间今古谁能赏，诗思不如图画真。

通波亭下水弥漫，雪积湖山不夜天。鉴曲寒深宜贳酒，剡溪夜半欲回船。澄清有志终何日，落魄无成过壮年。出郭便还非恃懒，雪寒书幌要高眠。④

朱德润（1294—1365），字泽民，昆山人。善画山水。延祐六年荐授翰林应奉，英宗即位，出为征东儒学提举。英宗崩，南归不复仕。俞元明，名焯，

---

① 唐圭璋编《全金元词》下册，第 916 页。
② 张雨：《贞居集》卷二，《四部丛刊》初编影印影写元徐达左刊本。
③ 王祎：《元故弘文辅道粹德真人王公碑并序》，《王忠文集》卷一六，《四库全书》第 1226 册，第 332 页。
④ 朱德润：《存复斋文集》卷九，《四库全书存目丛书》集部第 22 册，第 636 页。

号午翁，一号越来子，太仓（今属江苏）人。亦善画。泰定四年进士，授台州仙居县丞。王叔能，曾任参知政事，柳贯《王叔能参政画像赞》云："身廊庙而心山林，学孔颜而志皋益。"① 袁桷《王叔能真赞》云："心清而行全，守廉而益坚。不汲汲于利达，专丘壑以自完。"② 与散曲家刘时中亦相识，后者有小令【折桂令】《送王叔能赴湘南廉使》。郭子昭，名炯，蔡州（今河南新蔡县）人，曾与许谦同受业于金履祥。历官浙东、浙西宪史，泰定元年任南台御史③。

现存元佚名氏《扁舟傲睨图》有张雨、鲁威、张翥三人题诗，鲁威署款为"醉乡居士鲁威"。《全元诗》收录，编者谓："暂以鲁威与阿鲁威，作同一人。"④ 据上文考察，阿鲁威退居钱塘后，与张雨、张翥等悠游泉林，诗酒倡和，与画家朱德润、俞焯等交往密切，二张亦能画。再者，阿鲁威题跋《虞雍公诛蚊赋》自署"和林鲁威叔重父谨题"，以"鲁威"自名。又王沂曾作《醉乡诗为阿鲁威学士赋》诗。"醉乡居士鲁威"应即曲家阿鲁威，"醉乡居士"盖其晚年自号。

阿鲁威以前翰林侍讲学士身份隐退江南，颇能奖掖后进。杨维祯编《西湖竹枝集》载：

> 徐哲，字延徽，莱州阳县人。性旷达，才气过人。师南窗谢先生（谢升孙），学毛氏《诗》。挟册游吴下，为（吴）可堂左丞、东泉学士所知，遂以茂才荐，授峡州路长阳县教谕，不就。⑤

后至元二年（1336），阿鲁威为《两浙都转运盐使司副使李侯去思颂有序》篆刻。正德《松江府志》卷八《田赋下》载录此文，署云：

> （后）至元二年丙子三月日，登仕郎、江浙等处儒学副提举陈旅撰
> 太中大夫、两浙都转运盐使贾度书

---

① 《柳贯诗文集》卷一三，柳遵杰点校，浙江古籍出版社，2004，第272页。
② 李修生主编《全元文》第23册，第498页。
③ 许谦：《送郭子昭序》，《白云集》卷二，《四库全书》第1199册；张铉：《至正金陵新志》卷六，《四库全书》第492册。
④ 杨镰主编《全元诗》第30册，第348页。
⑤ 杨维祯编《西湖竹枝集》，孙小力校笺《杨维祯全集校笺》第8册，上海古籍出版社，2019，第3366页。

翰林侍讲学士、资善大夫、前中书省参知政事阿鲁威篆①

同年卷入昆山州知事管某诬告平江路总管道童案，受到连坐。宋濂《江西等处行中书省丞相追封咸宁王谥忠肃星吉公神道碑铭》载：

> （后）至元二年六月，擢嘉议大夫、太府卿。……知昆山州事管某，上书诬平江路总管道童诡报岁灾，帝命公察情否。初，道童以廉正治，其属官不能堪，故诬之，且倚前翰林学士阿鲁恢为援。公验得其状以闻，卒坐二人罪。②

归旸《般阳焦氏世德碑铭并序》记载此事更详：

> （焦荣祖）为御史，按事平江，其事为尤难，而其利为尤博。初，至元三年，岁大水，时相疑天下之以水告者不皆如其书，嗛之未有以发。会知嘉定州管诠祖告其府尹诈以水除其四川二县之租，及所受民钱以缗计者十五万。相闻而嘻，即入奏，遣使与御史一人驰传即治，公以御史往。时相柄臣也，意叵测，或危其行。至则逮其当与狱会者若干人，偕诠祖廷对，诠祖语屈吐实，曰：“始我不知为此，阿鲁灰教我也。”阿鲁灰者，尝为翰林侍读学士，以罪去，居平江。府尹有所忤，故嗾诠祖云。③

此后，阿鲁威的事迹无考。其小令【双调·蟾宫曲】（烂羊头谁美封侯）有“白发萧萧，老我南州”语，或终老于江南。卒年殆在元顺帝至元末、至正初，享年在七十六岁以上。按《永乐大典》卷二六一〇收录元顺帝圣旨一道，中云：“至正元年正月初七日，笃怜帖木儿怯薛第二日……古纳剌侍御、何治书、锁南班经历、史都事、蒙古必阇赤阿鲁威等奏。”④“必阇赤”，即令史，掌管文书。此必阇赤阿鲁威亦蒙古人，未知与曲家阿鲁威是否为同一人。

---

① 正德《松江府志》卷八，《四库全书存目丛书》史部第 181 册，第 495 页。

② 《朝京稿》卷一，罗月霞主编《宋濂全集》第 3 册，第 1643 页。

③ 李修生主编《全元文》第 51 册，第 108 页。

④ 李修生主编《全元文》第 55 册，第 44 页。

白无咎

白无咎之名见于诸本《录鬼簿》,为元代享盛名之散曲家,所作【鹦鹉曲】名噪一时,名公士大夫争相和作,曲辞被时人变相化用为典故者更是不胜枚举。《太和正音谱》卷上"古今群英乐府格势"栏列其名第十二位,评其"词如太华孤峰,孑然独立,岿然挺出,若孤峰之插晴昊,使人莫不仰视也,宜乎高荐"。本篇利用新发现材料与已知旧有文献,详考其行迹及其名篇【鹦鹉曲】所作年代,并对元代与曲家同名之白贲,略做考辨证伪。

一 曲家白贲无咎

白贲字无咎,先世本太原文水人,六世祖翼,扈跸南渡,官至防御使。五世祖良辅,食邑樯李,四世祖显,始占籍钱塘。父白珽(1248—1328),字廷玉,号湛渊。伯颜丞相平江南,檄为安丰丞,辞不赴。程钜夫、刘宣先后举荐,复以疾辞。中岁尝出游梁、郑、齐、鲁,至大都,王公贵人待之以礼。至元二十八年(1291),因李衎之荐,授太平路儒学正、教授[1],大德四年(1300),转常州路儒学教授[2]。至大元年(1308),升江浙儒学副提举[3],秩满,除淮东盐仓大使,不俟任满即辞归。年过六十七之时,再除婺州路兰溪州判官,不赴。晚年归老杭州栖霞山,因又以栖霞山人自号。天历元年(1328)卒,年八十一。白珽在宋末元初的文坛上颇有声名,与"淮阴龚公开、严陵何公梦桂、眉山家公之巽、莆田刘公漤、西秦张公模、虎林仇公远、齐东周公密,凡十余人,相与倡明雅道"[4]。

---

① 方回:《送白廷玉如当涂诗序》,《桐江集》卷一,《续修四库全书》第1322册,第374页。
② 戴表元:《送白廷玉赴常州教授序》,《剡源文集》卷一三,《四库全书》第1194册,第164页。
③ 郭畀:《云山日记》,《金元日记丛编》,顾宏义、李文整理标校,上海书店出版社,2013,第178页。
④ 《元故湛渊先生白公墓铭》,《翰苑别集》卷五,罗月霞主编《宋濂全集》第2册,第1042—1044页。

白贲是白珽长子，其生年，文献无载。释善住《送白无咎入兰陵幕府》首联云：“独贤勤典教，中岁始临民。”①“典教”是说白无咎曾担任地方儒学教官；“临民”指牧民官，即地方行政属官。白无咎一生所任官职中，能称得上“临民”者仅忻州知州，时间约在至大元年（1308），其时白无咎年届“中岁”。以此逆推，其生年约在世祖至元五年（1268）。民国《当涂县志》载录失撰者名之《县尹王公修圩纪实》文：

> ［至］元（二十九年）壬辰，金陵王公宗义来尹兹邑。秋霖决堤，民且流散。尹持府命，命从府判梁公栋运粟振给，计□出丁，益以山夫，修备□□。越（三十年）癸巳夏，水荐至愈亟，堤垂坏者再。于是，尹□□董役刊木，舂土编竹。……（三十一年）甲午春，圩成。众以堤为王公所筑，因命之为王公堤□。是役也，首尾三［载］，官无所费，民不知其处有□。……是岁四月既望，儒学教谕□□□［撰］，建康路上元县儒学教谕白贲书，繁昌县［儒］学教谕罗□年［篆］［额］。②

按《元史·选举志》：“至元二十八年，令江南诸路学及各县学内，设立小学，选老成之士教之，或自愿招师，或自受家学于父兄者，亦从其便。……路设教授、学正、学录各一员，散府上中州设教授一员，下州设学正一员，县设教谕一员。”③白无咎任上元县儒学教谕应即在至元二十八年（1291），这是他步入仕途的起点。其父白珽至元二十四年所作《武陵胜集序》云：“大风振屋，积雪压头，余方拨榾柮，课二雏，读《袁汝南传》。”④所谓“二雏”，即白贲与其弟白采（字无华）。据宋濂《湛渊先生白公墓铭》：“程文宪公钜夫、刘中丞伯宣前后交荐之，复以疾辞。”程钜夫奉诏求贤江南在至元二十四年，刘宣（字伯宣）任江南行台御史中丞在至元二十五年⑤，又墓铭所记白珽交游诸友如龚开、何梦桂、仇远、周密等皆南宋遗民，白珽此时大概也不愿出仕新朝⑥，故在屡经荐举后，让自己的长子入官，白无咎之

① 释善住：《谷响集》卷一，《四库全书》第 1195 册，第 682 页。
② 民国《当涂县志》，《中国地方志集成·安徽府县志辑》第 40 册，江苏古籍出版社，1998 年影印本，第 200 页。
③ 《元史》卷八一，第 2032 页。
④ 李修生主编《全元文》第 13 册，第 295 页。
⑤ 张铉：《至正金陵新志》卷六下《官守志二》，《四库全书》第 492 册，第 318 页。
⑥ 苏伯衡《宋君墓志铭》即称其为“宋遗老湛渊先生”，《苏平仲文集》卷一三，《四库全书》第 1228 册，第 776 页。

任建康路上元县儒学教谕可能即因为这个缘故。

范梈《范德机诗集》卷七《送白无咎太守之郡》云："潇洒中书旧省郎，排云曾揽舜衣裳。"① 该诗作于白无咎赴任忻州知州道经大都之时。范梈大德十一年（1307）始客京师，"游于兹三年"，"慨然南归"②，时间应在至大二年（1309）。白无咎出任忻州知州也在此时段内，"中书旧省郎"之授则在这之前。"舜衣裳"，用西晋皇甫谧《高士传·善卷》故典，代指帝王之业。杜牧《郡斋独酌》诗云："平生五色线，愿补舜衣裳。"元代中书省设左右司，分别置郎中二员，正五品；员外郎二员，正六品。未知白无咎所任为郎中抑或员外郎。吴澄《吴文正集》卷四《素轩说》载：

> 清江范亨（梈）自京师来，称太原白贲无咎之贤，皮潘亹亹为余道，且言其以素名所居之轩。余闻之而惊异，噫！是殆庶乎能安其素者，因为说素之义。皮、范如京，闻余说而喜，请书以遗。虽然白已仕，皮将仕，范未仕，见贤而思与之齐一，当以白君为师。③

吴文所说的皮潘，字昭德，清江人，吴澄门生。大德十年秋至大都，次年丁忧南还④。据《吴文正公年谱》，吴澄大德十一年六月至临江路，病至百日，止皮潘家，十月还家⑤。故知皮潘向吴澄所述白无咎"以素名所居之轩"事，发生在白无咎任职中书省郎官期间。范梈大德十一年客游京师，待三年之久，谋职无望而南归，故吴文谓"范未仕"。又袁桷《清容居士集》卷一《素轩赋》序云："太原白无咎征名字于《易》，复以素名轩，实维其祥，乞赋陈郡袁桷。"⑥ 据苏天爵《袁桷墓志铭》："大德初，群贤萃于本朝。闻公才名，擢翰林国史院检阅官，秩满，升应奉翰林文字，同知制诰兼国史院编修官，遂迁修撰。凡历两考，迁待制，又再任进拜集贤直学士。久之，移疾而还。"⑦ 其为白无咎"素轩"作赋是在大都。此外，程钜夫

①　范梈：《范德机诗集》卷七，《四库全书》第 1208 册，第 137 页。
②　袁桷：《送范德机序》，《清容居士集》卷二三，《四库全书》第 1203 册，第 310 页。
③　吴澄：《吴文正集》卷四，《四库全书》第 1197 册，第 62 页。
④　吴澄：《皮昭德北游杂咏跋》，《吴文正集》卷五四，《四库全书》第 1197 册，第 543 页。
⑤　危素：《临川吴文正公年谱》，吴澄：《吴文正集》附录，《四库全书》第 1197 册，第 931 页。
⑥　袁桷：《清容居士集》卷一，《四库全书》第 1203 册，第 11 页。
⑦　苏天爵：《元故翰林侍讲学士知制诰同修国史赠江浙行中书省参知政事袁文清公墓志铭》，《滋溪文稿》卷九，《四库全书》第 1214 册，第 106 页。

也为白无咎素轩赋诗。程钜夫大德八年十一月于家召为翰林学士，九年六月加商议中书省事，使驿召赴阙，冬至大都①。

冯子振和白无咎【鹦鹉曲】在大德六年壬寅（1302），刘敏中也有【正宫·黑漆弩】《村居遣兴》二首，用韵及命意皆与白无咎【鹦鹉曲】（原名【黑漆弩】）相同，应也是和无咎之作。刘敏中大德九年（1305）召为集贤学士，商议中书省事。（《元史》卷一七八本传）范梈诗谓白无咎"潇洒中书旧省郎"，任中书省郎官期间，"以素名所居之轩"。这些都与【鹦鹉曲】所显现出的退隐旨趣——"觉来时满眼青山，抖擞绿蓑归去。算从前错怨天公，甚也有安排我处"② 相一致。白无咎名篇【鹦鹉曲】作于大都供职中书省期间，他在中书省郎官任上可能并不如意。程钜夫《白无咎素轩》诗云："下基厚地上高天，饥即加餐困即眠。"③ 也道出其时白无咎百无聊赖的情状。

郭畀至大元年九月因镇江路儒学录秩满，前往杭州儒学提举司交办转任手续，路经常州时欲拜访白珽，值后者出江阴，白无咎与弟无华留歇，且与无咎一同观览天平寺壁画。十月廿四日，郭畀至杭州，"早到省中，次到儒司，见金君玉，问白无咎礼任月日"④。则白无咎中书省郎官秩满后曾南归常州，郭畀"问白无咎礼任月日"，指的应该就是无咎出任忻州知州一事。赴任忻州知州路经大都时，范梈为赋《送白无咎太守之郡》赠别：

> 潇洒中书旧省郎，排云曾揽舜衣裳。一麾况复守名郡，万事不如归故乡。马首渐违燕阙雨，雁声欲度晋城霜。汉廷择相皆良吏，蚤奉潘舆谒建章。⑤

"雁声欲度晋城霜"，与郭畀十月廿四日"问白无咎礼任月日"时间吻合，白无咎出任忻州知州在至大元年（1308）。白无咎祖籍文水，与忻州同属太原路（大德九年更名冀宁路），故诗有"万事不如归故乡"语。

范梈《范德机诗集》卷二《赠别白忻州》云：

① 程世京：《程钜夫年谱》，程钜夫：《雪楼集》附录，《四库全书》第1202册，第471页。
② 隋树森编《全元散曲》上册，第508页。
③ 程钜夫：《雪楼集》卷二八，《四库全书》第1202册，第416页。
④ 郭畀：《云山日记》，《金元日记丛编》，第188页。
⑤ 范梈：《范德机诗集》卷七，《四库全书》第1208册，第137页。

　　昔年上都门，送君作太守。今年太守来，失喜狂欲走。问知郡中治，称冤不容口。强欲对酒歌，愁引杯去手。古来选郡监，本为奸慝纠。岂宜肆其私，锻炼易妍丑。幸逢贤执法，白日云雾剖。快马归并汾，且以慰慈母。失身落州县，兹事无不有。君子善奉持，凡百淑尔后。排难与解纷，吾愧鲁连友。明年江之南，得寄消息否。①

　　诗作于白无咎忻州知州任满，至大都欲南归之时。考范梈第二次至大都，因荐授翰林编修，官满改擢海南海北廉访司知事。赠诗作于任职翰林编修期间。《范德机诗集》卷二《二杏》注云"甲寅"，是延祐元年（1314）。中云："我昔词馆直，羸马道路赊。晨往昏黑归，无由领其嘉。今我已投散，终日犹枯槎。……而我又将去，何由报繁葩。誓将适南郡，辟地江之涯。种此一万树，漫漫被荒遐。"② 知作于翰林编修任满，赴任海南海北廉访司知事之前。又《范德机诗集》卷三有长题诗《百丈山中夜坐，闻谨思将还，忆甲寅入南中，正此日也，十二月二十三日》六首其二云："往年当此夕，孤棹适南征。"③ 故范梈翰林编修任满离京在延祐元年十二月。按皇庆元年诏修《武宗实录》，范梈入翰林为编修官在皇庆元年至延祐元年间（1312—1314）④。白无咎忻州知州任满不会迟于延祐元年，光绪《忻州志》卷二一《职官》载白贲任忻州知州在延祐年间，孙楷第先生认为记载大致可信，失于细察。由范梈赠别诗"古来选郡监，本为奸慝纠。岂宜肆其私，锻炼易妍丑"诸句看，白无咎卸任忻州知州之职，是与"郡监"即该州达鲁花赤发生冲突所致。

　　释善住《谷响集》卷一《送白无咎归钱唐》云：

　　苏杭三百里，强半水为程。野岸东风急，春山落照明。依微村树远，出没浦鸥轻。别后空相忆，迢迢隔凤城。⑤

---

①　范梈：《范德机诗集》卷二，《四库全书》第1208册，第81页。

②　范梈：《范德机诗集》卷二，《四库全书》第1208册，第81页。

③　范梈：《范德机诗集》卷三，《四库全书》第1208册，第91页。

④　杨载《送范德机》（《杨仲弘诗集》卷六）作于范梈赴任海南海北廉访司知事之时。首句云"往岁从君直禁林"，二人曾共事翰林院。《金华黄先生文集》卷三三《杨仲弘墓志铭》载：杨载因荐，以布衣召为翰林国史院编修，与修《武宗实录》。据《元史》卷一七二《程钜夫传》，诏修《武宗实录》在皇庆元年（1312）。故知范梈任翰林院编修在皇庆元年至延祐元年。

⑤　释善住：《谷响集》卷一，《四库全书》第1195册，第669页。

该诗可能作于白无咎忻州任满由大都南归钱塘，路经苏州之时。释善住（1278—1341年以后）①，字无住，号云屋。吴郡（今江苏苏州）人。尝居郡城报恩寺。往来吴淞江上，与仇远、宋无、白珽、虞集、赵孟頫诸人相唱和。长于近体诗，宋无赠诗谓"句妙唐风在，心空汉月明"②。四库馆臣评其诗"秀骨天成，绝无蔬笋之气"，"在当时诗僧中固宜首屈一指也"③。

　　苏伯衡《苏平仲文集》卷一三《宋君墓志铭》，墓主宋允恒，字子成，温州平阳人。"钱唐白公无咎之教授平阳州学也，见子成峣然秀出诸生中，选以为婿。……子成婿白氏十五年而妻没，时子成年甫三十有四。"④ 宋允恒至正八年（1348）卒，年四十五，则生于大德八年（1304）。其妻白氏殁时，允恒"年甫三十有四"，即后至元三年（1337）。而此时距初娶白氏已过去十五年，故可推知白无咎任温州平阳州教授在至治三年（1323）。

　　《江苏通志稿·金石志》载录《句曲浮山天王寺重建山门记》，署云：

　　　　前镇江路丹阳县儒学直学金囝王行简撰并书
　　　　将仕郎、常州路总管府知事白贲篆额⑤

记作于至顺三年（1332）七月十五日。在上任该职前，释善住作诗赠别，《谷响集》卷一《送白无咎入兰陵幕府》云：

　　　　独贤勤典教，中岁始临民。幕佐红莲旧，袍分绿草新。琴高终绝俗，画妙定通神。公退应多暇，甘柔好奉亲。⑥

首联两句是对白无咎历任仕宦的概述：至元二十八年任建康路上元县儒学教谕，至治三年除温州路平阳州教授，故云"勤典教"；至大元年拜忻州知州，此"临民"也。常州路治武进，武进古称兰陵。按诸元代史料，所谓"幕佐"，即首领官（吏员首领）。同恕《榘庵集》卷三《经历司题名

---

① 释善住《丁巳元日》："四十今朝是，余生未有涯。"（《谷响集》卷一）丁巳为延祐四年（1317），其时善住四十岁，以此逆推，生年在至元十五年（1278）。《全元文》第56册辑录善住《别岸和尚语录序》，所署时间为至正辛巳，知至正元年辛巳（1341）善住尚在世。

② 宋无：《答无住和太初韵见寄》，《翠寒集》，《四库全书》第1208册，第321页。

③ 纪昀等：《〈谷响集〉提要》，《谷响集》卷首，《四库全书》第1195册，第659页。

④ 苏伯衡：《苏平仲文集》卷一三，《四库全书》第1228册，第775页。

⑤ 缪荃孙：《江苏通志稿》，《辽金元石刻文献全编》第2册，第97页。

⑥ 释善住：《谷响集》卷一，《四库全书》第1195册，第682页。

记》云:"凡官寺必置幕职,所以辅翼长贰,总摄掾曹,相成一官之治,使无旷天工也。"① 白无咎所任即为常州路总管府首领吏员。

至大元年,白无咎出任忻州知州时,范梈送别诗尾联云:"汉廷择相皆良吏,蚤奉潘舆谒建章。"这是祝愿之辞,是说早日由地方升调朝廷。"潘舆",典出西晋潘岳《闲居赋》,用指偕母同之官以便奉养。如汪泽民,宣城人,授岳州路平江州同知,以母春秋已高,乞降阶就铨邻州,不报,"竟奉太夫人之官"②。同邑友人送别诗即有"喜奉潘舆远宦游"语③。此外,当白无咎忻州知州任满经大都南归时,范梈又作诗送别,其云:"快马归并汾,且以慰慈母。"证实白无咎出任忻州时确是奉母同行。上引释善住送白无咎任常州路知事诗亦云:"公退应多暇,甘柔好奉亲。"白无咎出任常州知事在至顺三年(1332),其父白斑早在天历元年(1328)已谢世,所谓"奉亲",只能是奉母。据宋濂《湛渊先生白公墓铭》:"先生娶沈氏,有贤行,前二十七年卒。"则沈氏卒于大德六年(1302)。白无咎的母亲应是继室,且可能出身低微,以致宋濂为白斑撰墓志铭竟未提及。

宋濂撰《白公墓铭》在白斑卒后五十年,时在明洪武十一年(1378),所记白无咎官衔为文林郎、南安路总管府经历,应是白无咎的最终官职。《全元诗》第29册据清董天工《武夷山志》卷九辑录白无咎《试剑石》诗一首,应即作于他往返于南安路(治今江西大余县)与杭州之时。

二　与曲家同名之白贲

王国维《录曲余谈》揭出金元文献中有三位白贲:其一为汴梁人,以经学名家,见元好问所编《中州集》;其二为白朴叔父,白华之兄;其三即白斑之子。谓作散曲者即白斑之子。胡适最早对王说提出异议,认为作【鹦鹉曲】者是白朴叔父白贲,但据元好问《善人白公墓表》,此白贲弱冠中金泰和三年进士,生年约在1183年,且死于金亡之前,不曾到过江南。又《太平乐府》至正十一年邓子晋序,谓是编以"海粟(冯子振)所和白

① 同恕:《榘庵集》卷三,《四库全书》第1206册,第684页。参见许凡《元代吏制研究》,第43页;陈高华、史卫民《中国政治制度通史·元代卷》,第352页。
② 《元故嘉议大夫礼部尚书致仕赠资善大夫江浙等处行中书左丞上护军追封谯国郡公谥文节汪先生神道碑铭》,《銮坡前集》卷三,罗月霞主编《宋濂全集》第1册,第379页。
③ 孙焕文:《送汪叔志之岳州路平江州同知》,汪泽民、张师愚编《宛陵群英集》卷一〇,《四库全书》第1366册,第1051页。参见拙文《元儒汪泽民佚文辑存与生平交游考》,《中国书法》2018年第1期。

仁甫【黑漆弩】为之始",胡适据此又认为"十四世纪的人往往把白仁甫和
白无咎混作一个人,已不知道他们的伯父侄儿的关系了","也许此曲真是
白仁甫作的"①。徐朔方先生力主胡说,在多篇文章中反复申述这个观点,
其中一条重要的依据是冯子振的官阶是集贤院待制,正五品,白珽之子为
文林郎、南安路总管府经历,不过正七品。冯子振比白珽之子"官高年长,
文名更大",不可能和作对方作品达三十六首②。然据上文所考,白无咎作
【鹦鹉曲】是在任中书省郎官期间,阶正五品(郎中)或正六品(员外
郎),与冯子振品阶相同。再者,冯子振生于蒙哥七年(1257),也仅年长
白无咎十岁左右。

　　白朴叔父白贲的生平事迹散见于元好问《遗山集》,卷二四《善人白公
墓表》记其"广览强记,尤精于《左氏》。至于禅学道书,岐黄之说,无不
精诣。弱冠中泰和三年词赋进士第,历怀宁主簿、岐山令。远业未究,而
成殂谢,士论惜之"③。金泰和三年(1203)中进士,时年弱冠,生年约在
金大定二十四年(1184),比元好问大七岁。二十岁之前,白贲与当时绝大
多数士子一样致力于科举应考,马祖常《杜文献公神道碑》载:"金将亡,
士少识时变,犹以业文辞规进取。"④《遗山集》卷二五《南阳县太君墓志
铭》:"初,华既冠,从兄贲官,学辈流中号楚楚者。乡先生谓当就科举,
不可以家事役之,(父)朝列君以为然。"⑤ 为使白华专力于科举,其父
"不以家事役之"。又白华《示恒》:"蹉跎岁月成何事,锻炼文章更用心。
多病苦怜双白发,一经真胜万黄金。"⑥ 该诗写于金亡以后,其时白华还督
促其子白朴(原名恒)用心于文章,以为科举计。所以白朴叔父白贲,在
弱冠科举及第以前不大可能参与其时尚处于民间阶段的时兴散曲的创作。
元好问谓其"远业未究,而成殂谢",是逝世较早,享年可能在三十岁左
右。则及第后的十年时间里,白贲历任怀宁主簿、岐山令,辗转于地方任
职,也不大可能作散曲。

① 《读曲小记》,《胡适全集》第十二卷,安徽教育出版社,2003,第307页。
② 徐朔方:《从关汉卿的〈普天乐·崔张十六事〉说起》,《文学遗产》1998年第2期;《同
　　姓名人物的失考:大师的一个小疵》,《昆明师范高等专科学校学报》2002年第2期;《金
　　元杂剧的再认识》,《徐朔方集》第一卷,浙江古籍出版社,1993,第104页。
③ 元好问:《遗山集》卷二四,《四库全书》第1191册,第268页。
④ 马祖常:《皇元敕赠翰林学士杜文献公神道碑》,《石田文集》卷一一,《四库全书》第1206
　　册,第605页。
⑤ 元好问:《遗山集》卷二五,《四库全书》第1191册,第281页。
⑥ 杨镰主编《全元诗》第1册,第122页。

除王国维揭出的三位白贲外,《山右石刻丛编》卷二八载录《后土庙重修记》,署云:

> 本县儒学教谕白贲撰
> 乡人费瑶书丹并题额①

石刻存于乡宁县,记作于元贞二年（1296）正月。《全元文》据以收录,以为此乡宁县儒学教谕白贲即白珽之子,作散曲【鹦鹉曲】者②。按,此白贲又见于乾隆《乡宁县志》卷一五《艺文志》所录宋景祁撰《复立乡宁县治碑记》:

> 至元三年,有司阅实郡国户口之数,以多兼少,以散归聚,汰其旷冗,庶生民休息耳。由是,县归于吉县之东偏,去吉二百里而遥,南亦如之,讼者、役者奔走而集事者声其劳。或强击暴詈,寡弱者隐而不能诉。十三年,坊郭白珪等六十四人赴州府陈告。……迤逦上达,居无几何,奉符文即目科差,时分已后定夺。二十一年,吴预、曹随、史秉、杜房、白贲、曹骥、冀载等二十一人复以词控告。……二十五年二月,钦奉圣旨允从之。……古人谓有志者事竟成也,若曰吴、曹、史、冀、王、费、杜、两张者,率顾百余人,裹道路之粮,腾颊舌之说,以图久败难成不可必之事,荏苒寒暑殆二十年,劳益坚而勤益壮,复隍之城再立官守,亦可谓有志者。③

乡宁自至元三年（1266）废县,乡人以事不便,谋求复立,前后历时二十余年,方得告成。其中至元二十一年（1284）,"以词控告"之二十一人中有白贲,此白贲为乡宁本籍人,非元曲家④。元代乡宁县隶属山西平阳路。

三　小结

最后可以对散曲名家白无咎的一生做个总结描述。白无咎,名贲,号

---

①　胡聘之:《山右石刻丛编》卷二八,《续修四库全书》第907册,第657页。

②　李修生主编《全元文》白贲小传,第28册,第250页。

③　乾隆《乡宁县志》卷一五,清乾隆四十九年刻本。

④　参见冯俊杰《戏剧与考古》,文化艺术出版社,2002,第381页。

素轩。先世为山西文水人，六世祖扈宋室南渡，四世祖始占籍钱塘。父白珽，字廷玉，号湛渊，是宋末元初著名诗人。历任太平、常州儒学教授、江浙儒学副提举等职，晚年归养于钱塘栖霞。白无咎约生于世祖至元五年（1268），至元二十八年（1291）诏江南诸路、府、州、县设立学校，因荐授建康路上元县教谕。大德初除中书省郎官，该任期间，颇不得意，将自己寓居之所命名为素轩，请袁桷作赋，程钜夫歌诗。其流传极广的散曲名篇【鹦鹉曲】也是这段时期所作，盖用以遣怀摅情。任满后归江南。约至大元年（1308），擢忻州知州，却触忤郡监，幸赖廉访司执法贤明得以辨明，但也因此卸职。途经大都时，友人范椁作诗赠别，为之惋惜的同时并劝慰勉励。至治三年（1323）出任温州路平阳州儒学教授，选诸生宋允恒为婿。至顺三年（1332）为常州路总管府知事。又任南安路总管府经历，时已年近七旬，殆其最后任职。无咎以子早折，过继女婿宋允恒仲子范为后嗣。

白珽擅翰墨，论者以为"有晋魏风"。无咎承其家风，而以作曲、绘画见长。释善住《送白无咎入兰陵幕府》谓其"琴高终绝俗，画妙定通神"。释德净《听白无咎琴》诗云："竹院逢佳客，江湖有盛名。昼长人寂寞，指下意分明。静与松风合，幽同水月清。自非钟子耳，谁解此时情。"[1]《太和正音谱》评其曲"如太华孤峰，孑然独立，岿然挺出，若孤峰之插晴昊，使人莫不仰视也"。所作小令【鹦鹉曲】更是传唱一时，和者甚夥。清人姚际恒《好古堂家藏书画记》评其"作花精妙古雅，可追徐（熙）、黄（筌），钱舜举不能过也"[2]。尤以画马闻名，他所画的马实际上也是自我心志的写照。李存《白贲二马》诗云："良材未试相蹄啮，况复沙场苜蓿秋。数笔写来千里意，只今惟有白忻州。"[3] 释善住《画马》亦云："霜蹄曾蹴河冰裂，老齿贯嚼天山雪。圉人何事相羁縻，不得沙场流汗血。"[4]

---

[1] 杨镰主编《全元诗》第20册，第49页。
[2] 姚际恒：《好古堂家藏书画记》卷下，《丛书集成初编》，商务印书馆，1937，第35页。
[3] 李存：《俟庵集》卷一一，《四库全书》第1213册，第657页。
[4] 释善住：《谷响集》卷三，《四库全书》第1195册，第717页。同卷《马三首》疑亦为白无咎作。其一云："臆若双凫首渴乌，嵯峨骏骨世间无。天闲老我堪终惠，肠断秋风苜蓿枯。"

刘时中

刘时中是元代的著名散曲家，杨朝英《阳春白雪》前集卷二选录刘时中和卢挚【双调·湘妃怨】小令四段，注云："时中，号逋斋，翰林学士。"此刘时中应该就是《录鬼簿》卷上"方今名公"栏著录的"刘时中待制"。据姚燧为刘时中父亲所撰墓志铭，此刘时中名致，籍贯石州宁乡（今属山西吕梁市）。而杨朝英《阳春白雪》后集卷三选录【正宫·端正好】《上高监司》套，注云："古洪刘时中。"刘致因结识名士姚燧、卢挚，又拜姚燧门下，先后出任翰林待制、太常博士，加上《上高监司》套数是元代散曲中的名篇，学界对刘时中关注甚多。但受限于材料，对作《上高监司》之古洪（今江西南昌）刘时中与石州宁乡刘致时中是否同一人，以及其仕历等基本问题尚未达成共识。台北"故宫博物院"收藏一册题名《元张雨自书诗草》的书法作品（以下简称"诗草"），共计诗作 60 首，除去诗草内重复 1 首，以及与《全元诗》所收重复 2 首，总计诗 57 首；另有词作 8 首，其中 2 首有残缺。该院研究员张光宾先生曾撰文考证署名"张雨自书诗草"的书法作品的创作者并非句曲外史张雨，而是刘致（字时中）[①]。这个观点并未引起大陆研究者的注意，因而在考察散曲家刘致生平事迹时也没有利用这批新发现的材料。近来彭万隆教授从台北"故宫博物院"编辑出版的《兰千山馆法书目录》中将这些诗词整理句读出来[②]，使我们得以看到这批新材料。笔者在看到彭教授整理的新见刘致诗词的文章后，开始重新搜集刘致的文献材料并撰写此稿，其间又见到彭教授发表的新考刘致仕历的文章[③]，细读后发现有些材料彭教授还未用到，笔者的论点与彭教授也不尽相同，故撰此篇以供学界研讨。

面对新发现的 57 首诗、8 首词，首要解决的问题是它们的作者是不是散

---

① 张光宾：《元张雨自书诗草》，（台北）《故宫文物》1991 年第 6 期。
② 彭万隆：《被遮蔽近七百年的元代刘致诗词》，《古籍研究》第六十七卷，凤凰出版社，2018。
③ 彭万隆：《元代散曲家刘致仕历新考——以新发现的诗词与材料为中心》，《江海学刊》2019 年第 3 期。

曲家刘致。结合刘致与张雨的身份履历以及当时人与刘致的倡和作品，可以肯定这些诗词的作者就是刘致。（1）据姚燧《广州怀集令刘君墓志铭》，刘致父亲刘彦文曾先后任郴州录事、广州怀集令，卒后"权殡长沙佛宇"。刘致应该是青年时期就跟随父亲到湖广，父死后留寓长沙，在长沙居住多年。因而他常自署"湘中刘致"①，时人也或以"湘中"称之②，甚至他晚年作散曲还说"梦魂长绕湘南路"（《怀长沙次郭振卿韵》）。诗草《祠灶辞》云："我居荆俗识土俗。"又《李侯息斋仲宾着色竹》："我生踏浪潇湘儿。"而张雨系钱塘人，年三十登茅山为道士，不可能自称"潇湘儿"。（2）诗草《登齐山次唐人杜紫薇韵并序》与《反和一首》，前者序云：

> 新天子嗣圣之年，当大德十一年丁未冬十有二月，宫师府遣正字吕洙将旨奉皇太子教持太师沈阳王王璋书，如汉征四皓故事，起先生牧庵以太子宾客。予时客宣城疏斋寓馆，亟往秋浦候之。既至，则下维扬矣。因登齐山翠微亭，次牧之韵怀先生且寄疏斋肃政使君。③

按卢挚《跋唐拓化度寺邕禅师塔铭》，大德十一年（1307）九月十七日，刘致在宣城卢挚寓所同观此拓本④。又刘致撰《姚燧年谱》：

> 大德十一年丁未。先生七十岁。……冬，宫师府遣正字吕洙持太子太师沈阳王王璋书，如汉征四皓故事，趣为太子宾客，授正奉大夫。十二月，至维扬。⑤

次年二月，姚燧舟过高邮，与刘致留别，赋《次刘时中留别反和杜紫微韵》《次刘时中和唐杜牧之齐山诗韵》等（《牧庵集》卷三四）。（3）诗草《古郢先生牧庵甲第观图史古物，呈谅夫弟，兼寄先生武昌》，倒数三、四句云："北风吹沙天欲黄，官舟不许留江乡。"自注："时驿舟诣疏斋赴湘南宪。"按《姚燧年谱》大德三年系年："致时为湖南宪府吏，疏斋除湘南宪，致乘

---

① 刘致：《跋唐拓化度寺邕禅师塔铭》，郁逢庆：《书画题跋记》卷二，《四库全书》第 816 册，第 611 页；《跋赵荣禄小楷过秦论真迹》，张丑：《清河书画舫》卷一〇下，《四库全书》第 817 册，第 406 页。
② 熊梦祥《析津志·名宦》记刘时中"湘人"。
③ 彭万隆：《被遮蔽近七百年的元代刘致诗词》，《古籍研究》第六十七卷。
④ 郁逢庆：《书画题跋记》卷二，《四库全书》第 816 册，第 610 页。
⑤ 刘致：《姚燧年谱》，姚燧：《牧庵集》附录，《四部丛刊》影印武英殿聚珍本。

传请上至武昌，与先生会。"郢州，元升安陆府，在距离武昌西北数百里的汉水东岸，是元代"襄阳汉江水路"的重要驿站，卢挚由大都前往湖南，从他所写怀古词曲来看，沿大都到汴梁南下，到汴梁后选择"西南由洧川至襄阳"的驿站，然后转"襄阳汉江水路"，再到达武昌①。刘致作为湖南宪府吏员前往郢州迎接卢挚，理所当然，《古郢先生牧庵甲第观图史古物，呈谅夫弟，兼寄先生武昌》诗正是在郢州所作。(4)诗草《寿春怀古》云："我生谈王霸"，"恨不在当时，磔裂事征伐"。又《燕城岁暮，寓舍萧然，因忆东坡〈馈岁〉〈守岁〉〈别岁〉三诗，次韵呈同邸生，兼寄玉堂诸公》之《馈岁》首联云："平生梁父吟，所期在王佐。"可见作者青壮年抱有济世之志，渴望入仕并有一番作为。这与刘致的志向完全吻合，当刘致初入大都时，杨载赋《送时中兄入京》诗，谓其"读书不肯守章句，经济可许斯人传。怀抱利器将远游，直往上国交公侯"②。当他在大都仕途受挫，失意落寞时写道："云山有意，轩裳无计，被西风吹断功名泪，去来兮，便休提。"(【中吕·山坡羊】《燕城述怀》)与此前以"王佐"之才自诩的英雄豪气形成鲜明对比。而张雨"常眇视世俗"，未三十岁即戴黄冠，为道士③，"我生谈王霸"和"所期在王佐"语不可能出自他的口。(5)诗草【摸鱼子】《次程雪楼韵呈疏斋且寄雪楼》，据《程钜夫年谱》，钜夫大德四年二月任江南湖北道肃政廉访使，冬，作岁寒亭于武昌廉访司公署后。《雪楼集》卷三〇有【摸鱼儿】《次韵卢疏斋宪使题岁寒亭》词，并附录卢挚词，题作《乐府摸鱼儿，奉题雪楼先生鄂宪公馆岁寒亭诗卷》，末署："大德辛丑(五年)五月廿二日书于长沙。"刘致时为湖南肃政廉访司吏，故有此和作。(6)诗草【摸鱼子】《次先生牧翁赋玉簪韵，太初宣慰同作，仍呈疏斋使君》，按姚燧《牧庵集》卷三六有【摸鱼子】《赋玉簪，录呈赵太初，兼与时中茂异》，诗草虽仅存三句，但从词题来看，二者显然是彼此倡和之作。残词第二句押"处"字韵，与姚燧词第二句用韵同，也证明是同韵相和。(7)诗草《秋雨吟》《姑苏台》，按《元音》卷三选录刘致(原注："字时中，河东人，翰林待制。")诗五首，其中第二、四首分别为《秋雨吟》与《姑苏台》，与诗草两首同名之作完全相同。《姑苏台》诗又见于苏天爵编《元文类》卷七，署名刘致。

①　参见周清澍《卢挚生平及诗文系年再检讨》，《中华文史论丛》2014年第4期。
②　杨载：《杨仲弘集》卷五，《四库全书》第1208册，第34页。
③　刘基：《句曲外史张伯雨墓志铭》，朱存理编《珊瑚木难》卷五，《四库全书》第815册，第143页。

一　生年及早期居长沙经历

刘致字时中,《阳春白雪》注其号逋斋,宋褧【贺新郎】《寿刘时中,五月廿又八日》词云:"还又是逋仙初度。"① 知《阳春白雪》所注无误。大德二年姚燧出游长沙,刘致始以所著文章拜谒姚燧,并请为其父撰墓志铭。据墓志,刘致的父亲名彦文,字子章,石州宁乡人,中统三年,知堂印,出为北京行省管勾承发。省废而归,授徒其家将十五年。至元十四年,太原忻州人许楫任岭北湖南道提刑按察副使,荐彦文为郴州录事,继而官进义校尉、广州怀集令。至元二十六年卒,"权殡长沙佛宇"②。刘致本贯石州宁乡,隶太原路(大德九年更名冀宁路),青年时期应随父在湖广寓居,故姚燧《刘君墓志铭》称刘致为"太原寓士"。他自己或当时人称其籍贯或太原、河东,或湘中,前者是谓其本贯,后者是谓其居住之地。

刘致生年,文献无载,按诗草《燕城岁暮,寓舍萧然,因忆东坡〈馈岁〉〈守岁〉〈别岁〉三诗,次韵呈同邸生,兼寄玉堂诸公》之《守岁》云:"五十无所闻,奈此时命何","昔年欲问津,此意今蹉跎"。③ 诗题"玉堂诸公"云,表明刘致其时官翰林待制,这组诗是翰林待制任满将南归时作,约在延祐四年(1317)。(详后文)以此逆推,其生年在元世祖至元五年(1268)。该组诗的第二首《别岁》有云:"一出三十年,寂寞江汉涯。"据《姚燧年谱》,刘致大德二年(1298)始识姚燧于长沙,被后者举荐为湖南宪府吏。在大德二年之前,刘致应未入仕,"寂寞"无闻。由至元五年至大德二年恰是三十年。又杨载生于至元八年,赠刘时中诗屡以"先生""兄"称之④,表明刘时中年长杨载数岁。

刘时中出身传统文士家庭,父亲能文,姚燧墓志记其"文有《玉亭小稿》(佚)",刘时中在父亲的影响和教导下,应自幼研习诗文。墓志谓大德二年刘致以"手所为文"拜谒取正,姚燧称赞"其为辞清拔宏艳","可进

---

① 宋褧:《燕石集》卷一〇,《四库全书》第 1212 册,第 462 页。

② 姚燧:《广州怀集令刘君墓志铭》,《牧庵集》卷二八,《四库全书》第 1201 册,第 704 页。参见《元史》卷一九一《许楫传》。

③ 彭万隆:《被遮蔽近七百年的元代刘致诗词》,《古籍研究》第六十七卷。

④ 杨载:《送时中兄入京》《时中兄示余画一轴,画一老翁推独轮小车,上载两巨瓮,意其为警世之为,因为赋诗》,《杨仲弘集》卷五,《四库全书》第 1208 册。

乎古人之域"。青年时期怀抱儒家积极入仕志向，期许甚高，可望成就一番伟业。在《寿春怀古》诗中自谓"我生谈王霸"，《李侯息斋仲宾着色竹》诗也自许有"平生连鳌"之志。他早年在长沙的事迹所知不多，诗草《嘉禧殿山水图歌》是延祐年间任职翰林时为李士行、商琦画卷所题，中云："昔年住山不识画"，"我生爱山已入骨"。青年时期居长沙，当游览不少山川名胜。诗草《南山近体一百韵》自注："此少作也，语意多重复，姑录之以识吾过。"盖青年时游南岳所作。

《乐府群玉》卷一、《乐府群珠》卷三并选刘时中【双调·折桂令】《同文子方饮南城即事》小令：

> 锁烟霞曲径萦回，梦不到人间，舞榭歌台，铅鼎丹砂，玄霜玉杵，钟乳金钗。记画烛清樽夜来，映梨花淡月闲斋。翠壁丹崖，流水桃源，古木天台。①

毫无老来落寞感伤的语调，是青年人愉悦轻快的口吻。文子方，即文矩（？—1323），长沙人，卢挚官湖南廉访使时，辟为书吏，与刘致为同僚②。文矩《寄刘时中》诗末二联云："迟君君不来，欲往路阻修。何当羽翰生，飞去从君游。"③ 见得二人交情笃深。他们的相识相交，当早在刘致居长沙之时。

二 岭北湖南道肃政廉访司吏员（1298—1301）

姚燧至元二十九年挈家寓武昌，三十年居郢州，大德二年游长沙，刘致始以所为文拜识，受到姚燧的赞赏，遂拜门下，举荐为湖南宪府吏。《牧庵集》卷三六有【烛影摇红】《新斋肃政李元让座间，任氏妇歌海棠开后之语，非专为海棠设，故别赋二首录呈太初宣相、时中》，"新斋肃政李元让"，即李处巽，字元让，新斋其号，东平人。至元二十七年任江南行台治书侍御史，大德初官湖南廉访副使④。李处巽"能小篆"，与刘

① 隋树森编《全元散曲》上册，第741页。
② 吴澄：《故太常礼仪院判官文君墓志铭》，李修生主编《全元文》第15册，第571页。
③ 杨镰主编《全元诗》第23册，第11页。
④ 《至正金陵新志》卷六下记李处巽至元二十七年任江南行台治书侍御史，《吴都文粹续集》卷一四载徐琰《文正公祠记》，末署至元三十一年江南浙西道肃政廉访使徐琰撰、治书侍御史行御史台事李处巽书并篆额。李处巽至元三十一年仍在江南行台任上，迁调湖南廉访副使当在大德初，与卢挚为上下级。

时中可谓兴趣相投。元人笔记载刘时中曾评述李处巽书法授受渊源云："李处巽元让乃高舜举之甥，舜举得篆法于党世杰，以授杨武子。武子以授元让，其来盖有自也。"① 姚燧可能就是向李处巽推荐刘时中为湖南宪府吏员。

《乐府群玉》卷一、《乐府群珠》卷三并收刘时中【双调·折桂令】《张肖斋总管席间》小令。张肖斋，名用道，字梦卿，人称肖斋（或作萧斋）。真定世家，史天泽外甥。曾任管军总管，后居长沙，建万卷楼以藏书②。刘致《姚燧年谱》谓肖斋"多读书，工于诗，喜蓄书画，襟怀洒落，无尘俗气。居潭之西城，引流种树，甚有清致，武弁中好事者，世不一二数"③。张肖斋与姚燧"交处最稔"，《牧庵集》中有多首写及肖斋的篇什④。刘时中得以结识张肖斋、参与筵席，应是姚燧赴长沙时引介。诗草《吴道玄〈风雪图〉为止敬左相赵公赋，兼呈太初宣相》，"太初宣相"，即赵淇（1239—1307），字元德，自号平远，别号太初。衡山人。宋末累官广南东路发运使，至元十五年入觐元世祖忽必烈，制授湖南道宣慰使，至元二十二年致仕，遂居长沙，大德十一年卒。卢挚为撰墓志铭。与徐琰、姚燧、何仲韫、赵伯华诸名公契交尤深。"多艺，洞晓音律，尤妙琴事。"⑤ 擅绘事，《图绘宝鉴》卷五谓其"作墨竹，长竿劲节，风致甚佳"⑥。刘将孙《题赵平远画石》评其画石"淡而愈淡，而清润自然"⑦。姚燧游长沙时，与赵太初过从甚密，筵席赴会时，刘时中也常立身其列，赓酬倡和。《牧庵集》卷三六有【摸鱼子】《赋玉簪，录呈赵太初，兼与时中茂异》词，诗草存刘时中同调和作，题为《次先生牧翁赋玉簪韵，太初宣慰同作，仍呈疏斋使君》（残）。姚燧游长沙时，麓堂宣慰馆于其家爱裔堂，盛产牡丹，姚燧作《爱裔堂牡丹》诗，"录呈时中"⑧。刘时中当有和作，未见传世。

---

① 陆友仁：《研北杂志》卷下，《四库全书》第 866 册，第 608 页。

② 刘将孙：《长沙万卷楼记》，《养吾斋集》卷二一，《四库全书》第 1199 册，第 200 页。

③ 刘致：《姚燧年谱》至元二十三年丙戌系年，姚燧：《牧庵集》附录，《四部丛刊》影印武英殿聚珍本。

④ 姚燧：《题肖斋覆瓿稿》，《牧庵集》卷三二；《题张肖斋所藏双鹑图》《张肖斋蜡梅为黄雀啄食，余家牡丹芽为浴鸡所坏》，《牧庵集》卷三三，《四部丛刊》影印武英殿聚珍本。

⑤ 卢挚：《湖南宣慰使赵公墓志铭》，李修生主编《全元文》第 11 册，第 21 页；虞集：《赵文惠公神道碑》，《道园学古录》卷一三，《四库全书》第 1207 册，第 197 页。

⑥ 夏文彦：《图绘宝鉴》卷五，《四库全书》第 814 册，第 618 页。

⑦ 刘将孙：《养吾斋集》卷二六，《四库全书》第 1199 册，第 253 页。

⑧ 刘致：《姚燧年谱》大德二年戊戌系年，姚燧：《爱裔堂牡丹》诗序，《牧庵集》卷三三，《四部丛刊》影印武英殿聚珍本。

大德三年（1299），卢挚由集贤学士外任湖南肃政廉访使，由大都至汴梁，再从"襄阳汉江水路"驿站抵达郢州（元为安陆府）。刘致作为湖南宪府吏，前往郢州迎接，诗草《古郢先生牧庵甲第观图史古物，呈谅夫弟，兼寄先生武昌》作于郢州。其时姚燧居武昌，故诗首句云："翁昔楚都我潇湘，我来郢城翁武昌。"上句是说大德二年师徒二人初识于长沙。诗第二句云："可人犹幸小坡在，拜跪问客来何方。"自注："小坡谓先生长子杨五，即谅夫。"据《姚燧年谱》，姚燧长子壔生于至元二十一年（1284），至此时大德三年十六岁。诗又云："怡然前导登北堂，退寻康瓠陈家藏。"注"康瓠"云："亭名，先生有记，图史古物皆在内。""康瓠亭"是姚燧在郢州居住时所建，《牧庵集》卷九《康瓠亭记》云："余晚无所嗜，惟得二代彝器则喜而忘寐，行随而坐皆与之。""尝建一亭，名曰康瓠而特居之。"诗又云："石城眉目尤敦庞（幼子也），楚楚学语莺转簧（最小女也）。阿圻昔见未识字（第二子也），今已讽读声琅琅。"① 阿圻是姚燧的第二子，生于至元二十九年（1292），幼女楚楚生于大德元年（1297），幼子小名石城，大德三年生于郢州。又云："我将移家莫愁庄，葛巾野服从翁傍。苏门成蹊富桃李，自揆当在卢阎行（阎谓子济）。感翁尘埃识楚狂，驽钝不任翁激扬。敢期低头拜东野，愿托名姓翁文章。"② 是感激姚燧愿意让自己厕身门下。诗中提到的"卢阎"之卢，当指卢挚。阎子济，即阎宏（1255—1306），至元二十五年姚燧客居邓州，阎宏"以其文为贽相过"，燧"以所得文法告之"。元贞元年用荐授翰林国史院编修，进应奉翰林文字，大德九年任江西行省检校，大德十年卒③。元人笔记载卢挚"赴湖南宪，舟次郢州驿"，夜间与刘致"坐白云楼上，更阑烛尽"，既无风景可欣赏，也无话题可谈。卢挚想起曾在陕西汉中道共事的畅师文，此时正在山南江北道廉访司（治荆州，天历二年改名中兴路）任职，离此处不远，于是前去拜访。会面后饮酒，畅师文因有洁净之癖，闹了笑话④。

刘致"承传请"，在郢州接到卢挚后，至武昌与寓居此地的姚燧相会。姚燧为湖广行省平章政事刘国杰甲第分别命名"清风""垂绅""益壮"，

---

① 彭万隆：《被遮蔽近七百年的元代刘致诗词》，《古籍研究》第六十七卷。
② 彭万隆：《被遮蔽近七百年的元代刘致诗词》，《古籍研究》第六十七卷。
③ 姚燧：《奉议大夫广州治中阎君墓志铭》，《牧庵集》卷二九，《四库全书》第1201册，第709—711页。
④ 陆友仁：《研北杂志》卷上，《四库全书》第866册，第566页。

邀卢挚、刘致分题赋诗①。《乐府群玉》卷一选录刘时中【越调·小桃红】《辛尚书座上赠合弹琵琶何氏》小令，《牧庵集》卷三六有【绿头鸭】《赠辛尚书家琵琶妾何氏》词，辛尚书其人俟考。按《元史·世祖本纪》，至元十三年立行尚书省于鄂州，辛尚书疑即曾任湖广行省的属官，致仕后寓武昌。刘时中得以预席辛尚书家宴，当是由姚燧引介。姚燧赠词评琵琶女："变新声，能翻旧曲，眼前风物凄然。路漫漫汉妃出塞，夜悄悄商妇移船，马上愁思江边怨，感分明都向曲中传。"② "变新声，能翻旧曲"，是说琵琶女能以时兴散曲歌唱传统故事，接着列举了其演奏的曲目。刘时中是作时行散曲的能手，在这样的酒席上自然能展现身手，受到达宦的青眼。

《牧庵集》卷三二《武昌寄刘时中》诗云："文章灵奇气，赋与天所悭。""及肩曹刘垒，窥奥长信班。""仲尼且委吏，重耳尝险艰。丈夫无不为，大弨况能弯。""挟是文武资，未忧身恫瘝。"③ 一方面是赞赏刘时中富文才，诗歌可比肩建安诗人曹植、刘桢与唐代王昌龄，另一方面为其才高位卑、委身吏职而同情惋惜，同时又鼓励其不要悲观忧心，大丈夫能屈能伸，终有用武之地。考《姚燧年谱》，大德四年姚燧在武昌，时年六十三，刘时中则任职湖南廉访司吏员，故寄诗有"报章因南鸿"语。

大德四年二月，程钜夫出任江南湖北道肃政廉访使，冬，作岁寒亭于廉访司公署后，"有诗文题咏一卷"④。卢挚赋乐府【摸鱼子】《奉题雪楼先生鄂宪公馆岁寒亭诗卷》以贺，末云："大德辛丑五月廿二日书于长沙肃政公宇之澄清堂，涿郡卢挚顿首再拜。"⑤ 是在湖南廉访使任上。接着程钜夫又作同调《次韵卢疏斋宪使题岁寒亭》词。诗草有【摸鱼子】《次程雪楼韵呈疏斋且寄雪楼》词，与卢挚、程钜夫同调【摸鱼子】押同韵，是刘时中在湖南宪府吏任上作。诗草《水仙花次张子敬都司韵》《杜鹃次张子敬韵》，据张伯淳《养蒙文集》卷二《送张子敬湖南宣慰使都事序》、方回《桐江续集》卷二三《送张子敬湖南宣慰司都事并序》，张子敬，东平人。至元十七年因刘伯宣之荐，由松江提控案牍迁调浙西宣慰司掾。至元二十八年，江

---

① 刘致：《姚燧年谱》大德三年己亥系年，姚燧：《牧庵集》附录，《四部丛刊》影印武英殿聚珍本。
② 姚燧：《牧庵集》卷三六，《四库全书》第 1201 册，第 769 页。
③ 姚燧：《牧庵集》卷三二，《四库全书》第 1201 册，第 745 页。
④ 程世京：《程钜夫年谱》，程钜夫：《雪楼集》附录，《四库全书》第 1202 册，第 470 页。
⑤ 程钜夫：《雪楼集》卷三〇附录，《四库全书》第 1202 册，第 458 页。

浙行省金事郭伯川辟为行省掾，秩满，授湖南宣慰司都事。张序署时元贞二年九月，方序在元贞二年十二月，上任应在大德初。张子敬湖南宣慰司都事代还，卢挚赋【清平乐】《送张都事子敬秩满北归》，有"往年樽俎风流"语①，张子敬任湖南宣慰司都事期间，应与时任廉访使的卢挚、宪府吏刘时中交往酬唱甚密。刘时中次韵张子敬《水仙花》《杜鹃》诗应即酒席上的分韵之作。诗草《黄鹄矶赠云伯让》，云伯让，名谦，伯让其字，洛阳人。《养蒙文集》卷二《送云伯让赴浏阳教授诗序》，谓伯让"赴浏阳州教授，能言之士咸为诗以送"，末署时元贞二年②。浏阳，元贞元年升州，隶属潭州路（治今湖南长沙，天历二年更名天临路），云伯让任浏阳州教授期间，是刘时中职湖南宪府吏之时，《黄鹄矶赠云伯让》诗应也是这期间所作。

三　江浙行省左右司郎中（1302—1305）

唐元《筠轩集》卷七《次韵刘时中郎中题垂虹桥二首》自注："后除待制。"③ 刘时中首拜翰林待制在延祐初（见后文），唐元次韵诗注"后除待制"，诗必作于延祐初年之前。今存《筠轩集》卷首有唐元至正丙戌（六年，1346）自序，谓自集庆路南轩书院山长代还，将"自己卯至丙戌（1339—1346）凡八年"所作诗文"去其大半，文得若干，诗得若干，命生徒缮写"，结撰成集④。唐元生于世祖至元六年（1269），己卯年（1339）七十一岁。《次韵刘时中郎中题垂虹桥二首》第一首末联云："拟效相如题几字，区区驷马愧雷同。"彰显出的是青年时期的心态与抱负，而非暮年心志。今传世的《筠轩集》并不是唐元自编的原本，是明人程敏政所编《唐氏三先生集》本，"仅诗稿八卷，文稿五卷"，"所佚固不少"⑤。《次韵刘时中郎中题垂虹桥》诗应是唐元早年的作品，程敏政编《筠轩集》时将其辑入。按方回《桐江续集》卷三三《唐长孺艺圃小集序》谓"唐长孺元自里中来访，出诗五十四篇，始年三十六岁"，方回为题曰《艺圃小集》⑥。方回

①　周南瑞编《天下同文集》卷四八，《四库全书》第 1366 册，第 705 页。
②　张伯淳：《养蒙文集》卷二，《四库全书》第 1194 册，第 447 页。
③　唐元：《筠轩集》卷七，《四库全书》第 1213 册，第 511 页。
④　唐元：《筠轩集自序》，《筠轩集》卷首，《四库全书》第 1213 册，第 429 页。
⑤　纪昀等：《〈筠轩集〉提要》，《四库全书》第 1213 册，第 428 页。
⑥　方回：《桐江续集》卷三三，《四库全书》第 1193 册，第 682 页。

本籍徽州，寓居杭州，唐元三十六岁时在大德八年（1304）。刘时中大德八年在杭州，九年经江阴西归（见后文），唐元次韵刘时中垂虹桥诗，当是大德九年访方回于杭州后返乡道经平江（今江苏苏州）时所作，"拟效相如题几字，区区驷马愧雷同"，也正符合三十六岁时的心志抱负①。诗云：

> 初疑蜃气结穹窿，还讶晴虹下饮空。影动星辰天拱北，势连湖海日流东。只言履险宜求济，不用需孚已奏功。拟效相如题几字，区区驷马愧雷同。
>
> 岸束黄流诉不平，行人朝暮蹑长鲸。占星已觉天根见，不日能驱山骨成。万里途遥催骥足，三更潮动听鼍鸣。沙门愿力弥精进，从此津梁遍海瀛。②

刘时中《题垂虹桥》原诗仅存一首，与唐元次韵第一首用韵相同，存于明钱谷《吴都文粹续集》卷三六和清徐崧、张大纯《百城烟水》卷四"吴江县"条。诗云：

> 海神鞭石驾穹窿，突兀虚亭瞰碧空。藻井影摇天上下，彩虹光曳水西东。贯通百粤连吴会，流接三江究禹功。周道于今坦如砥，梯航喜与万方同。③

唐元次韵诗题以郎中称谓刘时中，所任应是江浙行省左右司郎中。刘时中任行省郎中虽仅见于此，但可信从。杨载《次克明韵赠刘时中》诗云：

> 循行郡国弗迟迟，宣布新条及盛时。民俗要令无狗盗，人才今喜得牛医。窗间夜雨销银烛，门外春云压彩旗。左右湖山都未觉，好分

---

① 彭万隆认为唐元《次韵刘时中郎中题垂虹桥》诗是其在平江路学录任上所作，唐元任平江路学录在泰定四年（彭文考在泰定三年），五十九岁。《筠轩集》卷七《次韵许彦昭见贻之什》："客窗惭息帐浮烟，畏暑情怀易惘然。歇岭遥瞻天一角，吴门经见柳三眠。白头映雪须盘蓿，金碗盛浆只玳筵。丁卯集成诗律稳，竹林今日识诸贤。""吴门经见柳三眠"，表明该诗是在平江路学录任上第三年作，感叹自己"白头映雪"。而同卷的《次韵刘时中郎中题垂虹桥》"拟效相如题几字，区区驷马愧雷同"语，完全是青春勃发、积极进取的心志。
② 唐元：《筠轩集》卷七，《四库全书》第1213册，第511页。
③ 杨镰主编《全元诗》第29册，第275页。

余力治文辞。①

"次克明韵"之克明，当指曹鉴，字克明，宛平人，大德五年用荐授镇江淮海书院山长，十一年辟江南行台掾。杨载（1271—1323），字仲弘，杭州人。"年几四十不仕"，皇庆元年（1312）以布衣召为翰林院编修，延祐二年中进士，任浮梁州同知②。《次克明韵赠刘时中》诗是未入仕前作。江浙行省置司杭州，设郎中二员，秩从五品，职掌民事。"循行郡国"、"宣布新条"、教化民俗，皆属郎中的职责范围。"人才今喜得牛医"，用东汉黄宪典故。《后汉书·黄宪传》载：黄宪"世贫贱，父为牛医"，但受到当世名流的赏识，名望颇高，"初举孝廉，又辟公府"。刘时中吏员出身，受到姚燧、卢挚等名公的赞誉，杨载此典可谓妥帖。又刘时中大德八年确在杭州。姚燧《颍州万户邸公神道碑》，墓主邸泽，字润之，保定行唐人。袭父武职，戍颍州，是参与灭南宋战争的主要将领，授颍州万户，后移戍杭州。神道碑记其卒于至元二十八年，享年六十三岁。"后卒十三年，子武德将军、颍州万户戍杭元谦，绍介其友刘致，持事状为书燧。"③ 至元二十八年后十三年，为大德八年，刘致《姚燧年谱》也系《颍州万户邸公神道碑》于大德八年甲辰。按《乐府群玉》卷一载录刘时中【中吕·朝天子】《邸万户席上》小令二首，《乐府群玉》卷一、《乐府群珠》卷一载录刘时中【中吕·山坡羊】《与邸明谷孤山游饮》小令，"邸万户"应就是戍守杭州的邸元谦，邸明谷或其子嗣。证实致书姚燧请作戍守杭州邸万户之父墓志的"其友刘致"，正是姚燧的弟子刘时中。姚燧大德五年拜江东肃政廉访使，大德八年"自宣城移病居太平之潢池镇"，同年拜江西行省参知政事，冬十月至龙兴（今江西南昌）。又卢挚大德七年由湖南肃政廉访使入朝为翰林学士，刘时中任江浙行省郎中，可能是由姚燧、卢挚举荐。江东廉访司治宣城，大德八年姚燧移疾居太平，故在杭州任江浙行省郎中的刘时中"为书"姚燧。元末陶宗仪《南村辍耕录》记刘时中曾任"浙省都事"，有学者据吴善《牧庵集序》认为刘时中任浙省都事在至顺三年（1332）④。至顺三年之前，刘时中已先后任正五品的翰林待制、正七品的太常礼仪院博士，不大可能在

---

① 杨载：《杨仲弘集》卷七，《四库全书》第 1208 册，第 55 页。
② 黄溍：《杨仲弘墓志铭》，《金华黄先生文集》卷三三，《续修四库全书》第 1323 册，第 427 页。
③ 姚燧：《牧庵集》卷一七，《四库全书》第 1201 册，第 574 页。
④ 孟繁仁：《元散曲家刘时中的生平仕历》，《晋阳学刊》1984 年第 2 期。

至顺三年以六十五岁高龄再出任从七品的行省都事。《南村辍耕录》所记都事，或是郎中之误，出任时间也不在至顺三年，而在大德六年（1302）。因为据卢挚【摸鱼子】《奉题雪楼先生鄂宪公馆岁寒亭诗卷》及刘时中同调《次程雪楼韵呈疏斋且寄雪楼》词，大德五年刘时中还在湖南宪府吏任上。

诗草《古意次韵答元复初》，元复初即元明善。诗有云："青蝇止樊良足畏，白圭少玷犹可磨。""青蝇止樊"，用《诗经·青蝇》"营营青蝇，止于樊。岂弟君子，无信谗言"典故，比喻受到他人的谗言诽谤。据马祖常《元文敏公神道碑》，元明善在中书省左曹掾任上"坐诬免"，"侨寓淮南"。按《吴澄年谱》，大德六年元明善尚在大都，次年七月，吴澄至真州，元明善等寓公礼请吴澄讲学。知元明善受诬侨寓淮南在大德七年。刘时中《古意次韵答元复初》诗有"洞庭木落秋水波"和"蹇予媒劳困辞拙，迟君不来吾则那"语，当是大德九年在龙兴时作。而刘时中与元明善的初次相识应是大德七年、八年任江浙行省郎中之际。

《永乐大典》卷一四三八三引文矩《寄刘时中》古诗，第二联云："故人置双鱼，远道生离忧。"表明是刘时中先寄诗文矩，后者作此诗答之。末又云："沄沄湘江波，日夜东南流。行子去不归，苦心空悠悠。洞庭春草绿，芳荪郁沧洲。迟君君不来，欲往路阻修。何当羽翰生，飞去从君游。"[1]"湘江""洞庭"，表明文矩诗是在家乡长沙所作，"日夜东南流"，点出刘时中此时在江南。文矩约大德三年辟湖南廉访司书吏，与刘时中同衔。大德十一年留补刑部宗正曹属，后历任秘书监校书郎、著作郎、翰林修撰、太常礼仪院判官，至治三年，卒于大都。《寄刘时中》诗作于湖南廉访司书吏任满家居之时，其时刘时中任职江浙行省郎中。

杨载《赠刘时中》二首云：

　　　　骚雅谁能继，居然属大才。锐思罗宇宙，逸兴走风雷。处胜轻流俗，名高震外台。东郊乘大路，翼翼待龙媒。
　　　　吴越千余里，君来按辔游。群公虞罪戾，多士想风流。决事曾无壅，观民辄有忧。若人何可得，离别重添愁。[2]

第一首前两联是赞赏刘时中的诗歌创作能继承骚雅遗风，颈联"名高震外

①　杨镰主编《全元诗》第23册，第10页。
②　杨载：《杨仲弘集》卷三，《四库全书》第1208册，第20页。

台"，"外台"指行御史台，也从侧面证实上文推考刘时中任江浙行省郎中，可能与时任江东肃政廉访使的姚燧举荐有关。第二首首联"吴越千余里，君来按辔游"，是说刘时中从长沙远游至千里之外的吴越之地。"决事曾无壅，观民辄有忧"，与上引杨载《次克明韵赠刘时中》诗"民俗要令无狗盗，人才今喜得牛医"句表达的是同一个意思，称赞他是心存百姓的能吏。末联"离别重添愁"，表明是送行之作。

四 侍从姚燧至龙兴、武昌（1305—1307）

大德八年姚燧拜江西行省参知政事，冬十月至龙兴。刘时中江浙行省郎中任满当在次年（见后文），卸职后随至龙兴，上引杨载《赠刘时中》诗即临行送别之作。大德九年八月望日，刘时中侍陪姚燧游龙兴西山翠岩寺，同行者还有江西廉访司金事郝鉴（字子明）、江西行省检校阎宏（字子济）、江西儒学副提举祝静得。诸人登洪崖丹井，饮酒赋诗作词。《姚燧年谱》记："先生赋【临江仙】，致与静得有和。致又反和之，先生亦有答者。子济别赋【婆罗门引】，致又别赋五言古诗。"九月，姚燧"移疾北归"，至吴城山，阎子济、祝静得前来送行，取"吴城山"三字分赋【临江仙】词，刘时中得"山"字。[①]

诗草《日长至李应中检校送酒偶书》前两联云："前岁冰霜客虎林，去年风雨走江阴。好诗在在不如意，往事时时忽到心。"据傅若金《故百丈尹张先生行状》，李应中任江西行省检校在大德至延祐年间[②]，又大德八年刘时中在杭州江浙行省郎中任上，此诗当作于大德十年。"去年风雨走江阴"，大德九年刘时中行省郎中任满，经江阴沿长江水路西归。

大德十年姚燧江西行省参知政事任满，客武昌，刘时中随行。《乐府群玉》卷一选录刘时中【越调·小桃红】《武昌歌妓魄氏春卿，色艺为一时之冠，友人文子方为刑曹郎，因公至武昌，安子举助教会间见之，念念莫置，代作此以赠之》小令三首。据吴澄《文君墓志铭》，文矩（字子方）"大德十一年授荆湖北道宣慰司照磨，兼承发架阁，于是朝之卿大夫悉知其名，不肯使之官外地，留补刑部宗正曹属"[③]。刘时中大德十一年九月在宣城卢

① 刘致：《姚燧年谱》，姚燧：《牧庵集》附录，《四部丛刊》影印武英殿聚珍本。
② 傅若金：《傅与砺文集》卷九，《四库全书》第1213册，第351页。
③ 李修生主编《全元文》第15册，第571页。

挚寓所，赠文子方散曲三首其一有"春来苦欲伴春居"语，该组散曲应作于大德十一年春。刘时中与文矩同贯长沙，又曾同在湖南宪府为吏，可谓至交，故而作此散曲，开开友人的玩笑："温柔乡里甲头，无何乡里主首，便权一日也风流。"又吴元德《野塘为刘时中赋》末二联云："藻密游鱼聚，荷低宿鹭窥。无人知雅趣，有客索题诗。"① 吴元德，字子高，江夏（元隶武昌路）人。屏居鄂渚，不事生产，以吟诗为乐，大德末以诗名湖湘间②。刘时中亦能诗，大德十一年春陪同友人文矩在武昌，可能一直待到夏季（诗有"荷低宿鹭窥"句），拜访以诗擅名当地的吴元德，亦属常情。

五　投谒江东建康道肃政廉访使卢挚（1307—1309）

大德十一年卢挚出任江东建康道肃政廉访使，其时廉访司治宣城，刘时中于该年夏季离开武昌到达宣城，九月十七日，与卢挚、李应实（字仲仁）在卢挚宣城寓所同观唐人书拓《化度寺邕禅师塔铭》③。诗草【木兰花慢】《登敬亭山呈疏斋》词有"慨春树云林，霞霏绮散，并入遐思"语，当作于至大元年春季。敬亭山是宣城名胜，南朝诗人谢朓（字玄晖）曾任宣城太守，词末以卢挚比附："近日玄晖在郡，故应别有新诗。"

大德十一年冬，宫师府遣吕洙（字正字）持太子太师、沈阳王王璋书至鄞州召姚燧为太子宾客④。时刘时中客居宣城卢挚寓馆，遂西行至池州秋浦候之。他到达秋浦时，姚燧已至扬州，二人未能相遇。刘时中登池州齐山翠微亭，次唐人杜牧《九日齐山登高》韵，作诗"怀先生（姚燧），且寄疏斋肃政使君（卢挚）"。至大元年春二月，姚燧舟过高邮，作《次刘时中和唐杜牧之齐山诗韵》。刘时中随后赶到，"侍舟行至崔镇水驿"，与姚燧相别，崔镇在江苏泗阳县西北三十里。刘时中赋诗送别恩师，姚燧先后作《次韵时中再和简吕正字登淮安城楼》《次刘时中留别反和杜紫微韵》《次时中参错和前韵留别，且勉其进德无怠二首》诸诗酬答。姚燧在诗中多有勉励祝愿之语："相勉殷勤养麟翼，会能川泳与云飞。""安得銮坡同给札，不妨首蓿对朝晖。"

---

① 杨镰主编《全元诗》第 30 册，第 374 页。
② 苏天爵：《书吴子高诗稿后》，《滋溪文稿》卷二九，《四库全书》第 1214 册，第 346 页。
③ 郁逢庆：《书画题跋记》卷二，《四库全书》第 816 册，第 610 页。
④ 刘致：《姚燧年谱》大德十一年丁未系年，姚燧：《牧庵集》附录，《四部丛刊》影印武英殿聚珍本。

至大元年七月，刘时中携《化度寺邕禅师塔铭》书拓拜谒其时由江浙行省儒学提举秩满家居的赵孟頫，赵为作跋语。① 诗草《古意次赵集贤子昂韵四首》，按赵孟頫《松雪斋文集》卷二有《岁莫和刚父杂诗四首》，与刘时中和诗押同韵。赵和诗之"刚父"为张复亨，字刚父，湖州乌程人。有文名，与赵孟頫、牟应龙（字伯成）、萧和（字子中）、陈康祖（字无逸）、陈愨（字信仲）、姚式（字子敬）、钱选（字舜举）皆以能诗名，号"吴兴八俊"②。《松雪斋文集》中有多首与张复亨酬唱联句诗什。赵孟頫和刚父诗第二首云："古来贤达人，不为毁誉移。被褐怀至宝，宁惧不我知。待贾未能信，韫藏诚可师。"③ 是劝慰激励之语，应在张刚父"被褐"未仕之时。赵孟頫大德三年改集贤直学士，外任江浙行省儒学提举。至大二年授扬州路泰州尹，未上。刘时中《古意次赵集贤子昂韵四首》应是至大元年携《化度寺邕禅师塔铭》书拓拜访赵孟頫之时作，其时赵孟頫闲居在家，并无官身，故以前职集贤直学士称之。

《乐府群玉》卷一选刘时中【双调·水仙子】小令四首，引言云：填词者以苏轼"若把西湖比西子，淡妆浓抹总相宜"诗句演作【水仙子】四首，"崧麓有樵者闻而是之，即以春夏秋冬赋四章，命之曰《西湖四时渔歌》"。邀刘时中同赋，约定"首句韵以'儿'字，'时'字为之次，'西施'二字为句绝"。④ "崧麓有樵者"，即卢挚。卢挚【双调·水仙子】《西湖四时渔歌》组曲及刘时中和作究竟作于何时，学界意见不统一，或认为作于大德九年卢挚代祀南镇后折返杭州时⑤，或以为大德十年卢挚任浙西廉访使时⑥。按大德八年十月姚燧上任江西行省参知政事，大德九年八月刘时中陪同姚燧在龙兴，大德十一年春刘时中还在武昌，九月至宣城。也即说，大德九年或十年并无迹象表明刘时中在杭州。大德十一年九月刘时中在卢挚宣城寓所同观《化度寺邕禅师塔铭》唐拓，至大元年携之投谒在湖州家居的赵孟頫，到至大三年被姚燧举荐为河南江北行省掾，这两年间刘时中皆在江南。卢挚自大德十一年上任江东廉访使，至迟至大二年已卸任，但至大四年仍

① 郁逢庆：《书画题跋记》卷二，《四库全书》第816册，第610页。参见杨载《大元故翰林学士承旨荣禄大夫知制诰兼修国史赵公行状》，《赵孟頫集》附录，任道斌校点，浙江古籍出版社，1986。
② 崇祯《吴兴备志》卷一二，《四库全书》第494册，第414页。
③ 赵孟頫：《岁莫和刚父杂诗四首》，《松雪斋文集》卷二，《四部丛刊》影印元沈伯玉刊本。
④ 隋树森编《全元散曲》上册，第743—744页。
⑤ 周清澍：《卢挚生平及诗文系年再检讨》，《中华文史论丛》2014年第4期。
⑥ 彭万隆：《元代文学家卢挚生平新考》，《浙江工业大学学报》2013年第1期。

滞留江南①。至大元年或二年已卸任留滞江南的卢挚与投谒而来的刘时中同游西湖，二人又同好时兴散曲，邀作【水仙子】《西湖四时渔歌》组曲可谓情理中事。同时和作的还有马致远、张可久，除此作外，张可久还有数首和作刘时中的散曲。

六　河南江北行省掾史（1310—1311）

　　至大二年，姚燧拜集贤学士、翰林学士承旨，明年荐刘时中为河南江北行省掾史②。刘时中任行省掾史时，结识汴梁朝元宫提点孙履道。履道字大方，号天游，制授神仙玄门演道大宗师、泰定虚白文逸明德真人，掌管诸路道教事。刘时中至大三年为孙履道撰《中条孙氏先茔碑铭》，《山右石刻丛编》卷三〇转录，前署：

> 河东刘致撰
> 翰林侍读学士、中顺大夫、知制诰、同修国史吴兴赵孟𫖯书
> 中奉大夫、燕南河北道肃政廉访使畅师文篆③

赵孟𫖯拜翰林侍读学士在至大三年，明年升集贤侍讲学士，畅师文官燕南河北道廉访使在皇庆二年。（《元史》卷一七〇本传）知碑文撰、书在至大三年（1310），皇庆二年（1313）是篆刻立石时间。《山右石刻丛编》卷一三又存录孙抃撰《孙继邺碑》，末署建石时间为宋皇祐五年，又题："至大庚戌（三年）九月吉日，河东刘致重书"，"泰定虚白文逸真人十世孙"。④刘时中擅书，故孙履道请为十世祖重书碑铭。

　　至大四年闰七月，姚燧由翰林学士承旨代满南归至杭州。按刘时中【中吕·山坡羊】《侍牧庵先生西湖夜饮》小令有"碧天夜凉秋月冷"句。又《阳春白雪》前集卷五选录姚燧【中吕·普天乐】小令，中云："浙江秋，吴山夜"；"塞雁来，芙蓉谢"；"待离别怎忍离别，今宵醉也，明朝去也"。与刘时中《侍牧庵先生西湖夜饮》所写节令一致，当是至大四年八九月同在杭州时作。姚燧南归不久，复以翰林承旨召，病不克赴，十月行至

---

①　参见周清澍《卢挚生平及诗文系年再检讨》，《中华文史论丛》2014年第4期。
②　刘致：《姚燧年谱》，姚燧：《牧庵集》附录，《四部丛刊》影印武英殿聚珍本。
③　胡聘之：《山右石刻丛编》卷三〇，《续修四库全书》第907册，第704页。
④　胡聘之：《山右石刻丛编》卷一三，《续修四库全书》第907册，第300页。

京口，买舟西归，刘时中送至仪真与师告别。两年后的皇庆二年，姚燧卒于鄞州，至大四年十月的送行，遂成师徒二人的"长别"。诗草【水调歌头】《京口陪先生牧庵浮玉山登眺》词，开篇即发古今兴废之叹："苍烟拥乔木，落日下孤城。百年人事兴废，何限古今情。"紧接着为自己的不得志而愤慨："我有一壶新酒，浇起胸中磊块。""王侯将相有种，老却几儒生。"① 至大四年刘时中年近半百，仍沉沦僚吏，对青年时期就期许建立"王佐"功业的他来说，自然是沉重的打击，故当登临历代豪杰建立丰功伟业的京口胜地时，不自觉地兴起慨叹。

七　首任翰林待制（1313—1317）

元人陆友仁《研北杂志》记畅师文"为侍讲日"，刘时中与文矩过其居。畅师文正濯足，见二人至，取四大桃置案上，以二桃洗于濯足水中，刘时中与文矩各持一颗，曰："公洗者，其自享之，无以二桃污三士也。"大笑而去②。畅师文两任翰林侍读学士，一次在大德十年，一次在皇庆二年。笔记所载畅师文"侍讲"是"侍读"之误，刘时中与文矩过访其居当在皇庆二年，因为大德十年刘时中、文矩均不在大都。皇庆二年（1313）也是刘时中首任翰林待制的时间。按姚燧皇庆二年以翰林学士承旨受召，但其时卧病鄞州，九月卒。其师好友程钜夫至大四年、皇庆元年皆在翰林学士承旨任上，皇庆二年与平章政事李孟、参知政事许师敬，议行贡举法③。刘时中入为翰林待制可能是程钜夫推举之力。

至大都前，友人杨载作《送时中兄入京》诗：

先生意气非常流，有如雕鹗厉九秋。读书不肯守章句，经济可许斯人侔。怀抱利器将远游，直往上国交公侯。王侯位高不下士，如以蛟龙视蝼蚁。为君莫敏光范书，以气撼摇差可耳。功名倘来不足为，丈夫须作远大期。君不见麒麟阁上图英俊，当时或自同阍奋。④

① 彭万隆：《被遮蔽近七百年的元代刘致诗词》，《古籍研究》第六十七卷。
② 陆友仁：《研北杂志》卷上，《四库全书》第866册，第566页。
③ 程世京：《程钜夫年谱》，程钜夫：《雪楼集》附录，《四库全书》第1202册，第472页。
④ 杨载：《杨仲弘集》卷五，《四库全书》第1208册，第33—34页。"奋"字原阙，据《宛委别藏》本蒋易编《皇元风雅》卷五补。

"读书不肯守章句，经济可许斯人倚"，谓刘时中并非读死书的迂儒，而有经世济民的抱负，与刘时中"我生谈王霸""所期在王佐"的自我期许完全相符。最后两联是激励刘时中不要计较一时的功名得失，而要"作远大期"。

诗草《嘉禧殿山水图歌》有云："商君胸中有丘壑，活处天成妙追琢。""将军又见小李君，神完意到下笔亲。乃翁解为竹写真，父子笔意俱入神。""吾君聪明古所无，远轹周汉追唐虞。退朝左图右诗书，篆刻几杖铭盘盂。"① 诗中的"小李君"，指李士行（字遵道）。苏天爵《李遵道墓志铭》载："仁庙在御，崇尚艺文，近臣以君名荐，遣使召之，君以所画《大明宫图》入见，上嘉其能，命中书与五品官，偕集贤侍读商公琦同在近列。"② 李遵道父亲李衎，以画竹名世，撰《竹谱详录》七卷存世。李遵道"画枯槎竹石，得家学而过之，尤善山水"③。诗中的"商君"，正是与李士行同被仁宗眷遇的商琦。商琦字德符，商挺之子，工山水画。虞集《王知州墓志铭》载：仁宗皇帝"自其在东宫时"，"商公德符以世家高材，游艺笔墨，偏妙山水，尤被眷遇"④。仁宗推崇文艺，李士行与商琦以擅画山水被宠遇，常同作绘事，丁复《题商德符、李遵道共画竹石》诗云："仁皇新寺九天上，二老渭川千亩图。"⑤《嘉禧殿山水图》也是二人共同完成的佳作，刘时中题诗有云："我来见画诗益新，是知数子皆诗人。"知朝中文士题咏颇多，刘时中身任翰林待制，题诗歌咏并借此称颂君主，也是应制之作。

刘时中在官翰林待制期间并不如意，诗草《留别院中诸公兼呈秋谷相国、张希孟侍郎、李仲固御史、文子方秘书》云：

> 此舌年来不可扪，忍教笑面作靴纹。鼻中端吸醋三斗，手内恒持笔五斤。谁遣胡孙入布袋，自惭夜鹤怨移文。便抽手板付丞相，归卧北山山北云。⑥

这首诗是刘时中离任翰林待制之职，将南归时所作。"忍教笑面作靴纹"，

---

① 彭万隆：《被遮蔽近七百年的元代刘致诗词》，《古籍研究》第六十七卷。
② 苏天爵：《滋溪文稿》卷一九，《四库全书》第1214册，第227页。
③ 邵远平：《元史类编》卷三六《李衎传》附《李士行传》。
④ 虞集：《道园学古录》卷一九，《四库全书》第1207册，第275页。
⑤ 杨镰主编《全元诗》第27册，第439页。
⑥ 彭万隆：《被遮蔽近七百年的元代刘致诗词》，《古籍研究》第六十七卷。

比喻强颜欢笑；"胡孙入布袋"，比喻行动不自由。这正是他在朝为官期间的真切感受，因而要付上手板，"归卧北山"。诗草《燕城岁暮，寓舍萧然，因忆东坡〈馈岁〉〈守岁〉〈别岁〉三诗，次韵呈同邸生，兼寄玉堂诸公》组诗是离开大都前作，语调低沉，理想抱负与现实的落寞形成巨大反差，充满浓郁的失落悲伤情调。兹录《馈岁》篇以见一斑：

> 平生梁父吟，所期在王佐。深藏若良贾，晦匿类居货。泯泯叹羁束，默默嗟老大。空斋四壁立，日晏卧饥卧。一钱不守囊，五鬼常入座。争如许父休，衣食给马磨。我既不人馈，人亦不我过。数奇固不候，调高自寡和。①

刘时中【中吕·山坡羊】《燕城述怀》小令：

> 云山有意，轩裳无计，被西风吹断功名泪。去来兮，便休提，青山尽解招人醉。得失到头皆物理。得，他命里；失，咱命里。②

语调、心境与燕城寓舍所作《馈岁》《守岁》《别岁》三诗完全一致，是同时同心态下的赋作。又《元音》卷三选刘时中《燕中怀古》七律诗，感叹英雄身后的落寞，末联云："谁似芦沟桥畔柳，安排青眼送将归。"③ 也是离京时作。

诗草《玉堂杂兴呈秋谷相国，兼柬院中诸公》，"玉堂"代指翰林院，是刘时中官翰林待制期间作。诗有云："贞松栋梁具，落落山野姿。偶然入城府，本性谅不移。"自谦本是"山野"之人，比不得诸公的栋梁之具。前引《留别院中诸公兼呈秋谷相国、张希孟侍郎、李仲困御史、文子方秘书》，是离任翰林之职南归前"留别"同僚时作。"秋谷相国"，即李孟（1255—1321），至大四年拜中书平章政事，皇庆元年春告归葬双亲于先茔，冬十二月入朝，命以平章政事议中书省事，延祐元年，复拜中书平章政事，延祐六年，"乃从所乞，解其政柄，复授翰林学士承旨"。④ "张希孟侍郎"，即

---

① 彭万隆：《被遮蔽近七百年的元代刘致诗词》，《古籍研究》第六十七卷。
② 隋树森编《全元散曲》上册，第736页。
③ 杨镰主编《全元诗》第29册，第275页。
④ 黄溍：《李公（孟）行状》，《金华黄先生文集》卷二三，《续修四库全书》第1323册，第316页。

张养浩（1270—1329），延祐元年拜礼部侍郎，四年拜右司郎中。"李仲困御史"，即李源道，延祐元年已任监察御史①，三年拜集贤直学士②，五年除云南肃政廉访使③。文矩（字子方）大德十一年留补刑部宗正曹属，转秘书监校书郎，延祐三年升著作郎，延祐六年改翰林修撰、同知制诰兼国史院编修官④。综合诸人的仕宦历程，刘时中离任翰林待制，作"留别院中诸公"诗当在延祐三年前后。又《清河书画舫》卷二上"定武兰亭"条转录赵孟頫跋："延祐四年岁在丁巳十月廿四日，谭公携此过余大都咸宜坊寓舍，因书其后。"又有"后学刘致拜手观"语。⑤刘时中离开大都南行至早在延祐四年、五年。刘时中离任翰林待制时，情绪失落，自谓"调高寡和"。刘时中卒后，友人钱惟善为作挽诗云："圣贤欲献王褒颂，绛灌那知贾谊才。"⑥"王褒颂"是说他因文才被举荐；"绛灌"，代指朝中武功之臣，似刘时中的被迫辞归与这一群体势力的排挤有关。

诗草《歌风台》，歌风台位于徐州沛县，为刘邦即帝位后返乡所建。诗前半段说刘邦斩白蛇是"牧猪奴子本无奇"，接着说他无忠无孝："人生大节孝与忠，忍令置俎烹而翁。发丧缟素直儿戏，沐猴自蹴鸿沟东。"然而正是这样的人最终取得成功，作者不禁感慨："古今得失皆偶然，造物何心计佻佼。"⑦ 这是借历史的酒杯浇自己胸中块垒，应是刘时中卸职翰林待制南归经徐州时作。

八　江浙行省儒学副提举（1319—1322）

王元恭《至正四明续志》卷三《奉化州·公宇》栏载：延祐六年知州马称德因旧址开拓重建谯楼，扁曰宣明，"江浙儒学副提举刘致记"。⑧奉化州知州马称德，字致远，广平人，孙楷第《元曲家考略》以为即元曲大家

① 程钜夫《跋李仲渊作刘简州墓志铭后》："右监察御史李仲渊所作《刘简州墓志铭》一首。"末署延祐元年秋。《雪楼集》卷二五，《四库全书》第1202册，第370页。
② 李源道《创修文昌祠碑记》自谓延祐三年为集贤直学士。李修生主编《全元文》第28册，第569页。
③ 虞集《送李仲渊云南廉访使序》，《道园学古录》卷六，《四库全书》第1207册，第95页。
④ 吴澄《故太常礼仪院判官文君墓志铭》，李修生主编《全元文》第15册，第571页。
⑤ 张丑《清河书画舫》卷二上，《四库全书》第817册，第50页。
⑥ 钱惟善《故翰林待制刘公时中挽词》，《江月松风集》卷五，《四库全书》第1217册，第819页。
⑦ 彭万隆《被遮蔽近七百年的元代刘致诗词》，《古籍研究》第六十七卷。
⑧ 王元恭：《至正四明续志》卷三，《续修四库全书》第705册，第521页。

马致远。此任江浙儒学副提举之刘致是否即散曲家刘时中，虽没有其他直接材料支撑，但从间接材料佐证结论是肯定的。（1）钱惟善《刘时中待制见和定山十咏，作诗以谢》云："识荆再拜二十载，弃繻谁复怜终童。辞官钱唐听江雨，愿言击壤歌元丰。"① 明言诗是刘时中"辞官钱唐"后作，"识荆再拜二十载"，说自己廿年前已结识刘时中。刘时中两次入职翰林待制，一次在延祐年间，代满南归约在延祐四年、五年；一次在至顺年间，至顺四年已归退江南，与吴福孙等徜徉钱塘湖山间在后至元元年。延祐五年，钱惟善十九岁，不可能与刘时中在二十年前相识。由后至元元年上推二十年在延祐三年。但钱惟善和刘时中《定山十咏》诗未必就作于后至元元年（1335），他二十年前第一次"识荆"刘时中也可能在延祐四年、五年。"弃繻谁复怜终童"，"弃繻"，用《汉书·终军传》典故，表示年少胸怀大志。钱惟善至正元年（1341）首中江浙行省乡试，作此诗时还是童生。他应参加过延祐四年江浙行省乡试②，不第，为时任江浙儒学副提举的刘时中所惋惜。时间过去二十年，已年近四旬，仍未能博得一第，故诗有"谁复怜终童"语。（2）马致远至大初年与刘时中同和卢挚【双调·水仙子】《西湖四时渔歌》组曲，他在奉化州知州任上多有惠绩，兴建谯楼，请既是地方儒学副提举又是好友的刘时中作文记颂，也合情理。（3）致和元年，刘时中与"天台周仁荣、宛平曹鉴、蠡吾邓巨川"在杭州吴福孙乐善斋同观《睢阳五老图》③，邓巨川是撰《至正四明续志》的王元恭之婿或侄婿④，王元恭与刘时中本人可能也相识，所记延祐六年任江浙儒学副提举的刘致应即刘时中。

《平生壮观》卷一《王献之舍内帖》载："至治二年壬戌之春上巳日，吴兴赵孟頫、湘中刘致、钱唐王永同观于吴氏和之书室。"⑤ 赵孟頫延祐六年辞归，至治二年六月卒。吴和之，名文贵，延陵人，居钱塘⑥。

---

①　杨镰主编《全元诗》第 41 册，第 32 页。

②　延祐五年会试，行省乡试在前一年。

③　朱德润：《存复斋文集》卷六，《四库全书存目丛书》集部第 22 册，第 613 页。

④　吴澄：《王安定公墓碑》，李修生主编《全元文》第 15 册，第 413 页。彭万隆《元代散曲家刘致仕历新考》谓"邓巨川为王彦弼（安定公）之婿"。误。《王安定公墓碑》载，"女孙：长适……次适承直郎、江浙行省左右司都事邓巨川"。

⑤　顾复：《平生壮观》卷一，《续修四库全书》第 1065 册，第 208 页。

⑥　陆友仁：《研北杂志》卷上，《四库全书》第 866 册，第 582 页。《式古堂书画汇考》卷五"开皇兰亭本"条："延陵吴文贵敬观，时大德壬寅七月也。"（《四库全书》第 827 册，第 196 页）陶宗仪《南村辍耕录》卷二三："余昔宦游钱唐，因识吴和之者。"

九　太常礼仪院博士（1322—1324）

至治二年九月，刘时中至大都任太常博士。《元史·祭祀志一》载：英宗至治二年九月，有旨议南郊祭祀事，中书省平章政事买闾，御史中丞曹立，礼部尚书张埜，翰林学士蔡文渊、袁桷、邓文原，太常礼仪院使王纬、田天泽，博士刘致等会都堂议。据张翥《时中博士见示太常纪事诸篇奉题》诗，任太常博士之刘致即曲家刘时中。苏天爵《元文类》卷四八载刘致《萧贞敏公谥议》文，谥主萧㪺，字维斗，号勤斋，延祐五年卒，至治三年制赠四川等处行中书省左丞，追封扶风郡公，谥贞敏①。刘致供职太常，撰写谥议是其职责所在。《元史·祭祀志三》载刘致论宗庙祭祀礼仪长文，末云："致职居博士，宗庙之事所宜建明，然事大体重，宜从使院移书集议取旨。"据《元史·泰定帝本纪》及《吴澄年谱》，事在泰定元年四月。

《山右石刻丛编》卷三四引录《参政姚公谥议》，前署"太常博士刘致议"。首云："泰定元年三月日，中书吏部以故参知政事、大都路总管姚公之谥关太常，下博士定拟。"末署时至顺四年②。2000 年孟繁仁先生在山西省稷山县马村青龙寺发现《大元忠肃姚公谥议》碑刻③，文字与《山右石刻丛编》所记并无差异。孟先生据碑刻文末所署时间，断定至顺四年（1333）是刘致"担任太常博士的时间下限"。然据下文引刘时中《龙眠理帛图》题诗，泰定二年（1325）他已南归，后来也没有再任太常博士的记载。按《山右石刻丛编》卷三四紧接刘致《姚天福谥议碑》之后为虞集至顺元年撰《姚公（天福）神道碑》，末署："元统元年岁在癸酉三月十三日，奉训大夫、大名路同知开州事男侃立石。"元顺帝于至顺四年六月继位，十月，改元元统。（《元史·顺帝本纪一》）《山右石刻丛编》转录虞集《姚公神道碑》末署元统元年三月，立石者不能未卜先知七个月后才有的"元统"年号，"三月"疑是"十月"之误。《山右石刻丛编》所存刘致撰《参政姚公谥议》末署至顺四年，未标月份，当在未改元元统的十月之前，所署至顺四年，与虞集《姚公神道碑》所署元统元年的时间一样，是立石时间，因立神

---

① 苏天爵：《滋溪文稿》卷八《萧贞敏公墓志铭》，《四库全书》第 1214 册，第 92 页。
② 胡聘之：《山右石刻丛编》卷三四，《续修四库全书》第 908 册，第 44 页。
③ 孟繁仁：《新发现的刘时中〈参政姚公谥议〉碑文》，《山西大学学报》2002 年第 1 期。

道碑，遂连同谥议诏文一道刻石①。字术鲁翀、虞集在天历二年（1329）、至顺元年（1330）所作《姚公神道碑》中均已提到姚天福谥号"忠肃"，也从反面证明谥议不是拟写于至顺四年，而在泰定元年（1324）刘致任职太常博士时。

吴澄《送时中内翰》诗有云："曾听姚程二公说，相期冬蛰轰雷霆。""姚程二公"，指姚燧、程钜夫。末云："里辈不羞见者走，众丑共媢孤娉婷。山玉崖珠岂终闷，鹓班螺甲姑自馨。皇心急士甚喝渴，识子会有天眼青。"② 对刘时中因受排挤不得重用表示惋惜同情，同时也劝慰鼓励其不必灰心。考吴澄自皇庆元年（1312）因疾辞国子司业南归，至至治二年（1322）十年未在朝为官，至治三年授翰林学士，五月至大都，泰定元年参与中书集议太庙神主事，时刘时中以太常博士身份亦参与其事，泰定二年八月移疾，十一月归龙兴，十二月还家。《送时中内翰》诗不是作于延祐四年刘时中辞翰林待制南行之时，而是泰定元年太常博士任满离京之际。

张翥《时中博士见示太常纪事诸篇奉题》末联云："知君才调宜歌咏，第入郊居雅颂诗。"③ 知刘时中任太常博士期间，作过不少"纪事"篇什。

十 太常博士任满辞归江南（1325—1328？）

《孙氏书画钞》卷下"龙眠理帛图"条转录刘时中题跋："往年尝见龙眠《捣练图》，岂又有《纫针图》与对乎？世当有知之者，因读善之诗，为题其后。湘中刘致。"后小字注："印曰刘氏时中。"所谓"善之"，即邓文原，其题诗位于刘时中跋前。刘跋之后为夏若水题诗："深院佳人不耐寒，纷纭刀尺绮罗宽。缝成便欲酬歌舞，边塞霜浓衣正单。"末署："谨斋老叟夏若水，题时年八十有二。"④ 夏若水（号谨斋），钱塘人。《赵氏铁网珊瑚》卷一五《本斋王公孝感白华图传》引录夏若水跋，末署："时癸亥良月，谨斋夏若水，时年八十。"⑤ 癸亥为至治三年（1323），时年八十，则题诗《龙眠理帛图》在泰定二年（1325），刘时中作跋应在同时，已卸任太常博士南下杭州。

---

① 彭万隆《元代散曲家刘致仕历新考——以新发现的诗词与材料为中心》注释第22条，也认为孟文将"立碑时间错解成谥议时间"，《江海学刊》2019年第3期。
② 吴澄：《吴文正集》卷九八，《四库全书》第1197册，第910页。
③ 杨镰主编《全元诗》第34册，第146页。
④ 孙凤：《孙氏书画钞》卷下，《续修四库全书》第1065册，第38页。
⑤ 赵琦美编《赵氏铁网珊瑚》卷一五，《四库全书》第815册，第750页。

《西湖游览志》卷四记张翥《陪刘时中游风篁岭》诗，该诗不见于《蜕庵集》，是其佚诗。诗云："奉常老博士，几载赐茱萸。""我友二三子，文采珊瑚珠。欢然随所适，形迹安能拘。"① 刘时中泰定二年由太常博士卸职南归，以"太常纪事诸篇"见示寓居杭州的张翥，后者为之题诗，《陪刘时中游风篁岭》诗应是刘时中归退杭州不久，与友朋重九登高而作。《乐府群玉》卷一、《乐府群珠》卷三并选刘时中【双调·折桂令】《送王叔能赴湘南廉使》小令二首。王叔能，名克敬，大宁人。至治元年任中书省左司都事，刘时中至治二年拜太常博士，二人同朝任职，当相识。泰定初由左司都事出为绍兴路总管，擢江西道廉访副使，转两浙盐运使。明年，擢湖南道廉访使，天历元年，调海道都漕运万户。（《元史》卷一八四本传）擢湖南道廉访使当在泰定三年、四年。长沙是刘时中的第二故乡，送王叔能赴任湖南廉访使，充满浓厚的深情与祝愿："报政何如？风动三湘，霜满重湖。""又只恐东风，吹上瑶京。"

《全元诗》第 29 册据明朱存理《珊瑚木难》卷八辑刘时中《次韵就挽遵道》诗，按《珊瑚木难》卷八又存李遵道《用伯起韵呈溪月王真人》、溪月《次韵就挽遵道》诸诗，刘时中所次为王溪月诗，同时次韵的还有吴养浩、刘师鲁、张伯雨、杜清碧、薛玄卿、王玄初、倪元镇。刘时中次韵挽诗云：

> 昔年玉麈共谈玄，岂意翻然凌远烟。应跨紫鲸归碧海，或乘赤鲤上青天。洛城空有卢仝屋，采石元无李白船。墨竹世推贤父子，不堪见画忆生前。②

李遵道因擅绘事，受到仁宗的宠遇，其时刘时中供职翰林，为其与商琦合作之《嘉禧殿山水图》题诗。彼时二人当交情匪浅，有促膝"谈玄"之景。其父李衎归老维扬，命李遵道为泗州守侍从，再调黄岩知州，因与长官不和移疾归。闻文皇帝潜藩在建康，善接纳文士，将往见之，天历元年（1328）行至上元县卒，葬江都县。（苏天爵《李遵道墓志铭》）作挽李遵道诗之"溪月王真人"，即王寿衍，字眉叟，号玄览，又号溪月，杭州人。延祐元年授弘文辅道粹德真人，领杭州路道教事，住持开元宫，至正

① 田汝成：《西湖游览志》卷四，《四库全书》第 585 册，第 110 页。
② 杨镰主编《全元诗》第 29 册，第 275 页。

十三年卒。刘时中次韵王寿衍挽诗当是天历元年李遵道逝世之时，刘时中在江南。李遵道与其父李衎俱以画竹为当世推重，故诗有"墨竹世推贤父子"语。

朱德润《存复斋文集》卷六《睢阳五老图跋语》云："致和改元八月晦，河东刘致、天台周仁荣、宛平曹鉴、蠡吾邓巨川同观于吴福孙乐善斋。"① 致和是泰定帝的第二个年号，泰定帝于致和元年七月崩，同年九月怀王即位，是为文宗，改元天历。吴福孙，字子善，杭州人。卢挚为江东廉访使时，福孙任宁国路儒学正，卢挚"与之游，数以诗篇相倡答"。至治二年（1322）授湖州路潮阳县青洋山巡检，"未几移疾而归"，直至后至元元年（1335）调常州路儒学教授。吴福孙擅书，效仿赵孟頫书法，"往往逼真"。② 刘时中与吴福孙的相识当早在大德十一年卢挚任江东廉访使时，致和元年（1328）吴福孙闲居钱塘。周仁荣，字本心，台州临海人。泰定初召拜国子监博士，迁翰林修撰，升集贤待制，奉旨代祀岳渎，至会稽，以疾作，不复还朝，卒年六十一。（《元史》卷一九〇本传）曹鉴天历元年调江浙财赋府副总管。邓巨川，字伯川。按柳贯《拱北楼铭序》记兴修杭州拱北楼"起至顺庚午七月，明年九月讫工"，"左右司都事邓巨川实佐经画"③，至顺庚午为至顺元年（1330）。致和元年邓巨川可能已上任江浙行省左右司都事。

郁逢庆《书画题跋记》卷二引刘致跋《唐拓化度寺邕禅师塔铭》云：

> 大德（十一年）丁未至今二十年间，疏斋、松雪、如是翁，皆相继为古人。感今念昔，为之怃然。天历初元十月廿又一日，湘中刘致重观于友直杨君读书所。④

跋中所云疏斋为卢挚，松雪为赵孟頫，如是翁为周驰（字景远）。大德十一年刘致曾在宣城卢挚寓所观阅《唐拓化度寺邕禅师塔铭》，至大元年携唐拓拜谒赵孟頫，赵为书跋语。刘时中跋语前有周驰跋，末署："至大辛亥穷腊十有二日，如是翁聊城周景远书于金陵之寓舍。"至大辛亥为至大四年，至大三年

① 朱德润：《存复斋文集》卷六，《四库全书存目丛书》集部第 22 册，第 613 页。
② 黄溍：《上海县主簿吴君墓志铭》，《金华黄先生文集》卷三八，《续修四库全书》第 1323 册，第 490 页。
③ 柳贯：《待制集》卷一三，《四库全书》第 1210 册，第 394 页。
④ 郁逢庆：《书画题跋记》卷二，《四库全书》第 816 册，第 611 页。

周驰任江南行台监察御史。杨友直,字元坦,杂剧家杨梓之孙,"至正丁酉溘然长逝,春秋仅五十有五"①。至正丁酉为至正十七年(1357),享年五十五岁,生年在大德七年(1303)。又《清河书画舫》卷一〇下《赵荣禄小楷过秦论真迹》刘致跋:

> 天历改元建子月之十日,京口袁子方、安岳曹克明共观于民瞻双清堂。湘中刘致时中拜手书。②

民瞻,名石岩,民瞻其字③,镇江人。工诗词,善书画。赵孟頫《过秦论》小楷是至元二十八年石民瞻拜访时为之所书,天历元年刘致等重观,已是三十七年后。袁子方,名矩(1266—1351年后)④,延祐三年任秘书监著作佐郎⑤,与刘时中挚友文矩同僚,其时刘时中供职翰林。

杨朝英《阳春白雪》后集卷三选录【正宫·端正好】《上高监司》套,注云:"古洪刘时中。"此套数之作,是南昌遭饥荒,得高监司拯济,作者"编做本词儿唱",以颂扬高监司恩德。该套数以史笔写实事,在元散曲中留下浓墨重彩的一笔,因而备受学界的重视。同时也存在诸多分歧,焦点主要集中在以下三点。其一,"高监司"究为何人?其二,套数写于何时?其三,"古洪刘时中"与石州宁乡刘致时中是否为同一人?按套数题名《上高监司》,【一煞】云:"都知是前任绣衣郎。"知主人公是任江西肃政廉访使高姓者。【货郎】歌咏高监司的功绩云:

> 感谢这监司主张,似汲黯开仓。披星带月热中肠,济与粜亲临发放。见孤孀疾病无颩向,差医煮粥分厢巷,更把赃输钱分例米多般儿区处的最优长。众饥民共仰。⑥

---

① 姚桐寿:《乐郊私语》,《四库全书》第1040册,第401页。
② 张丑:《清河书画舫》卷一〇下,《四库全书》第817册,第406页。
③ 俞德邻:《双清堂诗为石民瞻赋》,《佩韦斋集》卷二,《四库全书》第1189册,第19页。
④ 倪瓒《八月十八日萧闲道馆听袁南宫弹琴,是日风雨萧然,有感而作》有袁矩跋:"余与元镇初识时,元镇始弱冠,余年六十。今余年八十有六,而元镇四十余矣。"(顾瑛编《草堂雅集》卷六,《四库全书》第1369册,第309页)倪瓒生于大德十年(1306),弱冠在泰定二年(1325),其时袁矩年六十,生年在至元三年(1266)。至正十一年(1351)八十六岁尚在世。
⑤ 王士点:《秘书监志》卷一〇,《四库全书》第596册,第846页。
⑥ 隋树森编《全元散曲》上册,第750—751页。

按《元史》卷一四二《纳麟传》：

> 明年（天历二年），改江西廉访使。南昌岁饥，江西行省难于发粟。纳麟曰："朝廷如不允，我当以家资偿之。"乃出粟以赈民，全活甚众。①

万历《新修南昌府志》卷一五《名宦传·高纳麟》：

> 天历元年，改江西廉访使。值岁饥，督守令核户口计米数，月发官廪给之，不足则捐己俸为助，禁劝分而强人之不欲，及抑价以过籴。其老弱不能移者，遣吏往济之；病不能愈者，给以医药；饥饿于道者，为鬻食之；厄于命者，瘗之。下令州赈抚，皆如其法。又能发奸摘伏，抚恤孤弱，民咸德焉。②

释大䜣《与高纳麟监司书》云：

> 喜往来者诵善政不辍口，而江右为不肖故里，何其幸耶！然饥荒之余，劝分赈恤，大劳神思，活人千万，子孙当世享其报。③

释大䜣《答匡正宗书》云：

> 见人说上年饥荒，兼以抢掠，贫富俱不料生。……又闻监司相公为政，江西之民书其名为救命活佛供养者，古之良相亦不过是也。④

诸材料所记高纳麟任江西廉访使的时间虽略有天历元年与二年的出入，但记高纳麟为政施仁、救济饥民、得民拥戴的功绩，则与《上高监司》套数之【货郎】曲歌咏的相一致。《阳春白雪》后集卷三又选"古洪刘时中"另一套【正宫·端正好】，首曲云："既官府甚清明，采舆论听分诉，据江

---

① 《元史》卷一四二，第 3406 页。
② 万历《新修南昌府志》卷一五，明万历十六年刊本。
③ 李修生主编《全元文》第 35 册，第 341 页。
④ 李修生主编《全元文》第 35 册，第 368 页。

西剧郡洪都，正该省宪亲临处，愿英俊开言路。"① 表明该套数是进言江西"省宪"，当与《上高监司》套写作时间相先后。【十一煞】云："已自六十秋楮币行，则这两三年法度沮。"按元世祖中统元年始造交钞，至天历二年，计六十九年，与"古洪刘时中"所作套数"六十秋楮币行"语略吻合。可以认定《上高监司》套数所写之"高监司"，就是天历二年任江西廉访使的高纳麟②，该年也是套数的写作时间。接下来第三个问题就是此"古洪刘时中"是否即石州宁乡刘致时中？基于以下依据，我们的意见是否定的。其一，《上高监司》散套所写天历二年南昌饥荒的惨状十分真切具体，【滚绣球】曲云："剥榆树餐，挑野菜尝，吃黄不老胜如熊掌，蕨根粉以代糇粮。鹅肠苦菜连根煮，荻笋芦莴带叶喤，则留下杞柳株樟。"又【滚绣球】曲："乳哺儿没人要撇入长江，那里取厨中剩饭杯中酒，看了些河里孩儿岸上娘，不由我不哽咽悲伤。"这些实况绝非未亲历其事而道听途说者所能写出。而从现存的文献来看，天历元年十一月刘致时中还在镇江，并无至南昌的时间证据。其二，杨朝英编《太平乐府》卷首"姓氏"栏既列刘逋斋，又列刘时中，虽《太平乐府》"姓氏"中同一人而列两名的情况还有他例，如马致远与马东篱、吴仁卿与吴克斋。但杨朝英编的另一部散曲集《阳春白雪》前集卷二选录刘时中和卢挚【双调·湘妃怨】小令四段，注云："时中，号逋斋，翰林学士。"表明杨朝英知道刘致时中号逋斋，倘若"古洪刘时中"即刘逋斋，则无在《太平乐府》"姓氏"中将其两列的道理。再者，《阳春白雪》选录曲家作品，除"古洪刘时中"一例外，再无标注作家籍贯

---

① 隋树森编《全元散曲》上册，第 752 页。
② 《上高监司》散套之二【尾声】有"这红巾合命殂"句。有学者提出，"红巾"是至正十一年（1351）韩山童、刘福通以红巾为号起义后对"元末农民起义军"的专称，既而推论该套曲作于至正十四年。（孔繁信：《关于〈上高监司〉套曲几个问题的商榷》，《文学遗产》1986 年第 4 期）按该套数为《阳春白雪》收录，而为杨选作序之贯云石卒于泰定元年（1324），所收散曲作于此前。此其一。其二，以"红巾军""红巾贼"称谓起义军屡见诸文献，并非特指"元末农民起义军"。《续资治通鉴》卷一〇〇《宋纪》：建炎元年（1127），"有红巾军于泽、潞间，尝劫宗翰寨，故金捕红巾甚急。然真红巾不可得，多杀平民亡命者"。《宋史》卷四四九《魏行可传》：建炎二年，魏行可"兼河北、京畿抚谕使，时河北红巾贼甚众"。《续资治通鉴》卷一〇八：建炎四年，"红巾贼屡犯均州"。孙觌《宋故教授卢公墓志铭》：卢择善宋绍兴年间"在全椒，一日群盗奄至，号红巾贼者"。（《鸿庆居士集》卷三九）《宋史·孝宗本纪一》：乾道元年（1165）十月，"淮北红巾贼逾淮劫掠，立赏讨捕之"。《宋史·宁宗本纪四》：嘉定十二年（1219）闰月，"兴元军士张福、莫简等作乱，以红巾为号"；七月，"张威捕贼众一千三百余人诛之，莫简自杀，红巾贼悉平"。魏了翁《鹤山集》卷七五《宣教郎致仕宋君墓志》：宋祁仲嘉定年间"为邛州司理参军，时红巾贼为乱"。

者，此处特标出籍贯，应就是为与号"逌斋"之刘时中相区分。

十一　第二次任翰林待制（1330—1332?）

王沂《伊滨集》卷一六《戴孝子诗序》载：

> 涟水戴子玉蚤以孝闻，既丧母，慕刘师贞作像以事之。朝夕反告，羞甘鲜、奉匕箸如常，所以存亡形、致隆敬也。大夫士咸咏言以表其行，因李敬叔请予序。读其诗，则参议中书许可用、翰林待制刘时中、奎文学士李溉之之笔参焉。同年也，同馆也，吾知其不妄以诗与人者。……余备员史馆，当书之以彰圣代政治之纯而俗化之厚，宣延风美，观示将来。①

序中所提及"咏言"以表彰戴子玉孝行的许可用，即许有壬，至顺二年召为参议中书省事，未几丁母忧，元统元年复以参议召，明年拜治书侍御史。（《元史》卷一八二本传）王沂与许有壬同为延祐二年首科进士，故称许为"同年"。李溉之，即李泂，天历二年文宗设奎章阁学士院，授奎章阁承制学士，著《辅治篇》以进，谒告归。（《元史》卷一八三本传）《戴孝子诗序》称同作诗歌咏其事的"翰林待制刘时中"为"同馆"，序末所署，表明是作于"备员史馆"之时。"史馆"是翰林国史院的简称，从王沂文集可知至顺三年他已任翰林国史院编修②，与任翰林待制的刘时中为"同馆"。这揭出刘时中在至顺年间第二次入职翰林待制的史实。又夏庭芝《青楼集》载：顺时秀，姓郭氏，字顺卿，"杂剧为闺怨最高，驾头、诸旦本亦得体。刘时中待制尝以'金簧玉管，凤吟鸾鸣'拟其声韵"。③ 顺时秀是元文宗时教坊名妓，高启《听教坊旧妓郭芳卿弟子陈氏歌》云："文皇在御升平日，上苑宸游驾频出。仗中乐部五千人，能唱新声谁第一。燕园佳人号顺时，姿容歌舞总能奇。"也证实刘时中文宗至顺年间再次入翰林。吴善《牧庵集序》云："至顺壬申，公之门人翰林待制刘公时中，始以公之全集，自中书移命江浙，以郡县赡学余钱，命工锓木，大惠后学。予时承乏提举江浙儒

---

①　王沂：《伊滨集》卷一六，《四库全书》第1208册，第533页。

②　王沂《祀南镇记》："至顺三年三月，文林郎、史馆编修臣王沂……走北岳南镇。"又《靳母王氏诗序》："至顺间，余游京师史馆。"李修生主编《全元文》第60册，第125、92页。

③　孙崇涛、徐宏图笺注《青楼集笺注》，第102页。

学，因获董领其事。"① 至顺壬申为至顺三年，刘时中能以其师全集"自中书移命江浙"，命工锓梓，当其时官翰林待制，请旨得允，从而以使者身份"移命江浙"。

诗草有《石步洪次东坡韵》《吕梁洪再次东坡韵》两篇，石步洪、吕梁洪是泗水流经徐州境内形成的险滩，位于大运河航线上，是南来北往的必经之地。苏轼《百步洪二首》作于宋元丰元年在徐州任上。刘时中次韵诗应是第二次翰林待制任满，由大都南归途经徐州时作。《石步洪次东坡韵》云："我行南北屡经此。" 至顺三年，刘时中年过花甲，与第一次翰林院辞归时愤懑不平的心境完全不同，更多的是解脱后的轻松愉悦。《吕梁洪再次东坡韵》云："弃官南来若脱兔，归隐东下如投窠。此生赋分业已定，天地万物如吾何。"

十二　晚年归隐江南（1333—1338 年前）

明李日华《味水轩日记》卷八记：万历四十四年八月二十三日沈伯远携所藏元代华祖立（字唐卿）所绘《玄元十子像》见示。《味水轩日记》转录了画像上跋语，其一云：

> 粹德真人眉叟王公，道纯德美，为世宗师。乐吴兴山水清远，创开玄真馆德清山中。金鳌峙其前，玉塵负其后，龟溪环绕其下。花竹茂密，草树葱蒨。道宫琳宇，鲜克与侔。文逸真人孙公大方，自汴朝元宫缄寄华君唐卿画老子等十子小像，征君吴彦晖各书名氏于其侧，可谓二妙。真人将刻石以传，求纪其实。昔汉张叔图七十二子等刻于成都石室，历代以为盛事。唐卿之画，彦晖之书，镵之琬琰，独非他年盛事乎？真可比迹石室图而传也。至顺四年龙集癸酉三月望日，湘中刘致书。②

《玄元十子像》真迹现藏上海博物馆。刘致跋前有张雨（字伯雨）"小楷题语二行"，未署时，刘跋后是署时元统甲戌张雨及无署年的道士杨静题跋。刘时中至大三年因姚燧的推荐出任河南江北行省掾史，结识汴梁朝元宫提

---

① 吴善：《牧庵集序》，姚燧：《牧庵集》卷首，《四部丛刊》影印武英殿聚珍本。
② 李日华：《味水轩日记》卷八，《续修四库全书》第 558 册，第 529 页。

点孙履道（字大方），为其撰《孙氏世系官爵墓碑铭》，又为重书十世祖孙继邺墓碑。"粹德真人眉叟王公"，即王寿衍，字眉叟，杭州人。道士陈义高弟子，延祐元年授弘文辅道粹德真人，领杭州路道教事。延祐四年奉旨代祀北岳、济渎、天坛、中丘及汴梁朝元宫，王寿衍与孙履道的初识应就在此时。孙履道寄送王寿衍华唐卿所画《玄元十子像》并吴炳所写传，寿衍"将刻石以传"，请刘时中"纪其实"，署时在至顺四年三月，表明他此时已卸任翰林待制之职，闲退江南。

孟繁仁先生在《弘治衢州府志》中发现刘致所撰《祥符钟楼记》，略云：大中祥符寺位于衢州西北隅，蒙古下江南，寺毁于火。后五十年，当泰定二年，脱欢公行江浙中书省事，举净慈寺首座深远为住持，慨然兴复。元统始元，"郡长薛超吾儿昂夫九皋公之至，政事清简，百废皆起"，建成钟楼。"楼未有记，远公因九皋以请"，刘时中"为摭其实，书之为记"。[①]薛超吾，字昂夫，号九皋，维吾尔人，其父取汉姓马，时人多以马昂夫称之，至顺三年由池州路总管铨调衢州路[②]。马昂夫也喜作时兴散曲，与曹德、张可久等散曲家有往返酬唱之作。在衢州总管任上兴造名寺钟楼，请古文名家姚燧弟子且也擅作散曲的刘时中作记文，自是情理中事。彭万隆教授在《嘉靖衢州府志》卷二《山川·烂柯山》检出刘致、薛昂夫题烂柯山诗残句，为同韵和作。刘诗云："乌鹊影连河汉阔，虹霓势压海天平。棋仙自是能忘世，樵客何缘更识名。"薛诗云："千寻老石桥难渡，一曲残棋路不平。"[③]

首都博物馆藏鲜于枢书韩愈《进学解》真迹，有刘时中跋，前半段叙鲜于枢书法渊源，转益多师，因至江浙从赵孟頫学，"其书遂大进，以之名世，行草第一"。后半段云："俞君子俊好学，天性工笔札，素喜公书吊轴，已骎骎逼人，又得此纸临仿之，久时至骨换，其青于蓝，可计日而待，虽使困学老见之，亦必曰当放子出一头也。"署款至顺四年六月，"河东刘致书"。[④] 俞子俊，名俊，华亭上海人。历任镇江路蒙古字学正、丽水巡检，

① 弘治《衢州府志》卷一三，《天一阁藏明代方志选刊续编》第 31 册。参见孟繁仁《刘时中〈祥符钟楼记〉考》，《山西大学师范学院学报》1998 年第 2 期。

② 杨镰：《薛昂夫新证》，《文学遗产》1991 年第 3 期。

③ 彭万隆：《元代散曲家刘致仕历新考——以新发现的诗词与材料为中心》，《江海学刊》2019 年第 3 期。

④ 杏林编《历代经典法书真迹·鲜于枢〈韩愈进学解〉》，山东画报出版社，2006，第 31—32 页。

升平江路判官[①]。刘时中以擅书名世，以翰林之职退闲江南，为前辈书法名流遗作撰跋，也是一桩盛事。

马祖常《赠刘时中》诗云："江海归来气尚豪，立谈便合拥旌旄。青衿令子箕裘美，白发贤妻井臼劳。才大岂能期世用，数奇还不救名高。公卿知己吹嘘易，笑我官曹似马曹。"[②] 马祖常延祐二年进士，授应奉翰林文字，与刘时中同官翰林院。至顺四年拜江南行台御史中丞，其时刘时中由翰林待制归退江南。马祖常一方面为老友"才大岂能期世用"而感慨，另一方面也为其有令子贤妻相伴而欣悦，自嘲还奔波劳碌于仕途："笑我官曹似马曹。"

宋褧【贺新郎】《寿刘时中，五月廿又八日》上阕云："致升平、五弦琴里，薰风吹户。夏馆深沉晨容好，宝鼎红云香雾。还又是、逋仙初度。"下阕云："遨游又作湖山主。百千回、笑谈诗酒，盘桓容与。未信星星能侵鬓，青镜流年如许。毕竟到、广寒天府。多少文章真事业，鹤南飞、自愧无佳语。"[③] 从"遨游又作湖山主""鹤南飞"等句看，寿词是作于刘时中辞归江南之时。宋褧，大都人，泰定元年进士，除秘书监校书郎，改翰林国史院编修官，元统初迁翰林修撰。刘时中至治二年任太常博士，泰定二年秩满南归，与宋褧有过同朝为官的交集，二人相识当在泰定初年。刘时中至顺年间第二次由翰林待制任满辞退，隐居江南，自此遨游湖山，宋褧作寿词当是元统初新迁翰林修撰之时，故全词语调轻快，一派祥和之气。

《乐府群玉》卷一选录刘时中【双调·水仙子】《为平章南谷公寿福楼赋》小令三首，"南谷公"，即童童，蒙古灭南宋功臣阿术之孙，河南王不怜吉歹之子。泰定四年拜河南行省平章政事，至顺二年在江浙行省平章政事任上被弹劾罢免，又任太禧宗禋院使，被罢黜，后留寓杭州[④]。童童出身功臣世家，家族迁居汴梁，颇受汉化，能诗擅画，又作时兴散曲，《太和正音谱》"俱是杰作"一百五人中有"童学士"，应即其人。罢官后居杭州，接纳名士，风流蕴藉，钱惟善《南谷平章寿福楼落成》诗谓"宾客风流常

---

① 俞希鲁编纂《至顺镇江志》卷一七，《续修四库全书》第698册；董成：《送俞子俊丽水巡检》、高志道：《送俞子俊调平江府判》，赖良编《大雅集》卷七，《四库全书》第1369册。

② 马祖常：《石田文集》卷三，《四库全书》第1206册，第499页。

③ 唐圭璋编《全金元词》下册，第1053页。

④ 《元史·泰定帝本纪》：泰定四年，"御史李昌言：'河南行省平章政事童童，世官河南，大为奸利，请徙他镇。'不报"。《元史·文宗本纪》：至顺二年，"监察御史劾江浙行省平章童童荒泆宴安，才非辅佐，诏免其官"。

座满"①。刘时中能诗擅书，又是作散曲的行家里手，自然受到青睐，成为座上宾。所赋小令盛赞主人公非同寻常的出身："那堪辈辈为丞相，是皇家真栋梁。""楼名寿福压钱塘，中有高居异姓王。""家世于今谁比隆。"②

黄溍《上海县主簿吴君墓志铭》记吴福孙"今上皇帝至元元年，调常州路儒学教授"，"不能为谄曲以事上官，竟坐是去，改调嘉兴路澉浦务税课大使"。"晚益务恬退，足迹不涉达官贵人之门，日与方外大老玄览王真人，及名公之归休弗仕者湖南帅于公有卿、道州守徐公叔清、翰林次对（待制）刘公时中徜徉湖山间，不复以仕禄为意。"③ 至正八年卒，享年六十九。知后至元元年刘时中尚在世。又张雨《四贤帖》诗序云："四贤者，伯长袁侍讲、伯庸马中丞、伯生虞侍书、时中刘待制。玄卿装潢手书成轴，命予题识，遂即虞公绝句韵书于后。"诗云："四明狂客已乘云，海内文章有二君。可惜戴华刘伯寿，只今零落凤凰群。"④ "四明狂客"，指袁桷（字伯长），"已乘云"谓已逝世；"戴华刘伯寿"，谓刘时中，"可惜"者，叹逝之词。张雨作此诗时，袁桷、刘致已逝世，马祖常（字伯庸）、虞集（字伯生）二君尚在。袁桷泰定四年卒，马祖常后至元四年卒，虞集至正八年卒。据此可断定刘时中卒年在后至元四年马祖常卒之前，又据上引黄溍《上海县主簿吴君墓志铭》，刘时中后至元元年尚在世。孙楷第结合这两项材料，考定刘时中卒年在后至元元年至四年（1335—1338）⑤。刘时中《清胜园泛舟忆西湖》诗云："要须卜筑钱唐上，还我平生未了缘。"⑥ 他最终也在杭州逝世。友人钱惟善为作挽词，说他"中夜闻鸡曾起舞，晚年爱菊竟归来"⑦。陶宗仪《南村辍耕录》记其"既卒，贫无以为葬"，挚友王寿衍"躬往吊哭，周其遗孤。举其枢葬于德清县，与己之寿穴相近，春秋祭扫不息"⑧。

① 钱惟善：《江月松风集》卷三，《四库全书》第 1217 册，第 807 页。
② 隋树森编《全元散曲》上册，第 746 页。
③ 黄溍：《金华黄先生文集》卷三八，《续修四库全书》第 1323 册，第 490 页。
④ 张雨：《句曲外史集》卷上，《四库全书》第 1216 册，第 362 页。
⑤ 孙楷第：《元曲家考略稿摘钞》，《文学遗产》1983 年第 4 期。
⑥ 彭万隆：《被遮蔽近七百年的元代刘致诗词》，《古籍研究》第六十七卷。
⑦ 钱惟善：《故翰林待制刘公时中挽词》，《江月松风集》卷五，《四库全书》第 1217 册，第 819 页。
⑧ 陶宗仪：《南村辍耕录》卷九"王眉叟"条，第 114 页。

丙编　元曲晚期作家

班惟志

班惟志是元代后期的文化名流，名列《录鬼簿》卷上"方今名公"条，《太和正音谱》列名"俱是杰作"一百五人中。其作曲之名至清代尚为王渔洋所知①，《全元散曲》辑存套数【南吕·一枝花】《秋夜闻筝》，所作当不止此。其题画长歌，为明代公安派诗人袁中道极力称赏，评其诗"妍妙"，"即国朝二李决不能胜之"②。此外，还以书家名世，时人有"家家恕斋字"之谓，可见其书法在当时流传之盛。亦善绘事，许有壬、张翥、龚璛皆为其所作画卷题诗，且与著名画家黄公望、倪瓒交善。堪称诗曲书画兼善的全能。关于其生平，孙楷第《元曲家考略》曾勾勒大略，尚有不少忽略并失察误考之处。本篇依据新发现的文献，在孙《元曲家考略》基础上详考班惟志行履。

一　籍贯汴梁与求学杭州

班惟志的籍贯，其自述或时人记载皆作汴梁。宋濂《寄和右丞温迪罕诗卷序》云："右辖温迪罕公，居于汴梁，资禀素美，尝从恕斋班先生学为词章。"③ 又首都博物馆藏鲜于枢所书《进学解》，有班惟志题跋："西溪先生昔谢运司幕宾，买屋湖滨，居闲十年，所以文章、字画大进深。非得之途人语，盖在家庭趋侍，先考尝言之。"④ 他应该是在汴梁度过青少年时期，其时或已留心临摹名家书帖。陶宗仪《书史会要》谓班惟志"晚年学黄华"，黄华即王庭筠（1156—1202），尝卜居彰德黄华山寺，因以自号。书学米芾，是金代著名书家。所谓"晚年学"是就其书法风格而言，班惟志居家汴梁时应曾临摹王庭筠的作品。明人张弼《跋班恕斋题王黄华书后》

---

① 王士禛《池北偶谈》卷一五"朱文公书"条记有大梁班彦功跋，小字注云："彦功，元人善词曲者。"《四库全书》第 870 册，第 211 页。
② 袁中道：《游居柿录》卷二，上海远东出版社，1996，第 21 页。
③ 《翰苑别集》卷三，罗月霞主编《宋濂全集》第 2 册，第 1001 页。
④ 杏林编《历代经典法书真迹·鲜于枢〈韩愈进学解〉》，第 33 页。

云:"观其题王黄华书后数语,词笔俱嘉,虽于黄华有间,亦不易得者。"①
题跋盖作于晚年,这种情感上的认同应与早年的临摹学习分不开。

后至元三年班惟志任平江路常熟州知州,为好友尚从善(字仲良)所
编《本草元命苞》作序,遍述从善孜孜学医经过和历任医官之作为。开篇
回忆自己患疾被医治事:"余尝下血,夜数十起,迨晓,骨立而无人色,投
一剂而愈。"② 按尚从善"少雅嗜医",年未艾"客次钱唐,从郐人张信之
游"③。又班惟志跋《邹伯祥玉枕兰亭卷》云:"此卷乃贾秋壑(即贾似道)
家藏,余弱冠学书,于友人处仅获一纸,尝临数十本,皆为好事持去。"④
班惟志师从邓文原,文原亦工书,与赵孟頫齐名,班惟志所谓"弱冠学书"
应指曾受教于文原。邓文原至元二十七年(1290)任杭州路儒学正,大德二
年(1298)偕班惟志等弟子应诏北上大都泥金书《大藏经》,惟志弱冠受学于
文原必在此期间。从这两条材料,知班惟志约弱冠之年自汴梁徙居钱塘,从
名公邓文原学。又,至正六年(1346)班惟志江浙儒学提举秩满,时年应已
七十岁。(见后文)以此逆推,生年约在元世祖至元十四年(1277),与钟
嗣成年岁相仿。

二　溧阳州学教授

班惟志人生的转折点是大德初年应徽仁裕圣皇后诏命,随其师邓文原
赴大都泥金书《大藏经》。黄溍撰邓文原神道碑载:"徽仁裕圣皇后命以泥
金书《大藏经》,公应聘,率门人前集贤待制班惟志等二十人北上。竣事,
二十人皆赏官,而公不预,第随牒调补,教授一州。"⑤ 孙楷第《元曲家考
略》谓班惟志随师应诏书《大藏经》在元贞间,不确。徽仁裕圣皇后,元
世祖太子真金之妻,成宗之母,大德四年(1300)崩。(《元史》卷一一六
《后妃传》)又杨载撰赵孟頫行状云:

---

① 张弼:《张东海先生文集》卷四,《四库全书存目丛书》集部第39册,第473页。
② 班惟志:《本草元命苞序》,张金吾编《爱日精庐藏书续志》卷三,《续修四库全书》第
　925册,第640页。
③ 张耆:《伤寒纪玄妙用集序》,陆心源编《皕宋楼藏书志》卷四七,《续修四库全书》第
　928册,第523页。
④ 李修生主编《全元文》第46册,第252页。
⑤ 黄溍:《岭北湖南道肃政廉访使南阳郡公谥文肃邓公神道碑》,李修生主编《全元文》第
　30册,第186页。

大德丁酉，除太原路汾州知州，兼管本州诸军奥鲁、劝农事，未上。召金书《藏经》，许举能书者自随。书毕，所举廿余人，皆受赐得官。①

知邓文原率门人赴大都书《大藏经》是赵孟頫举荐，时间在大德元年丁酉（1297）。黄溍《神道碑》谓书毕，独邓文原"不预，第随牒调补，教授一州"。按《元史·邓文原传》，文原大德二年调崇德州教授。《元曲家考略》"班彦功"条云："写经毕，弟子二十人皆赏官，然不知惟志得何官。"按《至正金陵新志》卷九"州县学校"条载："大德五年，（溧阳州学）教授班惟志修学宫、建斋舍"，"设小学斋，增学田"。② 大德二年班惟志因书《大藏经》"受赐得官"者，即溧阳州学教授。清李光暎《金石文考略》卷一六录赵孟頫书《雪赋》，自注："大德二年日短至，写于班彦功。"③ 当是惟志离京赴任时，赵孟頫书以赠别。

三 游宦大都

班惟志大德五年溧阳州学教授任满，至泰定间授浮梁州学教授这段经历，《元曲家考略》阙如。按此十年间，班惟志为谋求官职而寓游大都。许有壬【沁园春】《次班彦功韵》云：

> 旅食京华，蜀道天难，邯郸梦回。笑白衣苍狗，悠悠无定，黄尘赤日，扰扰何为。长铗休弹，瑶琴时鼓，倦鸟谁教强去来。衡门下，幸良辰良友，同酒同诗。 功名少壮为期。奈身外升沉自不知。算人间难得，还丹大药，山中尽有，老树清溪。蕙帐云空，石田苔满，应被山灵怪去迟。春来也，向故园回首，归去休迷。④

许有壬（1287—1364），汤阴人，班惟志弱冠始离乡南游，二人或结识于青年时期。许有壬大德十年（1306）至大都，至皇庆元年（1312）辟山北廉

---

① 杨载：《大元故翰林学士承旨荣禄大夫知制诰兼修国史赵公行状》，《赵孟頫集》附录，第273页。
② 张铉：《至正金陵新志》卷九，《四库全书》第492册，第389页。
③ 李光暎：《金石文考略》卷一六，《四库全书》第684册，第444页。
④ 唐圭璋编《全金元词》下册，第956页。

访司书吏，"旅食京华"达七年。《次班彦功韵》正是作于迹游大都期间，班氏原词佚。二人在大都长久谋求职事不如意，故云"长铗休弹，瑶琴时鼓，倦鸟谁教强去来"。"功名少壮为期"的愿望无奈落空，只得借诗酒自遣："衡门下，幸良辰良友，同酒同诗。"许有壬又有【江城子】《饮海子舟中，班彦功招饮斜街，以此答之》：

> 柳梢烟重滴春娇。傍天桥。住兰桡。吹暖香云，何处一声箫。天上广寒宫阙近，金晃朗，翠岧峣。　　谁家花外酒旗高。故相招。尽飘摇。我正悠然，云水永今朝。休道斜街风物好，才去此，便尘嚣。①

海子、斜街是元大都的繁华胜地，达宦、文士、歌妓常集会游赏此地。《析津志·古迹》"齐政楼"条载："西斜街临海子，率多歌台酒馆。有望湖亭，昔日皆贵官游赏之地。"《青楼集》记大都著名杂剧女艺人张怡云即居住在海子，姚燧、阎复是其常客。班、许游览海子，固然是由于仕宦无望借此消遣岁月，更重要的是此地乃"天上广寒宫阙近"，达官贵宦云集，往来于此自然更有机会投谒结识他们。

班惟志《跋赵孟頫东坡画像及二赤壁赋》云："予昔随集贤公在京师，亲见书此赋何啻数十。"② 按，赵孟頫至大三年（1310）十月拜翰林侍读学士，至延祐六年（1319）辞归，供职集贤、翰林两院达十年之久，班惟志随赵孟頫在京师见其书两《赤壁赋》是在至大末、皇庆初这段时间。

杨载《杨仲弘集》卷四《赠班彦功》诗云：

> 名书称晋代，盛事起江东。内翰钟奇气，深情纵古风。抠衣皆弟子，入室自豪雄。欲立千金价，宁论百日功。奏名黄阁老，承诏大明宫。《遗教》规王氏，《阴符》易褚公。杯沾银凿落，佩蹙玉玲珑。文学谈经早，声华脱颖同。麦光人共赏，辣刺巧无穷。愿积临池趣，流传史册中。③

据黄溍《杨仲弘墓志铭》，杨载"年几四十不仕"，因贾国英荐举，以布衣

---

①　唐圭璋编《全金元词》下册，第 972 页。
②　李修生主编《全元文》第 46 册，第 251 页。
③　杨载：《杨仲弘集》卷四，《四库全书》第 1208 册，第 26 页。

应召，擢翰林国史院编修，与修《武宗实录》。书成，调管领系官海船万户府照磨兼提控案牍，时间约在皇庆二年①，赠班惟志诗应在前一年。诗的基本内容是称赞班惟志书法之奇巧，"奏名黄阁老，承诏大明宫"句，指大德初年班惟志因赵孟𫖯荐举受诏书《大藏经》。"内翰钟奇气"，谓其书法深受赵孟𫖯赏识。此时班惟志"旅食"大都，并无功名，杨诗当作于班氏离京赠别之际，只能盛赞其书法，诗题亦不署官职。

杨维祯《东维子集》卷七《曹氏雪斋弦歌集序》引钱塘曹雪斋语："幼获晋于酸斋贯公、恕斋班公。"② 贯云石延祐初以官爵让其兄，辞隐江南，泰定元年（1324）卒，而班惟志泰定初年任浮梁州学教授，曹雪斋得以同时获见贯、班二氏应在延祐、至治年间。班惟志离京南下杭州约在延祐初年。之所以延祐初返回江南，盖一方面迫于无奈，"旅食"大都十年，仕途毫无着落；另一方面是由于法令的严禁。《元典章·吏部》卷四《听除·求仕不许赴都》载：

> 至大四年闰七月，江西行省准中书省咨：
>
> 照得先据御史台备监察御史呈："即目在都求仕官员数多，如蒙立法，悉遣在家听除，实为久远便益。"送吏部，议得："今后应有得替官员，明白开写，在家听候。除在都籍贯人员外，如是不遵所行，及有暗递前来求仕之人，发露到官，断罪黜降。仍令监察御史绳纠相应。"……都省议得：今后应得替官员，从便听候，于解由内明白开写，不许赴都。如违，依上究治。③

既有法令条文的明确规定，班惟志自然不得不遵从，无奈离开大都。

四　浮梁州学教授

泰定年间，因邓文原之荐，班惟志补浮梁州学教授，寻晋本州判官。道光《浮梁县志》卷一〇《官师·教授》载："班惟志，泰定间任。初补教授，旋晋州判。"又卷一二"名宦"栏："班惟志，字彦功，大梁人。少颖异，工

---

① 黄溍：《金华黄先生文集》卷三三，《续修四库全书》第1323册，第427页。又据《元史·仁宗本纪》，《武宗实录》编成于皇庆元年十月，杨载授官或在次年。

② 杨维祯：《东维子集》卷七，《四库全书》第1221册，第446页。

③ 《元典章》第1册，第367页。

文词，善篆字。邓文原举补浮梁州学教授，晋州判。暇则延名士游，赓咏无虚日，而政亦举。"据《元史》卷一七二本传，邓文原至治二年拜集贤直学士，泰定元年兼经筵官，以疾乞致仕归。二年，召拜翰林侍讲学士，以疾辞。荐举班惟志补浮梁州学教授应在至治二年至泰定元年（1322—1324）。按，班惟志以邓文原荐，补浮梁州学教授，旋晋本州判官，《元诗选癸集》班惟志传却误为："用邓文原荐，补浮梁州学教授，判晋州。"《全元散曲》《全元文》《全元诗》班惟志小传皆沿此误。元代浮梁州隶饶州路，元贞元年升州，而晋州隶真定路。

　　浮梁儒学教授任上，班惟志与居丧在武昌的许有壬往返，游览赤壁，赋诗酬唱。许有壬《次班彦功教授韵四首》其二："诗翁下榻许频过，驽钝无堪奈我何。携得瘦藤归去后，小窗人少月明多。"其三："松舟桧楫绿蓑衣，梦里烟霞赤壁矶。想像风光吟不得，一江烟雨片帆飞。"[1]《元曲家考略》引许氏次诗二首，因未考许有壬行迹，谓许诗"不言惟志为何处教授，盖部注教授，守阙在京也"。按许有壬父熙载泰定四年二月卒于京师，十一月归葬汤阴祖茔。欧阳玄《许公神道碑铭》："薨以泰定四年丁卯二月癸酉，寿六十有七。葬以是年十一月壬午，祔安阳武官原新茔。"[2] 安葬其父后，全家返武昌居住。许有壬《亡兄大理知事公志》："先茔襄事，侍太夫人居鄂。"[3] 又《亡妹赵宜人志》："泰定丁卯二月，先公尚书府君讳熙载捐馆京师。既祔先茔，太夫人高氏视诸孤居鄂。"[4] 其《次班彦功教授韵四首》作于班惟志供职浮梁教授之际。

五　绍兴路总管府推官

　　万历、乾隆《绍兴府志》均载班惟志致和二年（即天历二年，1329）任绍兴路总管府推官，误。《两浙金石志》卷一六引录周仁荣《祭南镇昭德顺应王碑》（南镇在绍兴），所署时间在致和元年四月廿九日，碑末记立石人有"承务郎、绍兴路总管府推官班惟志"[5]。按，其时绍兴路总管为蓟丘

①　许有壬：《至正集》卷二五，《四库全书》第1211册，第185页。
②　欧阳玄：《有元赠中奉大夫湖广等处行中书省参知政事护军追封鲁郡公许公神道碑铭》，刘昌编《中州名贤文表》卷二二，《四库全书》第1373册，第343页。
③　许有壬：《至正集》卷六四，《四库全书》第1211册，第452页。
④　许有壬：《至正集》卷六四，《四库全书》第1211册，第452页。
⑤　阮元编《两浙金石志》卷一六，《续修四库全书》第911册，第202页。

于九思，杂剧作家乔吉在于氏任绍兴总管期间曾是其座上宾，作散曲【越调·小桃红】《绍兴于侯索赋》。班惟志与乔吉应也相识，只是文献阙如，无由考实。

韩性《班彦功题能仁方丈》诗云："禅关妙密异诸方，双桂扶疏几砚凉。小憩匡床缘麈尾，一庭芳草澹斜阳。"① 韩性（1266—1341），字明善，绍兴人。宋代名臣韩琦后裔，一生优游乡里，以授徒为业，不求仕进。检万历《绍兴府志》，绍兴有大小能仁寺，大能仁寺在府治南二里许，元初毁，至正间重建。小能仁寺在府西北二里，始建于宋开宝六年②。班惟志游览其地并题诗书壁，韩性次韵，班氏原诗未见。

六　供职秘书监与集贤院

至顺三年（1332）六月，班惟志铨调秘书监典簿③。次年书真、草二体《千字文》，今传世④。《赵氏铁网珊瑚》卷一引班惟志跋《唐欧阳率更子奇帖》："不特此耳，吴兴赵公书签、巴西邓先生手跋，亦足清玩也。"⑤ "巴西邓先生"，即邓文原。班跋之前还有三跋：一为金城郭天锡祐之作，时间在至元三十一年甲午（1294）；一为邓文原作，署泰定二年乙丑（1325）；一为番阳吴善作，署元统元年（1333）。班跋未署时间，或在元统二年前后，在秘书监典簿任上。

景泰《云南图经志书》卷七收录班惟志《送述律元帅开闉分题得越嶲》诗，所署官职为"集贤待制"。同书卷一还有许有壬、冯思温、泰普华（即泰不华）、道童、靳荣、苏天爵等人同题送别诗。述律元帅，即述律杰，字存道（一作从道），号鹤野。其先本辽东贵族，辽太宗时赐姓萧，金灭辽，改述律曰石抹（意为奴婢）以辱之。曾祖从元太祖征战有功，授蜀之保宁万户，子孙世袭。杰袭职后，耻以石抹为姓，复姓述律。泰定末至京师上屯耕便宜，文宗立，受命抚定晋冀关陕，又从平云南大理之乱，授云南宣慰司都元帅。关于述律杰授云南都元帅的时间，史无明文记载，陈世松先

---

① 杨镰主编《全元诗》第 21 册，第 54 页。
② 万历《绍兴府志》卷二一"祠祀志"条，明万历刻本。
③ 王士点：《秘书监志》卷九《题名·典簿》，《四库全书》第 596 册，第 842 页。
④ 卞永誉：《式古堂书画汇考》卷一七，《四库全书》第 827 册，第 792 页。参见杨臣彬《元人班惟志二体千字文卷》，《收藏家》2001 年第 7 期。
⑤ 赵琦美编《赵氏铁网珊瑚》卷一，《四库全书》第 815 册，第 282 页。

生定在至顺三年至元统元年（1332—1333）①，而方龄贵先生断在后至元六年（1340）②。按，述律杰离京赴云南宣慰司时，同时赠诗送行的有许有壬等七人，考此七人能同时在大都的时间即可，方文正是用此方法。现在我们又发现一条新材料，述律杰曾以宋代名臣韩琦手书赠其后人韩诚之，邀请蔡景行、泰不华、杨敬德、祝蕃、班惟志、李齐、张圣卿、李懋、陈梁等九人题跋。送行诗与韩书题跋的两组成员中，共同者有泰不华、班惟志。诸题跋已署时间在至顺元年至元统三年之间。也即说，只要考得两组成员计十三人同时在大都的确切时间，述律杰赴任云南帅府的时间即可确定，而班惟志就任集贤待制的时间问题也随之破解。其中冯思温、蔡景行、杨敬德、张圣卿、陈梁五人事迹无考，其余八人依次略考如下：

许有壬（1287—1364），《元史》卷一八二本传载：延祐二年（1315）进士及第，元统二年拜治书侍御史，转奎章阁学士院侍书学士，仍治台事。后至元初以故归乡里。

泰不华（1304—1352），《元史》卷一四三本传载："文宗建奎章阁学士院，擢为典签，拜中台监察御史。顺帝即位，加文宗后太皇太后之号，大臣燕铁木儿、伯颜皆列地封王。泰不华率同列上章言：'婶母不宜加徽称，相臣不当受王土。'太后怒……出佥河南廉访司事，俄移淮西。"③ 奎章阁学士院建于天历二年（1329），顺帝加文宗后太皇太后徽号在后至元元年（1335）十二月④。泰不华元统三年（1335）清明前一日跋韩琦书之时，在朝为官。

道童（？—1358），高昌人。《元史》卷一四四本传载："以世胄入官，授直省舍人。历官清显，素负能名。调信州路总管，移平江。皆以善政称。至正元年，迁大都路达鲁花赤。"⑤ 未言何时调信州路总管。按郑元祐《前平江路总管道童公去思碑》记道童任平江路总管在后至元元年（1335）⑥，铨调信州路总管应在元统元年前后。

---

① 陈世松：《元代契丹"诗书名将"述律杰事辑》，《宁夏社会科学》1996 年第 2 期。
② 方龄贵：《元述律杰交游考略》，郝时远、罗贤佑主编《蒙元史暨民族史论集》，社会科学文献出版社，2006，第 242 页。
③ 《元史》卷一四三《泰不华传》，第 3423 页。
④ 《元史》卷三八《顺帝本纪》载加文宗后太皇太后徽号在后至元元年十二月，而卷一一四《后妃传》却记在元统元年，中华书局整理本校勘记第 15 条引《考异》云："元统二年尊为皇太后，至元元年尊皇太后为太皇太后。此《传》似有脱误。"（第 2884 页）
⑤ 《元史》卷一四四《道童传》，第 3443 页。
⑥ 郑元祐：《侨吴集》卷一一，《四库全书》第 1216 册，第 573 页。

靳荣，字时昌，曲沃人。据《元诗选癸集》丙集小传：由进士官崇文大监，升监察御史，转奎章阁承制学士致仕。按，奎章阁学士院始建于元文宗天历二年（1329），顺帝至元六年（1340）罢。知至顺、元统年间（1330—1335），靳荣在朝为官。

苏天爵（1294—1352），真定人。《元史》卷一八三本传载：至顺元年，预修《武宗实录》。二年，升翰林修撰，擢江南行御史台监察御史。元统元年，复拜监察御史。明年，预修《文宗实录》，迁翰林待制，寻除中书省右司都事，兼经筵参赞官。

祝蕃（1286—1346），字蕃远，贵溪人。其所署时间在至顺元年（1330）十一月。按，李存《祝蕃远墓志铭》记其以《易经》中乡举，会试不利①。除此之外，未提及曾至大都。检《元史·文宗本纪》，至顺元年三月会试。祝蕃为之作跋正是由此机缘。

李齐（1301—1353），字公平，祁州蒲阴人②。元统元年左榜进士第一，授翰林修撰。

李懋，字子才，江宁人。至顺元年进士，与祝蕃同年参加科举，及第。题跋署时至顺二年立春。

综合以上考证，许有壬、泰不华、道童、靳荣、苏天爵、祝蕃、李齐、李懋等八人在大都为述律杰送行或题跋所藏韩琦书卷的时间只能在至顺元年（1330）至元统三年（1335）。陶宗仪《书史会要》记文宗曾评班惟志书法，"谓如醉汉骂街"。文宗天历二年（1329）二月建奎章阁学士院，广延文士，八月立艺文监，至顺元年（1330）置奎章阁监书博士二人。班惟志拜集贤待制应在秘书监典簿秩满之后。黄溍至正九年（1349）作《邓文原神道碑》，谓班惟志是"前集贤待制"，孙楷第《元曲家考略》据此断言集贤待制为班氏最终官职。按，黄溍至正七年作《杭州路儒学兴造记》时，亦以"前集贤待制"称之，而班惟志至正六年仍在江浙儒学提举任上。所以如此，是集贤待制乃班惟志历任职官中品衔最高者（正五品，儒学提举为从五品），文人狡词。

七　平江路常熟州知州

转平江路常熟州知州在后至元三年（《同治苏州府志》卷五三），同年

① 李存：《俟庵集》卷二五，《四库全书》第1213册，第773页。
② 《元史》卷一九四《李齐传》误作广平人，第4394页。

十二月为友人尚从善所编《本草元命苞》作序①，次年正月作《佑圣道院碑记》。在常熟知州任上，与道士张雨联词倡和。张雨【满江红】《玉簪次班彦功韵》末云："待使君绝妙好词成，须弹压。"② "使君"，汉代刺史之谓，后代用来指称州郡长官，张词用以称谓任常熟知州之班惟志，可谓允当。张雨（1283—1350），字伯雨，号句曲外史，钱塘人。在茅山出家为道士，先后住持西湖福真观、开元宫，茅山崇寿观、元符宫。后至元二年，"以上冢告归，遂不复去，筑室北郭，著书于其间"。至正二年再次提点开元宫③。张雨次班惟志词作于告归钱塘这段时间，但二人相识或早在此前。

八　江浙儒学提举

万历《杭州府志》卷九"职官表"栏记班惟志任江浙儒学提举在至正二年，误。据宋濂撰黄溍行状："至顺二年，用故御史中丞马公祖常之荐，入为应奉翰林文字、同知制诰，兼国史院编修。……经六年之久，请补外，换奉政大夫、江浙等处儒学提举。至正三年春，先生始六十有七，不俟引年，亟上纳禄侍亲之请，绝江径归。"④ 则班惟志任江浙儒学提举正是接替黄溍，时在至正三年春⑤。是年五月，杭州城大火，势逼西湖书院与廉访司，寻灭，杨维祯为作《武林弭灾记》，江浙儒学副提举陈遘书，提举班惟志篆盖，刻石记之。⑥ 至正四年夏，班惟志与江浙儒学副提举李祁董理兴修前一年火灾所毁之四斋、庙垣及民居，黄溍为撰《杭州路儒学兴造记》。⑦

胡助至正五年致仕⑧，《纯白斋类稿》附录班惟志饯行诗，颈联云："九

---

① 张金吾编《爱日精庐藏书续志》卷三，《续修四库全书》第 925 册，第 641 页。
② 唐圭璋编《全金元词》下册，第 912 页。
③ 刘基：《句曲外史张伯雨墓志铭》，朱存理编《珊瑚木难》卷五，《四库全书》第 815 册，第 143 页。
④ 《故翰林侍讲学士中奉大夫知制诰同修国史同知经筵事金华黄先生行状》，《潜溪后集》卷一〇，罗月霞主编《宋濂全集》第 1 册，第 307 页。
⑤ 李遇孙《续括苍金石志》卷四录黄溍《汤氏义田记》，前署："奉政大夫、江浙等处儒学提举黄溍撰，奉政大夫、江浙等处儒学提举班惟志书。"（《续修四库全书》第 912 册）《汤氏义田记》作于至正元年三月，时黄溍尚在江浙儒学提举任上，班氏书应在至正三年接替黄溍之后。
⑥ 倪涛：《六艺之一录》卷一一一，《四库全书》第 832 册，第 310 页。
⑦ 李修生主编《全元文》第 29 册，第 302 页。
⑧ 胡助：《纯白先生自传》，《纯白斋类稿》卷一八，中华书局，1985，第 164 页。

重醉许烟华钱，三径归欢松菊存。"① 又据汪泽民同题诗"三月京城花正繁"句②，知赠行诗作于至正五年三月。《元曲家考略》据此判定至正五年班惟志江浙儒学提举任满而至京师，不确。至正五年班惟志确曾至京师，但并非因"儒司秩满"，因为至正六年班惟志仍在儒学提举任上。按至正五年辽、金二史纂修完毕，诏于江西、江浙两省开板印造，令江浙儒学提举班惟志校正字画③。班惟志北上大都，或为应诏赴京领取纂修完成之辽金史稿并商议付印事宜。

顾瑛辑《草堂雅集》卷后二载杨维桢《又四首湖州作》诗，自注云："书寄班恕斋，试温生笔，写入前卷。"其二首句云："五十狂夫心尚孩。"④ 按鲍恂《嘉兴路太守兴举学校记》载：

> 至正五年冬，太守秃坚董阿良臣公来治兹郡，正己以帅众，勤事以奉职，兴利除害，百废悉举。而尤以庙学为先务……又礼请江浙提学官，仿科举式以会诸郡能文之士。期年之内，文化翕然。⑤

嘉兴路总管秃坚董阿良臣礼请江浙提学官试本路诸生，其时"浪迹浙西山水间"的杨维桢⑥，或受班惟志委托校试诸生。记作于至正六年（1346）秋，杨诗所谓"五十狂夫"，举其成数耳（杨维桢1296年生）。⑦

在江浙儒学提举任上，班惟志还结识诗人兼书家的王逢，后者有《简班恕斋提学》诗：

> 一官湖上似闲居，酒满匏尊架满书。庭草春深眠叱拨，研池月上影蟾蜍。犹闻桂树歌《招隐》，未可丹厓赋《遂初》。汉主久思班氏学，定虚天禄召安车。⑧

---

① 胡助：《纯白斋类稿》附录卷一，第206页。
② 胡助：《纯白斋类稿》附录卷一，第204页。
③ 《〈金史〉公文》，《金史》附录，第2905页。
④ 顾瑛辑《草堂雅集》卷后二，杨镰整理，中华书局，2008，第253页。
⑤ 阮元：《两浙金石志》卷一七，《续修四库全书》第911册，第232页。
⑥ 《元故奉训大夫江西等处儒学提举杨君墓志铭》，《銮坡后集》卷六，罗月霞主编《宋濂全集》第2册，第680页。
⑦ 孙小力《杨维桢年谱》（复旦大学出版社，1997）系该诗于至正五年，不确。
⑧ 王逢：《梧溪集》卷一，《四库全书》第1218册，第589页。

王逢（1319—1388），字原吉，号席帽山人，江阴人。至正中作《河清颂》，台臣荐之，称疾辞。张士诚据苏州，入张氏幕。朱元璋败张士诚，欲辟用之，坚卧不起，隐居上海之乌泾。王逢以能诗闻名，亦善书，《续书史会要》云："善草书，评者云如乳臭岐凝，十步九颠。"① 与班惟志草书"如醉汉骂街"的特质颇有相近处，此殆二人相交的契机所在。诗有"犹闻桂树歌《招隐》，未可丹厓赋《遂初》"语，其时班惟志已有退隐之念。

《古今词话·词话》卷下引《柳塘词话》谓倪瓒"其词有与班彦功、仇山村次答者"②。仇山村，即仇远。知班惟志还曾与倪瓒交善，应在供职江浙儒学提举期间。倪瓒以绘画名世，"平生无他好玩，惟嗜蓄古法书名画，持以售者，归其直累百金无所靳"。③ 班惟志亦善绘事，二人可谓意趣相投。惜现存倪瓒诗文集中未见二人交往的痕迹。

至正六年十月，江浙儒学提举为杨敬德④，班惟志秩满受代在此前数月。《括苍金石志》卷一二录杭州路总管赵琏撰《故梅所处士祝公墓志铭》，前署："奉政大夫、江浙等处儒学提举班惟志书。"祝梅所"至正（五年）乙酉十二月十日终正寝……以至正（七年）丁亥十一月乙亥，葬丽水县喜□乡灵山之原"⑤。盖墓志铭书于至正六年班惟志儒学提举任未满之时，安葬则在次年。

九　归隐钱塘

周巽初有长题诗《陪班提举恕斋、李提举一初、苏掾史伯逵泛西湖，访山居杨御史元诚，宴舟中，伯逵有诗，次韵奉酬》：

　　涌金门外玉骢骄，缓拂吟鞭出画桥。鬓拥双峰初过雨，镜涵一水不通潮。苏公堤上柳烟散，和靖亭前梅雪飘。来访山居杨御史，酒酣

---

① 朱谋垔：《续书史会要》，《四库全书》第 814 册，第 836 页。

② 沈雄：《古今词话·词话》卷下"王穉登题倪瓒墓"条，唐圭璋编《词话丛编》第 1 册，中华书局，1986，第 796 页。

③ 周南老：《元处士云林先生墓志铭》，《清閟阁全集》卷一一，《四库全书》第 1220 册，第 323 页。

④ 杜春生：《越中金石记》卷九《嵊县文昌祠置田记》，《辽金元石刻文献全编》第 3 册，第 535 页。

⑤ 李遇孙：《括苍金石志》卷一二，《续修四库全书》第 912 册，第 114 页。

归弄木兰桡。①

苏伯逵（一作夔），即苏友龙（1296—1378），金华人。据宋濂撰墓志铭：
"赵郡苏君天爵来参江浙省政，极才公，复挽之入省。"② 考《元史》卷一
八三本传，苏天爵拜江浙行省参知政事在至正七年。知周诗作于班惟志江
浙儒学提举受代之后。李一初，即李祁（1299—?），茶陵人。元统元年左
榜进士第二。至正五年除江浙儒学副提举③，至正八年秩满④。杨元诚，即
杨瑀（1285—1361），钱塘人。天历间署广成局副使，升中瑞司典簿，后至
元六年擢太史院判官，进同金，未几辞归。至正十五年起为行宣政院判官，
改建德路总管，十七年以浙东宣慰使致仕⑤。周巽初作该诗时，杨瑀同金太
史院事秩满家居，杨氏未曾任御史之职，"御史"应是"太史"之误⑥。周
巽初事迹俟考。

黄公望作《九峰雪霁图》自题云："至正九年春正月，为彦功作雪山，
次春雪大作，凡两三次，直至毕工为止，亦奇事也。大痴道人，时年八十
有一，书此以记岁月云。"该图现藏故宫博物院⑦。班惟志作散曲，擅书，
亦能绘，夏文彦《图绘宝鉴》谓其"善墨戏"，许有壬、张翥、龚璛为其所

① 杨镰主编《全元诗》第 52 册，第 286 页。
② 《故朝列大夫浙江行省左右司都事苏公墓志铭》，《芝园后集》卷四，罗月霞主编《宋濂全
集》第 3 册，第 1386 页。
③ 李祁《会稽县重修儒学记》：至正四年，"时余以浙省校试，爱越山水为一至焉。……今年
（至正五年）被命来浙，提举学事"。杜春生：《越中金石记》卷九，《辽金元石刻文献全
编》第 3 册，第 532 页。黄溍《杭州路儒学兴造记》谓至正四年李祁为江浙儒学副提举，
应是偶记有误。
④ 李祁至正七年尚在任，见《书郝氏紫芝亭卷后》，《云阳集》卷九。至正八年江浙儒学副
提举已是刘基，见《刘显仁墓志铭》，《诚意伯文集》卷八。周松芳《刘基至正六年干谒
事迹考论》（《浙江社会科学》2004 年第 2 期）认为刘基任江浙儒学副提举在至正六年底
或七年初，并无确切依据。
⑤ 杨维桢：《元故中奉大夫浙东慰杨公神道碑》，《东维子集》卷二四，《四库全书》第 1221
册，第 628 页。
⑥ 杨瑀也自署"太史"，清丁敬《武林金石记》卷八《杨瑀等题名》："至正六年秋九月朔，
太史杨瑀、翰林张翥谒复初上人，同登莲花峰，留名崖石。"张翥《题太史杨公山居图》
（《蜕庵集》卷二）、董成《赠杨山居太史》（《大雅集》卷七）、王逢《寄杨太史》（《梧
溪集》卷一）亦可参证。
⑦ 蒋文光主编《中国历代名画鉴赏》上册，金盾出版社，2004，第 970 页。王士禛《居易
录》卷九记其康熙三十年观此图，节引黄公望题语云："至正九年，年八十一，为班彦功
作。"知为班惟志。

作画卷题诗①。班惟志虽曾担任江浙儒学提举之职，黄公望为之作画更多的应是文人间的趣味相投。

　　至正九年以后，班惟志的行迹无所考，夏庭芝《青楼集》"张玉莲"条记其"司儒秩满北上"，应是江浙儒学提举秩满，至大都办理交替公文，不久即南归。许有壬《至正集》卷二九《题班彦功山水扇图》云："钱塘江上又秋风，老友沦亡梦不通。胜概肯教同羽化，山河写在月轮中。"② 知班惟志暮年退居杭州，许诗与前引王逢《简班恕斋提学》诗"犹闻桂树歌《招隐》，未可丹厓赋《遂初》"语相互印证。许有壬自至正九年至十三年就职河南行省左丞前，四年间一直赋闲安阳家中。又，同卷有次韵乃弟许可行《圭塘杂咏》二十四首，该组诗又见于《圭塘欸乃集》卷下。《圭塘欸乃集》是许有壬与其弟闲居家中时的唱和集，编成于至正十年，周伯琦为作序③。《题班彦功山水扇图》应也作于至正十年前后。所谓"梦不通"，不仅有"老友沦亡"而带来的生死殊途的隔离，也有钱塘、安阳两地千里之遥空间上的距离。

---

　　① 　许有壬：《题班彦功山水扇图》，《至正集》卷二九，《四库全书》第 1211 册；张翥：《水墨达摩像班惟志笔》，《蜕庵集》卷二，《四库全书》第 1215 册；龚璛：《班彦功为萧君璋画红梨花》，《存悔斋稿》，《四库全书》第 1199 册。

　　② 　许有壬：《至正集》卷二九，《四库全书》第 1211 册，第 208 页。

　　③ 　周伯琦：《圭塘欸乃集序》，许有壬等：《圭塘欸乃集》卷首，《四库全书》第 1366 册，第 864 页。

范居中

　　范居中之名见于钟嗣成《录鬼簿》，朱权《太和正音谱》记其与施惠、黄天泽、沈拱等三人合编杂剧《鹔鹴裘》。该剧今不存。他的散曲现有南北合套【正宫·金殿喜重重】《秋思》。关于他的生卒年，无明文记载。现从刘敏中的文集中检得一首写给范居中的诗，通过考定该诗的写作时间并解读诗中所提供的信息，可以大致考定范居中的生年。《中庵集》卷三《范冰壶者，故玉壶先生之子，以方技进，好学能诗，来求言，故赠之》云：

　　　　多学有余力，妙龄无不能。贵联金马客，清出玉壶冰。射覆追方朔，耽诗慕少陵。长风九万里，刮眼看云鹏。[①]

刘敏中（1243—1318），字端甫，号中庵。章丘（今属山东济南）人。据《元史》卷一七八《刘敏中传》，敏中至元十一年（1274）由中书省掾擢兵部主事，拜监察御史，后因桑哥秉权，政见不合，辞职归乡。范居中，杭州人，《录鬼簿》列名于"方今已亡"条，属元杂剧第二期作家，至元间年岁尚小。《录鬼簿》范居中小传云："其妹亦有文名，大德年间，被旨赴都，公亦北行。"刘敏中赠诗应在大德年间范居中随其妹入大都之时。诗有"贵联金马客"句，知范居中当时拜谒了不少的朝廷达贵，刘敏中是其中之一。

　　刘敏中【念奴娇】（百花开后）词序云：

　　　　大德（三年）己亥冬，余再至京师，闻中书掾东平张君敬甫以练达俊伟游诸公间，名声籍籍。已而识君于王礼部彦博家，岁余，君掾秩满，出尹余乡阳丘。……（八年）甲辰春，余还绣江野亭，实迩县郭，君苟有暇，必从容就余，啸咏相忘，追泉石之乐。是岁十月，君受代，自尔来益数，情益款，而知益以深。忆昔言曰："吾当去矣，途

---

　①　刘敏中：《中庵集》卷三，《四库全书》第1206册，第27页。《北京图书馆古籍珍本丛刊》第92册影印《中庵先生刘文简公文集》本，题目作《赠范冰壶》。

既戒矣，先生岂有言乎?"……衰怀激烈，不觉黯然，于是饮之酒，而赠之以歌，实（九年）乙巳三月下浣一日也。①

又《元史》卷一七八《刘敏中传》载：

大德七年，诏遣宣抚使巡行诸道，敏中出使辽东、山北诸郡。……除东平路总管，擢陕西行台治书侍御史。九年，召为集贤学士，商议中书省事。……成宗崩，奸臣希中旨，赞其邪谋，敏中援礼力争之。②

又刘敏中《中庵集》卷二〇《题邢氏家传》诗序云：

余每至开平，伯宜、伯才兄弟必曲为存藉接遇，意恳恳，使人不忘。大德（七年）癸卯，余奉使宣抚山北，岁中往复，得再会。逮今之来，凡五寒暑。而两夫子皆不得见矣。嗟乎，人世果何如哉！其侄遵道，持家传见示，书数语于后，以摅余哀云。实（十一年）丁未中元后五日也。③

大德纪年凡十一年，据上引三条材料，可获知大德年间刘敏中在京师的时间段有两个：一是三年至六年（1299—1302），一是九年至十年（1305—1306）。刘敏中赠范居中诗首联云："多学有余力，妙龄无不能。""妙龄"一般指青年，在二十岁左右。根据这两项条件，可推定范居中生年大约在1280—1287年。

其卒年，亦无明确记载。《录鬼簿》将其列入"方今已亡名公才人余相知者"一类，传文明谓"卒于家"。则钟嗣成编撰《录鬼簿》时范居中已逝世。又范居中曾与黄天泽等人合编《鹣鹣裘》杂剧，黄天泽为沈和同母弟，《录鬼簿》记黄天泽"竟不归而终"，沈和"近年方卒"。钟嗣成所谓"近年"，应指《录鬼簿》初稿完成之时，也即至顺元年（1330）。范居中、沈和、黄天泽三人盖卒年相近，在至顺元年前不久。

---

① 杨镰主编《全元词》中册，中华书局，2019，第535—536页。
② 《元史》卷一七八，第4136页。
③ 刘敏中：《中庵集》卷二〇，《北京图书馆古籍珍本丛刊》第92册，第459页。

赵世安

天一阁增续本《录鬼簿》卷上"前辈名公乐章传于世者"栏有赵伯宁中丞，孙楷第《元曲家考略》考定赵伯宁即赵世安。其事迹散见于《元史》及元人别集，孙先生曾据之钩稽出一部分，尚有忽略，赵世安之生平事迹仍不甚明朗。现我们通过穷尽式的检索考察，利用新发现的材料，可大致勾勒出其身世履历。

一　家世及早期仕履

赵世安，字伯宁，祖籍奉圣州礬山（今河北涿鹿），曾祖柔始徙居易州涞水（今属河北保定），遂占籍。赵柔在蒙古军下河北时，率先投诚，故在元初为显臣，授龙虎卫上将军，真定、涿州、易州等路兵马都元帅，加金紫光禄大夫。祖父守信，历任忠翊校尉、广宗县尹。父贯，早卒。① 赵世安的生年，按释大䜣《寄赵伯宁中丞》诗序云："八月二十一日，人达赵伯宁中丞书。其日赵初度，遂寄诗二首。赵与予同生甲申也。"诗其一云："生申同八月，华甲异三台。"② 据虞集《笑隐䜣公行道记》及黄溍《笑隐禅师塔铭》，大䜣生于至元二十一年甲申八月二十七日。赵世安与之同岁，生年在至元二十一年（1284）。

赵世安早年的经历，文献阙如，只能借吉光片羽以窥其一斑。《元史》卷一五二《赵柔传》记赵世安的官职为荣禄大夫、江西行省左丞。按嘉靖《江西通志》卷二"命使"条载，大德年间任江西行省左丞的有三位，依次是赵世安、史壎、刘正。通志又记在赵世安之前任此职的是管如德③。据《元史》卷一六五《管如德传》，管如德至元二十四年迁江西行省参知政事，

---

① 马祖常：《敕赐御史中丞赵公先德碑铭》，《石田文集》卷一三，《四库全书》第1206册，第634页。
② 释大䜣：《蒲室集》卷四，《四库全书》第1204册，第546页。
③ 嘉靖《江西通志》卷二，《四库全书存目丛书》史部第182册，第50页。

二十六年（1289）擢行省左丞，平钟明亮之乱，同年卒于军。然则至元二十六年赵世安才六岁，故知在管、赵之间还有其他人担任过江西行省左丞。按《元史》卷一五六《董士选传》：董士选于成宗即位"未几，拜江西行省左丞"。赵世安任江西行省左丞应在董士选之后，在大德中后期。设在大德十一年（1307），其时赵世安不过二十四岁，其任江西行省左丞不会太早。

武宗朝，赵世安侍奉禁廷。马祖常《石田文集》卷一三《敕赐御史中丞赵公先德碑铭》云："涞水赵氏，虽四世为郎官大夫，然自中丞起家给事禁闼，侍武宗皇帝冕服，即蹈规矩，言行有常。"① 据《元史·武宗本纪》，武宗大德十一年五月甲申（二十一日），即皇帝位于上都。

仁宗朝赵世安事迹史无记载，湮没不闻。仁宗之子英宗即位，因明宗与文宗为武宗嫡子，为防其谋权，二人均被远黜。明宗居朔漠；文宗被黜海南，泰定二年（1325）正月，又以怀王身份出居建康。其时赵世安追随文宗，在其幕府之中。赵世安之所以有此遭遇，与他在武宗朝的特殊身份有关。赵世安在武宗朝"给事禁闼"，"侍武宗皇帝冕服"，可谓武宗的近臣。文宗是武宗的嫡子，因而先后继位的英宗、泰定帝将文宗远黜的同时，作为其亲信的赵世安自然也不可能得到重用。《赵公先德碑铭》谓赵世安"事今上皇帝于潜邸，勤劳夙夜，夷险一心"。"今上皇帝"，即文宗。虞集《飞龙亭记》载文宗以怀王身份居金陵时，常游建康路冶亭，一次询问玄妙观住持宝琳之字玉林的由来，后者答曰："道士烧金石为丹汞，抽鼎中状如琼林玉树，故取以为名。"文宗云："当雪时，吾登此亭，目力所及，树木皆玉也，岂不易知乎？"于是更玉林为雪林，"后临御别书'雪林'字，赐近臣赵伯宁"。② 这两条材料均证实赵世安确是文宗"潜邸近臣"。

释大䜣《寄赵伯宁中丞》诗云：

　　　　早忝相知旧，山林愧不才。生申同八月，华甲异三台。鸂鹭龙庭会，风云玉帐回。遥知初度日，宣赐紫霞杯。

　　　　新寺承恩重，深惭燕雀微。宝阶华散绮，金地月增辉。布画劳钧轴，经营识化机。西湖风雪夜，还忆对麻衣。③

---

①　马祖常：《石田文集》卷一三，《四库全书》第1206册，第634页。
②　虞集：《道园学古录》卷三七，《四库全书》第1207册，第523页。
③　释大䜣：《蒲室集》卷四，《四库全书》第1204册，第546页。

至顺元年（1330）二月，赵世安始拜御史中丞，大䜣诗是为庆贺赵世安初度而作，据诗序，赵世安初度在八月二十一日。又至顺三年六月，赵世安已升迁中书左丞。故知该诗作于至顺元年或次年八月二十一日。诗有"早忝相知旧"，"西湖风雪夜，还忆对麻衣"语，则在此之前，大䜣与赵世安已相识于杭州。按，虞集《道园类稿》卷四三《湖南宪副赵公神道碑》载：赵天纲"泰定元年，南行台取为掾"，"天历改元，元从之臣有赵世安参议中书，与公尝同僚行台"。① 知赵世安泰定初年（1324）曾供职江南行御史台。释大䜣泰定二年住持钱塘中天竺寺，直至天历元年（1328）文宗即位，受诏任大龙翔集庆寺开山住持，在杭州先后达三年，与文宗居停金陵相同时。文宗为躲避政治猜疑与迫害，韬光养晦，寄情山水与佛禅，在潜居金陵的三年中，或亦时至钱塘寻访幕佐文士赵世安，也因此与大䜣相识相交。盖有此一段交谊，文宗登基伊始，在金陵旧邸兴建龙翔寺后，即将大䜣由中天竺寺迁调龙翔寺为首任住持。

二　文宗朝位极省台

泰定五年（1328）三月，泰定帝病重，权臣倒剌沙等把持朝政，迁文宗居江陵。七月庚午（十日），泰定帝崩，八月丁巳（二十七日）文宗自江陵入京师，九月十三日即帝位。赵世安作为危难之际追随文宗多年的幕臣，更为其登宝位立下汗马功劳，故在文宗一朝，赵世安的仕途走到最高点。对于自己辅佐文宗继帝位的功勋，赵世安也心知肚明，甚至直言不讳。虞集《训忠碑记》曾引述赵世安的话："去年，群臣度义效节，以奉正绪，区区微志，无有大小，悉简帝心。"② 去年指天历元年（1328）。

文宗登基后两月，即天历元年十一月，"以也先铁木儿、乌伯都剌珠衣赐撒迪、赵世安"③。也先铁木儿是弑杀英宗的主谋之一，至治三年（1323）十月，以弑君罪被诛。乌伯都剌是泰定帝崩后，谋立泰定帝之子的倒剌沙阵营中的重要人物。其时拥护文宗的燕铁木儿等掌控了大都的枢密院，手握兵权，最终战胜了拥护泰定皇子的阵营，乌伯都剌等束手被缚。《元史·文宗本纪一》载：致和元年"八月甲午（四日），黎明，百官集兴圣宫，燕

---

① 虞集：《道园类稿》卷四三，《中华再造善本》影印中国国家图书馆藏元刻本。
② 何绍基：《跋李季云藏虞文靖书训忠碑记墨迹》，《东洲草堂文钞》卷一一，《续修四库全书》第1529册，第229页。
③ 《元史》卷三二《文宗本纪一》，第721页。

铁木儿率阿剌铁木儿、孛伦赤等十七人，兵皆露刃，号于众曰：'武宗皇帝有圣子二人，孝友仁文，天下正统当归之。今尔一二臣，敢紊邦纪！有不顺者斩。'乃手缚平章政事乌伯都剌、伯颜察儿"①。而撒迪、赵世安都是文宗阵营中的人物，故而以彼二人之物赏赐。马祖常《赵公先德碑铭》载：赵世安"天历之元，皇帝入正大位，征拜参议中书省事，旋入中书参知政事"。据《元史·文宗本纪一》，赵世安由参议中书省事升参知政事在天历元年十二月丁巳（二十九日），即文宗登基后的第三个月。

《赵公先德碑铭》又云："上（指文宗）让位居东宫，改詹事丞，领典用监卿。"文宗天历元年八月在大都即位，但此时还有长兄明宗在漠北，文宗为表示谦让，效武宗、仁宗故事，退居太子位置。明宗于天历二年（1329）正月丙戌（二十八日），即帝位于和林。赵世安此时任詹事丞，兼领典用监卿。据《元史·百官志五》：詹事院始立于至元十九年，"备左右辅翼皇太子之任"。天历元年，改詹事院为储庆使司。二年罢，复立詹事院。未几，改储政院。典用监隶属詹事院，"掌供须、文成、藏珍三库，内府供给段匹宝货等物"，其最高长官为卿。可见文宗对一直追随自己左右的赵世安之信任，赵世安俨然是太子党阵营的中坚人物。天历二年三月，赵世安拜侍御史。虞集《训忠碑记》载："天历二年春三月甲子，天子作奎章阁，置学士官，命典瑞都事柯九思为参书，日以图史侍上。上善其鉴辨博洽，顾问家世。侍御史赵世安进曰。"② 天历二年八月庚寅（六日），明宗暴崩。是月壬辰（八日），以中书参议阿荣、太子詹事丞赵世安并为中书省参知政事。丁酉（十三日），又命阿荣、赵世安提调通政院事，"一切给驿事皆关白然后给遣"。己亥（十五日），文宗以皇太子身份继皇帝位，以赵世安兼领经筵事③。正是因赵世安是文宗的近臣，备受信任，才在明宗暴崩后、文宗准备第二次即位之前如此接连被提升、委以重职，为文宗顺利登基保驾护航。庚子（十六日），命阿荣、赵世安督造建康龙翔集庆寺。关于兴造龙翔集庆寺，虞集《道园类稿》卷三六《大龙翔集庆寺碑》有详细的记述：

　　　　钦天统圣至德诚功大文孝皇帝自金陵入正大统，建元天历，以金

---

① 《元史》卷三二《文宗本纪一》，第 704 页。
② 何绍基：《跋李季云藏虞文靖书训忠碑记墨迹》，《东洲草堂文钞》卷一一，《续修四库全书》第 1529 册，第 229 页。
③ 《元史》卷三三《文宗本纪二》，第 737 页。

陵为集庆路。使传旨行御史台大夫阿思兰海牙，命以潜龙之旧作龙翔集庆寺云。明年，召中天竺住持禅师大䜣于杭州，授太中大夫，主寺事，设官隶之，画宫为图，授吏部尚书王僧家奴往董其役，斥广其地，为民居者，悉出金购之。土木瓦石、丹垩金碧之需，财自内出，不涉经费，工以佣给，役弗违农。有司率职庀工，景从响应。御史中丞赵世安承禀于内，行御史中丞亦释董阿、忽都海牙相继率其属以莅之。吏敏于事，民若不知。材既具，期以明年正月甲子之吉，乃建立焉。①

文宗曾居建康三年，这期间文宗被时刻监视，《元史·文宗本纪》记其泰定二年正月出居建康时，"以殊祥院使也先捏掌其卫士"②。也先捏实际上是文宗的监视者。致和元年三月，"也先捏私至上都，与倒剌沙等图弗利于帝（指文宗），乃遣宗正扎鲁忽赤雍古台迁帝居江陵"③。在这种政治背景下，文宗只得将目光和精力投向自然风景，也以此试图转移和打消对方的注意力。虞集《飞龙亭记》谓文宗在金陵时，"东南海岳湖江之上"，车辙马足皆有所至。"行邸去冶亭为近，上时游焉。"正是由于这段特殊的经历，也出于政治上的意图，待其登大典后，对曾经居住或游玩的地方都大肆兴建，还对原来的名称进行更换，命奎章阁学士撰碑记述，以寓"龙飞"之意。《飞龙亭记》谓文宗"既登大宝，自天光日华之所被，及山川草木，与有荣耀，则必有所述，以示乎天下后世。若集庆路大元兴永寿宫之飞龙亭，其一也。……亭本冶亭，宫本玄妙观，集庆本建康路，皆文宗皇帝所赐名也"。除龙翔集庆寺、飞龙亭外，尚有太平兴国禅寺。虞集《太平兴国禅寺碑》记云："今上皇帝以泰定（二年）乙丑之岁正月，来至于是邦，而寺适笤。天意若曰：其撤旧而作新之乎？皇上感焉，出金币以为民先。""（五年）岁在戊辰，铸大钟，为金数万斤。方在冶，上施宝珠投液中。钟成，其款有曰：皇帝万岁。珠宛然在其上，若故识之，而光彩明发，不以灼毁。……是年秋，皇帝归膺大宝，是为天历元年。出诏书，布德泽于天下。"④

天历二年九月，赵世安奉敕奉大都城隍庙神。虞集《道园学古录》卷二三《大都城隍庙碑》云：

---

①　虞集：《道园类稿》卷三六，《中华再造善本》影印中国国家图书馆藏元刻本。

②　《元史》卷三二《文宗本纪一》，第704页。

③　《元史》卷三二《文宗本纪一》，第704页。

④　虞集：《道园学古录》卷二四，《四库全书》第1207册，第354页。

天历二年二月庚子，皇后遣内侍传旨中政院臣，使言于上曰："城隍神庙，世祖皇帝时所建，有祷必应，煊赫彰著。而庙久弊弗葺，无以答神明之贶，以继世祖之意，请出内帑宝钞五万缗以修。"制曰可。命京尹臣贾某董之，太师（史）以谍曰弗协，请俟其吉。九月，中书参知政事臣赵世安等奉敕，奉神曰护国保宁佑圣王，其配曰护国保宁佑圣王妃。①

《元史·宰相年表》天历二年左丞有赵世安，十月至十二月任。又《文宗本纪》：天历二年十一月，"命中书左丞赵世安提调国子监学"。十二月，"仍命赵世安、阿荣辑录所上章疏，善者即议举行"。至顺元年正月，命参与纂修《经世大典》。《文宗本纪》载："至顺元年春正月丙辰，命赵世延、赵世安领纂修《经世大典》事。"编修《经世大典》的命令下于天历二年（1329）冬，开局则在至顺元年（1330）四月，明年五月完稿，执笔者为赵世延与虞集。赵世安不过"以省台之重，表率百司，简牍具来，供给无匮"。赵世延《经世大典序录》写于至顺二年五月，而前一年二月，赵世安已拜御史中丞，故《经世大典序录》有"御史中丞臣赵世安"云②。

天历三年（1330）孟夏，文宗为表绩赵世安，命绘其画像，且亲自为题书，又命虞集作赞。《赵中丞画像赞》序云：

> 天历庚午孟夏初吉，圣天子以为：御史中丞赵公世安，元从功臣，爰置左右，践扬省辖，表正风宪，厥绩殊茂，乃命绘像，用肃具瞻。亲御翰墨，书敕其上，识以宝玺，而命臣集述赞焉。臣惟公之事上也，靖恭夙夜，夷险一致。入则告以谋猷之嘉，出则宣其德意之美。惓惓焉爱君体国之意，其见于仪形风采者，宜垂颂焉。③

文宗念念不忘的还是赵世安对其继帝位的拥戴之功，所谓"元从功臣"。至顺元年（1330）秋，赵世安以御史中丞的身份传敕，召文宗在金陵时太平兴国禅寺的住持守忠入朝④。

---

① 虞集：《道园学古录》卷二三，《四库全书》第 1207 册，第 335 页。
② 李修生主编《全元文》第 21 册，第 686 页。
③ 虞集：《道园学古录》卷二一，《四库全书》第 1207 册，第 313 页。
④ 虞集：《太平兴国禅寺碑》，《道园学古录》卷二四，《四库全书》第 1207 册，第 354 页。

许有壬【水龙吟】《赵伯宁中丞代祀淮浙，过维扬征赋》云：

> 五云飞出蓬莱，天香散满人间世。龙翔凤翥，千龄一遇，明良庆会。节钺重来，士民腾喜，山川增气。想四方地远，九重心切，都要见、闾阎事。　　寤寐天颜咫尺，袅秋风、一鞭归骑。昔年勋业，乌台倚重，紫垣虚位。自顾疏庸，资身无策，敢论经费。但儒酸不改，作成充赋，助和羹味。①

按《元史》卷一八二《许有壬传》，许有壬至顺元年，擢两淮都转运盐司使。置司扬州。"昔年勋业，乌台倚重"云云，是指赵世安对文宗登基的鼎力之功。马祖常《赵公先德碑铭》云："立侍正府，以中丞兼侍正，光显荣遇，在廷鲜伦。而其折节下士，盖有人所不能跂及者。令典官第二品，得封二代，异恩特封三代焉。"按《元史·百官志四》，侍正府至顺二年（1331）始置。"令典官第二品"，则其时赵世安拜侍正府侍正，领正二品衔②。

许有壬《至正集》卷一八《寄赵伯宁中丞》诗云：

> 走马滦京献纳来，翠红乡里得徘徊。行厨无物非君赐，相府有花皆手栽。休恨相逢还判袂，且图一见便衔杯。雪林好在秋风菊，应贮芳醪待我回。③

至顺二年六月，许有壬曾至上京，见文宗于大安阁，《至顺辛未六月，见文宗皇帝于大安阁后廊，甲戌夏重来，有感而作》诗④即证。甲戌为元统二年（1334），其时文宗已逝世两年，许有壬重来故地，有感而赋此诗。同年秋，许有壬因处理葬事至扬州。《赠万国卿郎中》诗序云："至顺辛未秋，投绂居润，绝江来扬州，致先太夫人赗。"⑤自上都滦京至润州（今江苏镇江市），道经大都，好友赵世安当为之饯行，许诗即作于离别之时，故有"休恨相逢

---

① 唐圭璋编《全金元词》下册，第 966 页。
② 《元史》卷八八《百官志四》，第 2224 页。
③ 许有壬：《至正集》卷一八，《四库全书》第 1211 册，第 139 页。
④ 许有壬：《至正集》卷一六，《四库全书》第 1211 册，第 124 页。
⑤ 许有壬：《至正集》卷一四，《四库全书》第 1211 册，第 108 页。参见苏鹏宇《许有壬年谱长编》，《许有壬研究》附录，博士学位论文，中央民族大学，2013，第 188 页。

还判袂，且图一见便衔杯"，"应贮芳醴待我回"等语。至顺三年（1332）六月，赵世安复拜中书左丞。《元史·文宗本纪》：至顺三年六月"己酉，以御史中丞赵世安为中书左丞"。

三　顺帝朝的失势

文宗至顺三年八月己酉崩，同年十月庚子立幼帝继位，是为宁宗。次年六月己巳，顺帝即位。顺帝是明宗之子，与文宗有杀父之仇，对文宗朝的亲近之臣不可能重用。但由于其时顺帝尚年幼，方才十三岁，且皇权未稳，朝廷大政在文宗皇后不答失里手中，故顺帝初期，包括赵世安在内的文宗重臣并未受到排挤打压。这种状况大约至元统三年（1335）发生改变，其时赵世安不再担任中书省、御史台等要职，而处于无实权的清要衙门。至后至元六年（1340），顺帝羽翼已丰，为雪父仇，对包括文宗皇后在内的文宗派系大开杀戒，赵世安自然也难逃这场政治劫难。

元统元年十二月，赵世安已由中书左丞改任御史中丞。受皇太后之命至大庆寿寺，敕鲁云禅师建药师会七昼夜。黄溍《佛真妙辩广福圆音大禅师大都大庆寿寺住持长老鲁云兴公舍利塔铭》云：

> 禅师讳行兴，号鲁云，俗姓李氏，世居郓城。……文宗时，起主赵州之柏林。祖塔久不治，亟加严饰而一新之，丹垩炳焕，远近莫不瞻仰赞叹。寻请于朝，赐赵州古佛真际光祖国师之号。上尝咨访时之高人上士，佥以禅师对。特降玺书，命主大庆寿寺。……今上皇帝临御之始，皇太后命御史中丞赵世安至寺，建药师会七昼夜。越三日，禅师定起，谓左右曰："佛殿前放大光明，若等知之乎？"即声钟揖中丞与众共观，果见光焰陆离，上彻霄汉，经宿乃散。竣事之日，禅师升座，敷宣第一义谛，闻者咸悦。日入申，俄索笔书偈曰……投笔而逝，元统元年十二月二十二日也。[1]

元统三年，黄溍为释德辉撰《百丈山大智寿圣禅寺天下师表阁记》，末云："前荣禄大夫、御史中丞赵世安，光禄大夫、江南诸道行御史大夫易释董阿同

---

[1]　黄溍：《金华黄先生文集》卷四一，《续修四库全书》第 1323 册，第 517 页。"元统元年"，原作"元统九年"，从《全元文》改，第 30 册，第 246 页。

立石。"① 既署"前御史中丞",是知其时赵世安已无官职在身。

苏天爵《滋溪文稿》卷一九有《房山贾君墓碣铭》,该碑现存拓本,《北京图书馆藏中国历代石刻拓本汇编》第 49 册载录,末署刻石时间为后至元三年三月。墓志由赵世安篆额,所署官职为"荣禄大夫、同知徽政院事、侍政(正)府侍政(正)"。② 徽政院,掌侍奉皇太后。此时的皇太后即文宗皇后不答失里。侍正府,"掌内廷近侍之事",侍正是其最高长官,正二品。③ 顺帝是明宗的长子,明宗被其弟文宗所谋害,至元三年顺帝十八岁,即位五年,皇权已稳,开始疏远文宗朝的亲信之臣赵世安,不再使其担任省台要职。但由于其时尚有文宗皇后不答失里的庇护,赵世安仍得以供职内廷。

释大䜣《与赵伯宁司使书》云:

> 去春尝奉状,计无不达。厥后虽有台郎去,而不以告,故缺于修问,然非敢疏慢。想惟高度,待山野不以世礼,可相忘于形迹之外也。比审擢典先皇祠祀,祗虔祀礼,视古秩宗,益亲而重。山中以潜宫改创,出自钧画成就,刻之穹碑,垂于永久。独以差税累奉旨蠲除,而未得省部明文。如(后至元元年)乙亥冬,僧徒当差,枷锁累月,尽以租入不偿其费,为苦不可言。兹蒙钧慈,特为启奏,幸望矜念,早得文下,所谓成始而成终者也。自今而后,吾徒之食息于此者,一饭必祝。想见先皇在天之灵,喜动玉色,而灵山佛记愿力无穷,其降福公身,亦无量也。某居此十年,奔驰劳悴,加以多疾,日思求去。但以忝为开山住持,若不能乘此机会蠲其差税,则后人决不能安处而致废弛,而罪在不肖。今若办此一事,感盛德,非言可喻。④

据虞集《笑隐䜣公行道记》,天历元年(1328),诏以金陵潜邸为大龙翔集庆寺,大䜣首任住持。书有"某居此十年"之语,约作于后至元三年(1337)。又谓赵世安"擢典先皇祠祀","先皇"指文宗。据下文欧阳玄后

---

① 释德煇:《敕修百丈清规》卷下,《续修四库全书》第 1281 册,第 214 页。《金华黄先生文集》卷一一亦载,阙此文字。
② 北京图书馆金石组编《北京图书馆藏中国历代石刻拓本汇编》第 49 册,中州古籍出版社,1989,第 175 页。
③ 《元史》卷八八《百官志四》,第 2224 页。
④ 李修生主编《全元文》第 35 册,第 347 页。

至元五年所撰《重建少林寺达磨大师碑》，其时赵世安所任官职为隆祥使司使，而大诉致书称世安职衔即为"司使"，知赵世安拜隆祥使司使至迟在后至元三年。《元史·百官志三》"隆祥使司"条载："天历二年，中宫建大承天护圣寺，立隆祥总管府，设官八员。至顺二年，升为隆祥使司，秩从二品。"① 隆祥使司隶属太禧宗禋院。据《元史·百官志三》，天历元年，罢会福、殊祥二院，改置太禧院以总制之。二年，改太禧宗禋院，"掌神御殿朔望岁时讳忌日辰禋享礼典"。②

欧阳玄《重建少林寺达磨大师碑》云：

　　臣玄叙曰：维昔达磨大师，掩室龙门，藏身熊耳。时君萧梁武帝，追述慧命，亲制穹碑，世代推迁。旧刻既泐，遗文仅在。皇元至元五年仓龙己卯，少林长老息庵将凿石洛汭，树表禅源，遣徒了辩，走京师。命万寿禅寺住持、敕赐领曹洞宗惟赞，奉福住持思璧暨释教之都坛主普乘，希旨今朝，求证当世。于是内侍贵臣同知延庆司事烈思八班具事以启，赞天开圣仁寿徽懿宣昭贞文慈祐储善衍庆福元太皇太后有旨，命翰林侍讲学士欧阳玄为叙其事，奎章阁学士院大学士康里巙为书其文，同知徽政院事赵世安为篆碑首。③

该碑文今存拓片，《北京图书馆藏中国历代石刻拓本汇编》第 50 册收录，前署："荣禄大夫、同知徽政院，兼隆祥使臣赵世安篆额。"④

后至元五年，赵世安尚任同知徽政院事，兼隆祥使司使。自此以后，赵世安的事迹不见记载，可能与后至元六年顺帝为报其父明宗之仇，诏撤文宗庙主、去文宗皇后不答失里尊号一事相关。《元史·顺帝本纪》载：

　　（后至元六年）六月丙申，诏撤文宗庙主，徙太皇太后不答失里东安州安置，放太子燕帖古思于高丽，其略曰："……文宗稔恶不悛，当躬迓之际，乃与其臣月鲁不花、也里牙、明里董阿等谋为不轨，使我皇考饮恨上宾。……叔婶不答失里，怙其势焰，不立明考之冢嗣，而立孺稚之弟懿璘质班，奄复不年，诸王大臣以贤以长，扶朕践位。……当

---

①　《元史》卷八七《百官志三》，第 2211 页。
②　《元史》卷八七《百官志三》，第 2207 页。
③　傅梅：《嵩书》卷二一《章成篇三》，《续修四库全书》第 725 册，第 386 页。
④　北京图书馆金石组编《北京图书馆藏中国历代石刻拓本汇编》第 50 册，第 37 页。

时贼臣月鲁不花、也里牙已死，其以明里董阿等明正典刑。"①

所谓"太子燕帖古思"，乃文宗之子，诏流放，但未至高丽，即被谋害于中道②。文宗皇后不答失里被安置东安州后，"寻崩"③。懿璘质班，即宁宗，明宗第二子，顺帝之弟。至顺三年（1332）十月继位，十一月崩，年七岁。明里董阿是致和元年（1328）迎立文宗的勋臣之一。《元史·文宗本纪一》载：燕铁木儿肃清大都反对派势力后，"即遣前河南行省参知政事明里董阿、前宣政使答里麻失里，驰驿迎帝于江陵"④。赵世安作为文宗流寓金陵时期的亲信，更是助其高登宝位的"元从功臣"，在这场由顺帝亲自发动、意在复仇的残酷政治斗争中，也必然不能幸免于难，下场可能与被"明正典刑"的明里董阿一样。

天一阁本《录鬼簿》卷上列赵伯宁之名于"前辈名公乐章传于世者"栏，钟嗣成与赵世安为同辈人，其生年还略早于赵世安数年，然钟嗣成卒年在至正五年（1345）以后，《录鬼簿》乔吉条"至正五年二月，病卒于家"传语可证。钟嗣成称其为"前辈"并无矛盾，是就赵氏卒年早于自己而言。这也是推断赵世安卒于后至元六年（1340）的一个旁证。

四　小结

综合以上排比考证，可大致描述赵世安的身世履历。赵世安，字伯宁，生于至元二十一年（1284）八月二十一日。祖籍奉圣州矾山（今河北涿鹿），曾祖时迁居易州涞水（今属河北保定）。其曾祖赵柔在金末蒙古军队进军河朔之时，率先投诚，受到重用，成为元初朝廷要臣，其子也大都被授予官职。然传至第三代，官位已不再显赫。赵世安父亲早卒，本人可能因祖辈门荫关系，成宗大德末年外任江西行省左丞。武宗时供职内廷，虽品衔不高，实为皇帝身边的亲臣。仁宗时，事迹不显。随后英宗、泰定帝两朝，出于维护皇权稳定的目的，武宗之子怀王即文宗被远黜金陵，赵世安其时追随怀王南下，成为怀王藩邸近臣。也因此，文宗一朝，赵世安的仕途开始飞黄腾达，走向人生的最高峰，先后任中书省参知政事、左丞、

---

① 《元史》卷四〇《顺帝本纪三》，第856页。
② 《元史》卷三六《文宗本纪五》，第806页。
③ 《元史》卷一一四《后妃传一》，第2878页。
④ 《元史》卷三二《文宗本纪一》，第705页。

御史中丞等要职。文宗因帝位之争，谋害亲兄明宗。故作为文宗朝宠臣的赵世安，在明宗之子顺帝一朝逐渐被疏远，失去昔日的光环。但由于其初还有文宗皇后的庇护，赵世安仍能供奉内府。直至后至元六年（1340），在皇权已稳固的情况下，顺帝终于开始向文宗皇后本人及其追随者下手，皇后与文宗皇子均遭毒害。在这场蓄谋已久的政治斗争中，赵世安本人的结局虽没有直接的文献记载，然他与文宗的特殊关系，也注定使他成为这场政治风波的殉葬者。

王士熙

　　王士熙是元代在政事、文章两方面都达到极高成就的名士，诗、文、书、画兼善，精通音律，作散曲，《录鬼簿》列名"方今名公有乐府行于世者"，《太和正音谱》将其列入"俱是杰作"一百五人中。《青楼集》载其赠送扬州名妓李芝仪的四首【塞鸿秋】，"至今歌馆尤传之"。然《元史》没有王士熙传，也未见关于他的墓志、行状。较早对王士熙生平做考察的是门岿先生写于1987年的文章《元散曲家王继学仕履考》①，对王士熙的仕宦经历做了粗线条式的概述。最近的当推2012年山东师范大学郭翠萍的硕士学位论文《元代东平王氏家族研究》，部分章节论及王士熙的仕宦、交游和文学成就。两位的研究都有助于对元散曲家王士熙其人的进一步认知，但所考还不够精细，不少新材料尚未被采用，一些问题还没有说清楚。我们以王士熙现存诗文为依据，综合参照其他文献，详考其行履、仕宦、交游、创作，以期较全面系统地了解和掌握其生平。袁桷《翰林承旨王公请谥事状》载："公讳构，字肯堂。世居潍州。《家谱》云与中书令同系。八世祖某，宋世为司农卿，守郓，因家焉，故今为东平人。"是知王士熙祖籍潍州（今山东潍坊），九世祖始徙居东平，遂为东平人。其生年，无明文记载。按释大诉《书金陵十诗后》云："邓善之为予言，肯堂王公与果长老厚善，逮果化去，而继学于是夕生。今年夏，继学来为南台侍御，质之，云：'先公尝指予言，果长老将化而来别，云复有廿年之聚。予二十余，先公弃世。'则善之之言为然也。"②"肯堂王公"，即王士熙之父王构。据袁桷《清容居士集》卷二九《王构墓志铭》，王构卒于至大三年（1310）。王士熙谓自己时"二十余"，当在21—25岁，生年约在至元二十三年（1286）至二十七年（1290）。又胡助《纯白斋类稿》卷一〇《挽王继学中丞》其一有"妙年台阁祥麟出"语，"台阁"指翰林院，"妙年"，一般指二十岁左右。据下文的考证，王士熙进入翰林院是在大德十一年（1307）。结合这

　　① 门岿：《元曲管窥》，天津人民出版社，1993，第318—323页。
　　② 释大诉：《蒲室集》卷一四，《中华再造善本》影印元至元刻本。

项材料，王士熙的生年可以进一步确定在 1286—1288 年①。

依据胡祗遹《紫山大全集》卷一六《王忠武墓志铭》、袁桷《清容居士集》卷二九《王文肃公墓志铭》及卷三二《翰林承旨王公请谥事状》，并参照其他相关文献记述，可勾勒出王士熙的家族世系图谱如下：

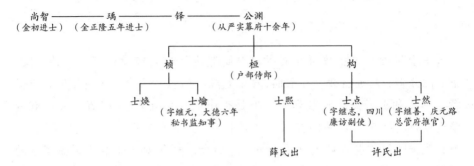

一　供职朝廷（1307—1327）

（一）官拜翰林（1307—1318）

王士熙《儒学庙碑》云："范君（指范梈）江右人，博学好古，在史馆予与之游甚熟。"② "史馆"是翰林国史院的简称。吴澄《范亨父墓志铭》载："（梈）年三十六，始客京师，勋旧故家延致教其子，艺能操趣，绷中彪外，流光浸浸，以达中朝，荐举充翰林编修官，官满，部注建昌路照磨，宪台有闻名者，改擢将仕佐郎、海南海北道廉访司知事。"③ 墓志记范梈卒于天历三年（1330），年五十九，则其三十六岁以荐举充翰林院编修在大德十一年（1307）。又释大䜣《蒲室集》卷五《次韵王继学侍御金陵杂咏十首》之《独坐君子堂》注云："继学尝师邓善之。"按吴澄《邓公神道碑》：文原"（大德戊戌），越四年辛丑，授应奉翰林文字，越五年乙巳，升修撰。至大戊申，考满进阶，仍旧职。越三年庚戌，出任江浙儒学提举"④。则邓文原任职翰林院在大德五年辛丑（1301）至至大二年己酉（1309）这九年间。

---

① 傅若金《呈王继学大参时领江东宪》（《傅与砺诗集》卷五）有 "丈人文律擅风骚" 语。按苏天爵《傅君墓志铭》（《滋溪文稿》卷一三），傅若金生于大德七年（1303），小王士熙约二十岁，宜呼 "丈人"。

② 李修生主编《全元文》第 22 册，第 165 页。

③ 吴澄：《吴文正集》卷八五，《四库全书》第 1197 册，第 806 页。

④ 吴澄：《吴文正集》卷六四，《四库全书》第 1197 册，第 631 页。

又袁桷《翰林承旨王公请谥事状》：王构"（大德）九年，授济南总管。……十一年，太师沈阳王等奏，俾乘驿造朝，拜翰林学士承旨"①。王士熙当大德十一年约二十二岁随父进京，胡助说他"妙年台阁祥麟出"，大概该年即入翰林院。时邓文原为翰林修撰，范梈任编修，王士熙师事邓文原应就在大德十一年至至大二年。

翰林院期间王士熙与同院前辈范梈、袁桷多有诗歌酬唱。范梈有《奉和王继学怀济南旧游》四首，王《怀济南旧游》诗佚。范诗其四有"手接新词绝底清，一双白眼为君青"②句，可见范梈对小自己十五岁的后辈王士熙极为赞赏。王士熙畅游济南应在青少年时期，也留下了美好回忆，他流放海南时所作《白莲》诗云："青腰霜下蟾房冷，皓首天边鸟使稀。最忆齐州旧游处，日斜双桨折花归。"③袁桷《次韵王继学》诗云："萧萧寒雀下庭除，一榻蓬蒿是我居。雪后看山双眼净，风前揽镜二毛疏。退之掌制惭存稿，伯玉知非定止车。深愧年华增老大，还家早注故山书。"自注"退之掌制惭存稿"句云："退之四十八岁知制诰，一年仅存《崔群户部》一制。余年相同，亦草一制。"④据苏天爵《滋溪文稿》卷九《袁桷墓志铭》，桷泰定四年（1327）卒，年六十二，生年在1266年。该诗作于其四十八岁时，即皇庆二年（1313）。王士熙原诗不存。袁桷字伯长，鄞县（今浙江宁波）人。大德初拜翰林国史院检阅官，升翰林应奉，历修撰、待制、集贤直学士，泰定初辞归。

延祐元年（1314）首科，马祖常高中进士第二甲第一名，"隐然名动京师，授应奉翰林文字、承事郎、同知制诰兼国史院编修官，日与会稽袁公桷、东平王公士熙以文章相淬砺"⑤。马祖常《再用韵奉继学二首》其一云："修撰官清切，高斋不易开。"⑥又有《春思调王修撰、袁待制二首》，后一首袁桷有和作《次韵伯庸春思兼简继学二首》。则延祐初王士熙官翰林院修撰，尝偕马祖常赴上都，袁桷《送王继学修撰、马伯庸应奉分院上都二首》其一云："玉京高处雪流脂，连插鸡翘缘鬓垂。蹀躞有泥歌独漉，琵琶无梦说相思。黑河旧乐催填谱，白海名花拟进词。羽猎上林俱罢赋，卿云何以

① 袁桷：《清容居士集》卷三二，《丛书集成初编》第9册，中华书局，1985，第555页。
② 范梈：《范德机诗集》卷七，《四库全书》第1208册，第146页。
③ 杨镰主编《全元诗》第21册，第9页。
④ 袁桷：《清容居士集》卷一一，《丛书集成初编》第4册，第196页。
⑤ 苏天爵：《马祖常墓志铭》，《滋溪文稿》卷九，陈高华、孟繁清点校，中华书局，1997，第139页。
⑥ 马祖常：《石田文集》卷二，《四库全书》第1206册，第493页。

报明时。"① 王士熙有同韵和作《用袁待制送行韵》，胡助亦作《和袁伯长韵送继学、伯庸赴上都四首》，其三有云："由来勋业须青鬓，二妙风流擅一时。"②

延祐元年，杭州名道士张雨随真人王寿衍一同至大都，张雨因能诗而名声大振，一时贤士大夫范梈、杨载、袁桷、虞集，"皆争与为友，愿留之京师"③。马祖常《王继学同张学士寿宁宫祠宿奉寄》云："迤逦违世器，冲融叶道情。修管文赋成，歌诗藻思生。……下阶就步武，布席思我友。我友不可思，方与神仙期。峨峨华阳巾，左右委佩垂。夜半登玄坛，象纬光陆离。天门倘有遇，为我含景滋。"④"张学士"即张雨，"学士"非指张雨官翰林学士，而是泛称能诗作文之人。虽然大都的贤士大夫"愿留之京师"，张雨却无意俗宦，固辞，后归钱塘⑤。

延祐二年六月，王士熙与赵孟頫、袁桷、虞集等为道士祝丹阳《天冠山图》各赋诗二十八首。赵孟頫诗跋云："道士祝丹阳示余《天冠山图》，求赋诗，将刻石山中，为作此二十八首。延祐二年六月二十四日，松雪道人。"⑥ 又虞集诗跋："余赋此诗时，以小字书之，袁伯长学士、礼部王继学尚书、赵承旨先后同赋，杂书同一卷。后云失去，复得赵公如前，而求书其后。偶阅故纸，得草稿余纸漫录之。虞伯生甫。"⑦ 也即说，王士熙与赵、袁、虞诸人的首次题诗是在延祐二年，"后云失去"，仅赵诗并跋存。虞集诗及跋乃后来所书，称继学礼部尚书，非延祐二年已任此职。王士熙同年还撰《太史令王恂赠谥制》。据《元史》卷一六四《王恂传》，恂于延祐二年赠推忠守正功臣、光禄大夫、司徒、上柱国、定国公，谥文肃。《李宫人琵琶引》诗大概也是延祐初作。揭傒斯同题诗序云："鄂县亢主簿言有李宫人者，善琵琶。至元十九年以良家子入宫得幸，上比之昭君。至大中，入事兴圣宫。比以足疾，乃得赐归侍母，给内俸如故。因亢且乞诗于余，遂

---

① 袁桷：《清容居士集》卷一〇，《丛书集成初编》第 4 册，第 166 页。
② 胡助：《纯白斋类稿》卷一一，《丛书集成初编》，商务印书馆，1935，第 98 页。
③ 刘基：《句曲外史张伯雨墓志铭》，朱存理编《珊瑚木难》卷五。
④ 马祖常：《石田文集》卷一，《四库全书》第 1206 册，第 476 页。
⑤ 朱存理编《珊瑚木难》卷五，《四库全书》第 815 册，第 144 页。参见王祎《元故弘文辅道粹德真人王公碑并序》，《王忠文集》卷一六，《四库全书》第 1226 册，第 333 页。
⑥ 《法书题跋赵子昂诸贤天冠山题咏》，汪砢玉编《珊瑚网》卷九，《四库全书》第 818 册，第 131 页。
⑦ 《法书题跋赵子昂诸贤天冠山题咏》，汪砢玉编《珊瑚网》卷九，《四库全书》第 818 册，第 135 页。

作《李宫人琵琶引》。"① 按《元史》卷一八一《揭傒斯传》："延祐初，（程）钜夫、（卢）挚列荐于朝，特授翰林国史院编修官。……升应奉翰林文字，仍兼编修，迁国子助教，复留为应奉。"袁桷亦有《李宫人琵琶行》诗，三诗应是同时之作，时三人同在翰林任职。另据刘敏中《故少中大夫同知南京路总管府事赵公神道碑铭》，王士熙任翰林修撰期间为霸州尹赵思益之父作行状。神道碑云："公讳珪，字君宝，世家弘州，后徙燕，遂为燕人焉。""明年，改同知南京路总管府事，遘疾，卒于官，实十八年辛巳八月十日也，寿年六十有三。""（子）思益，为人英毅贞峻，嶷嶷有父风，以荫授冠州判官，改大司农照磨，迁承务郎、河间莍县尹。在官六年，多异政，民勒石颂德。进奉训大夫、霸州尹。……奉训君以翰林修撰王士熙所为公善状，谒于绣江。"②

延祐三年，王士熙升翰林院待制。袁桷《翰林承旨王公（构）请谥事状》载："子士熙，今为翰林待制。……延祐三年九月日，门生翰林待制、承务郎、兼国史院编修官袁桷上。"③ 按苏天爵《袁桷墓志铭》："公在馆阁，一时耆旧若阎公复、程公钜夫、王公构，雅爱敬公，故蒙荐擢。"④ 故袁桷谦称"门生"。该年冬，苏志道出任岭北行省郎中，王士熙赋《送苏公赴岭北行省郎中》赠别："居庸关头乱山积，李陵台西白沙碛。画省郎中貂帽侧，飞雪皑皑马缰湿。马蹄雪深迟迟行，冷月栖云塞垣明。铁甲无光风不惊，万营角声如水清。明年四月新草青，征人卖剑陇头耕。思君遥遥隔高城，南风城头来雁鸣。"⑤ 苏志道（1261—1320），字子宁，真定人。苏天爵之父。据虞集《道园学古录》卷一五《岭北等处行中书省左右司郎中苏公墓碑》："丙辰之冬，关中猝有变，未两月，遂及和林。守者不知计所从出，人大震恐，并塞奔散。会天大雪，深丈余，车庐人畜压没，存者无以自活，走和林。无食，或相食，或枕藉以死。日未昃，道无行人。方是时，除吏率惴怵顾虑，辞不往，独公受命即行，曰：'岂臣子避事即安时耶？'"⑥《元史·仁宗本纪》载，延祐三年丙辰十月，甘州、肃州等路饥荒。虞集所谓"关中猝有变"即指此事。王士熙同僚好友杨敬德作《和王继学待制送岭北省

① 揭傒斯：《文安集》卷二，《四库全书》第 1208 册，第 165 页。
② 刘敏中：《中庵集》卷一六，《四库全书》第 1206 册，第 147 页。
③ 袁桷：《清容居士集》卷三二，《丛书集成初编》第 9 册，第 554 页。
④ 苏天爵：《滋溪文稿》卷九，第 134 页。
⑤ 杨镰主编《全元诗》第 21 册，第 3 页。《元诗选二集》诗题作《送和林苏郎中》。
⑥ 虞集：《道园学古录》卷一五，《四库全书》第 1207 册，第 218 页。

郎中》云："塞迥春犹浅，山深雪尚多。碛云凝画角，沙月动雕戈。旧曲思青海，先声到黑河。遥怜麾白羽，万骑趣铙歌。"① 虞集有《代祀西岳答袁伯长、王继学、马伯庸三学士》诗二首。据赵汸《邵庵先生虞公行状》，虞集大德六年擢大都路儒学教授，十一年拜国子助教，延祐元年授太常博士，三年"奉诏西祀名山大川"②。袁、王、马三人均有同韵和诗。

延祐四年十一月，马祖常为茅山道士刘云江所藏李息斋《墨竹图》题诗，王士熙和韵，虞集书之。清高士奇《江村销夏录》卷二《元李息斋墨竹图》载："'仙人家住太华谷，平生种竹如种粟。九秋无实孤凤饥，碧色离离拥寒玉。琳宫高壁澄月光，天风吹影玄云香。老龙蜕骨坠人世，衣制铁锁翻琅锵。西山采薇泪如雨，嶰管参差鸣洞浦。苔根稚箨正堪煮，陂中弃茎抛莫取。苍官去作明堂梁，玉妃零落凄晓霜。岁穷日晏耐幽独，仙人披图釂君觞。'东平王士熙次韵，清奇相颉颃，真一时二妙也，故并书之。延祐丁巳冬十一月既望，集记。"前书马祖常题诗，款云："天山马雍古祖常题云江所藏息翁风竹。蜀郡虞集书。"③ 刘云江，名大彬，号玉虚子。正一道教茅山宗第四十五代宗师，皇庆元年（1312），制赐洞观微妙玄应真人④。由大都返茅山时，虞集赠诗云："十月暂离句曲洞，早春还谒大明宫。"⑤ 则入京应在皇庆二年春。李息斋，即李衎（1245—1320），字仲宾，号息斋。宛平（今属北京市）人。皇庆元年由常州路总管入拜吏部尚书，明年请致仕，不允，超拜集贤大学士、荣禄大夫。致仕后居扬州。延祐七年卒，年七十六。⑥ 其为刘云江作《墨竹图》应在任常州路总管期间，迁调吏部尚书之前。延祐四年王士熙还撰有《奉赠高克恭尚书制》，其《题高房山青山白云图》诗序云："士熙晚生后辈，延祐四年，奉赠尚书，士熙实当笔。"⑦ 高克恭（1248—1310），字彦敬，西域人，寓居涿州房山（今属北京市）。至元二十五年累迁监察御史，历中书都事、兵部郎中，出任江淮行省郎中，迁山南廉访副使，大德元年除南台治书侍御史，历工部、吏部侍郎，改刑部，升刑部尚书。至大三年卒，年六十三，谥文简。善绘事⑧。

---

① 杨镰主编《全元诗》第 33 册，第 377 页。
② 李修生主编《全元文》第 54 册，第 351 页。
③ 高士奇：《江村销夏录》卷二，《四库全书》第 826 册，第 531 页。
④ 赵世延：《茅山志序》，李修生主编《全元文》第 21 册，第 682 页。
⑤ 虞集：《送刘宗师归茅山》，《道园学古录》卷三，《四库全书》第 1207 册，第 39 页。
⑥ 苏天爵：《李文简公神道碑》，《滋溪文稿》卷一〇。
⑦ 杨镰主编《全元诗》第 21 册，第 22 页。
⑧ 邓文原：《故大中大夫刑部尚书高公行状》，《巴西集》卷下，《四库全书》第 1195 册。

（二）御史台属官、中书省郎中（1319）

王士熙跋王恽《秋涧先生大全集》云："士熙童草时，侍先鲁国文肃公获拜先正王文定公履綦。逮延祐己未，与公之孙苛同在台察，又联事六曹。出公之《大全集》见示，曰：'兹御史请于朝，命江浙省刻梓以行矣。'"① 文作于延祐七年。按中统元年（1260），姚枢授东平宣慰使，辟王恽为详议官，所在多有题咏。王士熙系东平籍，因而"童草时"得随乃父追拜王恽"履綦"。王士熙跋谓延祐六年己未与王恽之孙苛"同在台察"，即供职御史台。又谓"联事六曹"，据王恽之子、王苛之父公孺跋《秋涧集》："延祐己未岁冬季，孙苛方任刑曹郎官，走书于家，取其遗文，云朝廷公议……当移江浙行省给公帑刊行。"② 知延祐六年王苛授刑部郎官，而此时王士熙已由"台察"迁调六部。按王士熙《送袁德平归越》诗云："平湖如镜静秋波，禹穴西风卷碧萝。""燕市尘深拂衣去，海门何处问渔蓑。"③ 又薛汉《和袁德平》诗云："世路不可涉，风霜苦见侵。园庐长入梦，岁月易惊心。木落秋容瘦，云昏雨意深。登楼试长望，烟水晚沉沉。"④ 二诗所叙时间、送别之情皆同，是同时为袁德平钱行而作。薛汉延祐五年入京待选，授休宁县主簿，将行，因邓文原荐，遂留止。袁德平，即袁裹（1260—1320），德平其字，鄞县（今浙江宁波）人。善书法，著《书学纂要》，乃王士熙友人袁桷同宗⑤。袁裹善书法，故王士熙送诗有"狂客有船都载酒，道人无字不笼鹅"句。马祖常有和王士熙送袁德平诗，题为《和继学郎中送友归越中》（《石田文集》卷三），又《用继学郎中韵再赋》云："韶华未逐东风老，薇省题诗酒半醺。"⑥ 其时王士熙年三十余，故云"韶华未老"，"薇省"即中书省。是知王士熙延祐六年任中书省郎中，六部隶属中书，故王士熙自谓与时任刑部郎官的王苛"联事六曹"。

延祐六年，蔡文渊、王士熙主持大都乡试，取宋本为第一。苏天爵《宋褧墓志铭》载："延祐六年，（公）挟其所作歌诗，从正献（即宋本）来京师。清河元公明善、济南张公养浩、东平蔡公文渊、王公士熙方以文学显于朝，见公伯仲，惊叹以谓异人，争尉荐之。会蔡公、王公试大都乡贡士，

① 陆心源编《皕宋楼藏书志》卷九七，《续修四库全书》第929册，第419页。
② 陆心源编《皕宋楼藏书志》卷九七，《续修四库全书》第929册，第421页。
③ 杨镰主编《全元诗》第21册，第9页。
④ 杨镰主编《全元诗》第23册，第59页。
⑤ 袁桷：《袁府君墓表》，《清容居士集》卷三〇。
⑥ 马祖常：《石田文集》卷四，《四库全书》第1206册，第500页。

正献名冠第一，公文亦在选中，以解额不足而止。"①

　　王士熙有《送郭子昭淮东经历》诗，按袁桷《郭子昭淮东廉司经历饯
行诗序》云："淮南地广袤……汝宁郭子昭，今为其幕长焉。子昭之吏事，
不拘文以求苟者也。……学优而辞工，将考其山川，询其废兴，抉搜幽奇，
悉出于翰墨。……为歌诗者，俾余首为叙。"②王士熙自然也是同时"为歌
诗者"之一，此外还有薛汉《郭子昭淮东经历》、柳贯《送郭子昭经历赴淮
东》等。袁桷泰定元年辞归，薛汉泰定元年卒，数人同时所作送郭子昭诗
在泰定元年前。又薛汉延祐六年留止京师，柳贯该年任国子助教。（宋濂
《柳先生行状》）数人同赋送行郭子昭诗当在延祐六年。郭子昭，名炯，蔡
州（今河南汝南县）人。曾与许谦同受业于金履祥，历官浙东、浙西宪史，
泰定元年任南台御史。③

　　延祐七年，王士熙作《广平路创建善政楼记》："延祐戊午，抚州路总管
邢侯移治广平，问俗设教，井井有方。以路治之前有废址突起，可以增而为
台观室宇。……既落成，其郡之耆旧、副使刘铸等，相与赴京师，求士熙记
之。……楼即工于延祐六年十月，成工于七年九月。侯名秉仁，字仁甫，彰
德人也。"④邢秉仁（1250—1325），累官广平彰德铁冶都提举，迁抚州路总
管，改广平，以礼部尚书致仕⑤。同年还撰有《张进中墓表》："张进中，居
京师有年，耆老之一也。进中字子正，善为笔。其为笔也，管以坚竹，毫
以鼬鼠，极精锐宜书，人争售之。……至八十以终，时延祐七年某月某日
也，葬宛平县冈村。……余识京师耆老多矣，所敬者，唯君及何失。失家
善织纱縠，最能为诗，充然有得。……今何君、张君相继以陨，求似者未
之见。"⑥这里所提及的何失，字得之，隐居京师。织帽纱为业，售不二价。
喜赋诗，思致颇不凡。（《研北杂志》卷下）《张进中墓表》作于延祐七年，
谓"今何君、张君相继以陨"。据《揭文安公全集》卷二《过何得之先生故
居五首》之四小注，何失延祐五年冬十月尚在世，逝世或在延祐六年⑦。

―――――――

①　苏天爵：《滋溪文稿》卷一三，第 204 页。
②　李修生主编《全元文》第 23 册，第 213 页。
③　许谦：《送郭子昭序》，《白云集》卷二，《四库全书》第 1199 册；张铉：《至正金陵新志》
　　卷六，《四库全书》第 492 册。
④　李修生主编《全元文》第 22 册，第 159 页。
⑤　马祖常：《邢公神道碑铭》，《石田文集》卷一二，《四库全书》第 1206 册；袁桷：《邢氏
　　先茔碑》，《清容居士集》卷二七，《四库全书》第 1203 册。
⑥　李修生主编《全元文》第 22 册，第 165 页。
⑦　参见陈前进《元大都织帽匠何失生平及交游考》，《民族文学研究》2023 年第 6 期。

（三）再任翰林待制（1321）

袁桷《王构墓志铭》云："翰林承旨赠大司徒鲁国王文肃公，至大三年，六十有六，薨京师，假葬于城东隅。至治元年，其孤翰林待制士熙，始克奉柩，以某月某日葬东平祖茔狐山之原。……娶薛氏，鲁国夫人，是生士熙。再娶许氏，皆先卒。晚岁得二子：士点、士然。女一，嫁薛晋。士熙能文辞，有声，将大用于世。"① 又胡助《庆云颂并序》云："泰定二年冬十一月，英宗皇帝御容既成，有旨奉安于万安寺。越辛酉，丞相率百僚备仪仗导引、彩舆之次，教坊乐作，而庆云见。中书参议臣王士熙作颂，以纪盛美，而草野臣胡助窃获观焉。其《颂》之序有曰：'昔至治元年，百官迎仁宗御容至万安寺，庆云见。英宗命翰林学士元明善赞之，小臣尝载笔太史。'"② 结合袁桷《王构墓志铭》与胡助《庆云颂序》转引王士熙自述，至治元年（1321），王士熙官翰林国史院待制，这是他第二次任该职。

至治元年四月，王士熙与袁桷、陈景仁随驾至开平（元上都，治所在今内蒙古正蓝旗东闪电河北岸），八月还大都，沿途多有唱和诗作。袁桷《开平集》第三集序云："至治元年二月庚戌，至京城。……四月甲子，扈跸开平，与东平王继学待制、陈景仁都事同行，不任鞍马。八日始达，留开平一百有五日。继学同邸。八月甲寅还大都，得诗凡六十二首。"③ 陈景仁，籍里、名号俟考。至治元年除集贤院都事，同年迁调云南，袁桷《送陈景仁调官云南序》云："至治元年，中书省选集贤都事陈君景仁调云南官簿。"④ 薛玄曦有《送陈都事使云南兼寄李仲渊廉访》诗。陈氏后来的仕途似乎并不如意，柳贯《十二月七夜，畏寒无寐，阅陈景仁都曹云南行卷，为和杂诗八首》其七云："陈君自少年，高步已青霄。……乃令坐郎署，两鬓日萧萧。君子尚难进，躁夫率狂飘。"⑤ 扈跸开平途中，王士熙作有《竹枝词十首》与《上都柳枝词十首》，袁桷、马祖常、虞集、许有壬等均有和作。至正十三年（1353），吴澄之孙吴当以国子司业随驾上都，和作《王继学赋柳枝词十首，书于省壁，至正十有三年扈跸滦阳，左司诸公同追次其韵》⑥。

① 袁桷：《清容居士集》卷二九，《丛书集成初编》第 8 册，第 503 页。
② 胡助：《纯白斋类稿》卷一八，《丛书集成初编》，第 160 页。
③ 袁桷：《清容居士集》卷一五，《丛书集成初编》第 5 册，第 277 页。
④ 袁桷：《清容居士集》卷二四，《丛书集成初编》第 7 册，第 426 页。
⑤ 《柳贯诗文集》卷二，柳遵杰点校，第 20 页。
⑥ 吴当：《学言稿》卷六，《四库全书》第 1217 册，第 305 页。

王士熙有《送朱真（贞）一住西山》诗①。按柳贯《玉隆万寿宫兴修记》云："郭景纯与许旌阳同时，尝为旌阳相宅，得豫章西山之阳曰逍遥山者居焉。后于其地拔宅升真，即建游帷观，改玉隆万寿宫。……至治元年，临川朱君思本实嗣居其席。"② 朱思本（1273—?），字本初，号贞一，临川（今属江西抚州市）人。龙虎山道士，从吴全节居大都。有《贞一斋诗文稿》，今存。其至治元年自大都前往豫章住持玉隆万寿宫时，赋诗赠行的士夫文人极多，王士熙外，还有袁桷《送朱本初住玉隆万寿宫》（《清容居士集》卷一二）、许有壬《送朱本初住玉隆万寿宫》（《至正集》卷一五）、柳贯《送朱本初法师赴豫章玉隆宫四首》（《柳待制文集》卷四）、马臻《送本初朱提点之玉隆主席五首》（《霞外诗集》卷一〇）、张起岩《送朱贞一》（《国朝风雅杂编》卷上）。③

自大德十一年（1307）至至治元年（1321），凡十五年，其间王士熙短暂任过御史台及中书省郎中等官，绝大部分时间供职翰林院，历修撰、待制，先后与范梈、袁桷、马祖常、虞集、许有壬、宋本、宋褧等翰林同僚唱和，可谓一时盛事。《元诗选二集》戊传云："继学为诗，长于乐府歌行，与袁伯长、马伯庸、虞伯生、揭曼硕、宋诚夫辈唱和馆阁，雕章丽句，脍炙人口。如杜、王、岑、贾之在唐，杨、刘、钱、李之在宋，论者以为有元盛世之音也。"④

（四）吏部尚书、右司员外郎（1322—1323）

袁桷《开平集》第四集《寄王继学吏部》诗有云："青春王吏部，东阁久相陪。"⑤ 又《清容居士集》卷九有《王叔能侍丞相入见王继学尚书序其事，谨赋二十韵》。据《开平集》第四集袁桷自序，该集中诗作于至治二年（1322）。由此王士熙任吏部尚书在至治二年，其时不足四十岁，宜云"青春"。

杨载有《寄王继学二十韵》，按黄溍《杨仲弘墓志铭》：杨载"年几四十不仕。……贾户部国英数言其材能于朝，遂以布衣召入，擢翰林国史院编修官，与修《武宗实录》。书成，褒赐甚厚。居亡何，调管领系官海船万户府照磨，兼提控案牍。……登延祐二年进士乙科。用有官恩例视第一人，

①　诗题，《元诗选二集》注云："一作《送朱本初住玉隆》。"
②　《柳贯诗文集》卷一四，第293页。
③　王德毅等编著《元人传记资料索引》，第321页。
④　顾嗣立编《元诗选二集》戊，第537页。
⑤　袁桷：《清容居士集》卷一六，《丛书集成初编》第6册，第298页。

授承务郎、饶州路同知浮梁州事。秩满，迁儒林郎、宁国路总管府推官。未上，以至治三年八月十五日卒，得年五十三"①。杨载延祐二年（1315）授浮梁州同知，秩满当在延祐四年，自此至至治三年（1323）卒，一直退隐家乡钱塘。杨寄诗作于家居钱塘期间，故有"执竿犹海上，扶末即岩隈"，"落魄江湖阻，苍茫岁月催"语。又有"负鼎资烹饪，操刀贵专裁。铦锋行肯綮，异味合盐梅"句②。"资烹饪""合盐梅"，均指宰相之任，是就王士熙任吏部尚书而言，杨诗应作于至治二年或三年。墓志谓杨载"年几四十不仕"，后因贾国英之荐，以布衣召入翰林，时间当在至大四年（1311）前后，时王士熙任职翰林院，故杨诗谓"旧游辞玉府，故事忆金台"，"玉府"指翰林院，"金台"代指京城。

《元史·英宗本纪》载：至治三年夏四月，"命张珪及右司员外郎王士熙勉励国子监学"。右司员外郎，正六品，而吏部尚书是正三品。王士熙何以由正三品吏部尚书左迁正六品右司员外郎，文献不足，阙如俟考。马祖常《石田文集》卷四《调继学左司》诗应作于此时，唯马诗称"左司"，与《元史》所记略异。

（五）中书参议（1323—1326）

朱德润有《居庸南口呈王继学参议诸公》诗③，按周伯琦《有元儒学提举朱府君墓志铭》："英宗嗣位，会沈王以忏中贵人斥外，太皇太后命驰芗于鄞之天童寺，君遂与偕，表授镇东行中书省儒学提举。又明年二月……国家用浮屠法，集善书者以金泥写梵书，有旨命君综其事，盖旌其能书也。及成，而英庙陟配矣。君语其友曰：'吾挟吾能事两朝而弗偶，是宰物者不吾与也，其归饮三江水，食吴门莼乎！'且日买舟而南。……既归，杜门屏处，讨论经籍，增益学业，不求闻达，垂三十年。"④ 由"英庙陟配"云云，知朱德润辞归江南在至治三年八月英宗驾崩后不久。《居庸南口呈王继学参议诸公》诗作于辞归之前，有"秋山濛鸿林麓稀，行人思逐秋云飞"，"一官胡乃高句丽"句，所叙时间、地点与周伯琦《有元儒学提举朱府君墓志铭》的记载均契合（秋季与八月，高丽与镇东行省）。诗又有"仙耶隐耶是与非，武陵何处桃花溪，渔郎思归我焉归，黄鸡白酒山东西"句，与其自

---

① 李修生主编《全元文》第 30 册，第 286 页。
② 杨载：《杨仲弘诗集》卷四，《四库全书》第 1208 册，第 27 页。
③ 朱德润：《存复斋文集》卷一〇，《四库全书存目丛书》集部第 22 册，第 645 页。
④ 李修生主编《全元文》第 44 册，第 575 页。

语"归饮三江水，食吴门莼"亦吻合。如此，至治三年八月，王士熙已由右司（或左司）员外郎升中书省参议。吴澄《与王参议继学书》云："澄老疾不堪久客，去秋治任将归，辱在廷诸公枉问，且勉其留，此意幸甚。归舟幸得善达山中，日寻药裹以扶衰惫。天使忽临，颁下公朝锡赉之礼。此施之于勋阅世家者，岂疏远贱臣所宜得！惊悸不宁再三，揆分度义，非所敢受，是用恳辞。切惟畴昔先承旨相公爱念不薄，于今参议忝为世契，必能谅区区之衷而斡旋之。"① 按危素《吴澄年谱》：吴澄泰定二年十二月还家，三年传旨授翰林学士、资善大夫、知制诰同修国史。"公既归，丞相数欲召还……乃言于上曰：'江南吴某，旧德重望，往年召为学士，商议政事，进讲经筵。今以年高辞朝而去，宜加优礼，以宣扬朝廷敬老尊贤之意，使天下有所激劝，而圣明之誉亦得垂于无穷矣。'上深然之，乃有是命。……遣翰林编修官刘光至家传旨。"三月己巳拜命，"公上表辞谢"。② 吴澄与王继学书应与泰定三年三月"上表辞谢"同时作，此时王士熙仍在中书省参议任上。吴书所谓"先承旨相公"，乃士熙父王构。

张养浩《寄省参议王继学诸友自和十首》其一云："曩昔尘奔为悦亲，而今云卧复天真。山林充隐当容我，馆阁求贤岂乏人。"③ 张养浩（1270—1329），字希孟，号云庄，济南历城人。英宗即位，任中书省参议，因谏止内廷灯山之戏，不报，辞归养亲。天历二年（1329）复起为西台中丞。寄王士熙组诗作于至治、泰定居家归隐之际。许有壬有【沁园春】《寄题詹事丞张希孟绰然亭，用王继学参议韵》词。王词不存。绰然亭为张养浩家居休憩之地，张有《记绰然亭前花木》《书绰然亭壁》二诗。前一首有云："归来得兹堂，偃息欢有余。门庭足山色，田间水萦纡。……从游有猿鹤，共话惟樵渔。"④

至治三年，王士熙作《王氏世德碑》云："至治癸亥秋九月，皇帝践祚龙居河。詹事（王居仁）时为参知政事，枢密（王投，居仁弟）为同金。时大臣多去位，止公昆仲同犯险阻，涉川汉，人皆危之。及宸极既止，参政仍位中书，拜尚驷异锦之赐，同金进金书，人又莫不荣之。奉恩纪之昭灼，念祖德之攸叙，将刻丰石，播扬休美，属笔士熙。以同郡末进，且尝

① 吴澄：《吴文正集》卷八，《元人文集珍本丛刊》第3册，第183页。
② 危素：《吴澄年谱》，吴澄：《吴文正集》附录，《四库全书》第1197册，第934页。
③ 张养浩：《张文忠公集》卷八，《中华再造善本》影印元至正十四年刻本。
④ 张养浩：《归田类稿》卷一六，《四库全书》第1192册，第611页。

从詹事后尘,遂不敢辞。"① 碑主为东平阳谷人,故王士熙自称"同郡末进"。王士熙至治二年拜吏部尚书,三年调右司员外郎,升中书参议,位参知政事之下,故谓"尝从詹事后尘"。

王士熙有《送巨德新》诗,陈文新主编《中国文学编年史》定该诗作于泰定元年至三年。不确。按袁桷也有《送巨德新四川省郎中》(《清容居士集》卷一〇),袁桷泰定初辞归,四年卒。二诗应同时作,时间在泰定元年之前。蒲道源有《送巨德新郎中之蜀省》及《再送巨郎中》诗二首。此外,蒲道源还有《与巨德新郎中书》,中云:"迩者恭审高轩,荣至陕省,起居佳胜,芳誉洋溢,乡里荣耀。但恨道路修阻,不能造贺。"② 又《代蜀省郎中巨德新祭考妣焚黄文》云:"往佐蜀省,过家上冢,荣耀里闾。"③ 蒲道源(1260—1336),字得之,号顺斋,兴元南郑(今属陕西汉中市)人。皇庆二年(1313)征为翰林编修,进应奉,迁国子监博士,延祐七年(1320)辞归。④由蒲文知巨德新为陕西人,与蒲道源同里。巨德新赴蜀任,途经家乡陕西,故王士熙送诗有"渭城秋水泛红莲"句。蒲道源《送巨德新郎中之蜀省》诗云:"白头相见又分襟,遥指坤维出禁林。……抚蜀赞襄谋素定,过家荣耀渥殊深。"⑤ 其时蒲道源约六十四岁,巨德新年岁当与道源相仿,故有"白头相见"语。又《再送巨郎中》云:"官历三省幕,家无一囊钱。玉堂方少憩,趣装又西川。忆昔从游童稚年,别时青鬓今华颠。相逢京华倾肺腑,恍若隔世俱茫然。""玉堂"指翰林院,则巨德新出任四川行省郎中之前为翰林院属官,曾与王士熙、袁桷、蒲道源为同僚,故蒲诗有"相逢京华"云云。

泰定二年十一月,王士熙作《庆云颂》。胡助《庆云颂并序》云:"泰定二年冬十一月,英宗皇帝御容既成,有旨奉安于万安寺。越辛酉,丞相率百僚备仪仗导引、彩舆之次,教坊乐作,而庆云见。中书参议臣王士熙作颂,以纪盛美。"⑥ 许有壬《庆云赋》序亦云:"泰定二年十一月十五日,皇上御兴圣宫,命百官迎英宗像,仍置万安寺。神驭至门,百技毕进,东南抱日五色云见,观者惊嗟,竣事方散。有壬陪中书僚属立卫士庑下,始身

① 李修生主编《全元文》第22册,第163页。
② 李修生主编《全元文》第21册,第176页。
③ 李修生主编《全元文》第21册,第334页。
④ 蒲机:《顺斋先生墓志文》,蒲道源:《闲居丛稿》附录,《中华再造善本》影印上海图书馆藏元至正十年刻本。
⑤ 蒲道源:《闲居丛稿》卷二,《四库全书》第1210册,第582页。
⑥ 胡助:《纯白斋类稿》卷一八,《丛书集成初编》,第160页。

见之，信乎其为非烟非雾，郁郁纷纷者也。参议王公继学作颂志之，二圣之灵，皇上之瑞，发挥悉矣。"① 胡助有《和继学送王仪伯参政辽东韵》（《纯白斋类稿》卷四），许有壬亦有《送王仪伯参政赴辽阳省用王继学参议韵》（《至正集》卷四）。王士熙原诗佚。王仪伯（1275—1336），名结，易州定兴人，徙中山（今属河北）。《元史》卷一七八《王结传》载："泰定元年春，廷试进士，以结充读卷官。迁集贤侍读学士、中奉大夫。……明年，除浙西廉访使，中途以疾还。岁余，拜辽阳行省参知政事。"王士熙等送行诗应作于泰定二年末或明年初。

（六）治书侍御史（1326—1327）

宋褧《宋公行状》载：泰定三年，宋本"诣治书侍御史王士熙继学"②。据上文所考吴澄《与王参议继学书》写作时间，王士熙泰定三年三月仍任中书参议，铨调治书侍御史应在同年仲夏。任治书侍御史时，王士熙曾辟苏天爵为御史台掾，未果，荐孟泌。苏天爵《孟君墓志铭》云："君讳泌，字道源，世家陵川。……举至治元年进士，除冠州判官。政余读书不辍，入翰林为编修。时天爵为典籍官，东平王公士熙治书中台，辟天爵为掾，以疾辞，寻用君为之，果以材称。"③

泰定三年夏，王士熙作《送杨仲礼浙西提举序》："泰定三年夏，应奉翰林文字、天台杨仲礼以选被命往（杭）。……杨君居史馆久，文精思缛，言议济济，志于事功，卓然勇往之资也。士熙尝与同僚私灼其详。于其行也，不以易为喻，而进其难；不以近为劝，而图其远者焉，交友之谊也。"④杨仲礼，名敬德，台州临海（今属浙江）人。曾修《赤城元统志》，有《仲礼集》一卷。（《元诗选三集》）同时赋诗赠行的还有马祖常《送杨仲礼江浙提举儒学》（《石田文集》卷二）。同年八月，王士熙作《次薛玄卿韵》。薛玄卿（1289—1345），名玄曦，号上清外史，贵溪（今属江西）人。年十二辞家入道，师事张留孙、吴全节。延祐四年提举大都万寿宫，升提点上都万寿宫。泰定三年八月辞归龙虎山，士大夫多有送别诗，虞集为作送序。至正三年住持杭州佑圣观，兼领杭州诸宫观，五年卒，年五十七⑤。虞集

---

① 许有壬：《至正集》卷一，《四库全书》第1211册，第8页。
② 李修生主编《全元文》第39册，第351页。
③ 苏天爵：《滋溪文稿》卷一三，第212页。
④ 李修生主编《全元文》第22册，第155页。
⑤ 《弘文裕德崇仁真人薛公碑》，《金华黄先生文集》卷二九，《黄溍集》第4册，第1056—1057页。

《送薛玄卿序》云："（玄卿）自京师省亲江南，而名胜为之赋诗，多至数十人，皆极其文之所能，体之所至。……玄卿为人清明而能静，为学弘博，好古书法，为诗有飘飘凌云之风。"① 另王士熙有《太乙宫留题》诗："石径松花静掩扉，芙蓉秋早蝶双飞。主人何处采芝去，待到日斜犹未归。"② 许有壬《至正集》卷二六有和作《太乙宫待张彦辅炼师不至，和继学韵二首》，知王士熙留诗是因拜访道士张彦辅不遇而作。《至正集》同卷还有《右二绝句，丙寅岁八月十二日作，丁丑四月彦辅请再次前韵以记岁月》，丙寅为泰定三年，也即王士熙《太乙宫留题》及许有壬和诗所作时间。王诗谓"芙蓉秋早"，应在"分司汴省"之前。（见下文）张彦辅，蒙古人，为正一教玄德真人吴全节弟子，却是太一教士，居大都太乙崇福宫③。善画山水，当世颇有声名。李齐贤《和郑愚谷题张彦甫云山图》云："白云青山张道士，晚出便欲夸精工。"④ 张雨题张彦辅《雪山楼观图》，称其"清才绝似王摩诘，爱向高堂写雪山"⑤。

　　王士熙《江东建康道肃政廉访司题名记》云："我世祖皇帝立提刑按察司，职掌纠劾，上名宪台。……予曩者以乡（御）史守省河南，知宋开封题目在焉。"⑥ 袁桷有《送王继学御史分司汴省》诗，即王士熙所谓"以御史守省河南"。袁诗云："楚山春梦行云识，汴水秋声落叶知。我老江湖盍归去，少留定刷锦囊诗。"⑦ 袁桷泰定初辞归浙江鄞县，故有"楚山春梦""我老江湖"语。诗云"汴水秋声"，按袁桷卒于泰定四年八月，而王士熙泰定三年八月还在大都（《次薛玄卿韵》），其以治书侍御史巡行汴梁应在泰定三年九月。

　　泰定四年三月廷试，王士熙以治书侍御史兼任监试官，马祖常、贡奎任读卷官。苏天爵《滋溪文稿》卷三〇《书泰定廷试策题稿后》云："泰定丁卯三月，廷试进士，监试官治书侍御史王士熙、读卷官翰林直学士马祖

---

① 李修生主编《全元文》第26册，第252页。

② 杨镰主编《全元诗》第21册，第19页。

③ 虞集：《江南秋思图序》，《道园学古录》卷三，《四库全书》第1207册，第31页。参见萧启庆《内北国而外中国：蒙元史研究》，第637页。

④ 李齐贤：《益斋集》卷四，《丛书集成初编》，第53页。

⑤ 张雨题张彦辅所画《雪山楼观》《云林隐居》诗卷真迹现藏故宫博物院，见萧启庆《内北国而外中国：蒙元史研究》，第638页注［6］。

⑥ 李修生主编《全元文》第22册，第159页。"乡"为"御"字形近误写。

⑦ 袁桷：《清容居士集》卷一〇，《丛书集成初编》第4册，第176页。

常所拟撰也。……是举得人凡八十有五，国子员阿察赤、李黻名冠第一。"① 苏天爵《马文贞公墓志铭》载：马祖常泰定四年"同知礼部贡举，取士八十五人"②。贡师泰《玩斋集》卷四《和石田马学士殿试后韵》序云："丁卯岁，学士与先君同为读卷官，在院倡和甚多。"③ 马祖常《石田文集》卷三《贡院忆继学治书》、《治书宠和误用光字仍再次韵》及《治书再和复次韵》诸诗，是二人任廷试官期间所作。该榜进士知名者有杨维桢、萨都剌、贡师泰、黄清老、张以宁等。黄清老《上继学王公》诗云："眼中俗子浩于海，思欲一见云中君。云中之君玉为节，廌冠峨峨照晴雪。振衣惊落琪树花，片片人间作明月。有时霹雳生风雷，松声晓落青崔嵬。众芳收雨作春色，瑶草绿遍三蓬莱。有时笔端吐光怪，干将生花玉龙蜕。"④ 第二联"廌"字，即"獬豸"之意，代指能辨曲直之御史官，是谓王士熙治书侍御史之任。

（七）参知政事（1327）

黄溍《集贤大学士荣禄大夫史公神道碑》载，泰定四年，中书参知政事史惟良"以疾辞，且荐某官张友谅、某官王士熙自代，不允"。⑤《元史·泰定帝本纪》记史惟良请解职归养在泰定四年六月和七月。又《泰定帝本纪》载：泰定四年冬十月，"以治书侍御史王士熙为参知政事"。《宰相年表》载王士熙任参知政事在泰定四年十一月至十二月，盖就职在十一月，接任史惟良。雅琥有《送王继学参政赴上都奏选》诗，按《元史·成宗本纪》："诏自今除枢密院、御史台、宣政院依旧奏选，诸司毋得擅奏，其举用人员，并经中书省。"⑥ 王士熙以参知政事赴上都"奏选"是履行分内之职，雅琥诗所谓"敷奏明时岂惮劳"。雅琥，字正卿，本名雅古，色目也里可温氏。入中原后，家族先后在衡、鄂、高邮、江夏等地居住。泰定元年进士，任秘书监著作佐郎。天历三年任奎章阁参书，至顺二年外谪静江路同知，又迁福建盐运司同知。⑦

　　① 苏天爵：《滋溪文稿》卷三〇，第511页。
　　② 苏天爵：《滋溪文稿》卷九，第141页。
　　③ 贡师泰：《玩斋集》卷四，《四库全书》第1215册，第551页。
　　④ 顾嗣立编《元诗选二集》，第753页。
　　⑤ 黄溍：《金华黄先生文集》卷二六，《续修四库全书》第1323册，第350页。
　　⑥ 《元史》卷二一，第449页。
　　⑦ 顾嗣立编《元诗选二集》雅琥小传；马祖常：《送雅琥参书之官静江诗序》，《石田文集》卷九，《四库全书》第1206册。

王士熙《曲堤镇修大成庙碑记》作于泰定四年，曲堤镇在济阳县，隶属济南路。文曰："夫济阳县在历山东北，民物丰阜，有居仁乡，曰曲堤镇。镇之左有废台一所，里人因而登眺游息。……贞祐之乱，荡无存者。……儒生张友仁，卓然有文，与朋友琢磨攻业，谋之彭温宣差哈剌歹、教授杜琳，镇之宣圣庙，废圮兴叹，肇谋修建……泰定四年九月落成。……济南耆儒傅澄，有功义事，偕友仁征文于余，敬为之叙述云。"① 王士熙有《送王在中代祀秦蜀山川》诗，按曹元用《送王编修代祀秦蜀山川序》云："泰定五年春，翰林国史院编修官王瓒在中奉旨代祀中镇，祀后土，祀河渎，又望祀西海，祀西岳，祀西镇，祀江渎。在中以清贵词臣，将命而七代其祀，亦可谓重矣。"② 泰定五年，更年号为致和，是为致和元年（1328）春。又虞集《送王在中编修奉祠西岳序》："国史王君在中之奉祠西山川也，同馆之士为赋诗以饯之。"③ 又宋褧《燕石集》卷八有《送同年王在中编修代祀西行》。王在中，名瓒，奉元路长安人。泰定元年进士，授翰林国史院编修，历官太常博士、御史中丞。

致和元年六月，胡助由温州路儒学教授拜翰林院编修，王士熙赋《古愚以荐入史馆，先归故里，期以春上告别有诗为赠》及《送胡古愚升翰林编修》二首。贡奎《纯白斋类稿序》云："古愚以永嘉郡文学除翰林国史院编修官，需次暂归，凡朝之名胜咸赋诗以赠，而属予序。……时致和元年夏六月，陵阳贡奎仲彰序。"④ 胡助《纯白先生自传》云："明年（皇庆二年，1313）科举开，台章例格不行，复就行省，调美化书院山长，考满赴礼部选，再游京师。见知于翰林学士元公复初、中书参政王公继学、翰林侍讲袁公伯长、虞公伯生、集贤学士贡公仲彰、御史中丞马公伯庸、国子祭酒宋公诚甫，皆待以奇士。而于继学公尤深知，日相唱和，俾二季从游，既授温州路儒学教授。需次差远，用诸公荐，改翰林国史院编修官。"⑤ 同时赋诗的还有王士熙之弟士然，题曰《古愚以荐入史馆，先归故里，期以春上告别有诗为赠》⑥。又马祖常有《送胡古愚还越》诗四首，其三云"秋树

① 李修生主编《全元文》第 22 册，第 160 页。
② 李修生主编《全元文》第 24 册，第 245 页。
③ 李修生主编《全元文》第 26 册，第 165 页。
④ 陆心源编《皕宋楼藏书志》卷一〇四，《续修四库全书》第 929 册，第 488 页。
⑤ 胡助：《纯白斋类稿》卷一八，《丛书集成初编》，第 163 页。
⑥ 杨镰主编《全元诗》第 28 册，第 51 页。

红时客欲归"①，王赠诗亦有"树拂仙云一叶秋"②语，知二诗作于同时。
胡助，字履信，一字古愚，自号纯白道人。东阳（今浙江金华）人。皇庆
二年任美化书院山长，致和元年拜翰林编修。至顺初分院上京，秩满，调
右都威卫儒学教授，再任翰林编修，迁太常博士。至正五年致仕。

北京市顺义博物馆藏《顺州孔子庙神门记》碑刻，记文为泰定二年
（1325）马祖常撰，末署"中奉大夫、中书参知政事王士熙书并［题］
额"，署款后另有至顺初元（1330）六月梁宜识语，谓"右《神门记》，经
五年未镌"。③则立石时间在至顺元年。按《元史·宰相年表》，王士熙任中
书参知政事在泰定四年（1327）十一月至十二月，次年八月被罪下狱，其
所书并题额《顺州孔子庙神门记》又在下狱远放之前。

二　远放海南（1328—1330）

致和元年七月，泰定帝崩，王士熙卷入皇权争夺的政治漩涡中，被捕
下狱。九月，被籍家，流放海南。《元史·明宗本纪》："岁戊辰七月庚午，
泰定皇帝崩于上都，倒剌沙专权自用，逾月不立君，朝野疑惧。时金枢密
院事燕铁木儿留守京师，遂谋举义。八月甲午黎明……缚平章乌伯都剌、
伯颜察儿，以中书左丞朵朵、参知政事王士熙等下于狱。"又《文宗本纪》：
致和元年九月，"乌伯都剌、铁木哥弃市，朵朵、王士熙、伯颜察儿、脱欢
等各流于远州，并籍其家"。黄溍《集贤大学士荣禄大夫史公神道碑》亦载：
"时中书左丞朵朵、参知政事王士熙等坐系枢府，罪且不测，用公言得从远
贬。"④现存王士熙《别张思圣照磨》诗应作于流放海南途经广东之时。诗
云："柏台深处识风姿，南国春残送我时。……山杯持酒分椰子，石蜜和浆摘
荔支。从此朱崖明月夜，飞云频与寄相思。"⑤按，王士熙致和元年（1328）
九月被流放，诗云"南国春残"，应作于次年暮春。"朱崖"即"珠崖"，
指海南岛。张思圣其人俟考，从"柏台深处识风姿"句看，曾任职御史台，
王士熙泰定三年（1326）任治书侍御史，二人相识或在彼时。

王士熙抵达海南贬所后，在城西筑"水北新居"，又筑"江亭"以游

---

①　杨镰主编《全元诗》第29册，第365页。
②　杨镰主编《全元诗》第21册，第20页。
③　北京辽金城垣博物馆编《北京元代史迹图志》，北京燕山出版社，2009，第16—18页。
④　黄溍：《金华黄先生文集》卷二六，《续修四库全书》第1323册，第350页。
⑤　杨镰主编《全元诗》第21册，第8页。

息，以吟咏赋诗为娱，绝口不提政事。道光《广东通志》卷二六六《谪宦录》载："明年天历己巳至。郡守闻仕（士）熙来，先为营居城中。及至，恶其完美，乃于城西陋地茅屋借居之，名曰'水北新居'。又于旁西南数十步筑'江亭'以游息。……每静住一室，屡日不出中庭，郡佐人士及吏卒相接者，甚加礼貌，屡为县尹陈元道所侮，优礼之不校。郡县之政、时之利害，未尝出诸口。非公事及宴请，不苟出。惟劬书酷咏为娱，恬然不见其去国之意，远近皆敬爱。"① 明杨士奇《文渊阁书目》、叶盛《菉竹堂书目》、黄虞稷《千顷堂书目》均著录王士熙《江亭集》，清顾嗣立《元诗选二集》辑选王士熙佚诗也题名《江亭集》。"江亭"是王士熙在海南贬所自筑游息之地，《江亭集》所集结诗文应即是其远放海南期间所作，虽已亡佚，但从明清方志中仍可以稽考出一部分。万历《琼州府志》卷一一《艺文志》收载王士熙《崖州八景》组诗，该组诗《全元诗》失收，移录如下：

鳌山②白云

青山宛在海之东，矗顶浮云逐晓风。直上有如香吐兽，横围还似带垂虹。寻仙武帝身难到，断足娲皇迹已空。绕谷穿岩飞不定，沧波无际雨蒙蒙。

鲸海西风

等闲流水竟清冷，谁识长鲸括地清。万古战酣风动岸，一航来隐客扬舲。占城日出鱼龙静，儋耳人来草树醒。不向神仙觅蔡枣，乘槎直访女牛星。

边城斜照

炎州此去更无城，薄暮天涯倦客程。残日尚浮高岭树，悲笳先起土军营。沉沉碧汉归山鹊，灿灿晴霞射海鲸。明月照人茅屋上，与谁藜杖听江声。

---

① 道光《广东通志》卷二六六，清道光二年刻本。
② "鳌山"之名为王士熙所取。乾隆《崖州志》卷一《疆域志·南山岭》："州南十里，壁立枕海，为州屏障，元王士熙名曰鳌山。"

水南暮雨

千树槟榔养素封，城南篱落暮云重。稻田流水鸦濡翅，石峒浮烟鹿养茸。明日买栽添薯蓣，早春荷锸剪芙蓉。客来蜑浦寻蓑笠，黄篾穿鱼酒正浓。

稻陇眠鸥

北江春暖雨声残，穊稺凌风露未干。水鸟不惊人语寂，夕阳无限野云寒。闲依翡翠眠芳草，静看鹡鸰下远滩。万里客来机事息，买田还把钓鱼竿。

竹篱啼鸟

长栅连城护落晖，多情幽鸟韵依依。风清树杪鸣相应，雨过沙头立未归。鹦鹉乍随人共语，伯劳还与燕同飞。天边不识填河鹊，依旧秋横织女机。

南山秋蟾

千林重叠岭陂陀，放出秋天月色多。海送潮声摇老桂，云随蟾影度明河。有时画角吹梅落，无处清樽不酒歌。天末清光连绝岛，帝城曾识旧嫦娥。

牧原芳草

曾识沙陀放马群，雨晴喜见满川云。四时芳草平如剪，一气中原远不分。水际带沙青苒苒，山中和露碧氲氲。乘黄天上多轨策，款段从教卧夕曛。

万历《琼州府志》卷一一《艺文志》录王士熙《偕丘侍御登万州城楼》诗云："万州城下草连空，茅舍萧条雾雨中。旷野浮云如塞北，小舟横港近山东。潮声夜撼天池月，花气晴薰岭树风。为问向来绣衣客，几年尘土又飞红。"万州，元为万安军。丘侍御，即丘世杰，致和元年八月与王士熙同时因皇位争夺受牵连被执下狱，《元史·文宗本纪》记其时官拜侍御史。正德《琼台志》卷三四"谪寓"条：丘世杰，"济宁人，流万安军，与王仕（士）熙等十二人同与难者，凡下狱、召还、复用岁月，俱与仕（士）熙同"。王士熙与丘世杰远放前同朝为官，又是同乡，丘世杰流放之万安军

（今海南万宁市）与王士熙贬地吉阳军（今海南三亚市西北）相邻，同隶海北海南道宣慰司①，现在又都是清闲之身，自然少不了走访游览、诗歌酬唱。万历《琼州府志·艺文志》另载王士熙《别丘侍御》诗二首："汶河泗土共为邻，嬉戏论文语话真。凤池君曾同胜赏，乌台我亦继芳尘。家山南北荒松菊，海岛东西作主宾。更上高楼一杯酒，白鸥万里孰为驯。""北省东台旧两人，西州南海作比邻。天高地下山川易，古往今来草木新。万里却思骑款段，百年有志获麒麟。不如借取风前鹤，独自吹箫向月轮。""凤池君曾同胜赏，乌台我亦继芳尘"，"北省东台旧两人"，"凤池""东台"均指中书省②，"乌台"代称御史台，谓二人都曾在中书省、御史台供职。"万里却思骑款段"，"款段"本指行走迟缓的马，这里以"骑款段"表示宁愿做个微官末职。王士熙在吉阳军筑"江亭"，丘世杰则在万安军建"鲁亭"，王士熙赋诗咏之："我作江亭君鲁亭，朝霞夕照海天青。风吹云去山如画，月上窗来酒未醒。白鹤帐中空怅望，彩鸾镜里不娉婷。新居说有莲花岛，更看鸳鸯上暖汀。"③

正德《琼台志》卷一七《社学·书院》、万历《琼州府志》卷一一《艺文志》收录王士熙《东坡书院》诗："元祐先生玉署仙，海南遗迹有双泉。古城云锁荒祠月，高树风吹野水烟。浊酒浮杯空九曲，断碑怀古又千年。醉醒谁唱沧浪曲，兴在山城缥缈边。"王士熙所赋东坡书院在万安军，刘复初为时任山长，王士熙、丘世杰皆与之交善。正德《琼台志》卷三四："刘复初，为万宁军学官、坡院山长，丘世杰喜与之游。"万历《琼州府志》卷三："有本泉，州东十二里东山石壁下，元侍御史丘世杰偕东坡书院山长刘复初游其地，题曰有本泉。"王士熙《万州学清复学田记》云："万安军，海南之属郡。……学有田始于宋，惟其杂于民畴，岁月既久，以硗易腴，以简侵繁，疆食而亩削，冒食他人，浩不知止，有司不暇诘，学官不能复也。近岁，宪台深察其弊，申明稽考。知军事杨汉杰始命学正池凤鸣考其基界，簿籍寓土，万宁军学刘复初陇阅而亩数之。杨君迁去，而同知军事薛得辉、判官鲜善政益用力焉。复初巡历乡社，芟荒履危，言询迹究，使豪者不肆其力，诈者不得尽其辞。于是田复于旧，笾豆秩秩于堂庑，弦诵

---

① 《元史》卷六三《地理志六》，参见李治安、薛磊《中国行政区划通史·元代卷》，复旦大学出版社，2017，第306页。
② 《新唐书》卷四七《百官志》："龙朔二年，改门下省曰东台。"
③ 正德《琼台志》卷二五《楼阁下·万州》："鲁亭在城北仙河溪侧，元丘世杰建。"明正德十六年刻本。乾隆《琼州府志》卷九下、道光《万州志》卷七均误署此诗为丘世杰作。

洋洋于斋舍矣。"① 《万州学清复学田记》未署时间，正德《琼台志》卷一六《学校》记万州学清复学田事在天历二年（1329），应该也是王文所作时间。

正德《琼台志》卷三七《人物志·耆旧》："裴预，字时敏，号守素居士。崖州人，瑞之孙。天历中，王士熙与之友善，有赠诗二首。"其一云："洛下当年将相乡，海南一种玉芝香。青云只照堆床笏，白日尝留听讼堂。断简灯花秋对雪，古垣蜗迹夏凝霜。文鹓早奋丹山翼，舜乐于今动八荒。"其二云："唐家晋国擅勋名，几业诸孙海外行。盛德有堂留客住，故乡无地待春耕。青毡千古诗书在，绿野孤云草棘生。投我骊珠惊入手，爱才怀古不胜情。"②

道光《广东通志》卷二六六《谪宦录》记王士熙到达吉阳军贬地，在城西建茅屋借居，又于屋旁筑"江亭"为游息地，"尝作《云山辞》"，其辞曰："山氛氲兮出云，又泠泠焉以雨，倏日出兮云飞，山青青兮极浦。横浮云兮水粼粼，搴杜若兮采白蘋，葺荷宇兮桂为栋，临江皋兮怅怀人。"王士熙海南期间所作已亡佚作品所知有两篇记文，万历《雷州府志》卷一一《秩祀志·社稷坛》："元天历廉访使贾焕建于府治西南三里，王士熙记。"又道光《广东通志》卷二二三《古迹略》："帅正堂在卫治后，元王士熙有记。"

《元史·文宗本纪二》载：天历二年十月，"征朵朵、王士熙等十二人于贬所，放还乡里"。李孝光《五峰集》卷一〇有《闻诏赦因次王继学大参听诏韵》二首。王《听诏》诗不传。次年春，王士熙北归经乐会县，撰《儒学庙碑》："夫海之南，乾宁为都会。乾宁之县，乐会为远僻。……庚午之春，予北归过县。（教谕）（蔡）庆存曰：'学旧有石，未有刻也。嘉嘉念之。'……庆存潮州人，宋名臣襄之后。其父遂孙，笃诚儒者，居万安宁，予甚敬之，教其子有方，遂书于记云。"③ 蔡遂孙，字和甫，号陶隐，潮州人。宋季避居万州（今属海南），时宪臣交荐，力辞不就，隐居授徒。④ 另《赠广东宪使张汉英之南台掾》诗，应作于北归途经广东之时。诗云："大江之西日本东，庐陵文物常称雄。决科岁占十八九，君当努力提词锋。才高不用长叹息，四海弥天岂无识。壮年怀居亦何有，著眼带砺开胸臆。"⑤

---

① 该文原无题目，题目是笔者据方志记载和文意拟写。正德《琼台志》卷一六《学校下》。
② 正德《琼台志》卷三七。
③ 李修生主编《全元文》第22册，第164页。
④ 正德《琼台志》卷三四《流寓》。
⑤ 杨镰主编《全元诗》第21册，第3页。

则张汉英系庐陵（今江西吉安）籍。庐陵人刘诜《和张汉英见寿》诗云：
"吾里文章小晏家，才情欲学贾长沙。妙书鸿戏秋江水，佳句风行晓苑花。
富贵未来歌扣角，畸穷相对赋煎茶。"①由"妙书鸿戏秋江水"句知其人工
书法。至顺二年（1331）任吴江州都目，迁镇江路吕城税司大使。②

　　王士熙由海南北归故里，经两广、江西、湖南、湖北等地，与当地文
士多有交往，作有多篇诗什。萨都剌有《奉次参政继学王先生海南还桂林
道中韵》，王《还桂林道中》诗佚。萨诗有"大庾岭头三月尽，郁孤台下几
人过"③句，郁孤台在江西赣州。经庐陵时，本籍文士刘岳申拜访送别，
《申斋集》卷四《与南台侍御王继学书》云："岳申往岁庐陵水驿匆匆一
见。"④范梈《范德机诗集》卷三有《王继学晚过舍下翌日惠诗两章用韵答
酬》及《和二章已而征者适至戏用韵为再叠云》诸诗，当作于天历三年十
月之前⑤，王士熙北返路经江西之时，适范梈辞归在家。王士熙原诗不存。
王士熙有《浯溪》诗二首，浯溪位于湖南祁阳县，此地有《大唐中兴颂
碑》，俗称《摩崖碑》，唐代元结撰、颜真卿书，记平定安史之乱，肃宗、
代宗中兴之事。故王诗有"细认苍崖写颂声"，"兴亡无迹文章在"⑥语。
许有壬有《和继学南归至鄂韵二首》，王原诗不存。许诗其二云："达人去
就一毫轻，看遍江湘眼倍明。夔府惠州诗有样，朱崖应是不虚行。"⑦"夔府
惠州"句用杜甫、苏轼典故。又许有壬《南楼》诗注云："以下五首，和王
继学参政韵。"其余四首分别为《武当宫》《雪后登南楼》《沙武口望武昌》
《途中》⑧。许有壬和王士熙诸诗，应作于王氏经由湖北、江西沿长江东下至
江淮之时，其时许有壬拜两淮都转运盐司使。⑨李孝光《五峰集》卷一〇
《闻诏赦因次王继学大参听诏韵》也应作于此时。

　　《新芳萨天锡杂诗妙选稿》收录《吉阳珂军》，乃怀念王士熙而作⑩。

---

①　顾嗣立编《元诗选二集》，第 813 页。

②　嘉靖《吴江县志》卷一七；俞希鲁编纂《至顺镇江志》卷一七，《续修四库全书》第
　　698 册。

③　萨都剌：《雁门集》卷二，《四库全书》第 1212 册，第 621 页。

④　刘岳申：《申斋集》卷四，《四库全书》第 1204 册，第 221 页。

⑤　据吴澄《范亨父墓志铭》（《吴文正集》卷八五），范梈天历三年十月卒。

⑥　杨镰主编《全元诗》第 21 册，第 21 页。

⑦　杨镰主编《全元诗》第 34 册，第 403 页。

⑧　杨镰主编《全元诗》第 34 册，第 315 页。

⑨　《元史》卷一八二《许有壬传》，第 4201 页。

⑩　弘治本卷四作《无题》，参见杨光辉《萨都剌生平及著作实证研究》第六章"萨都剌诗歌
　　编年笺注考（下）"，高等教育出版社，2005，第 188—189 页。

诗云："为客三年海上州，故乡何在瘴云稠。数千里外入蛮域，十八滩头过客舟。时有山禽呼姓字，或从海贾作朋俦。胡人珂佩周旋处，紫殿风清十二楼。"按《大明一统志》卷八二《建置沿革·崖州》："宋改崖州，熙宁中改珠崖军，绍兴中军废，寻复置，改吉阳军。元因之。"萨都剌诗有"为客三年海上州"句，王士熙自致和元年（1328）被贬海南，至天历三年（1330）达三年之久，萨诗当作于王士熙诏还乡里、尚未到达江南之前。

许有壬《和继学见寄韵》云："忆昔乘风在帝傍，珠玑纷落五云乡。蓝田凤擅连城价，粉署曾分满袖香。归去山林惟鲁酒，兴来天地有奚囊。江湖何日重携手，见说鲈鱼味最长。"①"珠玑纷落"指继学曾供职翰林，辞采华美。"粉署"谓其曾任中书省官。颈联两句是说王士熙虽闲居在家，喝薄酒，但也因此得"山林""天地"之趣，必然有好诗赋成。王士熙天历三年（即至顺元年）从海南返回家中，至顺三年六月被诏重新录用，其寄许有壬及许和诗应作于至顺二年赋闲在家之时。

三　御史江南（1332—1343）

（一）江东肃政廉访使（1332—1334）

《元史·文宗本纪》载：至顺三年六月，"录用朵朵、王士熙、脱欢等"。马祖常有《寄王继学》《寄王继学廉使》诗，前一首云："灵槎八月应南下，夜听银河有浪声。"②王士熙上任江东廉使在至顺三年八月，其《行路难二首》云："振衣涤尘转淮海，故山之云莫相猜。""辚辚之车渡黄河，泛泛之舟江上波。""又不见吴江八月人戏潮。"③与马祖常寄诗所叙时间相同，作于赴江东宪使途中。

王继学在江东廉访使任上与寓居江南或江南本地的文士交往频繁，诗歌唱和极多。萨都剌《寄呈江东廉使王继学》即作于继学初上任时④，诗

① 杨镰主编《全元诗》第34册，第318页。"鲁酒"，语出《庄子·胠箧》："故曰唇竭则齿寒，鲁酒薄而邯郸围。"陆德明《释文》引许慎注《淮南子》云："楚会诸侯，鲁、赵俱献酒于楚王，鲁酒薄而赵酒厚。楚之主酒吏求酒于赵，赵不与。吏怒，乃以赵厚酒易鲁薄酒奏之。楚王以赵酒薄，故围邯郸也。""奚囊"，用唐李贺故事。李商隐《李贺小传》："每旦日出，与诸公游。……恒从小奚奴，骑疲驴，背一古破锦囊，遇有所得，即书投囊中。"
② 马祖常：《石田文集》卷三，《四库全书》第1206册，第497页。
③ 杨镰主编《全元诗》第21册，第4页。
④ 据萨都剌《过居庸关》诗自注，次年他已往居庸关。杨镰主编《全元诗》第30册，第217页。

云："瓜步遥闻鼓角声，淮船夜过石头城。当年岭海家何在，此日江湖梦亦清。"① 王士熙与宣城诸文人唱和之作尤多，贡师泰《和王继学宪使玉泉观鱼韵》云："一方寒玉浸泠泠，天上云开影倒青。卓锡黄龙曾听法，抚阑颒鲤亦通灵。明珠碎逐凉风散，湿翠空围月露零。此日使君行乐处，一时民俗自清宁。"② 贡师泰（1298—1362），字泰甫，宣城人，元初著名文人贡奎之子。王士熙乃其父执，马祖常《贡文靖公（奎）神道碑铭》载："公一时之与交者，若清河元明善、东平王士熙、四明袁桷、巴西邓文原、长沙文矩，悉当世豪杰声名之士。"③ 又是其泰定四年进士科座师。至顺三年贡师泰辟江浙行省掾，又系下属。宣城文人酬唱王士熙诗作的还有梅致和《寿宪使继学王公》、何儒行《上廉使继学王公》、梅实《送王继学廉使》等。梅致和（1300—1356），字彦达。数试场屋不利，弃去举业，家居著书。宋濂《梅府君墓志铭》云："廉访使者东平王公士熙、燕南吴公铎，咸来咨询治道。府君以风俗盛衰、人心臧否为言。二公深加敬叹，每有疑难，必下礼质之。"④ 何儒行，字仲景，后至元元年领江浙乡荐。梅实，字仲实。至正间为集庆路照磨，朱元璋克金陵，不屈，死。王士熙与宣城县尹朱子中的酬唱诗作最多，且结集成卷。贡师泰《玩斋集》卷八《跋王宪使、朱县尹倡和诗卷》云：

> 当时御史部使者，多老成文学之士。予家江东，方七八岁时，见牧庵姚公、疏斋卢公按治之暇，辄率郡士大夫携酒觱歌妓出游敬亭、华阳诸山。或乘小舟直抵湖上，逾旬不返。二公固不以为嫌，而人亦不以此议二公也。其流风余韵，至今江东人能言之。自后纲纪日密，嫌疑顿起，甚至出入扃户，又甚则谢绝宾吏。久之，遂习为常矣。今观继学王公与县尹朱子中在宣城时酬倡诗卷，乃知王之标致，犹不减于姚、卢也。吁！世复有斯人哉？至正二十年冬十一月乙亥，贡某题于三山香严寺之东轩。⑤

牧庵姚公即姚燧，疏斋卢公乃卢挚。朱子中，名文瑛，丹徒人。历廉访、

① 萨都剌：《雁门集》卷二，《四库全书》第 1212 册，第 612 页。
② 贡师泰：《玩斋集》卷四，《四库全书》第 1215 册，第 566 页。
③ 马祖常：《石田文集》卷一一，《四库全书》第 1206 册，第 612 页。
④ 《翰苑别集》卷九，罗月霞主编《宋濂全集》第 2 册，第 1122 页。
⑤ 贡师泰：《玩斋集》卷八，《四库全书》第 1215 册，第 661 页。

宣慰两司掾，授镇江路知事，以余姚知州致仕①。王士熙与朱子中酬倡诗集不存。

傅若金《傅与砺诗集》卷五有《呈王继学大参特领江东宪二首》。傅若金（1303—1342），字与砺，一字汝砺，新喻（今江西新余）人。至顺三年游京师，顺帝即位，遣使安南，若金为参佐，还授广州路儒学教授②。江东廉访司治宁国（今属安徽宣城），傅氏诗应即至顺三年往大都途经宁国时所作。此外，王士熙任江东宪使期间颇多与胡助酬唱之作，胡助《纯白斋类稿》卷七有《和王继学廉使楼上独坐二首》，卷八有《送王继学江东廉使》，卷九有《敬亭春雨楼为继学廉使赋》等诗。

（二）浙东肃政廉访使（1335）

王士熙《重建无锡州治记》自署云："通奉大夫、海右道肃政廉访使王士熙撰并书。"③"海右道"即浙东海右道，治司婺州（今浙江金华）。按张翥有《送王继学宪使之官浙东》诗，王士熙任浙东廉访使应在江东廉访使之后。《重建无锡州治记》云："启自元统三年□□□□，迄于至元改元落成。"④记文或即作于后至元元年（1335），也即王士熙铨选浙东廉访使之时，距其至顺三年（1332）任江东宪使已满三年。江东廉访司治所在宁国，浙东廉访司治婺州，王士熙江东廉访使受代后曾游扬州。张翥【春从天上来】《同王继学宪使赋》有"十里红楼，问声价如今，谁满扬州"⑤句，又《送王继学宪使之官浙东》诗有"太微光动婺华新"⑥语。"婺华"即婺州，因婺州有金华山，故又得名金华。则王士熙是自扬州出发上任浙东廉访使。自扬州至婺州，经由无锡，记文盖作于上任浙东廉使的途中。

马祖常《寄王继学》诗有云："八咏楼高风月清，故人持节驻江城。"⑦八咏楼，本名玄畅楼，位于浙江金华东南隅，因南朝沈约《八咏诗》而得名。马祖常元统二年（1334）拜枢密院副使，因所议未报，遂辞归故乡光州（今河南潢川），写给在浙东任上的好友王士熙诗是作于赋闲在家之时。

----

① 贡师泰：《朱氏族谱序》，《玩斋集》卷六，《四库全书》第1215册，第592页。
② 苏天爵：《元故广州路儒学教授傅君墓志铭》，《滋溪文稿》卷一三。
③ 缪荃孙：《民国江苏省通志稿·金石二十四》，《辽金元石刻文献全编》第2册，第155页。《全元文》失收此篇。
④ 元统三年十一月，诏改为至元元年（《元史·顺帝本纪一》）。若此处的"元统三年"无误，则州治落成时间应在至元元年十二月。
⑤ 唐圭璋编《全金元词》下册，第1005页。
⑥ 顾瑛编《草堂雅集》卷四，《四库全书》第1369册，第253页。
⑦ 马祖常：《石田集》卷四，《四库全书》第1206册，第530页。

王士熙廉访浙东时，曾拜访大儒许谦。陶宗仪《南村辍耕录》卷九记云："婺州许白云先生谦，字益之，隐居金华山，四十年不入城府，著书立言，足以垂教后世。浙东廉使王公继学访先生于山中，谓先生清气逼人可畏。既退，明日，以学行荐于朝。"① 黄溍《白云许先生墓志铭》亦云："省台诸公，若王公士熙、耿公焕、王公克敬、郑公允中……前后列其行义于中朝。"② 高克恭之子高桓曾请王士熙为其父文集作序，未果。王士熙《题高房山青山白云图》诗序云："（予）后为浙东廉使，其子名桓，为绍兴路同知，以尚书（即高克恭）文集请予作序。催取为南台侍御，行急，不曾作得序云。"③

《全元诗》从明徐日昇《烂柯山洞志》卷下辑录王士熙《咏烂柯山洞》诗："神仙玄妙讵难量，瞬息人间白昼长。一局棋残天不夜，百年尘劫海为桑。石虹驾雾灵鳌涌，羽冠寻真舞鹤翔。政有君侯多好事，满山风月画中藏。"④ 烂柯山所在的衢州路与浙东海右道肃政廉访司治地婺州毗邻，王士熙题咏烂柯山诗应作于任浙东廉访使期间。

（三）南台侍御史（1336—1341）

张翥《蜕庵集》卷四有《王继学廉使迁南台侍御史，诗以贺之》，孙原理辑《元音》卷九亦收录该诗，题目作《王继学自海南召还翰林，再除南台侍御》，诗云："天上归来锦作袍，几陪春色醉宫桃。""卿月又临仙掌动，客星偏傍钓台高。"⑤《蜕庵集》既以"廉使"称之，则王士熙在浙东廉使职满，走任南台侍御前被"召还翰林"，辞谢不就，故张诗有"偏傍钓台高"语。《至正金陵新志》卷六《官守志》载王士熙任南台侍御史在后至元二年（1336）。柳贯有《王继学侍御将赴南台，仆自山中来城候钱，辱惠近诗，辄借韵叙别》，继学赠柳贯诗不存。柳贯（1270—1342），字道传，号乌蜀山人，浦江（今浙江金华）人。延祐六年（1319）授国子助教，升博士，泰定元年（1324）迁太常博士，三年出为江西儒学提举，秩满归⑥。至正元年起为翰林待制，明年卒，年七十三。柳贯为自浙东廉访使调任江南行台侍御史的王士熙钱行，获其"近诗"并和韵赠别，正是任满闲居在家

① 陶宗仪：《南村辍耕录》卷九"许文懿先生"条，第112页。
② 《金华黄先生文集》卷三二，《黄溍集》第2册，第772页。
③ 杨镰主编《全元诗》第21册，第22页。
④ 杨镰主编《全元诗》第21册，第22页。
⑤ 张翥：《蜕庵集》卷四，《四库全书》第1215册，第62页。
⑥ 黄溍：《翰林待制柳公墓表》，《金华黄先生文集》卷三〇，《续修四库全书》第1323册。

时。王士熙至治三年（1323）任右司员外郎，并勉励国子监学，时柳贯供职国子监，与士熙同衙，二人当交往甚密，故柳诗云："嗟予始从公，深眷蒙引翼。追惟三接昼，何啻百朋益。"①

王士熙有《鳌峰倡和诗》，鳌峰即杭州吴山，上有紫阳道院，因石峰奇特，状若巨鳌，故又名鳌峰。诗云："故人昔游紫阳峰，诗成每付商玲珑。年光过眼若流水，宫袍绣暗金芙蓉。老去秋风梦华屋，孤吟遍倚阑干竹。帝乡缥缈隔云端，篝灯夜坐天坛宿。"② 按《武林金石记》卷七载萨都剌《题紫阳胜境》七律："天风吹我登鳌峰，大山小山石玲珑。赤霞日射紫玛瑙，白露夜滴青芙蓉。飘飘云气穿石屋，石上凉风吹紫竹。挂冠何日赋《归来》，煮石篝灯洞中宿。"署款"肃政廉访司知事雁门萨都剌天锡"。③萨都剌除福建廉访司知事在元统三年（1335），次年春方成行④。《题紫阳胜境》见存于明弘治本《萨天锡诗集》，应是赴任闽宪知事道经杭州时作，时间在后至元二年（1336）。王诗与萨诗为同韵和作，当由浙东廉使迁调江南行台路过杭州时，故人相遇酬唱而作。萨都剌在福建宪司知事仅一年，至元三年九月调任燕南河北宪司经历⑤，次年春季启程，道经苏州，已任南台侍御史的王士熙为其送行并赋诗，萨都剌作《姑苏台奉和侍御继学王先生赠别》："骢马霜台好使君，碧罗衫色绣春云。帝垂绶带虾须织，烛剪金钗燕尾分。四海名高瞻北斗，五弦调古和南薰。姑苏台下人无数，争看文星拜主文。"⑥ 王士熙是萨都剌泰定四年进士科的监试官，故萨诗有"拜主文"之语。

王士熙侍御南台时，与以大龙翔集庆寺住持释大䜣为首的僧道颇多雅集倡和，陈基《夷白斋稿》卷二一《送觉上人序》记大䜣倡道金陵时，"中朝巨卿执法南行台，如济南张公梦臣、东平王公继学，并慕晋宋王、谢、孙、许、习凿齿之伦，与支道林、道安辈往来文采之辉映，声歌之唱

①　柳贯：《待制集》卷二，《四库全书》第 1210 册，第 209 页。
②　杨镰主编《全元诗》第 21 册，第 21 页。
③　丁敬：《武林金石记》卷七，《续修四库全书》第 910 册，第 399 页。蒋易编《皇元风雅》诗题作《游吴山驼峰紫阳洞》。
④　萨都剌：《元统乙亥岁余除闽宪知事，未行，立春十日，参政许可用惠茶寄诗以谢》，杨镰主编《全元诗》第 30 册，第 174 页。
⑤　萨都剌《武夷诗集序》："后至元三年丁丑九月，仆迁官出闽，过武夷。"董天工修纂《武夷山志》卷二一《艺文》，方留章等点校，方志出版社，1997，第 681 页。
⑥　杨镰主编《全元诗》第 30 册，第 175 页。

和，亦一时儒释风流之极胜也哉！"① 大䜣《书金陵十诗后》云："继学居官不数月而去，视予若宿契，每作诗，必录示。吾党和之者百篇，而永嘉安雪心为书。继学喜，而尤喜雪心书，后有作，率令书之。"② 大䜣《蒲室集》卷五有《次韵王继学侍御金陵杂咏十首》，继学《金陵杂咏》组诗不存。

杜本《唐公（元）墓志铭》云："其平生相知，如建德路总管方公回、徽州路总管孟公淳、中书大参王公士熙。"③ 唐元之子唐桂芳《和养吾先生题先君文集长篇》诗序亦云："我先君读书号该博，凡平生辛苦而得之者，仅见于文辞。仕又最晚，而位不大显，海内器赏，不过大参王公继学、侍御张公梦臣数人而已。"④ 唐元（1269—1349），字长孺，歙县（今属安徽黄山市）人。泰定四年授平江路学录，迁分水教谕，升集庆路南轩书院山长，寻以徽州路教授致仕。至正九年卒，年八十一。以元代七十致仕的常例计之，唐元以徽州路教授致仕约在后至元四年（1338），这之前的数年间，他任集庆路（今江苏南京）南轩书院山长。其结交王士熙，在二人同寓金陵这段时间。唐元《筠轩集》卷一三《与孙幹卿书》云："后至元中，元承乏南轩长，入金陵，谒继学王公、梦臣张公，一见极加礼遇。"又《与曹德昭御史书》云："仆曩以浅陋，备员南轩……于人物得亲炙继学、梦臣二先生之仪刑。"⑤ 王士熙泰定四年（1327）拜中书省参知政事，唐桂芳诗序谓之"大参"，是以昔日官职称谓。

刘岳申《申斋集》卷四《与南台侍御王继学书》云：

岳申往岁庐陵水驿匆匆一见，继从友人王实初奉书左右，计此书无不达，而此心犹若未见。窃谓往者致和、天历之间，明公既以不负先朝、不辱先正矣。其后持节江东，得释机务。今又由江东升华台端，将江南诸道皆被其泽，岂不私窃喜幸。虽然，昔者参与大政，彼一时也，江东又一时，江南诸道此又一时。而前书所谓不负先朝、不辱先正者，则此一时犹当如彼一时，何也？海内时名关天下之气运，如明公与可用者，有几人。今可用为中执法，而明公出为台端。此气类翕

① 陈基：《夷白斋稿》卷二一，《四库全书》第1222册，第290页。
② 李修生主编《全元文》第35册，第421页。
③ 程敏政编《新安文献志》卷九五下，《四库全书》第1376册，第594页。
④ 杨镰主编《全元诗》第41册，第302页。
⑤ 唐元：《筠轩集》卷一三，《四库全书》第1213册，第591页。

合之日，而事有未易言，志有未易行者，奈何易之。岳申既知其未易
而不惮谆复言之，是责难也。岳申尝谓《诗》至《烝民》之四章曰：
"既明且哲，以保其身。夙夜匪懈，以事一人。"其传曰："保身者，顺
理以守身，非趋利避害而偷以全躯之谓也。"《孟子》所谓"不失其身
而能事亲者"，意正如此。明公既已允蹈于其初矣，今岂待迂儒瞽生之
论。而迂儒瞽生又何足以补报万一哉！独怀凤昔尝有一日之知，于今
不可无千岁之报。何谓一日之知？明公所施于不报是也。何谓千岁之
报？不敢以世俗庸众人事在右者为爱也。天下事有不可以书传，而明
公所当自致不朽者，亦非他人所能致。故曰："我仪图之，维仲山甫举
之，爱莫助之。"此意近尝为可用诵之矣，复为继学言之不置，则岳申
至情也。岳申老矣，无能为役矣，何幸身亲见之，天下幸甚，斯文幸
甚。伏惟惠念，实初重来，因得拜此。书辞潦率，不罪幸甚。①

刘岳申（1261—1346 以后）②，字高仲，号申斋，庐陵人。工古文，时人重
之。荐授辽阳儒学副提举，不就。信中三次提到的可用，即许有壬，又说
"此意近尝为可用诵之"。刘氏写给许有壬的信见《申斋集》卷四《与中丞
许可用书》，其云："夫科举，特一事耳。当明公参预大政之时，不能保有
其举之莫敢废。今明公为御史大夫之贰，又岂可谓有其废之莫敢举哉！且
闻罪人既已黜伏矣，将非趣刻销之时乎？此特善者几耳。"③ 按顺帝至元元
年（1335）十一月，诏罢科举，许有壬"廷争甚苦不能夺，遂称疾在
告"。④ 后至元六年（1340）二月，权臣伯颜败；十月，脱脱拜中书右丞相；
十二月，诏复科举取士制。刘岳申书所谓"罪人"即指伯颜，且知刘氏寄
此书时科考尚未恢复，作书时间在后至元六年二月至十二月，与王士熙书
又在此之后。又至正二年王继学已拜南台御史中丞，此处仍以"南台侍御"
称之，故知此书所作时间在至正元年（1341）。按致和元年（1328）七月，
泰定帝崩于上都。八月，燕铁木儿在大都谋立武宗长子周王，并迎王弟怀
王于江陵，缚平章乌伯都剌、伯颜察儿，以中书左丞朵朵、参知政事王士

---

① 刘岳申：《申斋集》卷四，《四库全书》第 1204 册，第 221 页。
② 刘岳申《与左丞相别怯烈不花书》："伏自至顺壬申从浙江试院得朝夕亲承履舃之光，今十
　有四年。……岳申犬马之齿，今兹八十有六。"（《申斋集》卷四）至顺壬申为至顺三年
　（1332），过十四年是至正六年（1346），其时八十六岁，则生年在中统二年（1261），卒
　年在至正六年以后。
③ 刘岳申：《申斋集》卷四，《四库全书》第 1204 册，第 225 页。
④ 《元史》卷一八二《许有壬传》，第 4201 页。

熙等下狱。九月，倒剌沙在上都立泰定帝皇太子为皇帝，遣兵犯大都。同月壬申，怀王即位于大都，是为文宗。乌伯都剌、铁木哥弃市，朵朵、王士熙、伯颜察儿等流放远州，并籍其家。十月，倒剌沙兵败。天历二年（1329）十月，诏征朵朵、王士熙等，放还乡里。王士熙由谪地海南北归经江西庐陵时，刘岳申与之"匆匆一见"，"继从友人王实初奉书左右"。王士熙于至顺三年（1332）诏拜江东廉访使，此前两年闲居东平，刘岳申初次"奉书"当在这段时间。据上引刘氏第二封书"前书所谓不负先朝、不辱先正者"云云，则前书是以忠臣孝子期许王士熙。如今作为泰定先朝重臣的王士熙，又做了通过击败泰定帝皇太子上位的文宗皇帝及其侄顺帝（顺帝系周王长子）朝的官，且官位越做越大，这岂非不忠不孝？故刘岳申致此书以"责难"之，并举《诗经·烝民》"明哲保身"与《孟子》"不失其身"的古训大义谆谆教诲。最后又以个人声名不朽劝诱："明公所当自致不朽者，亦非他人所能致。故曰：'我仪图之，维仲山甫举之，爱莫助之。'"

（四）南台御史中丞（1342—1343）

至正二年王士熙升南台御史中丞，见《至正金陵新志》卷六《官守志》。任南台御史中丞期间，王士熙曾与扬州名妓李芝仪交往。夏庭芝《青楼集》载："李芝仪，维扬名妓也，工小唱，尤善慢词。王继学中丞甚爱之，赠以诗序。余记一联云：'善和坊里，骅骝构出绣鞍来；钱塘江边，燕子衔将春色去。'又有【塞鸿秋】四阕，至今歌馆尤传之。乔梦符亦赠以诗词甚富。"[1] 王继学赠序及【塞鸿秋】四曲均不存。按，李芝仪与乔吉交往密切，乔写给李的散曲今存七首。乔吉之生年，学界多据其小令【正宫·绿幺遍】《自述》"批风抹月四十年"句推测，基本限定在 1275—1280 年。李芝仪年岁应比乔吉小不少，否则此时已是年过六旬的老妇，王继学不大可能"甚爱之"，且为之作传唱一时的【塞鸿秋】联章小令。

王士熙《题吴镇清溪垂钓图》诗自署："至正三年秋七月题，拥翠山人王士熙。"[2]"拥翠山人"当是王士熙自号。清张照《石渠宝笈》记吴镇此画自题款识云："至正二年夏六月，梅花道人戏墨。""梅花道人"乃吴镇号。王士熙为人"风流蕴藉，为名流所慕"，且"善画山水"。中年以后在江南任官长达十年，或与吴镇（嘉兴人）相识往来。王士熙的行年，至至正三年便无记载。《元史》卷一六四《王构传》载："子士熙，仕至中书参

① 孙崇涛、徐宏图笺注《青楼集笺注》，第196页。
② 张照等编《石渠宝笈》卷二四，《四库全书》第825册，第88页。

政，卒官南台御史中丞。"夏文彦《图绘宝鉴》卷五也记其"官至御史中丞"①。其卒年或在至正三年七月后不久。王士熙卒后，胡助作《挽王继学中丞》诗二首，对其一生行止做了概述："妙年台阁祥麟出，晚节江淮退鹖飞"，"玉堂挥翰泻珠玑"，"海外文章似老坡"。② 王士熙约二十二岁（大德十一年，1307）入翰林，故挽诗云"妙年台阁"。任江南行台御史中丞时约五十七岁，故有"晚节江淮"之谓。"玉堂挥翰"是称赞其书法，陶宗仪《书史会要》卷七评王士熙书法"清润完整"。"海外文章"句，是说他远放海南的独特经历使其诗歌创作愈加老练成熟。

四　小结

通过以上的翔实考证，可以对王士熙的生平仕宦做个勾勒总结。王士熙，字继学，号陌庵③，晚号拥翠山人。祖籍潍州（今山东潍坊），九世祖始徙居东平，遂为东平人。名臣王构之子。约生于世祖至元二十三年（1286），卒年在至正三年（1343）后不久。王士熙的仕宦履历大致可分为三个阶段。第一阶段自大德十一年随父入京，至致和元年八月卷入因泰定帝驾崩而引发皇位争夺的政治纷争，被捕下狱。这个阶段是王士熙人生仕途最春风得意之时，前后长达二十年。师从翰林名儒邓文原，历任翰林修撰、待制、中书省郎中、吏部尚书、右司员外郎、中书省参议、治书侍御史、参知政事等职，备受青睐，尝兼任进士会试监试官，扈驾上都。与在朝名流范梈、袁桷、虞集、马祖常、宋本等唱和馆阁，"以文章相淬砺"，所作诗篇多应制、酬和、赠行、写景题材，以乐府、歌行体裁为主，风格近乎"雕章丽句"。第二阶段自致和元年九月流放海南，至至顺三年六月诏授江东肃政廉访使。两年流谪海南的经历，成为王士熙人生轨迹和思想观念发生改变的重要转折点，使他对仕途功名看淡了许多，所谓"看遍江湘眼倍明"④，"老智虑于多艰，观夷险于一致"⑤。自言"万里却思骑款段"，

①　夏文彦：《图绘宝鉴》卷五，《四库全书》第814册，第620页。
②　胡助：《纯白斋类稿》卷一○，《丛书集成初编》，第86—87页。
③　明潘是仁编辑《宋元四十三家集》，著录王士熙《王陌庵诗集》二卷，知王士熙号陌庵。
④　许有壬：《和继学南归至鄂韵二首》，《至正集》卷二三，《四库全书》第1211册，第173页。
⑤　柳贯：《王继学画像赞》，《柳待制文集》卷一三，《中华再造善本》影印元至正十年余阙浦江刻明永乐四年柳贯补修本。

被赦后面对朝廷所授翰林之职、重新进入权力中枢的良机，主动辞谢，选择"偏傍钓台"。海南行旅同样也是王士熙诗文创作的转折点，许有壬说他"夔府惠州诗有样，朱崖应是不虚行"，胡助盛赞"海外文章似老坡"。他编集这期间所撰诗文，题名曰《江亭集》，显然对自我诗文风格的重大变革有自觉的追求和清醒的认识。第三阶段自至顺三年八月上任江东廉使至至正三年。这个阶段王士熙一直在江南地区任职，时间长达十一年，先后任江东肃政廉访使、浙东肃政廉访使、南台侍御史和南台御史中丞。

王士熙为人"风流蕴藉，为名流所慕"①，在政事、文章两方面都卓有成就，虞集《送墨庄刘叔熙远游序》自叙泰定年间与王士熙同朝，亲见其"见书辄记，无复再览，领政事，省朝，省吏牍，过目无所遗"②。工古文，虞集评其为文"宏博，东郡之士未能或之先也"③。袁桷评其"文且贤"，在史馆时"纂修有能名"④。其诗，傅若金评云"逸驾未能攀屈宋，苦心虚拟过阴何"⑤。杨维祯则谓"其诗与虞、揭、马、宋同为有元之盛音"⑥。王袆《练伯上诗序》云："至延祐、天历丰亨豫大之时，而范、虞、揭以及杨仲弘、元复初、柳道传、王继学、马伯庸、黄晋卿诸君子出，然后诗道之盛，几跨唐而轶汉。"⑦擅书绘，虞集说他的书法"清润完整"⑧，胡助谓其"书法谨严当载笔"⑨。曾收藏定武本《兰亭序》⑩，所书《顺州孔子庙神门记》碑刻现存北京顺义博物馆。清王毓贤《绘事备考》卷七谓王士熙"学为山水，一往精诣"，记其"画之传世者"有《江山平远图》等三种。王士熙还精通音律，供职中朝时，曾为教坊新乐谱词，其《省中书时事》诗云"染翰逢歌扇"，胡助亦云"教坊新被雅歌词"，释大䜣《次韵王继学侍御金陵杂咏十首》其一《新到建业》有"公余女乐后堂深"语。他又生于长于

---

① 陶宗仪：《书史会要》卷七，《四库全书》第814册，第754页。
② 虞集：《道园学古录》卷三二，《四库全书》第1207册，第463页。
③ 虞集：《题旴江傅路手卷》，《道园学古录》卷四〇，《四库全书》第1207册，第575页。
④ 袁桷：《海盐州学教授袁府君墓表》，李修生主编《全元文》第23册，第651页。
⑤ 傅若金：《呈王继学大参时领江东宪》，《傅与砺诗集》卷五，《四库全书》第1213册，第239页。
⑥ 杨维祯编《西湖竹枝集》，孙小力校笺《杨维祯全集校笺》第8册，第3313页。
⑦ 王袆：《王忠文集》卷五，《四库全书》第1226册，第107页。
⑧ 虞集：《题旴江傅路手卷》，《道园学古录》卷四〇，《四库全书》第1207册，第575页。
⑨ 胡助：《和袁伯长韵送继学、伯庸赴上都四首》，《纯白斋类稿》卷一一，《丛书集成初编》，第97页。
⑩ 李日华《六研斋笔记》卷三、卞永誉《式古堂书画汇考·书考》卷五、吴荣光《辛丑销夏记》卷一《定武本兰亭序》并载王士熙、陈绎曾跋、题诗，《辛丑销夏记》王士熙题诗末有"士熙"印款。

元曲重镇东平，耳濡目染，以余力偶作散曲小令即可"至今歌馆尤传之"。又尝学道，与朱思本、薛玄卿、张彦辅等全真道士均有交往，颇具仙道气息。被贬海南后，更是亲自尝试炼丹，梅致和《寿宪使继学王公》诗云："丹砂秘诀驻仙颜"，释大䜣和诗也有"风生葆羽迎仙盖"[①] 语。

---

①　释大䜣：《次韵王继学侍御金陵杂咏十首·独坐君子堂》，《蒲室集》卷五，《四库全书》第1204 册，第 550 页。

鲜于去矜

鲜于去矜之名不见于钟嗣成《录鬼簿》。朱权《太和正音谱》卷上"古今群英乐府格势"栏著录其名，注云"伯机子"，位居第十六，评其"词如奎璧腾辉"。又卷下格律谱部分选录其两首小令【南吕·阅金经】（飞絮粘蜂蜜）、【越调·寨儿令】（汉子陵）为谱例。明初散曲选《乐府群珠》载录其小令二十八首，也是隋树森编《全元散曲》收录鲜于去矜散曲之全部。

一 家世述略

《全元散曲》鲜于必仁小传云："必仁字去矜。"① 误。按《书史会要》卷七："鲜于去矜，字必仁，号苦斋，枢之子，书得家传之法。"② 知必仁为鲜于去矜字。其家世略见于周砥撰、赵孟頫书《鲜于府君墓志铭》。本贯蓟州（古称渔阳，今属天津），六世祖始占籍德兴府（至元三年降为奉圣州，今河北涿鹿）。曾祖父某，金贞祐之乱（1214），挈家南奔，至居庸关遇盗被害，年仅三十。曾祖母李氏携幼稚走河南，辗转于许、亳之间，备尝艰苦。壬辰（1232）北渡，终于涿州。祖父光祖，字子初，任侠有奇气，因得罪当地权豪，迁徙博州（今山东聊城）。蒙古宪宗二年（1252）经略江淮，都转运使周氏辟之，除广济仓提举，兼军储知事。九年，大军南伐，光祖往来大河之上，转运军粮。世祖至元三年（1266），蒙古军围武昌，光祖任参谋，亦筹划粮草。然而光祖并未授封赏，解职后居汴梁，子孙遂为汴梁人。③ 故鲜于枢《题范宽雪山图》诗云："我家汴水湄，境与嵩华邻。"④ 父枢，生于蒙古宪宗七年，至元十三年供职浙东宣慰司，十七年改岭北湖南道提刑按察司经历，二十年拜浙西宣慰司都事，赴杭州。二十四

---

① 隋树森编《全元散曲》上册，第 442 页。
② 陶宗仪：《书史会要》卷七，《四库全书》第 814 册，第 758 页。
③ 周砥：《鲜于府君墓志铭》，《赵孟頫小楷习字帖》，北京出版社，1990，第 25 页。
④ 杨镰主编《全元诗》第 13 册，第 120 页。

年改任两浙都转运司经历，二十七年职满退隐杭州西溪。大德六年（1302）卒，享年四十六岁，葬杭州西湖。鲜于枢所任最高官职也只是从七品，仕途并不如意，一生主要的时光是在江南度过，与当时的文化名流赵孟頫、周密、龚开、燕公楠、高克恭等均有交往。

鲜于去矜为鲜于枢第三子，长兄鲜于去病，字必强，鲜于枢《渔阳鲜于必强墓铭》诗云："鲜于去病字必强，父伯几父母氏张。至元戊寅生维扬，大德己亥终钱唐。寿二十二半在床，有身有患死则亡。包山之原土燥刚，下从阿弥乐而康。丑年卯月时日良，千秋万古期无伤。"① 则鲜于去病生于至元十五年（1278），卒于大德三年（1299）。二兄字必明，名未详。明赵琦美《铁网珊瑚》卷五载赵孟頫跋鲜于枢《鹅群帖》云："仆与伯机同学书，伯机过仆远甚，仆极力追之而不能。及伯机已矣，世乃称仆能书，所谓无佛处称尊耳。必明持《鹅群帖》见示，使人叹赏不能去手，而又甚庆其有子也。至大三年八月廿三日，将赴杭州车桥寓舍题。子昂。"② 鲜于枢还有二女，其一归江浙行省丞相朵尔的斤，生子伯颜不花的斤，元末守信州而死。（《元史》卷一九五《忠义传》）另一女见陶宗仪《南村辍耕录》卷二四"结交重义气"条："国初，张公可与、李公仲方、鲜于公伯机同仕于朝。既而张除浙省郎中，李除都事，鲜于除浙东宣慰经历，胥会于杭，欢甚。李卒于官，张移书鲜于曰：'仲方殁矣，家贫子幼，吾辈若不为之经纪，则孤寡何所依也？……'鲜于闻讣，哀祭成礼，亦以一女许赘其长子，即从善也，后官至绍兴推官。"③ 鲜于枢二女不知为鲜于去矜之姊或妹。《书史会要》卷七于鲜于去矜之后载鲜于端，字文肃，枢之孙。宁希元先生认为是鲜于去矜之子④。

二　生年考辨

鲜于去矜的生年，无明文记载，赵义山教授曾依据元人唐桂芳《怀鲜于必仁》四首组诗做过考证。现将该组诗移录如下：

　　簪缨旧卿相，翰墨小神仙。足迹半天下，心怀太古前。仲连将蹈海，

---

①　杨镰主编《全元诗》第13册，第128页。
②　赵琦美编《铁网珊瑚》卷五，《四库全书》第815册，第412页。
③　陶宗仪：《南村辍耕录》卷二四，第289页。
④　宁希元：《散曲家鲜于枢行年考》，《中华戏曲》第34辑，文化艺术出版社，2006。

元亮未归田。犹忆儿童岁，攀华醉管弦。

诗酒狂犹在，情怀晚更真。闻声还似旧，顾影已无邻。白鹤能超俗，苍松不受尘。五湖烟浪阔，未许老鲈莼。

六十摧颓甚，相逢少故人。死生频倭指，离乱暗伤神。经术几无补，才华果绝伦。晚来挥翰处，墨染笔花春。

月皎俄如昼，山凉总是秋。唐衢虽善哭，宋玉只供愁。薄俗无青眼，流年已白头。萧条昧生理，一恧拙于鸠。①

赵先生的研究思路是：由第一首"犹忆儿童岁，攀华醉管弦"句，断定唐桂芳与鲜于必仁为总角之交。又《国朝献征录》卷一○○载钟启晦撰《唐公行状》：唐桂芳"辛亥夏五月患腹疽卒"，"年七十有三"。辛亥为明洪武四年（1371），据此逆推唐桂芳生年在元大德三年（1299）。鲜于去矜与唐桂芳为"总角之交"，生年应在 1298 年前后。② 实际上《国朝献征录》过录的钟启晦（名亮，字启晦）《唐公行状》有误，《唐氏三先生集》附录钟氏《唐公行状》原文为："庚申夏五月，患腹疽之证。……七月廿又一日申时，子孙环侍，作赞曰：'两袖清风，千里白云。'潇然而逝。享年七十有三。"③ 庚申为洪武十三年（1380），享年七十三，则生年在元至大元年（1308）。

赵先生的这一论断为部分学者所接受，且又有补述④。然按诸其他文献材料，这个结论却又有不合处。元人姚桐寿《乐郊私语》"杨氏乐府"条载：

> 州少年多善歌乐府，其传皆出于澉川杨氏。当康惠公（杨梓）存时，节侠风流，善音律，与武林阿里海涯之子云石交善。……其后长公国材、次公少中，复与鲜于去矜交好。去矜亦乐府擅场，以故杨氏家僮千指，无有不善南北歌调者。⑤

杨梓长子杨国材的生平事迹见陈旅《杨国材墓志铭》：

① 唐桂芳：《白云集》卷三，《四库全书》第 1226 册，第 805 页。
② 赵义山：《元散曲家陈草庵、鲜于必仁考略》，《文学遗产》1993 年第 3 期。
③ 钟亮：《明故南雄路儒学正白云先生唐公行状》，《唐氏三先生集》附录，《北京图书馆古籍珍本丛刊》第 115 册，第 816 页。
④ 陈定謇：《关于〈鲜于必仁生活时代考〉的一点补正》，《文学遗产》1995 年第 4 期；陈根民：《宋元三作家合考》，《文献》2000 年第 4 期。
⑤ 姚桐寿：《乐郊私语》，上海古籍出版社，2012，第 134 页。

　　君讳瑛①，字国材。……大德中，大臣以康惠公劳于国，请官其子以劝忠也。上可其奏，授敦武校尉、赣州路同知宁都州事。能以谨饬自将，又明于烛物，上官咸信任，同列不敢以年少易之，声称日闻。俄得疾，卒于官，大德癸卯五月廿三日也，年二十一。②

杨国材卒于大德七年癸卯（1303），享年二十一岁，则生于至元二十年（1283）。若依赵义山教授的意见，鲜于去矜年岁与唐桂芳相仿，约生于1308年，则杨国材逝世时，鲜于去矜尚未出生，二人不可能"交好"。即便依赵先生据错误文献考定出的鲜于去矜生年在1298年，杨国材卒时他也不过六岁，难以做到"乐府擅场"。综观唐桂芳组诗全篇，"犹忆儿童岁，攀华醉管弦"句，应做如下解读：唐桂芳此时已是"六十推颓"老翁，又值"相逢少故人"的离乱之际，不觉追想"儿童"时的"攀华"岁月——此两句乃唐桂芳自述之语。

　　程端学《鲜于必仁割股后序》云："鲜于必仁年十七，割股起母病，士友咏歌其事。……必仁，童子也，诚恳恻怛，已足以敦浇漓，醒顽冥，矧学之未艾，安知异日不从容礼义，中正鹄也哉？其并藏咏歌之辞，观必仁于成人之日，何如？"③ 程端学，字时叔，号积斋，鄞县（今浙江宁波）人，生于至元十五年（1278），精通《春秋》，登泰定元年（1324）进士科④。观程端学之言，其视鲜于去矜为长辈。设其年长去矜干岁，则去矜生年约在至元二十四年（1287）。若此，鲜于去矜与杨国材年齿相近，后者逝世之年，去矜约十七岁，与《乐郊私语》所记"乐府擅场"也无明显抵牾处。再者，周砥为鲜于枢之父光祖所撰墓志铭，作文时间漫漶不可识，墓志由赵孟頫书刻，宁希元先生据赵氏行迹考定作于至元二十四年。墓志记"孙三人，曰阿堂、阿虎、阿彪"⑤。阿堂为鲜于枢长子去病，出生在扬州六合县，因六合古名堂邑，故有此乳名。阿虎为次子，字必明。阿彪，即去矜，则鲜于去矜的生年不得迟于至元二十四年。

---

① "瑛"字，应作"模"。
② 陈旅：《安雅堂集》卷一一，《四库全书》第1213册，第140—142页。
③ 程端学：《积斋集》卷三，《四库全书》第1212册，第343页。
④ 欧阳玄：《积斋程君端学墓志铭》，程敏政编《新安文献志》卷七一，《四库全书》第1376册，第200页。
⑤ 周砥：《鲜于府君墓志铭》，《赵孟頫小楷习字帖》，第25页。

三 行履考详

鲜于枢至元二十四年（1287）春自平江至杭州，由浙西宣慰司都事改任两浙都转运司经历。戴表元《困学斋记》云："丁亥之春，余识鲜于伯几于杭。方是时，伯几以材选为三司史掾。"① 唐宋以来，称盐铁、度支、户部三使为"三司使"，这里专指两浙都转运。二十七年（1290）代满，退隐杭州西溪，闭门谢客，构筑小屋，榜之曰"困学"。② 鲜于枢子女多以出生地为乳名，如长子出生在扬州六合，六合古称堂邑，故名阿堂。一女名楚，应是鲜于枢至元十七年任职湖南道提刑按察司时所生。阿虎、阿彪可能都出生于杭州，杭州一名虎林，故二子均以虎字为乳名③。

姚桐寿《乐郊私语》云："其后长公（杨）国材、次公少中，复与鲜于去矜交好。"按黄溍《松江嘉定等处海运千户杨君墓志铭》："君讳枢，字伯机。……嘉议大夫、杭州路总管致仕（杨）梓之第二子。"④ 又天启《海盐县图经》卷一二《人物篇》："（杨）梓子耐翁、楗。耐翁，少中大夫、浙西道宣慰同知，改任海道都漕运万户。楗，敦武校尉、赣州路同知宁都州事。"⑤ 知《乐郊私语》所记"次公少中"，即杨枢，字伯机，号耐翁，"少中"是散官"少中大夫"的省称。黄溍撰墓志记杨枢至顺二年（1331）卒，"享年四十有九"，则生年在至元二十年（1283）。鲜于去矜与杨楗、杨枢兄弟年岁相仿，且同处浙西，少年意气，宜其交好。墓志又记杨枢至大二年因疾归家，"阅七寒暑，疾乃间，寻丁陆夫人忧，家食者二十载"。"泰定四年，始用荐者起家为昭信校尉、常熟江阴等处海运副千户。"知至大二年至泰定三年（1309—1326）十八年间，杨枢都在海盐家中。海盐杨氏以资财雄一方，父子皆谙熟音律，家中养有乐工，作词赋曲，在所必然。《乐郊私语》谓"杨氏家僮千指，无有不善南北歌调者"。鲜于去矜出自名流之后，其父以书法名重当世，亦能作乐府，其姐夫（或妹夫）系畏吾儿人，"晓音律"。⑥ 在这样的家学熏陶下，他"乐府擅场"，善书法，与杨氏兄弟交厚是

---

① 戴表元：《剡源文集》卷二，《四库全书》第 1194 册，第 32 页。

② 俞德邻：《困学斋记》，《佩韦斋集》卷九，《四库全书》第 1189 册，第 66 页。

③ 参见宁希元《散曲家鲜于枢行年考》，《中华戏曲》第 34 辑。

④ 《金华黄先生文集》卷三五，《黄溍集》第 3 册，第 858 页。

⑤ 胡震亨：天启《海盐县图经》卷一二，《四库全书存目丛书》史部第 208 册，第 551 页。"同知"后原衍"知"字，据陈旅《杨国材墓志铭》删。

⑥ 《元史》卷一九五《伯颜不花的斤传》，第 4409 页。

十分自然的事。鲜于去矜青壮年时期，基本上是与海盐杨氏兄弟在赋词作曲、吹弦弹唱中度过的。

唐元《筠轩集》卷四《明月珰一首，戏赠安处善令郎之婺源结姻于鲜于必仁之门》诗云："鲜于君有鸾凤女，安处善生麒麟儿。两小无嫌好姻对，琼林皎皎春风枝。刺绣床前性聪慧，读书窗下声吾伊。蹇修宽作十年计，宛转为传青鸟意。"① 唐元（1269—1349），字长孺，歙县（今属安徽黄山市）人。诗题有"赠安处善令郎之婺源"语，知作诗时唐元本人不在婺源，否则即说"来"，而不说"之（至）"了。据杜本《唐公墓志铭》，唐元泰定四年（1327）授平江路学录，迁分水教谕，升集庆路南轩书院山长，寻以徽州路学教授致仕②。以元代年满七十致仕之官制计，唐元致仕约在后至元四年（1338），赠诗应作于南轩书院山长任上。诗谓鲜于去矜之女与安处善之子"两小无嫌好姻对"。安处善，事迹不详，应是婺源本地人，曾与鲜于去矜定有娃娃亲。诗又有"蹇修宽作十年计，宛转为传青鸟意"句，"蹇修"，谓媒人。这两句是说自幼年定亲至今已有十年，两家子女终于结为姻亲。唐元当初或作成其美，如今乐见其成，故赠诗以贺。若此，鲜于去矜大约在海盐杨枢泰定四年（1327）结束"二十载"闲居生活，新授常熟江阴海运副千户之年徙居婺源，在此地定居已逾十年。其时鲜于去矜年过四旬，自此在徽州婺源度过中晚年时期，这十年时光应甚为愉悦。唐元之子唐桂芳晚年作《怀鲜于必仁》组诗四首，其一云："犹忆儿童岁，攀华醉管弦。"这是唐桂芳追忆自己孩童时的岁月，其"醉管弦"的趣好与鲜于去矜之"乐府擅场"，可谓意气相投，宜乎二人交谊笃深。

唐桂芳生于至大元年（1308），其《怀鲜于必仁》组诗第三首有"六十摧颓甚"语，知组诗约作于至正二十七年（1367），其时鲜于去矜居停浙江金华。按钟启晦《唐公行状》："壬辰淆乱，蕲黄盗起，（公）挈家奔窜，老幼匍匐，浮资荡尽，仅全性命而已。丁酉秋，我朝龙兴，平定海宇，天兵东下，而歙之版图先入职方氏。戊戌，太祖高皇帝驻跸于歙，访问耆儒，而武臣金院邓公愈以朱升、唐仲实（即唐桂芳）名闻，召对称旨，有尊酒、束帛之赐。"③ 壬辰为至正十二年（1352），丁酉为至正十七年（1357）。唐

---

① 　唐元：《筠轩集》卷四，《四库全书》第 1213 册，第 478 页。
② 　程敏政编《新安文献志》卷五九下，《四库全书》第 1376 册，第 593 页。
③ 　程敏政编《唐氏三先生集》附录，《北京图书馆古籍珍本丛刊》第 115 册，第 815 页。

桂芳晚年的志趣不在官场，《唐公行状》记其"退居槐塘上，为宋故相程公元凤之乡，讲道家塾，买田筑室庐，以为终老计。所居心园，前列三峰，乃扁其居曰三峰精舍。……尝私谥晋渊明为酒圣陶先生，唐王无功为酒贤王先生，自称酒狂唐先生。凡岁时令节，先生以画图像祭享，设酒浆，陈俎豆，举觞酹之，而饮不至沉酣不止。或披衣哭泣，歌笑以自放，识者以先生有托而逃，盖佯狂云。"① 从中可以看出唐桂芳的性情志向，也能窥知鲜于去矜与他结为至交的契机所在。《怀鲜于必仁》诗有"诗酒狂犹在，情怀晚更真"句，既是鲜于去矜图影的描绘，又何尝不是唐桂芳的夫子自道。诗又云："仲连将蹈海，元亮未归田。"前一句是写鲜于去矜，说他不问世俗纷争，潇然隐退；后一句是写自己，虽有"归田"之志，却无可奈何，故时而"披衣哭泣，歌笑以自放"，用以"托逃"。

鲜于去矜暮年寓居金华（今属浙江），其书李白《今日风日好》诗落款云："鲜于必仁书于金华之寓，时丙午秋中八日也。"② 又跋鲜于枢《草书杜少陵茅屋为秋风所破歌卷》云："先君所书，惟金华最多。而此卷又与他书不同，记其［与］玉成先生交谊之笃而至是也。去矜自癸卯岁来此追寻旧绪，幸得先生之从孙子约，日相与过从。每见此卷，叹息不舍去手，子约当宝之。季男鲜于去矜百拜谨书，时己酉孟秋二日也。"③ 这两条材料有三个纪年——癸卯、丙午、己酉，若分别为大德七年（1303）、十年和至大二年（1309），时鲜于去矜约十七岁至二十三岁，似太小。此其一。其二，清安歧《墨缘汇观录》卷二过录鲜于枢题识："右少陵《茅屋为秋风所破歌》，玉成先生使书，三易笔，竟此纸。……大德二年九月晦日，困学民鲜于枢伯机父。"④ 其父大德二年书此卷，六年卒⑤，鲜于去矜次年即来"追寻旧绪"，于情理不合。其三，后一书跋为玉成从孙作。玉成，即王成，字玉成，号成斋，婺州人，宋遗民，年长鲜于枢十岁。细绎去矜题词，其视子约为长辈。题词也都为感慨今昔、时移境迁之情，宜为暮年之作。癸卯、

---

① 程敏政编《唐氏三先生集》附录，《北京图书馆古籍珍本丛刊》第 115 册，第 815 页。
② 文徵明辑《停云馆帖》，启功主编《中国法帖全集》第 13 册，湖北美术出版社，2002，第 122 页。
③ 鲜于去矜此书跋现藏日本京都藤井有邻馆，转引自刘正成主编《中国书法全集·元代编》，荣宝斋出版社，2000，第 261 页。参见安歧《墨缘汇观录》卷二，《续修四库全书》第 1067 册，第 255 页。
④ 《草书杜少陵茅屋为秋风所破歌卷》，安歧：《墨缘汇观录》卷二，《续修四库全书》第 1067 册，第 255 页。
⑤ 宁希元：《散曲家鲜于枢行年考》，《中华戏曲》第 34 辑。

丙午、己酉，应分别为元至正二十三年（1363）、二十六年和明洪武二年（1369）。此说还有旁证。胡翰《送袁知州赴宁都序》云："江西既平，执政者选置长民之吏，起袁侯于信安，以知宁都州事。信安之师，唐公也，有僚友之好。在时之彦鲜于必仁，名家也，有久要之义。来谓余曰：袁侯行有日矣，吾属赋诗，愿先生一言以嘉惠之。"① 据吴沉《长山先生胡公墓铭》，胡翰（1307—1381），字仲申，金华人。"大明开天皇上驻兵金陵，招罗贤才，遣使聘先生。……授衢州教授。洪武己酉，奉旨纂修元史，入局。"② 信安，宋称，元为常山县，隶属衢州路。又北京保利 2022 年春拍卖会披露鲜于去矜行书《困学斋诗册》真迹，题款云："右困学翁所作绝句，共［二］十三首，［鲜于］去矜书于金华客舍。"所书为其父鲜于枢诗作，是鲜于去矜来金华"追寻旧绪"的成果之一。这两条材料都证实鲜于去矜暮年寓居金华，一直活到明初。

四 小结

现在可以对鲜于去矜的生平做个概述：鲜于去矜，字必仁，号苦斋，鲜于枢第三子。本籍蓟州，六世祖始占籍德兴府。祖父光祖，元初任广济仓提举，参与蒙古灭宋战争，然官居末等，解职后徙家汴梁。父枢，历任浙西宣慰司都事、两浙都转运司经历、太常寺典簿等职，亦是小吏之属。枢以书法名世，与赵孟頫齐名，亦作散曲。鲜于去矜约至元二十四年（1287）生于杭州，与海盐杨氏兄弟相交笃深，在歌舞管弦、赋词吟曲中度过青年时期。约泰定四年（1327）徙居徽州婺源，在此定居，结婚生子，度过三十余年光阴，约至正二十三年（1363）离开。在婺源期间，与当地文士唐元、唐桂芳父子相交尤深。暮年寓留金华。卒年在明洪武二年（1369）以后，年过八旬。其为人潇散疏放，不乐仕进，以赋曲、吟歌、作书自适。又有狷介简傲的一面，不苟合于流俗，唐桂芳怀诗谓其"薄俗无青眼"。其散曲，《太和正音谱》评为"如奎璧腾辉"，《全元散曲》辑存小令二十九首。其书法，《书史会要》谓"得家传之法"，清人顾复《平生壮观》卷四记其有《陈情表》淡墨行书一幅③。其书法作品传世者，除上文提到的行书《困

---

① 李修生主编《全元文》第 51 册，第 183 页。
② 程敏政编《明文衡》卷八四，《四库全书》第 1374 册，第 635 页。"己酉"，原作"乙酉"，洪武纪年无乙酉，洪武己酉为洪武二年。
③ 顾复：《平生壮观》卷四，《续修四库全书》第 1065 册，第 299 页。

学斋诗册》及跋鲜于枢《草书杜少陵茅屋为秋风所破歌卷》，还有楷书韩愈《进学解》①。有子名端，字文肃，亦善书法。

---

① 张斌、蒙中编《父子合璧——鲜于枢、鲜于必仁书进学解》，重庆出版社，2011。参见陈其锟《跋元鲜于去矜书韩昌黎进学解》，宣统《番禺县续志》卷三四《金石志二》，《中国方志丛书·华南地方》第 49 册，台北成文出版社，1967 年影印本，第 453 页。

高克礼

高克礼是元代后期的著名散曲家，"有名于时"①。《全元散曲》辑录其带过曲四首，与杂剧名家乔吉交往密切。关于其生平，《录鬼簿》记载极简略：字敬臣，号秋泉，曾任县尹。明初贾仲明补吊词云："碧桃红杏说高蟾，黄阁风流夸士廉，铨衡权准宗行俭。文章习子瞻，任县宰，才胜江淹。生子学双渐，娶妻如蔡琰。秋泉公，归去陶潜。"② 按，汉代丞相官署厅门涂黄色，故称黄阁。《汉旧仪》卷上："丞相听事阁曰黄阁。"③ 后代遂用"黄阁"代指宰相。如皮日休《房杜二相国》诗云："黄阁三十年，清风一万古。"④ 贾仲明称高克礼"黄阁风流"，虽不必坐实其父曾任丞相，出身当必非寻常。但究竟如何，已不得而知。门岿先生在《录鬼簿》之外发现一条新材料，即胡世佐《重建推官厅记》，知至正八年高克礼曾任庆元路总管府推官⑤。（详后文）除此外，则知之甚少。

清人张照等编《石渠宝笈》卷三有《宋陆游自书诗帖》一卷，为高克礼父亲所藏，高克礼曾请郭畀、俞庸、程郇三人作跋。该三跋为破解高克礼身世之谜提供了原始依据，依次移录如下。郭畀跋云：

> 宋南渡后，放翁先生文章，号大家数，一时学者所宗。暮年休致后，诗法圆美，盖传之于曾茶山也。此卷字画遒劲，实先生得意书，秋泉其善藏之。若夫先生出处之详，则有二南诗文盛行于世，予复何言！京口郭畀题。⑥

---

① 杨维桢编《西湖竹枝集》，孙小力校笺《杨维桢全集校笺》第 8 册，第 3332 页。
② 袁世硕、张倩倩、都刘平校订笺释《录鬼簿及续编校订笺释》，第 520 页。
③ 卫宏撰，孙星衍辑校《汉旧仪》卷上，《汉官六种》，周天游点校，中华书局，1990，第 67 页。
④ 《全唐诗》卷六〇八，中华书局，1999，第 7072 页。
⑤ 门岿：《元曲百家纵论》，第 182 页。
⑥ 张照等编《石渠宝笈》卷三《列朝人书画》，《秘殿珠林·石渠宝笈合编》第 2 册，上海书店出版社，2011，第 906 页。

俞庸跋云：

　　放翁居绍（兴）、淳（熙）讲好偃兵之时，天下休息，疆场无事，入披垣，出藩宣。晚年优游若耶溪上，寿八十余。宜乎《剑南》前后续集之富，大而天地日月星辰之运行，小而昆虫草木之动植；内而朝廷，外而边徼，以至于礼乐法度，刑赏兵财，凡所见闻，一寓之诗。世间妙语奇对，骚人墨客，呫哔推敲之所未到，莫不网罗搜猎，毕尽无遗，真可以泣鬼神、祛疠疟，读之使人偘然止、赞然立，而独未尝见翁之翰墨。秋泉高侯，暇日以巨轴示，展视乃翁所自为诗，音调谐雅，字画遒劲，犹龙跃凤蓍、鹏抟鲲运，对之精爽飞越，诚见所未见也。侯蹙然曰："先公以戎行，从太傅伯颜公战胜攻取，将校惟珠玉金帛是竞，先公独以图书文史寓意焉。凯旋，辇以逾岭，众有薏苡之疑，先公发箧示之，悉皆惊叹悦服。平定以来，往往为博雅之士夺其所好，今存无几。此卷母夫人藏之久矣，近始以畀，曰：'而父下江南所得者也，蚤暮披阅，当有益，勿废坠。'拜而受之。不啻获至宝，愿识诸左方以信后。"予闻放翁唐内相宣公之裔，二百年后，乃能以文章事业晃耀一世，振其家声。侯家传带砺，茚袭簪裳，遭圣明继继，垂拱守成，四方无战伐。以恒人遇之，孰不纵恣自肆。而侯也日与繁弱忘归、鞭弭橐鞬周旋。公退燕闲，左图右书，紬今绎古，客至围棋投壶，且驭裨佐如严师友，抚士卒如亲子弟，虽古之名将向宠、杜元凯之流，不能过也。侯能观放翁之文章翰墨，思放翁之勋名事业，如放翁之振耀家声。行将易金菟大符，树崇牙高节，妙年未艾，为天子出于南土以成考志，以悦母颜，使功烈洸洸赫赫，吾见不止如今日之所观也。斯卷也，其殆无怄袖简也耶！卷锦之余，因书以寓规箴焉。放翁姓陆氏，名游，字务观，山阴人。至治元年二月八日，永嘉俞庸题。[①]

程郇跋云：

　　放翁文章妙天下，出处大节，载之《宋史》，世庸有不知者。石湖范公帅蜀，辟为元僚，金椿玉撼，人以为醉翁门下客，轻裘缓带，雅

―――――――――――――

① 张照等编《石渠宝笈》卷三《列朝人书画》，《秘殿珠林・石渠宝笈合编》第 2 册，第 906 页。

歌投壶①，当时意气何如耶！锦官城，盖翁之桐乡也。东归还朝，本非素志，尝有诗云："杜鹃言语元无据，悔却东吴万里归。"其心事盖可见矣。投老会稽，世故尽绝，东村西邻，田翁野老，尔汝相忘，犹有栗里、柴桑气象。余往岁长尹和靖堂，正在翁故里，尝得游历柳姑庙、道士庄，遗趾尚在，翁之高风犹可遐想。秋泉高侯出示此卷，正归老会稽所作，时翁年已八十，字画遒劲，诗律古澹乃如此，中有"梦为孤鹤过青城"之句。益知翁思蜀之念，未始一息忘也。余蜀人也，岷山锦水，宁不介然于怀耶！嘉泰甲子，距今岁泰定甲子，恰两周甲子矣。感今怀昔，慨前修之不作，为之太息。是岁四月望日，眉山程郇书于京口郡幕。②

该诗帖真迹现藏辽宁省博物馆，与《石渠宝笈》过录本仅个别文字有差异。俞庸跋作于至治元年（1321）二月，程郇跋作于泰定元年（1324）四月。冠首郭畀跋未署时间，当在另二跋之前。俞跋提供的信息量最多。其一，高克礼的父亲是元初随伯颜丞相南下攻宋的汉族武官，虽在行伍，颇好文史，志在图书，《宋陆游自书诗帖》就是在灭宋战争中所得，可谓武弁中之尚风雅者。其二，俞跋作于至治元年，谓高克礼"妙年未艾"，其时高克礼应年未及壮。以此逆推，生年约在至元二十九年（1292）。其三，俞跋称"侯家传带砺，笥袭簪裳"，高克礼之父是元初汉族武官，参与攻取南宋的战争，功成后当有封官，后来官至镇江路总管③，正三品，在元初汉人中不可谓不高。且高克礼本人也因门荫授武官④，俞跋称："侯也日与繁弱忘归、鞭弭橐鞬周旋。……且驭裨佐如严师友，抚士卒如亲子弟，虽古之名将向宠、杜元凯之流，不能过也。"向宠、杜预（字元凯）分别是三国、西晋时名将，俞庸以之比拟高克礼，可想见其勋业与风流。这样我们方才明白贾仲明吊词所谓"黄阁风流"之所指。其四，俞跋谓高克礼"行将易金菟大符，树崇牙高节，妙年未艾，为天子出于南土以成考志，以悦母颜"。又俞

---

① "投"，原作"酒"，注云："应是'投'字。"
② 张照等编《石渠宝笈》卷三《列朝人书画》，《秘殿珠林·石渠宝笈合编》第 2 册，第907 页。
③ 胡世佐：《重建推官厅记》，李修生主编《全元文》第 58 册，第 79 页。
④ 按元制，武职大体可世袭。《元史·兵志》："万户、千户死阵者，子孙袭爵，死病则降一等。总把、百户老死，万户迁他官，皆不得袭。是法寻废，后无大小，皆世其官，独以罪去者则否。"参见萧启庆《内北国而外中国：蒙元史研究》，第 242 页。

庸、程郇二跋屡以"高侯"称之，此应即《录鬼簿》所记县尹之职。郭畀（1280—1335），字天锡，丹徒人。曾任镇江路学录①。程郇（1269—1346），字晋辅，湖州乌程人。至治元年至泰定元年（1321—1324）任镇江路总管府知事②，题跋是任上作。镇江路总管府治丹徒。故我们推定高克礼"为天子出于南土"，所任应为丹徒县尹，时间在延祐末、至治初。高克礼父亲曾任镇江路总管③，三人作跋时已谢世，高克礼任丹徒县尹或凭门荫，且以便养母。

　　乔吉有【双调·折桂令】《高敬臣病》及《秋日与高敬臣、胡善甫辈饮湖楼即事》小令二首。按杨朝英延祐元年编《阳春白雪》，未收录乔吉作品，卷首"选中古今姓氏"亦无乔吉之名。而晚年编《太平乐府》，所收乔吉的作品数量居第三位。乔吉南游应在延祐元年（1314）以后，自此流连辗转于江南，高克礼与之首次相识当在任丹徒县尹期间。乔吉有小令【双调·殿前欢】《登江山第一楼》，与【折桂令】《秋日与高敬臣、胡善甫辈饮湖楼即事》同用寒山韵，应同作于镇江。胡善甫，名元，号容斋。邢台（今属河北）人。至治元年任绍兴路总管，泰定间迁徽州路总管④。

　　高克礼虽出身武将，但继承其父风范，雅好读书，俞庸跋谓其"公退燕闲，左图右书，紬今绎古，客至围棋投壶"。且有诗集，萨都剌《题高秋泉诗卷》云："美矣高夫子，能文武亦全。横琴弹夜月，洗剑动秋泉。酒熟春如海，诗闲日似年。纶巾北窗下，倦可枕书眠。"⑤与俞跋正可相互印证。萨都剌，字天锡，泰定四年（1327）进士，天历元年至三年（1328—1330）任镇江路录事司达鲁花赤⑥。高克礼与之相识应在此期间。杨维祯编《西湖竹枝集》收录高克礼《竹枝词》一首。按《竹枝集》卷首有杨维祯自序，作于至正八年（1348）七月，高克礼《竹枝词》必作于此之前。杨维祯与萨都剌为同年进士，天历年间萨都剌任镇江录事司达鲁花赤时，有和萨氏

----

①　俞希鲁编纂《至顺镇江志》卷一七，《续修四库全书》第698册，第721页。
②　黄溍：《婺源州知州致仕程公墓志铭》，《金华黄先生文集》卷三二。参见俞希鲁编纂《至顺镇江志》卷一六，《续修四库全书》第698册，第713页。
③　胡世佐：《重建推官厅记》，李修生主编《全元文》第58册，第79页。
④　万历《绍兴府志》卷二六《职官志二》；陈栎：《胡容斋四书发明序》，《定宇集》卷一七，《四库全书》1205册，第427页。
⑤　杨镰主编《全元诗》第30册，第264页。
⑥　俞希鲁编纂《至顺镇江志》卷一六，《续修四库全书》第698册，第714页；俞希鲁：《送录事司达鲁花赤萨都剌序》，李修生主编《全元文》第33册，第50页。

《宫词》十二章①，其与高克礼相识或与萨都剌有关。

《石渠宝笈》还录有明正统四年陈琏跋文：

> 镇江杨时中，元至正初为郡庠直学，有识鉴，购得高秋泉所收陆放翁亲书所作诗若干首，共为一卷，有元人永嘉俞［庸］、眉山程郁（邰）、京口郭天锡题跋。②

陆游诗帖是高克礼之父所藏，其母令其"蚤暮披阅，勿废坠"，如今却售于他人，或其时已家道中落，迫于生计。乔吉【折桂令】《高敬臣病》有"赋高唐何事悲秋""炎凉世态"句③，或即指此。台北"故宫博物院"藏郭畀《写高使君意》画轴，款识云："己卯（后至元五年，1339）四月六月，京口郭天锡写高使君意。"前题"云藏山外寺，雨暗树中村"诗句④，与萨都剌《题高秋泉诗卷》"横琴弹夜月"，"纶巾北窗下，倦可枕书眠"意境相近，再联系上文所考高克礼作《竹枝词》的时间，推测郭天锡《写高使君意》画卷是为高克礼作。若此，高克礼顺帝至元末、至正初这段时间代满赋闲在家，过着清贫的隐读生活。

胡世佐《重建推官厅记》载：

> 庆元境域包山际海……府治西偏别置厅事，为推审之所。……至大八年夏五月，市燎延及皆成虚，寓迁无常，湫隘喧袭，咸谓非宜，议复未遑也。是岁之冬，济南高君、东平王君相继来为郡推官。……募工营构，不逾月而成。……高君名克礼，字敬臣，故镇江路总管亚忠公之世嫡。王君名士然，字继善，故大司徒、翰林承旨、鲁国文肃公肯堂先生之季子。家同阀阅，世同簪组，官同列，职同事，意气相孚，议论相符，或推或挽，故能职无不振，事无不举，以成可书之绩，所谓同寅协恭而和衷者欤！⑤

---

① 杨维祯：《宫词十有二章序》，杨镰主编《全元诗》第39册，第89页。
② 张照等编《石渠宝笈》卷三《列朝人书画》，《秘殿珠林·石渠宝笈合编》第2册，第907页。
③ 隋树森编《全元散曲》上册，第681页。
④ 台北"故宫博物院"编辑委员会编《故宫书画图录》第4册，第185页。
⑤ 李修生主编《全元文》第58册，第79页。

胡文谓至大八年高克礼任庆元路推官，至大为元武宗年号，纪年仅四年，"至大"当是"至正"之误①。文中所说"肯堂先生"是元初名臣王构，王士然是其季子。王构官至翰林学士承旨，胡文谓高克礼与王士然"家同阀阅，世同簪组"，也进一步证实高克礼不平凡的出身，与俞庸跋谓高克礼"家传带砺，笥袭簪裳"，相互佐证。推官专治刑狱，高克礼在庆元路推官任上，"治政以清净为务，不为苛刻，以简澹自处"②。元制，上路总管府置推官二员，庆元路属上路。故高克礼、王士然"相继来为郡推官"，谓二人同僚，非先后上任。按，王士然之兄王士熙，亦能作曲，自至顺三年至至正三年（1332—1343），先后任江东肃政廉访使、江南行台侍御史、御史中丞等职，在江南供职十余年，萨都剌也与之相识。高克礼与王士熙或也有交往。惜文献无征，只得阙疑。

这里还有一个问题需要解决，胡世佐《重建推官厅记》谓高克礼济南人，而杨维祯《西湖竹枝集》小传却称其河间人。按《元史·地理志》，元代河间路所辖之东南地域与济南路所辖之西北相接壤，交界之地如齐东、宁津、临邑、青城等县的归属往往在彼此之间更换③。高克礼籍贯或正是在此交壤之处，故时人或称济南，或称河间。

鄞县人袁士元《书林外集》卷四有《赠高推官》诗：

> 风月襟怀世莫伦，政声清绝出名门。圜扉罗雀文书静，泮水旒鸾色笑温。州县按临分枉直，城池警驻谨晨昏。笔端一点春无限，剩种棠阴及子孙。④

鄞县为庆元路总管府治司所在，袁士元曾荐授县学教谕。杨维祯记高克礼任庆元路推官期间，"治政以清净为务，不为苛刻，以简澹自处"，与袁诗"政声清绝""圜扉罗雀文书静"语相吻合。推官职在刑狱，胡世佐《重建推官厅记》谓高克礼、王士然二人"存心能公，待物能恕，莅事能勤，听决明允"，即袁诗所谓"州县按临分枉直"。高克礼擅诗，萨都剌《题高秋泉诗卷》有"诗闲日似年"句，与袁诗"笔端一点春无限"也契

① 成化《宁波郡志》卷五亦载此文，作"至正八年"，明成化四年刻本。
② 杨维祯编《西湖竹枝集》，孙小力校笺《杨维祯全集校笺》第 8 册，第 3332 页。
③ 《元史》卷五八《地理志一》，第 1364 页。参见谭其骧主编《中国历史地图集·元明时期》，地图出版社，1982，第 9—10 页。
④ 袁士元：《书林外集》卷四，《续修四库全书》第 1324 册，第 568 页。

合。综合种种，袁士元《赠高推官》诗当为高克礼作。按，黄岩方国珍兄弟至正八年"亡入海，聚众数千人，劫运艘，梗海道"①。庆元是元代的三个重要沿海港口之一，自然要严加防范。袁诗颈联"城池警驻"云云，应即指此。

---

① 《明史》卷一二三《方国珍传》，中华书局，1974，第3697页。

顾德润

顾德润同样是元代后期的散曲家，今存带过曲八首、套数两套。增订本《录鬼簿》小传云：顾德润，字君泽，道号九山，淞江人。以杭州路吏，迁平江。自刊《九山乐府》《诗隐》二集，售于市肆。天一阁本"九山"、《九山乐府》分别作"九仙"、《九仙乐府》。贾仲明增补【凌波仙】吊词云：

> 君泽德润住云间，路吏杭州称九仙，迁平江当领驱公案。乐府共诗集，开板刊。售文籍，市肆停安。情恬淡，心懒坦，九仙在尘寰。①

从"路吏杭州称九仙"语来看，似顾德润以"九仙"为道号是在杭州任吏期间。但从释宗衍为顾德润在平江（今江苏苏州）所筑"静趣轩"赋诗之"道人非避世，偶此住山阿"句看（详后文），顾德润是在平江路吏任满，人至中年而仕途无望之后托身黄冠。其散曲也有"四海飘蓬，半生歌咏"②这样的感叹。顾德润系淞江人，其乡有九峰山，钱惟善《送顾君泽迁平江》其二即有"君家九峰下"句。故顾德润道号当以"九山"为是，其自刊散曲集为《九山乐府》。按万历《杭州府志》卷二四"山川"条载：杭州城有九仙山，在县西十五里，高十八丈，传说是葛洪、许迈炼丹之地。贾仲明或因顾德润为黄冠之身，妄改"九山"为"九仙"。

顾德润的生卒年，文献无载，朱晞颜、钱惟善二人有寄顾德润诗，孙楷第《元曲家考略》以为顾与朱、钱二氏年辈相若，推测其亦元贞至正间（1295—1368）人。按，《明史》卷二八五《钱惟善传》未载钱惟善享年几何，孙楷第《元曲家考略》据惟善延祐、至治间与贯云石交，洪武十二年己未犹为沈易作《五伦诗序》，进而推断他"盖生大德初，至洪武己未，年

---

① 袁世硕、张倩倩、都刘平校订笺释《录鬼簿及续编校订笺释》，第510页。
② 顾德润【仙吕·点绛唇】套首曲，隋树森编《全元散曲》中册，第1214页。

殆逾八十"①。现我们再补充一条证据，以进一步确定钱惟善的生卒年。陶宗仪《南村辍耕录》卷五载："武林钱思复先生惟善尝言：年十六七时，以诗见息斋李公于州桥寓居。"②息斋李公，即李衎，字仲宾，号息斋。考苏天爵《滋溪文稿》卷一○《李文简公神道碑》，李衎皇庆元年（1312）以常州路总管迁吏部尚书，明年，请致仕，不允。久之，以疾辞，俾使护送南归。延祐七年（1320）卒于维扬。其致仕南归在延祐初。钱惟善以诗拜谒李衎当在此时，其时钱惟善年仅十六七，生年约在大德四年（1300），至洪武十二年（1379），已年届八旬。

钱惟善《江月松风集》卷八《送顾君泽迁平江》诗云：

> 旧识黄堂掾，风流见逸才。秋尊鱼蟹郡，春树鹿麋台。迁檄邮亭送，离尊客棹催。有诗须寄我，握手更徘徊。
>
> 君家九峰下，作吏擅时名。隐语中郎学，歌章大雅声。江云龙庙湿，山雪虎邱明。回首片帆远，桃花春水生。③

该诗位居卷八最后一篇，位列其前的分别是《送陈众仲之官翰林应奉》与《兼柬张仲举征君》。陈众仲，即陈旅（1287—1342），元统二年（1334）除江浙儒学副提举，后至元四年（1338）入翰林应奉，钱惟善送行诗应作于后至元初。《兼柬张仲举征君》诗有"国史马迁赞"，"东观征博士"，"愧无双南金，赠此千里行"句。考《元史》卷一八六《张翥传》，张翥（1287—1368），字仲举，至正初召为国子助教，寻退居淮东，至正三年三月，诏修辽金宋三史，起为翰林国史院编修官。五年十月，三史成，迁太常博士④。钱氏赠行诗作于三史修成，张翥北上授太常博士之时。再者，钱惟善至正元年（1341）八月中江浙行省乡试，次年会试失利⑤。玩味《送顾君泽迁平江》之辞，毫无落第沮丧之意，应作于至正元年乡试之前（诗有"桃花春水生"句）。故知顾德润由杭州路吏迁调平江

---

① 孙楷第：《元曲家考略》，第81页。
② 陶宗仪：《南村辍耕录》卷五"先辈谦让"条，第66页。
③ 钱惟善：《江月松风集》卷八，《四库全书》第1217册，第837页。
④ 按《元史》卷四一《顺帝本纪四》，辽金宋三史诏修在至正三年三月，五年十月修成。
⑤ 按元制，乡试在八月，次年二月会试，三月廷试。考《元史·顺帝本纪》，至正二年三月戊寅廷试。钱惟善会试不第南归，吴师道、宋褧均赋诗送行，见《礼部集》卷三《送钱思复下第归杭分得屈字》、《燕石集》卷七《送钱思复下第还杭州分得秋字》。

在至正初年①。

门岿先生曾找到一条新材料，即钱仲益《题云间顾德润静趣轩》诗：

> 虚阁宜秋色，层檐起夕阴。端居捐末虑，宴坐爽初心。火息寒灰冷，波澄皎月沉。寂寥便野兴，恬默抱冲襟。扶老凭斑策，陶情托素琴。庭空芳草积，门掩落花深。酒熟呼邻饮，诗成据槁吟。翻怜营利客，底事费追寻。②

沿着这条线索，我们在元明人别集中又找到数首题咏顾德润静趣轩的诗，有助于进一步考证顾德润的生平。如释宗衍《碧山堂集》卷一《静趣轩》诗云：

> 躁动失本静，滞寂圣所诃。不有止观功，欲静动愈多。道人非避世，偶此住山阿。幽侣不到门，况闻车马过。闲云谢冗迹，止水无惊波。山花明户庭，定起聊婆娑。扰扰奔竞者，闻风意如何。③

"道人非避世，偶此住山阿"，与顾德润道号九山的身份相吻合。"山花明户庭"，与钱仲益诗"门掩落花深"语同义。宗衍（1309—1351），中吴（今苏州）人，至正初，住石湖楞伽寺，与顾德润迁平江的时间契合，知该诗为顾德润作。

又周衡《忆赏菊吟呈静趣先生》诗云：

> 雨窗闲忆旧吟诗，静趣轩中赏菊时。满座清香浮太白，拂帘佳色醉西施。年光冉冉嗟余老，人事纷纷乐者谁。闻说床头新酿熟，不妨重约会东篱。④

---

① 现存《江月松风集》卷首有后至元四年陈旅与五年夏溥序，《元曲家考略》以为"集中诗作于至正中者殊少"。疑此二诗作（即《送顾君泽迁平江》）尚在后至元四五年以前"。不确。按本文所考，《兼柬张仲举征君》必作于至正五年十月后。或《江月松风集》后至元四年初次结集，后又有增补，卷一一《庚辰腊日大雨雪，至明年元日，承普安善卿、刘环翁、赛甫思诚、韩思学四卿元泊袁鹏举、朱子昭同酌，抵暮而归，三日纳礼，谓当作诗以纪，因缀七言律一首》《至元六年庚辰十又二月庚辰朔己亥大雨雪，戊申复雨雪，至七年辛巳正月朔旦己酉雨雪大作，癸丑甲寅复大雪，因赋诗以记》即为证。

② 钱仲益：《锦树集》卷五，钱公善《三华集》卷一五，《四库全书》第1372册，第157页。

③ 杨镰主编《全元诗》第47册，第317页。

④ 杨镰主编《全元诗》第52册，第144页。

"雨窗闲忆旧吟诗""闻说床头新酿熟"句,与钱仲益《题云间顾德润静趣轩》"酒熟呼邻饮,诗成据槁吟"句,写的是同一情景。周衡,字士平,梁溪(今江苏无锡)人。至正中,参与吴县徐达左耕渔轩集会。

据上文所考,顾德润迁平江路吏在至正初,释宗衍即平江人,至正初住吴县楞伽寺。周衡为无锡(元代属常州路)人,常州路与平江路相邻,且至正初周衡曾至吴县。二人为顾德润静趣轩赋诗时间殆相近,也即说顾德润平江路吏代满后退隐入道,筑静趣轩以"避世"。顾德润散套【仙吕·点绛唇】《四友争春》首曲云:"四海飘蓬,半生歌咏。嗟尘冗,世事匆匆,苦被年光送。"① 又【越调·黄蔷薇过庆元贞】《御水流红叶》借待宠宫女之口说道:"几年月冷倚阑干,半生花落盼天颜。"② 其时顾德润应已年过四旬,几经宦场沉浮后,意识到仕途无望,入道以寄余生。以此逆推,其生年大致与钱惟善(约1300年生)相若。此外,也进一步证实顾德润并非在杭州路吏任上就已入道,贾仲明所改"九仙"系推测臆想。

又王绂《王舍人诗集》卷四《静趣轩为顾德润题》云:

> 竹树阴森映短墙,萧然绝俗似僧房。出城相去路三里,闭户独眠书半床。风暖林花飘几席,雨晴沙鸟入池塘。惭余扰扰红尘客,到此犹能百虑忘。③

王绂(1362—1416),字孟端,无锡人。洪武戊午(1378),征天下罢闲弟子员,登其能者仍授以官,公亦与焉。未几,以事累谪戍山西朔州十余年。无何,籍其养子以代之。既而归乡里,隐居教授。"尤好黄老清虚之术及佛氏之学,亦皆闯其奥窍。"④ 能诗善书,"尤工画山水竹石,每酒酣对宾客,着黄冠服,意气傲然,伸纸攘袂,挥洒奇怪跌宕,不可名状画,已徐吟五字诗。萧然有风人之致,然不可意者"⑤。王绂因自身的宦场经历,也托身黄冠,与顾德润可谓意气相投,朱晞颜《顾君泽真赞》谓其"谑浪笑傲,睨世而不废啸歌者"⑥。王绂拜访顾德润静趣轩并为赋诗当在自朔州贬所归

---

① 隋树森编《全元散曲》中册,第1214页。
② 隋树森编《全元散曲》中册,第1212页。
③ 王绂:《王舍人诗集》卷四,《四库全书》第1237册,第151页。
④ 章晟如:《故中书舍人孟端王公行状》,王绂:《王舍人诗集》附录,《四库全书》第1237册,第174页。
⑤ 王洪:《王孟端小传》,王绂:《王舍人诗集》附录,《四库全书》第1237册,第172页。
⑥ 朱晞颜:《瓢泉吟稿》卷五,《四库全书》第1213册,第425页。

乡之后，时间约在洪武二十年（1387），其时顾德润已年近九旬。王绂是钱
仲益的同乡后进，与后者有多首唱和诗①，与顾德润的相识或由钱仲益
引介。

又刘溥《草窗集》卷下《静趣轩为顾德润赋》云：

> 端居恒守默，林下敞茅茨。万籁不鸣处，一心无事时。雨庭回宿草，
> 风幔卷晴丝。妙契还由动，非关预有期。②

"雨庭回宿草"，表明其时顾德润逝世有年。刘溥，字原博，长洲（今苏州）
人。医术世家，而以研读经史为好，兼通天文、历数。明宣德时，以文学
征，有荐其善医，授惠民局副使，调太医院吏目。刘溥耻以医自名，日以
吟咏为事。与汤胤勣、苏平、苏正、沈愚、王淮、晏铎、邹亮、蒋忠、王
贞庆号"景泰十才子"，溥为主盟③。

综合以上排比考证，可以对顾德润的生平做一概括性描述。顾德润，
字君泽④，淞江（今属上海市）人。约生于元大德四年（1300），卒于明
洪武二十年（1387）后。在讲究出身"根脚"的元代，作为南方汉族文
人，入仕机会某种程度上说仅剩科举一途，顾德润青年时期壮志踌躇，应
也曾参加科考，只是未能如愿。其【南吕·骂玉郎过感皇恩采茶歌】《述
怀》云："蛛丝满甑尘生釜，浩然气尚吞吴，并州每恨无亲故。三匝乌，
千里驹，中原鹿。走遍长途，反下乔木。若立朝班，乘骢马，驾高车，常
怀卞玉，敢引辛裾。"⑤ 无奈之下，以儒入吏，出任杭州路吏。该任期间与
诗文名家钱惟善相交。至正初迁平江路，任吏首领⑥。此时已迈入人生中
年，在仕途绝望的情况下，秩满后隐居平江，筑静趣轩，着道士服，寄情
诗酒，与当地文僧宗衍、文士周衡、钱仲益等交游往来。半生沉浮于宦

① 王绂：《和钱博士先生除夕感怀韵》，《王舍人诗集》卷四；《写家山图寄翰林钱仲益先
　生》，《王舍人诗集》卷五，《四库全书》第 1237 册。
② 刘溥：《草窗集》卷下，《四库全书存目丛书》集部第 32 册，第 381 页。
③ 《明史》卷二八六《文苑传》，第 7341 页。
④ 朱权《太和正音谱》作"均泽"，而诸人赋诗皆作"君泽"，"均"是"君"字音同致误。
⑤ 隋树森编《全元散曲》中册，第 1210 页。
⑥ 贾仲明吊词有"迁平江当领驱公案"句，孙楷第以为"当领"系"首领"之误（繁体
　"當"与"首"形近）。《中国历史大辞典·辽夏金元卷》"首领官"条："掌管案牍、管
　辖官员，协助长官处理政务的官员通称。金、元遍设于各级衙门。包括经历、都事、主
　事、知事、典簿、照磨、管勾（以上为从五品至九品）、提控案牍、都目、吏目、典史
　（以上为流外职）等职。多由吏员升任。"

途，也看清了官场的玄机，终于变用世之志为玩世之心，"漫仕犹隐"，"谑浪笑傲"。① 善隐语，能作诗，生前曾自刊《九山乐府》《诗隐》二集，皆不传。

按，张仲深也有《静趣轩》诗：

> 轩楹俯晴渌，颇觉远市嚣。鲜翠散清旭，淑景通阒寥。幽人澹无为，默处恬盘遨。永怀同心侣，重缔忘刑交。临流天在缨，据梧风奏韶。玩此静中趣，嗤彼世上豪。晨曦倏阴翳，炎氛似云高。勋庸虽足贵，介胄终贤劳。何如静者心，投分偕渔樵。尘海屡变迁，斋居自消摇。淑问弥里曲，浮名谢中朝。抚楹独忘言，明月生秋涛。②

张仲深，字子渊，鄞县（今浙江宁波）人。一生未仕，"漫游湖海"③，与杨维祯、乌斯道兄弟、夏庭芝、张可久、张雨、韩性等人均有倡和酬答，与廼贤交谊尤深。其《子渊诗集》结集于后至元五年（1339），《静趣轩》不见于《子渊诗集》，应是至元五年以后作，时间与顾德润筑静趣轩能对得上。惟张仲深自身即隐士，《题张小山君子亭》自谓："我尝西湖谋卜居，前有水竹后芙蕖。羁红縻翠眩人目，云锦倒映青珊瑚。"④ 细绎《静趣轩》诗用辞，也有夫子自道之意。故是否为顾德润作，尚不敢遽断。

叶德均先生揭出元代还有另一位顾德润，名辉，鄞县人。见宋濂《宋学士文集》卷八《守斋类稿序》与郑真《荥阳外史集》卷五〇《九皋处士传赞》⑤。按，元代还有第三位顾德润，见杨维祯《武林弭灾记》：

> 至正二年四月一日，杭城大灾，毁民庐舍四万有畸。明年五月四日，又灾作于车桥，火流如乌孛，如梧冲，所指即炎，势且逼西湖书院。在官正徒奔走莫遑救，武守、府守虽庞，而无所于用。肃政司在院东，于时宪副高昌干栾公、覃怀李公，宪佥大名韩公，暨知事广平张公，照磨睢阳张公齐面火叩首曰……由是院与司皆安堵如故，而城郭郊保赖以安全。院之山长毗陵钱琼偕城中高年寻余西湖之阴，请纪

---

① 朱晞颜：《顾君泽真赞》，《瓢泉吟稿》卷五，《四库全书》第1213册，第425页。
② 杨镰主编《全元诗》第52册，第72页。
③ 郑奕夫：《子渊诗集序》，张仲深：《子渊诗集》卷首，《四库全书》第1215册，第308页。
④ 张仲深：《子渊诗集》卷二，《四库全书》第1215册，第328页。
⑤ 叶德均：《元代曲家同姓名考》，《戏曲小说丛考》卷上，中华书局，2004，第336页。

其事，辞弗获，则为之言。……至正三年十二月望日……耆老……顾德润……等立石。①

文作于至正三年（1343），此顾德润已是"耆老"，生年约在前至元十年（1273），与曲家顾德润年岁相差太大。此其一。其二，据上文的考察，曲家顾德润暮年隐居平江，而非杭州。此杭州"耆老"顾德润非曲家。

---

① 倪涛:《六艺之一录》卷一一一，《四库全书》第 832 册，第 310 页。

张鸣善

张鸣善，名择，晚号顽老子。元末著名散曲家兼杂剧家，所作小令【水仙子】《讥时》盛行于世，曲云："铺眉苦眼早三公，裸袖揎拳享万钟，胡言乱语成时用。大纲来，都是烘，说英雄谁是英雄。五眼鸡岐山鸣凤，两头蛇南阳卧龙，三脚猫渭水非熊。"①将自己的一肚皮不平之气借元曲疏放外旋的特点宣泄得淋漓尽致，主体情感与文体特质两者完美结合，相得益彰。其曲作在当时颇为流行，很有影响，以致时人模仿其创作，如倪瓒【双调·折桂令】《拟张鸣善》、汤式【正宫·醉太平】《约游春友不至效张鸣善句里用韵》。朱权《太和正音谱》列其名第九位，在关汉卿前，评其词"如彩凤刷羽，藻思富赡，烂若春葩，郁郁焰焰，光彩万丈，可以为羽仪词林者也。诚一代之作手，宜为前列"②。《全元散曲》辑存小令十三、套数二。此外，编杂剧三种：《包待制判断烟花鬼》《党金莲夜月瑶琴怨》《十八公子大闹草园阁》，未流传。关于其籍贯，现存文献有三说：曹栋亭本《录鬼簿》作扬州人，张翥、成廷珪送别诗谓还家武昌③，孙存吾编《皇元风雅》注云平阳人。而王逢《俭德堂怀寄》诗又谓其湖南人。按《元史·地理志六》：至元十四年（1277），改本道安抚司为鄂州路总管府，并鄂州行省入潭州行省。大德五年（1301）改鄂州路为武昌路④。故王逢称其籍贯为湖南，与张翥、成廷珪的说法实相一致，并无抵牾。张翥《宗人鸣善将还武昌诗以叙别》颔联云："衣冠南渡悲豪杰，江汉东流变古今。"⑤张翥祖籍晋宁襄陵（今属山西临汾），《蜕庵诗集》卷三《拜襄陵祖茔》即证。其父以吏从蒙古军征江南，为杭州钞库副使。（《元史》卷一八六本传）晋宁即平阳，大德九年易此名。张翥谓鸣善为"宗人"，谓二人同出平阳张氏。张鸣

---

① 陶宗仪：《南村辍耕录》卷二八"水仙子"条，第 354 页。
② 姚品文笺评《太和正音谱笺评》，中华书局，2010，第 24 页。
③ 张翥：《宗人鸣善将还昌诗以叙别》，《蜕庵集》卷四，《四库全书》第 1215 册；成廷珪：《送张鸣善归武昌随又移家眷入蜀》，《居竹轩诗集》卷三，《四库全书》第 1216 册。
④ 《元史》卷六三《地理志六》，第 1523 页。
⑤ 张翥：《蜕庵集》卷四，《四库全书》第 1215 册，第 62 页。

善先世曾追随赵宋南来，故诗有"衣冠南渡"语①。当张鸣善由扬州还武昌时，成廷珪亦赋诗《送张鸣善归武昌随又移家眷入蜀》，知鸣善著籍武昌。《录鬼簿》谓其扬州人，是因其久寓扬州，张翥送诗即有"多病马卿游已倦"语。

其生年，史无明文。按，张鸣善至正二十六年（1366）为夏庭芝《青楼集》作序，引夏氏语："先生知予哉！"② 张鸣善应较夏庭芝年长一辈。张序云：夏庭芝"方妙岁时，客有挟明雌亭侯之术，而谓之曰：'君神清气峻，飘飘然丹霄之鹤。厥一纪，东南兵扰，君值其厄，资产荡然'"③。所谓"东南兵扰"，指至正十六年（1356）张士诚攻占平江之事，夏氏在自跋《封氏闻见记》中说："至正（十六年）丙申岁，不幸遭时艰难，烽火四起，煨烬之余，尚存残书数百卷。"④ 由至正十六年上推"一纪"，时在至正四年（1344），其时夏庭芝"方妙岁"，二十岁左右，生年约在泰定二年（1325）⑤。假若张鸣善年长夏氏二十五岁，则约生于大德四年（1300）。又，可考与张鸣善交往的数人年岁分别为：张翥（1287—1368），杨维祯（1296—1370），苏大年（1297—1365），成廷珪（约1294—1366年以后）⑥。若依我们的推测，张鸣善与杨维祯、苏大年、成廷珪等人年岁相仿，盖与史实相差不远。

张鸣善早年在家乡武昌的事迹以及何时客游扬州，文献阙如，已无从考知。《录鬼簿》初稿完成于至顺元年（1330），已记张鸣善任宣慰司令史，所任当是淮东道宣慰使司，治扬州。张翥至正初年送行诗云："广陵行客动归心"，"多病马卿游已倦"。可知他游寓扬州的时间较长。在扬州期间，他与张翥、成廷珪的关系最密切，交往最笃善。究其缘由，三人皆以作诗为能事，意投志合。当张鸣善离开扬州，返回乡里时，张翥、成廷珪均赋诗赠行。张翥《蜕庵集》卷四《宗人鸣善将还武昌诗以叙别》云：

---

① 参见孙楷第《元曲家考略》"张鸣善"条，第82页。

② 张择：《青楼集叙》，孙崇涛、徐宏图笺注《青楼集笺注》，第35页。

③ 张择：《青楼集叙》，孙崇涛、徐宏图笺注《青楼集笺注》，第34页。

④ 夏庭芝：《封氏闻见记跋》，赵贞信校注《封氏闻见记校注》，中华书局，2005，第101页。

⑤ 参见陆林《夏氏生年及〈青楼集〉写作时间考》，《元代戏剧学研究》附录，安徽文艺出版社，1999，第202页。

⑥ 郯肃《居竹轩诗集序》："扰攘以来，漂泊南北，复会于吴门，与先生游，年已七袠余矣。"郯序未署时间。按邹奕至正二十六年序亦云："余识原常（廷珪字）于吴门。"（均见四库本《居竹轩诗集》卷首）结合这两条材料，知成廷珪生年约在至元三十一年（1294），卒年则在至正二十六年（1366）以后。

武昌城中官柳阴，广陵行客动归心。衣冠南渡悲豪杰，江汉东流变古今。多病马卿游已倦，能诗杜老律尤深。洞庭明月如相忆，为写清愁入楚吟。①

成廷珪《居竹轩诗集》卷三《送张鸣善归武昌随又移家眷入蜀》云：

对酒悲歌泪满衣，楚天摇落又斜晖。风尘万里与君别，江海一舟何处归。老去且留吾舌在，愁来长惜壮心违。临岐不尽平生意，沙苑无云鹤自飞。②

成廷珪，扬州人。张翥"薄游维扬，居久之"，后至元末，同郡傅岩起中书，以隐逸荐之。至正初，召为国子助教，分教上都生。寻退居淮东。至正三年（1343），诏修辽金宋三史，起为翰林国史院编修官，后历任翰林直学士、侍讲学士、国子祭酒等职，以翰林学士承旨致仕。该诗应作于至正三年入翰林院之前，成廷珪诗则同时作。张翥尝从仇远学，"尽得其音律之奥"，"以诗文知名一时"③。成廷珪"唯意于诗"，"七言律最为工深，合唐人之体"，与张翥为忘年友，二人尝"载酒相过，殆无虚日"④。张翥送别诗谓张鸣善"能诗杜老律尤深"，称誉备至。袁凯《赠张鸣善》云："悲歌三百首，一一断人肠。"⑤王逢《俭德堂怀寄》也有"著就先天学"语。《录鬼簿续编》谓"苏昌龄、杨廉夫拱手服其才"。苏昌龄即苏大年，"丰姿音吐，文辞翰墨、权谋智术皆绝出时辈"⑥。杨廉夫即杨维祯，文章巨公，执元末江南诗坛牛耳四十余载，时人称其诗为"铁崖体"⑦。凡此种种，皆证实张鸣善以诗什擅场，在当时江南文人群中颇有声响。《录鬼簿》记其有《英华集》行于世，虽不存，推测其中当有不少诗作。正是同为诗中能手，故张鸣善与张翥、成廷珪成为挚友。张翥《蜕庵集》卷五《喜雪简社友》

---

① 张翥：《蜕庵集》卷四，《四库全书》第 1215 册，第 62 页。
② 成廷珪：《居竹轩诗集》卷三，《四库全书》第 1216 册，第 327 页。
③ 《元史》卷一八六《张翥传》，第 4284 页。
④ 郯韶：《居竹轩诗集序》，成廷珪：《居竹轩诗集》卷首，《四库全书》第 1216 册，第 279 页。
⑤ 袁凯：《海叟集》卷三，《四库全书》第 1233 册，第 191 页。
⑥ 杨维祯：《苏先生挽者辞叙》，《东维子集》卷二六，《四库全书》第 1221 册，第 666 页。
⑦ 《元故奉训大夫江西等处儒学提举杨君墓志铭》，《銮坡后集》卷六，罗月霞主编《宋濂全集》第 2 册，第 679 页。

诗，注云"广陵"①。张翥在扬州组织诗社，张鸣善或是成员之一。《皇元风雅》收录张鸣善《送人游庐山》诗：

> 曾到匡庐境，巉峰际碧空。万松无路入，一水与天通。白鹿眠晴昼，清猿啸晚风。洪厓如可约，吾亦访云中。②

张翥有《送以中及公自扬州天宁寺游匡庐》③诗，疑是在扬州时同作。"以中及公"，即释智及（1311—1378），字以中，别号西庵、愚庵。吴县人，俗姓顾。能诗，尝走建业，"见广智䜣公（释大䜣）于大龙翔集庆寺。广智以文章道德倾动一世，如张文穆公起岩、张潞公翥、危左丞素，皆与之游，以声诗倡酬为乐。师微露文彩，珠洁璧光，广智及群公见之大惊，交相延誉，唯恐后"④。至正间参与吴县徐达左耕渔轩雅会，存诗三首。

　　张鸣善久游扬州，至正初返回武昌家中，不久将家眷迁徙至四川（成廷珪《送张鸣善归武昌随又移家眷入蜀》），袁凯《赠张鸣善》诗有"白帝城中客"句，知张鸣善移家至夔州（今重庆市奉节县，白帝城在县东）。之所以要迁家入蜀，大概是张鸣善已预感到即将有战事，眼下的宁静不过是暴风雨来临的前夕。早在后至元四年（1338）六月，就有袁州（今江西宜春）民周子旺反，僭称周王，伪改年号，寻被擒伏诛⑤。到至正八年（1348），万载（今属江西）彭国玉倡说白莲教，称言"撒豆成兵，飞茅成剑"，谋为不轨。事败逃至麻城（今属湖北），与邹普胜纠合民众数万人，"红巾军"自此而起⑥。而江南地区平静的表面下同样潜伏着巨大的风波，至正初，有李大翁者，啸众倡乱，出入海岛，劫夺漕运舟，杀朝廷使者⑦。至正八年，方国珍兄弟起事，江浙行省参政朵儿只班讨之，兵败被执。（《明史》卷一二三本传）正是由于这样的现实局面和对局势的预判，张鸣

---

① 张翥：《蜕庵集》卷五，《四库全书》第1215册，第75页。
② 杨镰主编《全元诗》第58册，第362页。
③ 张翥：《蜕庵集》卷二，《四库全书》第1215册，第22页。
④ 《明辩正宗广慧禅师径山上及公塔铭》，《芝园后集》卷六，罗月霞主编《宋濂全集》第3册，第1421页。
⑤ 《元史》卷三九《顺帝本纪二》，第844页。
⑥ 正德《瑞州府志》卷一〇《遗事志》，杨讷等编《元代农民战争史料汇编》中册，中华书局，1985，第110页。
⑦ 《故资善大夫广西等处行中书省左丞方公神道碑铭》，《翰苑别集》卷一〇，罗月霞主编《宋濂全集》第2册，第1148页。

善将家眷由武昌转徙至夔州，希望能逃过将要到来的劫难，无奈灾难最终还是降临。（见后文）

王逢《梧溪集》卷五《俭德堂怀寄》组诗共二十二首，其中第十首寄张鸣善。诗有"病辞新主聘"句，孙楷第据此断定王诗作于入明以后。按，王逢至正二十六年（1366）三月始辟"俭德堂"，见《梧溪集》卷四《至正丙午三月廿八日，自横泖迁居乌泾，宋张骥院故居有林塘竹石，因扁堂曰俭德园、曰最闲，得诗凡六首》①。又该组诗的第一首是寄李祁，李祁至正二十八年（1368）七月卒②，李祁卒后，王逢写有哀诗，见《梧溪集》卷五《长倩无锡许輗茶陵书至，报及李一初御史卒》③。故知王逢《俭德堂怀寄》组诗作于至正二十七年（1367）。诗云"荐书三十载"，则至正初曾有人举荐张鸣善入仕。按，至正元年（1341），权臣伯颜被罢免，脱脱出任中书省右丞相，悉更伯颜旧政，恢复科举取士法，开经筵，遴选儒臣以劝讲。至正三年，诏修辽金宋三史，脱脱为都总裁官④，荐举遗逸脱因、伯颜、张瑾、杜本⑤。而张翥于至正三年修三史之时，起为翰林国史院编修官，史载"翥勤于诱掖后进，绝去崖岸，不徒以师道自尊"⑥。可能就在此时，张翥向朝廷推举好友张鸣善，所任当是江浙行省属官，也因此他自夔州再次东行至江南。孙存吾《皇元风雅》后集卷五选录张鸣善诗七首，其中《秋兴亭次韵》与《题史橘斋山水手卷》二首正是作于由夔州至江浙而途经湖北之时。《秋兴亭次韵》云：

> 巫峡秋涛万里长，荻花风叶乱苍茫。青山碍目无闲地，白雁牵愁
> 有夕阳。神禹柏残扶大气，长庚星坠静南荒。已将今古同行客，何必
> 登临忆侍郎。⑦

按，唐代宗宝应元年（762），沔州刺史贾载构亭于公堂西侧，此时其叔父

① 王逢：《梧溪集》卷四，《四库全书》第1218册，第730页。
② 刘崧《故提举李公哀辞有序》："维戊申闰七月某日，前承务郎、江浙等处儒学副提举云阳李公没于永新上麓之寓舍。"戊申为至正二十八年。《槎翁文集》卷一五，《四库全书存目丛书》集部第24册，第567页。
③ 王逢：《梧溪集》卷五，《四库全书》第1218册，第787页。
④ 《元史》卷一三八《脱脱传》，第3343页。
⑤ 《元史》卷四一《顺帝本纪四》，参见《元史》卷一九九《隐逸传》。
⑥ 《元史》卷一八六《张翥传》，第4284页。
⑦ 杨镰主编《全元诗》第58册，第361页。

贾至从贬地岳州奉旨复原职，赶赴长安，路经沔州时，在贾载处歇脚，适逢亭楼落成，为写亭记。自谓取名由来："诗人之兴，常在四时；四时之兴，秋兴最高，因以命亭焉。"秋兴亭"却负大别之固，俯视沧海之浸。阅吴蜀楼船之殷，览荆衡数泽之大"①。张鸣善将家眷安置于夔州后，重游江南，道经沔州（元为汉阳府，治今湖北武汉）时，已是秋季，适逢黄昏："神禹柏残扶大气，长庚星坠静南荒。"思念起远在巫峡的家人："青山碍目无闲地，白雁牵愁有夕阳。"想要远眺西边新安置的家，视线却为青山所碍，白雁还能在夕阳降落之前返回巢穴中，自己的牵愁却只能存放在心中。作为"行客"，张鸣善与六百年前的贾至情感上产生共鸣："已将今古同行客，何必登临忆侍郎。"——贾至广德初（763—764），擢礼部侍郎②。

又《题史橘斋山水手卷》云：

> 神仙中人丞相子，五色玉立瑶池芝。谢傅风流歌舞处，羊公慷慨登临时。兴来酒泗云烟绕，身后名随日月迟。安得飙车从上下，蓬莱指点看参差。③

史橘斋，即史杠，字柔明，号橘斋道人，史天泽第四子。至元二十九年（1292）官湖广行省左丞，建"江汉堂"以居，姚燧为作记④。史杠"读书余暇，弄笔作人物、山水、花竹、翎毛，咸精到"⑤。《式古堂书画汇考》卷三二著录史杠绘画《牡丹孔雀图》《青松白鹤图》等九种⑥。张鸣善应对史杠既建立偌大功勋又游身于神仙道家的人生志趣和选择很向慕，精神上愿追随之，故诗最后说："安得飙车从上下，蓬莱指点看参差。"

乾隆《吴江县志》卷三六"寓贤"条载：

> 张明（鸣）善，博学多才，为乐府歌行，千言立就，得骚人比兴体。又善推步天象，言休咎有征。元至正间，从湖广客游东南，道阻，

---

① 贾至：《沔州秋兴亭记》，《全唐文》卷三六八，《续修四库全书》第 1640 册，第 130 页。
② 《全唐文》卷三六六贾至小传，《续修四库全书》第 1640 册，第 109 页。
③ 杨镰主编《全元诗》第 58 册，第 362 页。
④ 姚燧：《江汉堂记》，《牧庵集》卷七，《四库全书》第 1201 册，第 471 页。
⑤ 夏文彦：《图绘宝鉴》卷五，《四库全书》第 814 册，第 617 页。
⑥ 卞永誉：《式古堂书画汇考》卷三二《画二》，《四库全书》第 828 册，第 419 页。

因侨居同里镇。巨室争延致之，宾筵酒酣，为新词，击唾壶而歌，闻者为之倾倒。①

张士诚至正十三年起事于高邮，十六年据平江，遂陷湖州、松江、常州（《元史·顺帝本纪七》），"军需征赋百出，昔之訾财豪户，破家剥床，目不堪睹"②。东南富室为之一空。《吴江县志》所载张鸣善为"巨室争延致之"事，当在张氏起兵之前。陈去病《吴江诗录》二编卷一一载录张鸣善《过吴淞江》诗：

> 渺渺乘帆去，行藏问海鸥。菰蒲百里浪，鸿雁一声秋。跳白波心雨，浮青海上洲。浪游吾已惯，陡欲动乡愁。③

这首诗不见于孙存吾《皇元风雅》，《全元诗》亦未辑录，从张鸣善的行迹及该诗所表现的作者心理情感上看，当属张氏佚诗。"行藏问海鸥"，即张鸣善在带过曲【正宫·脱布衫过小梁州】中表达的："山林本是终焉计，用之行舍之藏兮。"④ 早在第一次客游扬州时，他就已有倦游"动归"之心，在重返江南的途中也是"牵愁"家人，散曲中同样表达了"想人生最苦离别"的无奈，故诗最后说："浪游吾已惯，陡欲动乡愁。"按，淞江夏庭芝是浙西的豪富之家，好周济贫困，承平之日，广结文士，且好时兴俗曲。杂剧家邾经在《青楼集序》中说："窃维雪蓑在承平时，尝蒙富贵余泽，岂若杜樊川赢得薄倖之名乎？"⑤ 张鸣善《青楼集叙》谓夏氏"遍交士大夫之贤者，慕孔北海，座客常满，尊酒不空，终日高会开宴，诸伶毕至"⑥。拱手钦服张鸣善之才的杨维祯是夏庭芝西宾（《录鬼簿续编》），曾为夏氏自怡悦手卷题诗。（《铁崖诗集》甲卷）张鸣善应也是夏庭芝筵席上的常客，可能正是因此机缘，他结识了大诗人杨维

——

① 乾隆《吴江县志》卷三六，《中国地方志集成·江苏府县志辑》第 20 册，江苏古籍出版社，1991 年影印本，第 158 页。
② 张择：《青楼集叙》，孙崇涛、徐宏图笺注《青楼集笺注》，第 34 页。
③ 陈去病：《吴江诗录》二编卷一一，《百尺楼丛书》本。《吴江诗录》所选张鸣善诗八首，七首为孙存吾《皇元风雅》所收，《过吴淞江》佚诗未知文献来源，姑从之。
④ 隋树森编《全元散曲》中册，第 1452 页。
⑤ 邾经：《青楼集序》，孙崇涛、徐宏图笺注《青楼集笺注》，第 20 页。
⑥ 张择：《青楼集叙》，孙崇涛、徐宏图笺注《青楼集笺注》，第 34 页。

祯。再者，陶宗仪也与夏庭芝交善①，或是通过夏氏的中间媒介，陶宗仪得以知悉张鸣善的名曲【水仙子】《讥时》，将其记录在自己的著作《南村辍耕录》中。

　　然而太平的日子终究短暂，元末风起云涌的争霸割据战争最终还是到来了。张鸣善至正初为躲避即将到来的烽火，将家人从武昌转至夔州，却终究未能让家人幸免于战争。袁凯《海叟集》卷三《赠张鸣善》云：

　　　　白帝城中客，清秋碧海傍。乾坤方汹汹，身世独遑遑。万里空形影，全家堕虎狼②。悲歌三百首，一一断人肠。③

袁凯，字景文，号海叟。淞江华亭人。至正间为府吏，能诗，曾赋《白燕诗》，受到杨维祯的称赏，时人称为"袁白燕"。④ 袁赠诗应作于张鸣善隐居吴江时。按，徐寿辉至正十一年（1351）起兵蕲水，十二年陷汉阳、兴国、武昌等地，次年为元兵所复，至正十五年又为徐复夺⑤。十七年，其将倪文俊陷峡州（今湖北宜昌市），既而明玉珍攻占重庆，"自是蜀中郡县相继下，玉珍尽有川蜀之地"，时在至正十八年⑥。张鸣善在夔州的家人在这场争战中成为无辜的牺牲品，"全家堕虎狼"，张鸣善却因道阻而侨居吴江。面对无可奈何的灾难的到来，张鸣善只能以诗歌来排遣心中的苦痛，所谓"悲歌三百首，一一断人肠"。

　　明人蒋一葵《尧山堂外纪》卷七六记载张鸣善的一则逸事：

　　　　张士诚据苏时，其弟士德攘夺民地，以广园囿，侈肆宴乐，席间

---

①　陶宗仪《南村辍耕录》卷二八"解语杯"条："至正（二十年）庚子秋七月九日，饮淞江泗滨夏氏清樾堂上。"又《南村诗集》卷二《正月二十有六日余与邵青溪、张林泉会胡万山、夏雪蓑、俞山月、高彦武、张宾旸于佘北逾岭而南访陈孟刚，席上分韵得船字》，该诗作于入明以后，前两联云："桃源只在人间世，三老相逢莫问年。清昼喜陪多士集，紫霄只恐德星躔。""三老"谓邵青溪、张林泉及自己，"多士"指胡万山、夏雪蓑、俞山月、高彦武、张宾旸等人，陶宗仪应较雪蓑年长。二人相交当早在元代承平之时。

②　"虎狼"，自注云："一作'渺茫'。"

③　袁凯：《赠张鸣善》，《海叟集》卷三，《四库全书》第1233册，第191页。

④　朱彝尊：《袁凯传》，《曝书亭集》卷六三，《四库全书》第1318册；参见《明史》卷二八五本传。

⑤　《明太祖实录》卷八《徐寿辉传》，杨讷等编《元代农民战争史料汇编》中册，第101页。

⑥　《明太祖实录》卷一九《明玉珍传》，杨讷等编《元代农民战争史料汇编》中册，第350页。

无张明（鸣）善则弗乐。一日，雪大作，士德设盛宴，张女乐，邀明（鸣）善咏雪。明（鸣）善依笔题曰："漫天坠，扑地飞，白占许多田地，冻杀无民①都是你，谁道是国家祥瑞。"书毕，士德大愧，卒亦莫敢谁何。②

张士诚至正十六年二月据苏州，其弟张士德同年七月与朱元璋部鏖战常州，遭伏被俘③。《尧山堂外纪》所记之事恐非事实，也可能张鸣善赋乐府讽刺的是张士诚本人或其弟张士信，而误植在张士德身上④。

王逢至正二十七年所作《俭德堂怀寄》诗序谓张鸣善"以晦迹擢江浙提学，今谢病隐居吴江"。诗云：

> 荐书三十载，垂白广文官。冀北心肝热，湖南骨肉寒。病辞新主聘，老托故人安。著就先天学，何时一细观。⑤

至正三年张翥入朝为翰林编修，荐举张鸣善入仕，至至正二十七年，为二十四年，诗云"三十载"，举其成数耳。其时张鸣善年近七十，正是"垂白"之年，授江浙提学应在至正二十七年之前不久。按苏大年《遂昌先生郑君墓志铭》，郑元祐至正二十四年（1364）任江浙儒学提举，居官九月旋卒⑥。张鸣善很可能就是接替郑元祐之职。"冀北"，用韩愈《送温处士赴河阳军序》"伯乐一过冀北之野，而马群遂空"故典，这里用以指张翥。张鸣善夔州家人遭罹徐寿辉、明玉珍之难已有十年，故有"湖南骨肉寒"语。至正二十六年十一月，朱元璋军进攻平江，次年九月，城破，张士诚被执⑦。大概朱元璋曾使人召张鸣善至金陵，后者以病辞之，隐居吴江终老。

---

① "无民"，当是"吴民"或"吾民"之误。
② 蒋一葵辑《尧山堂外纪》卷七六"张明善"条，《四库全书存目丛书》子部第 148 册，第 281 页。
③ 《明太祖实录》卷四，杨讷等编《元代农民战争史料汇编》中册，第 431 页。
④ 邵远平《元史类编》卷四一《张士诚传》：至正二十四年，士诚自称吴王，使其弟士信迁江浙行省丞相达识帖睦迩于嘉兴，士信自为丞相。"从此兄弟益骄纵，上下乖疑，将士多邀官爵、美田宅，方肯用命。"《续修四库全书》第 313 册，第 616 页。
⑤ 王逢：《俭德堂怀寄凡二十二首各有小序》，《梧溪集》卷五，《四库全书》第 1218 册，第 785 页。
⑥ 李修生主编《全元文》第 39 册，第 284 页。
⑦ 《明史》卷一二三《张士诚传》，第 3695—3696 页。

张鸣善好友成廷珪、苏大年暮年亦隐吴门①，王逢至正二十六年迁居上海乌泾，同年吴中邹奕为《居竹轩诗集》作序云："余识原常（成廷珪字原常）于吴门，观其扁舟往来于洞庭、笠泽之墟，逍遥乎云水之上，凡所涉历，一寓于诗。"② 张鸣善以擅诗享名时辈，虽遭逢乱世，得以与二三友朋隐迹山水，赋诗林泉，也是不幸之幸，可谓"老托故人安"。谢世之年，当在入明后不久。

---

① 杨维桢《苏先生挽者辞叙》：苏大年"明年（至正十四年），广陵陷，涉江，隐吴市门"。（《东维子集》卷二六）其《吴江州学记》（至正十九年）、《宁氏纳田新学记》（至正二十年）、《遂昌先生郑君墓志铭》（至正二十五年）等文，皆作于隐居吴江时。俱见《全元文》第39册。

② 邹奕：《居竹轩诗集序》，成廷珪：《居竹轩诗集》卷首，《四库全书》第1216册，第280页。

丁编　元明交际时期曲家

孟昉

　　孟昉之名虽不见于《录鬼簿》与《太和正音谱》，但其檃括李贺《十二月乐词》而创作的十三首【天净沙】小令，影响深远，向来诗歌总集都将其收入。近人编《全元散曲》《全元诗》也各自作为散曲或诗收录。此外，孟昉还是著名的古文家，生前已结集刊行两部文集，其一有虞集、苏天爵、余阙等名家作跋，其拟古文之作"实开后来李梦阳、何景明一派"①。陈垣先生《元西域人华化考》卷四之"西域之中国文家"，最先揭出有关孟昉的若干文献，并从《两浙金石志》卷一八钩稽孟昉《杭州路重建庙学记》佚文一篇，开筚路蓝缕之功。陈先生非专文考证孟昉其人，所述孟昉事迹主要依据《元史类编》，该书不仅记载简略，且有较严重的错误。李佩伦先生《论元代回族文人孟昉》文，专篇考述孟昉其人，依据与孟昉有诗文酬唱之张翥、张昱、苏天爵、陈基之生年，断言"孟氏与他们年岁相近"②。按张翥与陈基本身年岁相差近三十岁，再据此考孟氏生年，恰如贾继用先生《色目诗人孟昉生卒年考辨》所言，结论"显然过于笼统"③。贾文重在考证孟昉之生卒年，据孟昉《十二月乐词》被收入刘仔肩洪武三年所编《雅颂正音》，推定孟昉"卒年约在洪武三年（1370）或稍后"，结论可信从。但谓"孟昉入明以后，仅此一现"，显然失之细察。贾文又评述孟氏文学创作成就，只是贾先生"遍检元人诸集和地方文献，仅见《杭州路重建庙学记》一篇"，更有遗珠之憾。

一　出身及早期仕履

　　孟昉字天昞，关于其族属，陈基《夷白斋稿》卷二二《孟待制文集序》有记，明弘治八年张习刊本谓"本西域人"，而明抄本作"西人"，《四库全

---

① 陈垣：《元西域人华化考》卷四《文学篇》，第 77 页。
② 李佩伦：《论元代回族文人孟昉》，《西北第二民族学院学报》1994 年第 4 期。
③ 贾继用：《色目诗人孟昉生卒年考辨》，《民族文学研究》2012 年第 3 期。

书》本则谓"西夏人"，盖有所据。陈垣先生《元西域人华化考》从之，谓"盖唐兀氏也"①。时人称其籍贯或河东，或太原②，他自己也以太原自署③，盖祖辈自河西徙太原，而寓居大都。宋褧《跋孟天暐拟古卷后》云："河东孟君天暐，延祐间为胄监生。"④ 虞集《题孟天暐氏拟秦汉语后》也有"成均旧游，若孟天暐氏"⑤ 语。陈基《孟待制文集序》云："今翰林待制孟君，砥砺成均。"⑥"胄监""成均"，均指国子监，知其出身国子监诸生。元世祖至元初以许衡为国子祭酒，"选七品以上朝官子孙为国子生，随朝三品以上官得举凡民之俊秀者入学，为陪堂生伴读"⑦。蒙古在灭金之前首先攻伐的是西夏，西域各族成为蒙古进入中原前最先投诚的群体，因而在元代民族等级制度体系中属第二等，地位仅次于蒙古人。孟昉的祖辈可能是元初的武将功臣，他因而由太原迁徙大都，也因此得以入国子监为生员。

　　傅若金《孟天伟文稿序》云："河东孟天伟，好学有才识，尝贡于乡，下第春官，由是辟掾宪司。……然君方壮，进于学不已，譬诸登山者，足益往，身益高。余南归，当与君别，后数年再至，余望君绝顶矣。"⑧ 据苏天爵《元故广州路儒学教授傅君墓志铭》，傅若金至顺三年"挟其所作歌诗来游京师"，"会今天子即位，诏遣使者颁正朔于安南，以君才学，为之参佐。……明年，安南陪臣执礼物来贡阙下，君以功授广州路儒学教授"⑨。考《元史·顺帝本纪》，遣使交趾、赐《授时历》在元统二年（1334）正月。傅序所谓"余南归，当与君别"，指的正是元统三年赴任广州儒学教授。其时孟昉"方壮"（三十岁），以此逆推，其生年约在大德九年（1305）。傅序说孟昉"尝贡于乡，下第春官"，宋褧也谓其"由乡举得解"。知其曾中乡试，会试失利。按元制，会试必须年满二十五周岁，《元典章·礼部》卷四《学校·儒学·科举条制》载：

---

① 陈垣：《元西域人华化考》，第 77 页。
② 宋褧《跋孟天暐拟古卷后》："河东孟君天暐。"《燕石集》卷一五，《四库全书》第 1212 册；苏天爵《题孟天暐拟古文后》："太原孟天暐。"《滋溪文稿》卷三〇，《四库全书》第 1214 册。
③ 清倪氏经锄堂钞本《玉山遗什》载孟氏《西湖梅约》，自署："太原孟昉天伟。"杨镰主编《全元诗》第 54 册，第 387 页。
④ 宋褧：《燕石集》卷一五，《四库全书》第 1212 册，第 522 页。
⑤ 虞集：《道园类稿》卷三五，《中华再造善本》影印元刻本。
⑥ 陈基：《夷白斋稿》卷二二，《四库全书》第 1222 册，第 296 页。
⑦ 《元史》卷八七《百官志三》，第 2192 页。
⑧ 傅若金：《傅与砺文集》卷四，《四库全书》第 1213 册，第 320 页。
⑨ 苏天爵：《滋溪文稿》卷一三，《四库全书》第 1214 册，第 161 页。

科场：每三岁一次开试。举人从本贯官司于路府州县学及诸色户内，推选年二十五以上、乡党称其孝悌、朋友服其信义、经明行修之士，结罪保举，以礼敦遣，贡诸路府。①

也就是说，孟昉参加会试至早在至顺元年（1330），而前一年参加大都乡试及第。考《元史·文宗本纪》，至顺元年三月，廷试进士。又危素《圭斋先生欧阳公行状》，欧阳玄天历二年（1329）考大都乡试②。与傅若金元统三年（1335）所作《孟天伟文稿序》谓孟昉"下第春官，由是辟掾宪司"时间相合。

宋褧谓孟昉"由乡举得解，从事臬司宪部掾、枢府，进中书西曹，及今典国子监簿。二十年间，读书不废，亦贤矣哉"。傅若金也谓其"尝贡于乡，下第春官，由是辟掾宪司，历御史府、刑部、枢密院"。二人所述孟昉所任职务用的称谓虽有不同，然所指内容完全一致。"臬司宪部"即肃政廉访使司，"中书西曹"即中书省刑部。孟昉会试在至顺元年（1330），授国子监典簿约在至正五年（1345），前后凡十六年，宋氏谓"二十年间"，举其成数耳。在这十六年间，孟昉先后在肃政廉访司、御史台、刑部及枢密院担任掾史，属吏职，即陈基所谓"扬历省台"，"问其职，则补缺而拾遗也"。③

在刑部掾期间，许有壬为作《铁笛为西曹掾孟天伟赋》：

梦断柯亭月满林，却从良冶嗣遗音。沉埋难蚀千年节，刚烈能鸣七窍心。回老飞来洞庭晚，刘翁仙去武夷深。太平不用为锋刃，吹尽人间市酒金。④

张翥也有《铁笛为孟天昉赋》：

爱此轻圆铁铸成，何须楚竹选孤生。年多化作青蛇色，夜静吹如彩凤声。绣出碧花凝错落，冷含金气发铿清。最宜携向君山去，一听仙翁奏月明。⑤

① 《元典章》第 2 册，第 1095 页。
② 李修生主编《全元文》第 48 册，第 402 页。
③ 陈基：《孟待制文集序》，《夷白斋稿》卷二二，《四库全书》第 1222 册，第 296 页。
④ 许有壬：《至正集》卷二〇，《四库全书》第 1211 册，第 150 页。
⑤ 张翥：《蜕庵集》卷三，《四库全书》第 1215 册，第 54 页。

与许诗应同时作。孟昉至正五年已为国子监典簿，任刑部掾必在此之前。许有壬后至元六年（1340）自江夏入拜参知政事，至至正三年（1343）正月遭谗被罢中书左丞，归安阳，在朝为官三年①。张翥"至正初，召为国子助教，分教上都生。寻退居淮东，会朝廷修辽金宋三史，起为翰林国史院编修官"②。诏修辽金宋三史在至正三年，许、张二人同时为孟昉赋铁笛诗应在至正元年、二年间。

傅若金《孟天伟文稿序》云：孟昉"尝贡于乡，下第春官，由是辟掾宪司……暇日即读书为文不废，凡志记、叙述、铭赞、赋颂之作，各极其体，汲汲焉古作者之度"。宋褧《跋孟天昉拟古卷后》亦云："（昉）由乡举得解，从事臬司宪部掾、枢府，进中书西曹，及今典国子监簿。二十年间，读书不废，亦贤矣哉。尝拟先秦西汉诸作，摹仿工致。"此外，虞集、苏天爵、余阙等人也都有题跋③。傅若金序作于元统三年，前文已考。虞集元统元年告请南归，作序应在此之前。宋褧至正初拜翰林待制，迁国子司业，参与修撰辽金宋三史，书成，超拜翰林直学士。按《燕石集》卷一五之《书进士题名石刻后》《跋北山游记后》《跋孙履斋周益公二帖》，分别作于至正三年四月、五月及十月④，同卷《跋孟天昉拟古卷后》应也在至正三年前后。其时孟昉为国子监典簿，宋褧是其上属长官。苏天爵至正四年由陕西行台侍御史召为集贤侍讲学士，兼国子祭酒。明年，出为山东道肃政廉访使，寻召还集贤，充京畿奉使宣抚，忤时相罢归。其序应作于至正四年拜集贤侍讲学士兼国子祭酒期间。余阙元统元年进士，授同知泗州事，俄召入应奉翰林文字，转中书刑部主事，因与上官议不合，投牍而归。至正三年复召修辽金宋三史，拜监察御史⑤。其序当至正三年作。程文《孟君文集序》云："平昌孟君善为文，往年读其拟古数篇，不知其生于今也。"⑥据

---

① 许有壬《送马明初教授南归诗》序："后至元（四年）戊寅，予得请归江夏别业。明年冬，游长沙。明年二月，安仁马君明初来见于琅璘山。……遂同归江夏，甫七日，复参知政事。"（《至正集》卷一四，《四库全书》第1211册）《元史》卷一八二《许有壬传》："至元六年，召人中书，仍为参知政事。……南台监察御史木八剌沙，缘睚眦怨，言书院不当立，并构浮辞，污蔑有壬，并其二弟有仪、有孚，有壬遂称病归。"参见苏鹏宇《许有壬年谱长编》，《许有壬研究》附录，博士学位论文，中央民族大学，2013，第198—202页。
② 《元史》卷一八六《张翥传》，第4284页。
③ 虞集：《题孟天昉氏拟秦汉语后》，《道园类稿》卷三五；苏天爵：《题孟天昉拟古文后》，《滋溪文稿》卷三〇；余阙：《题孟天昉拟古文后》，《青阳集》卷六。
④ 宋褧：《燕石集》卷一五，《四库全书》第1212册，第520—522页。
⑤ 《余左丞传》，《潜溪后集》卷六，《宋濂全集》第1册，第245页。
⑥ 程敏政编《新安文献志》卷二〇，《四库全书》第1375册，第274页。

上文所考傅若金作《孟天伟文稿序》在元统三年的时间信息，孟昉在元统初约三十岁时已将自己的古文作品编结成集，刊行则在至正初。文稿以模拟秦汉古文为主，体裁多样。

宋褧又说"及今典国子监簿"，按《元史·百官志八》"奉使宣抚"条："至正五年十月，遣官分道奉使宣抚，布宣德意，询民疾苦，疏涤冤滞，蠲除烦苛，体察官吏贤否，明加黜陟。……江西福建道，以云南行省右丞散散、将作院使王士弘为之，国子典簿孟昉为首领官。"① 则至正五年十月，孟昉已拜国子监典簿。三人奉使行至江西时，拜谒了其时致仕在家的虞集，除"谋谋度询"外，还优游登高，赋诗唱和。虞集《江闽奉使倡酬诗序》云：

> （皇上）必欲无尺地不蒙其泽，而一民不获其安。断自宸衷，遣使询问，分道而出，巡天下之邦国而语之，使万民和说焉。江右在江湖之表，闽越在岭海之间，皇皇持节之华，二公实来，则前右丞北庭散公、左丞平阳王公。佐之者，吾胄监典簿太原孟君大（天）昉其人也。二公先朝旧人，贞靖严重，素闻于天下。孟君学问志气，穆如清风，极一时之选矣哉。吾侪小人，朝不及夕，有不足以知其雅量之弘深。而布政之优游也，当每怀靡及之际，有谋谋度询之劳。然而登高能赋，有以风示于吏民者，犹足以见孟君赞画于二公者矣。②

虞集是孟昉在国子监时的授业师，故云"吾胄监"。虞集《次韵孟天昉典簿佐奉使行江西所赋》，即数人登高酬唱之作，诗云："帝念苍生不鄙夷，任贤清问载旌驰。山川旧履车书会，草木新春雨露私。十道悠悠分楚越，四门穆穆出宣慈。举头见日天光近，老去无忧托启期。"③ 孟昉原诗佚。

光绪《常昭合志稿》卷四五《金石志》载录《李王狱级田碑》，署云："至正六年孟昉撰，段天佑书。"应是奉使宣抚江西福建后返朝途经常熟时所作。现引录如下：

> 大元敕封灵惠英烈福济忠正王之行香也，岁有狱级从之。为其徒

---

① 《元史》卷九二，第 2342 页。

② 虞集：《道园类稿》卷一九，《中华再造善本》影印元刻本。

③ 虞集：《道园遗稿》卷三，《四库全书》第 1207 册，第 770 页。"十道"，原误作"千道"。

者，实以所须不给为忧，至能购田以御之，田出曹氏子。曹，巨族也，其事神尤谨。故舒泽等凡十人者，得以出私财，立券以请，其有赢之田，而曹亦乐减田资之半，施之狱级之费，从有弗匮矣。夫狱级之事，有司具之，以待黎庶之有罪者，而此则非有司具之也。盖相神之人，善假阴府之令，使罱讼之人见之，凛然如冯涛履冰，思屏恶而弗吝也，故有司亦不忍以法制止之。当其设心之善诚，何敢托是遂非耶！舒泽曰："我等尝行于有司，执敲扑较其罪而重轻之，盖以奉号令耳。今子孙能有衣食之奉，疬疫谴逆之灾不加于身，是神之亮此矣，请得以身事之，不以为裕。况斯田之不举，费不几何，而复有施之者哉？"又曰："曹氏之施，出于其弟兄者五人，长曰积中，今为监修国史长史；次曰善诚，为太师府掾史；曰之逊，例授镇江路钞库副使；曰必达，授平江路长洲县尉；曰有永，授分湖巡检。凡今之人，能守富贵若此者，非有祖考，则由其积善所致，而狱级之田，方且乐施若此，是不可孤其贤弟兄之意。而泽等之出私财以力请者，亦欲以附见焉，乃来丐文为记。"恭惟圣朝，屡有明诏，凡封内山川祇灵之昭格者，皆得以祀典祭之。况李王之灵，所谓拯人于水火者。故海漕之官尝于风鱼（雨）不测之顷，亲见其运饷于泽涛之中。此于国家为有力者，而狱级之设，又出于民之情而不可已也，遂采其言为记，复声诗系之。其田之若干，俾书于碑阴。[①]

孟昉是元代后期的古文名家，生前就有两部文集刊行，然均未流传，陈垣《元西域人华化考》云："孟昉文不多见，《元诗选》癸之辛有《十二月乐词》，并序一篇，《两浙金石志》十八有《杭州路重建庙学记》一篇，略可见其梗概。"[②] 李修生主编《全文元》失收孟昉其人，并新辑《李王狱级田碑记》，其存世文章得三篇，弥足珍贵。

二　供职江南

顾瑛《玉山璞稿》卷下《长歌寄孟天昉都事》云：

① 光绪《常昭合志稿》卷四五，《中国地方志集成·江苏府县志辑》第22册，凤凰出版社，2008年影印本，第771页。

② 陈垣：《元西域人华化考》卷四，第77页。

　　忆昔春风吹少年，绣衣骄马珊瑚鞭。锦堂丝管迟落日，青楼莺燕迷花烟。即今未老嗟当日，坐卧便人倦行立。太平天下起干戈，从此百忧如猬集。大儿服勤欲养亲，拟卜草堂聊远尘。前年天子赐金虎，命长千夫防海滨。百里离居将二载，我复治生给不逮。郭外薄田力作耕，原上柔桑训奴采。二亲头白笑语温，次儿行酒婿应门。有弟隔屋罕相见，我妇日牵龆龀孙。天子仁慈尚姑息，丞相南征兴重役。乘时饿虎昼吃人，谁与苍生系休戚。民力不堪供奉承，董责尽用尚书丞。新行交钞愈涩滞，米价十千酬四升。师出无功天子怒，一朝远放西河去。班师下诏慰黎元，四海歌谣满途路。今年顽民起西山，帕首举火烧闉关。城中六官奋六节，凯歌马上擒俘还。是时海寇集江下，水军杀之海为赭。元戎不识予何人，起作区区守关者。守关三月不得归，岂假威权属布衣。自谓一身本无事，又俾审理民间饥。补官使者招入粟，一纸白麻三万斛。频年官籴廪为空，数月举家朝食粥。时维五月梅雨多，眼见青田生白波。饥农仰天哭无食，今秋无成将奈何。吴江漫漫风波急，夜返扁舟及家室。坐看急电怒驱雷，骤雨打窗愁欲泣。我歌长歌行路难，闻者抚膺坐长叹。皇天流毒虐下土，自此天下何由安。呜呼，自此天下何由安！①

　　这首诗包含的历史信息量极大，涉及元末东南复杂的政治军事格局，而我们所要考述的主人公正是生存在这样的格局中，故有必要略做笺释。首先确定该诗的写作时间，诗云："前年天子赐金虎，命长千夫防海滨。"据顾瑛自撰《金粟道人顾君墓志铭》："至正九年，江浙省以海寓不宁，又辟（瑛）贰昆山事，辞不获已，乃以侄良佐氏任焉。又五年，水军都府以布衣起，佐治军务，受知董侯抟霄。时侯以江浙参政除水军副都万户，开府于娄上。"②知顾瑛任水军千夫长在至正十四年，而寄孟天昉诗作于至正十六年（1356）。

　　诗开头四句是回忆过去的太平美好，"忆昔春风吹少年，绣衣骄马珊瑚鞭"两句是说孟昉。"绣衣"代指御史官，孟昉约二十五岁时"下第春官，由是辟掾宪司"，所任当是江东建康道肃政廉访司，因而顾瑛得以与之相识。按《南村辍耕录》卷二八载：至正四年甲申，江浙行省乡试揭榜，有学子用四六体作"非程文语"，揭示科考行贿内幕。中云："孟天昉每称好

<hr>

① 顾瑛：《玉山璞稿》卷下，杨镰整理，中华书局，2008，第44页。
② 朱珪编《名迹录》卷四，《四库全书》第683册，第66页。

嘴，奈举业之久疏，大坏士风，难逃舆论。"① 其供职江东廉访司殆不迟于至正四年。"太平天下起干戈，从此百忧如猥集"两句是概述元末风起云涌的起义军，具体所指应是高邮张士诚。张氏至正十三年占据高邮，建号大周，十六年陷平江，既而并陷湖州、松江及常州诸路②。顾瑛长子元臣，至正十五年授水军宁海所正千户，故诗有"大儿服勤欲养亲"语。"天子仁慈尚姑息，丞相南征兴重役"，"师出无功天子怒，一朝远放西河去"，是说脱脱总天下兵马征张士诚不利，被贬云南事。据《元史》本传，至正十四年十一月，脱脱总兵征高邮，三月不下，以劳师罢之，淮安安置，次年诏复谪云南，十二月被鸩杀③。

"新行交钞愈涩滞，米价十千酬四升"云云，指至正十一年脱脱更造新钞事。《元史·食货志·钞法》载：

> 至正十年，右丞相脱脱欲更钞法，乃会中书省、枢密院、御史台及集贤、翰林两院官共议之。……吏部尚书偰哲笃及武祺，俱欲迎合丞相之意。偰哲笃言更钞法，以楮币一贯文省权铜钱一千文为母，而钱为子。众人皆唯唯，不敢出一语，惟集贤大学士兼国子祭酒吕思诚独奋然曰："中统、至元自有母子，上料为母，下料为子。比之达达人乞养汉人为子，是终为汉人之子而已，岂有故纸为父，而以铜为过房儿子者乎！"……明日，（御史大夫也先帖木儿）讽御史劾之，思诚归卧不出，遂定更钞之议而奏之。……十一年，置宝泉提举司，掌鼓铸至正通宝钱、印造交钞，令民间通用。行之未久，物价腾踊，价逾十倍。又值海内大乱，军储供给，赏赐犒劳，每日印造，不可数计。舟车装运，轴轳相接，交料之散满人间者，无处无之。④

"今年顽民起西山，帕首举火烧闉关。城中六官奋六节，凯歌马上擒俘还"四句，指至正十五年十一月昆山贼寇杀富家胡氏父子，治中安某率官军及义丁出其不意擒捉贼首大获全胜之事。顾瑛在《安别驾杀贼纪实歌》自序中对此事有详尽的记述：

---

① 陶宗仪：《南村辍耕录》卷二八"非程文"条，第346页。
② 《明史》卷一二三《张士诚传》，第3692页。
③ 《元史》卷一三八，第3346页。
④ 《元史》卷九七，第2483—2485页。

　　至正十五年冬十一月廿六日，昆山之石浦村有贼党，杀土豪胡氏父子及孙，火其屋，掠其妻女财物，巢于村之无相寺，将有助逆之意。州尹于阗彦晖公，外示以安。至次月廿三日，假以他事诣诉于郡，郡官闻于分省参政公，以本郡治中安公行剿伐事。公即率亲随精兵快马，声言发常熟，乃衔枚夜行至真义里，分符偋（顾）瑛与陈志学各选水军，协力剿捕，时廿四日夜。廿五日早，过江令集千墩寺，寺之去无相寺廿里。州尹率水军自此西进，义士张汉杰奇领各募义丁分把去路。治中公自江北浮马直入贼巢，擒贼焚寺，全军而回，是夜已半。此行也，计官军五百，水军六百，民之袒肩者千有二百人。往返者再宿，生擒首贼二十有六，杀死焚死者无算，胁从者贷之。得米若干石，银若干锭，他物称是，实用兵神速之力也。①

"是时海寇集江下，水军杀之海为赭。元戎不识予何人，起作区区守关者。守关三月不得归，岂假威权属布衣。自谓一身本无事，又俾审理民间饥。"这里的"海寇"指张士诚起义军。至正十五年冬，"张士诚自高邮率众渡江，直抵（平江）城下，攻围甚急"②。顾瑛自撰墓志铭载："又一年（指至正十五年），都万户纳琳哈喇公复俾督守西关，继委审赈民饥。"③ "补官使者招入粟，一纸白麻三万斛。"按《元史·顺帝本纪》：至正十二年三月，"中书省臣请行纳粟补官之令：'凡各处士庶，果能为国宣力，自备粮米供给军储者，照依定拟地方实授常选流官，依例升转、封荫；及已除茶盐钱谷官有能再备钱粮供给军储者，验见授品级，改授常流。'从之"④。"频年官廪廪为空，数月举家朝食粥。时维五月梅雨多，眼见青田生白波。饥农仰天哭无食，今秋无成将奈何。"其时大都的粮食需求主要依赖江南供应，又值至正十五年乙未江南暴雨，粮食歉收，造成百姓饥荒。顾瑛《乙未五月口号》五首其二、其四云：

　　农家祈社种良田，尽卜今年胜去年。抱布贸秧都插遍，开门一夜水连天。

　　雨中卖鱼无买冰，沿村打鼓傍鲜秤。二斤十贯新交钞，只直仓黄

①　顾瑛：《玉山璞稿》卷下，第 62 页。
②　《元史》卷一八七《贡师泰传》，第 4295 页。
③　顾瑛：《金粟道人顾君墓志铭》，朱珪编《名迹录》卷四，《四库全书》第 683 册，第 66 页。
④　《元史》卷四二《顺帝本纪五》，第 896 页。

米四升。①

顾诗称孟昉为都事，参照刘夏《答孟左司书》《书孟左司文集后》，其时孟昉授江浙行中书省左司都事，从七品。顾瑛还有《乙未书实和孟天昉都司见寄》十首，引录六首如下：

> 江头日日惜芳时，三月春光两鬓丝。拔剑自歌还自舞，邑人谁识虎头痴。（其一）
> 治安无策济时艰，始信金消壮士颜。怪底飓风翻涨海，浪头一直过狼山。（其二）
> 猎猎东风吹火旗，水军三万尽精肥。一春杀贼知多少，个个身穿溅血衣。（其三）
> 闻道君王日早参，每虚前席问江南。何人医国如秦缓，有客能棋似李憨。（其七）
> 大户今年无老米，细民近日有新钱。街衢寂寂无车马，风景凄凄似禁烟。（其九）
> 梅雨今年多去年，青秧白水漫平田。端阳过了南风起，不见谁开漕运船。（其十）②

乙未为至正十五年，表明该年孟昉已任江浙行省左司都事。这组诗所写内容与《长歌寄孟天昉都事》大多相同，可以相互阐发。至正十六年二月，张士诚占据平江，改平江路为隆平府。殷奎《顾府君墓志铭》载："适淮兵屯吴，闻君，将用之，乃谢绝尘事，营别业于嘉兴之合溪，渔钓五湖三泖间，自称金粟道人。"③ 张士诚久攻湖州不下，至正十七年八月降元，授太尉，其弟张士信除同知行枢密院事。孟昉作为元廷任命的江浙行省都事，不得不与张士诚的幕府文人交涉，而顾瑛在张士诚攻占平江后迁居嘉兴，拒绝与张氏合作。可能出于这个原因，顾瑛也与孟昉断绝了往来，除上引两篇写于至正十七年之前的诗外，顾瑛现存作品中再也见不到与孟昉交往的痕迹。

---

①　顾瑛：《玉山璞稿》卷下，第43页。
②　顾瑛：《玉山璞稿》卷下，第41页。
③　殷奎：《强斋集》卷四，《四库全书》第1232册，第428页。

　　陈基有《次韵孟天伟郎中看潮十首》①，孟昉原诗佚。陈基（1314—
1370），字敬初，临海人。至正元年从黄溍游京师，授经筵检讨，后寓居苏
州。"属南北用兵，朝廷开以枢密府镇抚南服，起君为都事，转江浙行中书员
外郎，俄升郎中。时平章张士信统兵镇杭，基以本职参佐道之以正。……未
几，由杭来吴，参太尉军府事。"② 至正十六年三月立行枢密院于杭州，张士
信授江浙行省平章政事在至正十九年，所谓"时平章张士信统兵镇杭"，指
的应是至正十七年八月张士诚降元后授张士信同知行枢密院事，故得以
"统兵镇杭"。陈基和孟昉《看潮十首》作于二人同在江浙行省郎中任上，
此时孟昉已由行省都事升郎中，秩从五品。孟昉与张士诚幕府的另一位文
士马玉麟也有倡和诗，《东皋先生诗集》卷四《次韵孟天伟》云：

　　　　扁舟随处泛沧波，茅屋从教长薜萝。满地落花清昼永，一溪春水
　　绿阴多。写经许客笼鹅去，问字无人载酒过。不似双梧亭子上，东风
　　锦瑟玉奴歌。③

马玉麟（？—1367），字国瑞，号东皋道人，海陵人。至正十七年张士诚拜
太尉，辟为府掾史，十九年擢江浙行省员外郎。二十七年明军下平江，仰
药死。二人酬唱应在同供职于江浙行省期间。
　　此外，孟昉还与杨完者幕臣张昱交往，张昱现存作品中，明确写孟昉
的有三首：《题御史孟昉野服画像》（《张光弼诗集》卷六）作于孟昉任江
南行台监察御史时，《寄孟昉郎中》（卷七）、《卧病寄孟天昞郎中》（卷一）
二首是入明后孟昉被召至金陵时所赋。（详后文）又同集卷三有《孟院判宅
辞饮》，据释来复《澹游集》，孟昉曾任行枢密院判官，该诗所写应也是孟
昉。诗云："病来酒力未能加，易觉衰容染绛霞。团扇凉风吾欲睡，不劳频
看石榴花（自注：酒名）。"④ 张昱，字光弼，庐陵人。至正十六年苗军统领
杨完者镇江浙时，辟为军府参谋，迁左右司员外郎、行枢密院判官。十八
年，江浙行省丞相达识帖睦迩与张士诚定计诛杀杨完者，张昱弃官，寓杭
州不复出。"张士诚礼致之，不屈，策其必败。"⑤

---

①　陈基：《夷白斋稿》卷八，《四库全书》第 1222 册，第 218 页。
②　尤义：《陈基传》，钱谷编《吴都文粹续集》卷四五，《四库全书》第 1386 册，第 437 页。
③　马玉麟：《东皋先生诗集》卷四，《续修四库全书》第 1324 册，第 469 页。
④　张昱：《张光弼诗集》卷三，《四部丛刊续编》影印常熟瞿氏铁琴铜剑楼藏明钞本。
⑤　曾廉：《元书》卷九一《隐逸传下》，《四库未收书辑刊》第 4 辑第 15 册，第 644 页。

　　其时达识帖睦迩为江浙行省左丞相，兼知行枢密院事，但由于军事实力不足，加上达氏本人"任用非人，肆通贿赂，卖官鬻爵"，实际掌控局势的是张士诚和杨完者。至正十八年，杨完者被害，张士诚更是完全控制浙西局面。"方面之权，悉归张氏，达识帖睦迩徒存虚名而已。"[1] 在这样风云变幻的政治格局下，孟昉不得不在朝廷委派官员、张士诚部与杨完者部三股势力之间辗转斡旋。也因此才会出现上文所引述的孟氏先后与顾瑛（包括贡师泰）、陈基、马玉麟、张昱等来自不同军事集团的文士均有交往的景象。

　　《元史类编》谓孟昉"至正中由翰林待制官南台御史"，这可能是受陶宗仪《书史会要》的影响，《书史会要》记孟氏"官至江南行台监察御史"。按，贡师泰有《孟天昉御史小象赞》二首，贡师泰至正二十二年卒，孟昉拜江南行台监察御史必在此之前。而孟昉至正二十四年撰《杭州路重建庙学记》，所署官职为"翰林待制、奉政大夫兼国史院编修官"，故知《书史会要》及《元史类编》所记有误，《全元诗》小传亦沿袭此误。孟昉诗友释来复辑《澹游集》，记孟昉"迁至南台监察御史、行枢密院判官、翰林待制"[2]。也可证实我们的论断。

　　至正十六年九月，诏迁江南行台于绍兴。可能就在此时，孟昉萌生退隐的念头。贡师泰、徐一夔为孟昉赋同题诗《孟天昉御史小象赞》二首，其中贡氏《燕居》云：

　　　　出则秉笏垂绅，处则野服葛巾。人知出而仕之为荣，又安知处之乐为真也。风流邱壑，庶几斯人。[3]

张昱也有《题御史孟昉野服画像》：

　　　　好似当年贺季真，乞身归老镜湖春。铜章不绾御史印，练布能裁处士巾。麟阁云台千载后，鸟啼花落几回新。浮云过眼寻常事，且作齐东一野人。[4]

① 《元史》卷一四〇《达识帖睦迩传》，第 3377 页。
② 释来复辑《澹游集》卷上，《续修四库全书》第 1622 册，第 223 页。
③ 贡师泰：《玩斋集》卷八，《四库全书》第 1215 册，第 655 页。
④ 张昱：《张光弼诗集》卷六，《四部丛刊续编》影印常熟瞿氏铁琴铜剑楼藏明钞本。

贺季真，唐代著名诗人贺知章，会稽人。为人风流倜傥，"晚年尤加纵诞，无复规检，自号四明狂客，又称秘书外监，遨游里巷。醉后属词，动成卷轴，文不加点，咸有可观。又善草隶书，好事者供其笺翰，每纸不过数十字，共传宝之"。天宝三年上疏请度为道士，求还乡里，许之①。孟昉以古文名当世，亦工书，善作曲，同样是风流中人物。在动荡不定的元末政局中，当其拜监察御史于绍兴，游览镜湖，想见前哲遗风而萌生退隐之心也是情理中事。释廷俊《次孟天昉南山杂韵二首》云：

> 南湖三月水如天，共爱风流贺监船。若道沃洲还可买，数椽高卧白云边。
> 日上南山春雾开，雨余镜水绿如苔。风流贺老今尘土，短棹何人载酒来。②

释怀渭也有《次孟天昉杂咏二首》：

> 贺监湖边草色春，秦淮江上柳条新。山川是处堪行乐，晴日风光思杀人。
> 暮春三月风日妍，乱折花枝送酒船。西岭山光青浸水，南池柳色绿生烟。③

"沃洲""镜水"，都是代指会稽。释廷俊（1299—1368），字用章，号懒庵。饶州乐平人。住持杭州净慈寺，明洪武元年卒于金陵。释怀渭（1317—1375），字清远，号竹庵。南昌人。初受达识帖睦迩之请，主会稽宝相寺，后迁杭州报国寺、湖州道场寺。入明后住持杭州净慈寺。其诗文"不待结集而盛行于时，所书草隶亦遍流四方"④。释来复《澹游集》卷上收录孟昉《奉题见心禅师天香室》《奉题见心禅师蒲庵》诗二首。见心禅师，即来复（1319—1391），见心其字，蒲庵其号。定水寺在庆元路慈溪县鸣鹤山，至

---

① 《旧唐书》卷一九〇《文苑传》，中华书局，1975，第5034页。
② 刘仔肩编《雅颂正音》卷四，《四库全书》第1370册，第625页。
③ 刘仔肩编《雅颂正音》卷四，《四库全书》第1370册，第626页。
④ 《净慈禅师竹庵渭公白塔碑铭》，《芝园后集》卷七，罗月霞主编《宋濂全集》第3册，第1436页。

正十七年释来复住持于此，辟室名天香①。孟昉奉题来复天香室、蒲庵应在绍兴任监察御史期间。

　　程文、刘夏均提到孟昉有《己亥集》，己亥为至正十九年，这部集子中的作品应该是孟昉任职江南期间所作，上文提到的与江南诸文士的倡和诗应在其中，当然也有不少的古文。程文序云："平昌孟君善为文，往年读其拟古数篇，不知其生于今也。来京师，始得请教门下。因又得其《己亥集》者，读之弥月而后已，其文有先秦战国之风，驰骋上下，纵横捭阖，极其变而不失其正，如王良、造父之御然。"②据汪师泰《程礼部传》，程文（1289—1359），字以文，婺源人。曾挟策入京师，会修《经世大典》，元统二年借注黄竹岭巡检，任满调怀孟路教授。至正元年，江浙行省以掌卷官召，比还，丁外艰。服阕，拜临清漕运万户教授，考满，荐为翰林院编修官，再授助教，拜监察御史。年老乞身于朝，授礼部员外郎，寓居绍兴钱清僧舍，后徙杭州。至正十九年卒③。则程文在京师的时间段有两个：一是至顺元年、二年（1330—1331）纂修《经世大典》之时，一是临清漕运万户教授考满入京为翰林院属官。按贡师泰《送许存衷赴漳浦县尹序》："往予在史馆，与应奉程以文交最善。"④考贡氏行迹，后至元三年（1337）除翰林应奉文字、同知制诰兼国史院编修官，以兄来翰林，辞避南还。至正七年（1347）召为翰林应奉，编纂辽金宋三史，九年迁翰林待制，十年拜监察御史，分巡东道。⑤程文与贡师泰同在翰林国史院的时间当在至正七年至九年。孟昉第一部文集即上文所述有虞集、宋褧、余阙、苏天爵等人作序之拟秦汉古文，在至正初刊行，程文来京前"往年读其拟古数篇"者，正是这部集子。而看到《己亥集》，是在致仕退居江南之时。孟昉曾授江南行台监察御史，时治所在绍兴，与隐居其地的程文必多有往来。

　　《己亥集》，又名《孟待制文集》，陈基亦曾为之作序，中云："今翰林待制孟君，砥砺成均，激昂文圃于斯时也。"所署时间为至正十二年十二月乙未⑥。按，至正十二年十二月无乙未日⑦。再者，《武林金石记》卷二

---

① 高明：《天香室铭》，释来复辑《澹游集》卷下，《续修四库全书》第1622册，第279页。
② 程文：《孟君文集序》，程敏政编《新安文献志》卷二〇，《四库全书》第1375册，第274页。
③ 程敏政编《新安文献志》卷六六，《四库全书》第1376册，第132页。
④ 贡师泰：《玩斋集》卷六，《四库全书》第1215册，第600页。
⑤ 朱镳：《玩斋年谱》，贡师泰：《玩斋集》附录，《四库全书》第1215册，第739—740页。
⑥ 陈基：《孟待制文集序》，《夷白斋稿》卷二二，《四库全书》第1222册，第296页。
⑦ 《二十史朔闰表》，陈智超主编《陈垣全集》第6册，安徽大学出版社，2009，第157页。

《杭州路重建庙学记》署云：

> 翰林待制、奉政大夫兼国史院编修官孟昉（昉）撰
> 承事郎、江浙等处行枢密院经历林镛书
> 荣禄大夫、江浙行宣政院使廉惠山海牙篆额①

《杭州路重建庙学记》作于至正二十四年，陈基序所署至正十二年应是至正二十二年之误②。程文、陈基为孟昉《己亥集》作序时皆在江南，《杭州路重建庙学记》的书者、篆额者也都是江浙行省属官。也即说，此时孟昉虽授翰林待制兼国史院编修官，但仍滞留江南，并未赴大都。个中原因，应与其时中原地区刘福通起义军势力发展强盛，蔓延至河南、山东、陕西等地，致使道路受阻有关。孟昉好友贡师泰至正二十年召为秘书监卿，因道梗而还③。王逢《赠买闾教授》记西域人买闾至正二十二年领江浙行省乡试，省臣"以北向道梗，权授尹和靖书院山长"④。

三　入朱明王朝

钱谦益《列朝诗集小传》甲前集"孟御史昉"传云："兵乱之后，入本朝，未详所终。"⑤ 其实孟昉入明以后的行踪可以追寻。刘夏《刘尚宾文集》卷三《答孟左司书》云：

> 余所见太原孟左司，其气蓄方刚，其行躬懿美，其文绩古雅。间以书见贻，谓仆实好文而真识文者也。余嗜古文几三十年，中间一二朋徒丧落，未尝敢以语诸人。及来金陵，一见左司公，酷喜其尝用力于读古文，而考其然、不然，又尝用工于为古文，其文必仿古，至于命意、遣辞，沛乎其气而不为气所使。况历官行事四五十年，所在称廉平，文之有本也固如是矣。凡此，皆占文人第一流，余焉得不从之

---

① 丁敬：《武林金石记》卷二，《续修四库全书》第910册，第373页。
② 王德毅等编著《元人传记资料索引》引本则材料注云："文末系年当作至正二十二年。"陈文新主编《中国文学编年史·元代卷》亦系该文于至正二十二年。
③ 朱镳：《贡师泰纪年录》，贡师泰《玩斋集》附录，《四库全书》第1215册，第742页。
④ 王逢：《梧溪集》卷四，《四库全书》第1218册，第734页。四库本"买闾"作"玛噜"，从《知不足斋丛书》本改。
⑤ 钱谦益：《列朝诗集小传》，上海古籍出版社，1983，第48页。

游。然而孤诣愈深，而人从之者愈少，徒多为时所憎恶，以取穷耳。间有好事者，则以为业是工专，可图不朽。间者之言然矣，然朽不朽系乎天，若图之则几于侈心生，是又不可以不辨也。①

刘夏（1314—1370），字迪简，号商卿，安成人。世变客居洪都，至正十八年陈友谅攻洪都，避难瑞州，二十三年又迁宜春，说宜春守将降朱元璋，二十五年用荐者言权授尚宾馆副使，四月授诰命。洪武三年四月，奉诏使交趾，竣事回，至南宁病故②。刘书谓"及来金陵，一见左司公"，刘夏至金陵在至正二十五年，而孟昉至早要到次年才可能到达。至正二十六年九月之前杭州仍为张士诚部将潘原明所控制，九月李文忠攻杭州，十一月下余杭，潘原明降③。

张昱《张光弼诗集》卷七《寄孟昉郎中》诗云：

　　孟子论文自老成，蚤于《国语》亦留情。省中醉墨题犹在，阙下新知谁与行。纨扇晚凉诗自写，翠鬟情重酒同倾。接舆莫更闲歌凤，只可佯狂了此生。④

又卷一《卧病寄孟天昉郎中》：

　　数会诚不辞，暂离还相忆。虽无膏肓虑，伏枕已旬日。雨雪高楼上，阴沉病增剧。不知湖中水，晴后添几尺。日照花枝明，风吹柳条碧。感此春事深，携壶想无及。⑤

张昱在杨完者镇江浙时，用之为行省员外郎，时孟昉为行省郎中。至正十八年杨完者死后，寓居杭州不复仕。《寄孟昉郎中》颔联云："省中醉墨题犹在，阙下新知谁与行。"前一句是说过去在江浙行省作为元朝的臣子，后一句是说现在投向新的主子，未知"谁与行"。"阙下"非指大都，而指明

---

①　刘夏：《刘尚宾文集》卷三，《续修四库全书》第 1326 册，第 82 页。
②　杨胤：《尚宾馆副使刘公墓志铭》，刘夏：《刘尚宾文集》附录，《续修四库全书》第 1326 册，第 98 页。
③　《明史》卷一《太祖本纪》，第 14 页。
④　张昱：《张光弼诗集》卷七，《四部丛刊续编》影印常熟瞿氏铁琴铜剑楼藏明钞本。
⑤　张昱：《张光弼诗集》卷一，《四部丛刊续编》影印常熟瞿氏铁琴铜剑楼藏明钞本。

王朝都城金陵。孟昉早在任江南行台监察御史时就有归隐之心，如今朝代鼎革，投向朱明王朝，应该也是出于不得已，故张诗有"接舆莫更闲歌凤，只可伴狂了此生"语。

时代更变，旧日友人诸如贡师泰、马玉麟、陈基等相继谢世，入明以后，可考与孟昉交善者仅刘夏。刘氏集子中除上文《答孟左司书》外，还有《九日分韵得雨字，与孟左司同赋白战体》诗：

> 客子悲秋在羁旅，雁飞南天失俦侣。混茫钟阜起微云，幂历江城洒飞雨。起寻故褚敛单衣，坐对破筐驱黠鼠。风流曾傲大将军，渐老中情无所聚。①

所谓"白战体"，又称"禁体"，指在咏物诗中禁止使用描写该物的字样。这首诗是写雨，除第二联韵脚限用"雨"字外，通篇未见有"雨"。"风流曾傲大将军"，大将军当指徐达，似孟昉曾受到徐达的赏识。刘夏还为孟昉《己亥集》作跋：

> 余读太原孟左司《己亥文集》，集中《书》《林》等铭诗，其辞庄重典雅，绵密繁丽，有三百篇《楚茨》《梁山》《崧高》《烝民》之风。又读《蔡泽说范雎客》，又《说蔡泽》等篇，真得战国机权策士关节。……又读《学圃记》《鹭宅记》《义猫记》等篇，则眉目心思，举止言笑，绝类柳子厚，置之《河东集》中，殆不可辨。夫儒者，必能为文，而古文不易得。其人慕尚古之道者，则能为古文。所谓古文者，载其所行之古道。今观孟左司，其制行醇，故为文古，文古而又品格高。本北方之学者，故声音洪吐；兼南士之清新，故神情秀发，可以名为一家之言矣。……今天命我邦家弃夷礼不用，绍复古先哲王之大业，是致左司辙还而南。如楚有材，而晋用之，俾援韶濩之音，以鸣文物之盛，宫商相宣，金石交作。动荡乎中土列郡，悠扬乎江左诸州，以究雄文之象之实，惟学至于知天者，然吾此言而不谓之妄也。当时转而还于南方者二人，犹有一人为谁，舒守余廷心也。②

---

① 刘夏：《刘尚宾文集》卷二，《续修四库全书》第 1326 册，第 75 页。
② 刘夏：《书孟左司文集后》，《刘尚宾文集》卷三，《续修四库全书》第 1326 册，第 77 页。

刘夏本人也以作古文为嗜好,《答孟左司书》自谓"余年二十余,慕为古文"。在《答天界寺书记证僧书来书论诗释》中更是详述其研习古文的经历与心得:"始仆学为古文,求其制作之体势于韩、柳、欧、苏四家,亦既识察四家经营之方,酝酿之意,又慨然而言曰:吾将上求《史记》《汉书》之云为,既识《史》《汉》各自擅为名家。于是又慨然太息曰:秦汉而下,文章吾得其尽常尽变之情态矣。"① 孟昉早年就以模拟秦汉古文而闻名,《己亥集》之古文同样"有先秦战国之风,驰骋上下,纵横捭阖"(程文序),二人可谓文章知己。

四　小结

综合前文的研讨,可对孟昉的生平做个概述。孟昉,字天昉,河西唐兀人。祖辈可能是元初武将出身,占籍太原,本人寓居大都。约生于元成宗大德九年(1305),延祐间入国子监,受学于虞集。天历二年(1329)中大都乡试,次年会试失利。由吏入仕,先后在肃政廉访司、御史台、刑部及枢密院为掾史。至正五年(1345)拜国子监典簿,佐奉使宣抚江西福建道。至正初刊行自己的第一部文集,虞集、傅若金、宋褧、苏天爵、余阙等当世名流为之作跋,内容主要是拟秦汉古文,体裁丰富多样。至迟至正十五年任江浙行省左司都事,后历任行省郎中、江南行台监察御史、行枢密院判官等职。其时张士诚起义军势力发展正盛,此外还有苗军统领杨完者的部伍,孟昉作为元廷派任的地方官员,不得不游走于这两股地方武装势力之间,与双方的幕府文人往返酬唱。至正十九年,将自己供职江南期间创作的作品结集为《己亥集》,程文、陈基等为之作序。其中应该就包括与这些幕府文士的唱和之作。至正二十二年除翰林待制,但因中原地区元军与刘福通起义军混战,道路受阻,只得滞留江南。约在至正二十六年朱元璋部队攻占杭州时,孟昉被召至金陵,开始了他人生的第三个阶段。由于同样嗜好古文创作,在金陵期间,孟昉与尚宾馆副使刘夏交谊笃善,后者为孟氏《己亥集》作跋。卒年盖在明洪武三年(1370)以后。

---

① 刘夏:《刘尚宾文集》卷三,《续修四库全书》第 1326 册,第 83 页。

徐孟曾

徐孟曾是元明易代之际的散曲家，见载于《录鬼簿续编》。依照《录鬼簿续编》的撰写体例，孟曾应是其字，未记其名。孙楷第《元曲家考略》习以人名检索文献，未发现徐孟曾其人，故付阙如。亦未见其他学者对其人有所考证。其实翻检明人别集及方志文献，可以发现关于徐孟曾及其兄弟子侄的诸多记载。钩稽考证这些材料，可与《录鬼簿续编》的记载相互参证发明，勾勒出徐孟曾及其家族的整体面貌。

一　徐孟曾家世及行履

《录鬼簿续编》对徐孟曾的记载很简略："兰陵人，号爱梦。世业医。幼而颖悟，书史涉猎，医家诸书背诵。治人之疾，一诊视间决死生，犹烛照龟卜，士大夫多称誉之。平居好吟咏，乐府尤工。然其气岸高峻，时人以为矜傲，呼为'戆斋'。日与东廓唐永铭先生辈更唱迭和，浅斟低唱，以适其所乐而终焉。"[1] 记籍贯兰陵，古代称兰陵的地方有两处，一是江苏武进，一是山东临沂。王绍曾、宫庆山二位先生编《山左戏曲集成》，将徐孟曾作为"元代山东散曲作家"列入附录《山左戏曲家评论及有关资料》中[2]，显然是认定《录鬼簿续编》记载的"兰陵"为山东兰陵。

按王俊《思轩文集》卷九《赠世医徐伯旸序》云：

> 吾毗陵称世医家，其传次之久，皆无如徐氏。盖自国初以来，累世业医，一本刘守真、张子和二家之学。以汗、吐、下三法治人疾疾，皆应手取效，郡中籍籍称贤之。盖不徒专攻于医，而尤兼通于儒。故其书有名儒门事，亲者谓与吾儒者之道相表里，有非粗工妄人之所能窥测也。前三十年，予犹及见其长老如孟㤵、孟伦、孟颛三数人。至

---

① 袁世硕、张倩倩、都刘平校订笺释《录鬼簿及续编校订笺释》，第 640 页。
② 王绍曾、宫庆山编《山左戏曲集成》下册，上海古籍出版社，2007，第 2217 页。

于孟恂之兄孟曾，孟安、孟颙之父前医学正科彦常，又予所不及见。
然闻其风与观其为人，其纯德雅道，皆卓然前辈老成人，又非后生晚
进之所能跂而及之也。当是时，人之求医者徒知有徐氏，为医者徒知
有刘、张之学。近数年来，稍稍徙之别族，而其学亦有转而他求，如
李明之之类者。独伯旸不然，曰："此吾父祖之业也。"于是深探二家
之旨，而尤注意于仲景《伤寒》之一论，其意又以为百病之急无逾伤
寒，此古人之说而亦吾父祖之用心也。伯旸，孟颙之子，彦常之孙也。
其贤如此，庶几克承家学，以益永其传者矣。予客游京师，与伯旸别
甚久，乃者予兄廷序以书来，属文曰："愿有以赠伯旸也，伯旸治吾伤
寒而愈，而不受馈，此其功不可忘，其义不可掩也。"①

毗陵是常州的古称。王𫖮（1424—1495），字廷贵，常州武进人。赠序是其
"客游京师"时，其兄廷序来书，嘱其为答谢徐伯旸治其"伤寒而愈，而不
受馈"而作。据此，可以辨明《录鬼簿续编》所记之兰陵乃常州兰陵（今
江苏武进）。据徐溥《王公神道碑铭》②及李东阳《王文肃公传》③，王𫖮正
统甲子（1444）举南京乡试，景泰辛未（1451）礼部会试，中进士第三名，
授翰林院编修，甲戌（1454），丁父忧。赠序谓"予客游京师，与伯旸别甚
久"，指的应是正统十年至景泰元年（1445—1450）这六年期间。序又云：
"前三十年，予犹及见其长老如孟恂、孟伦、孟颙三数人。至于孟恂之兄孟
曾，孟安、孟颙之父前医学正科彦常，又予所不及见。"知徐孟曾有行兄弟
孟恂、孟伦、孟安、孟颙数人，彦常则其伯叔辈。由景泰甲戌上推三十年，
为永乐二十二年（1424），时王𫖮方出生，"犹及见"徐孟恂、孟伦、孟颙
三人，而"不及见"徐孟曾、徐彦常，则孟曾卒年不迟于永乐二十二年。
王赠序谓毗陵徐氏"累世业医"，"治人疾疢，皆应手取效，郡中籍籍称贤
之"，此外，于儒家典籍也兼通精熟，"与吾儒者之道相表里"，不同于一般
的"粗工妄人"。这当然也包括视王𫖮为"前辈老成"的徐孟曾，与《录鬼
簿续编》记孟曾不仅"世业医"，"治人之疾，一诊视间决死生，犹烛照龟
卜，士大夫多称誉之"，而且"书史涉猎"，"平居好吟咏，乐府尤工"，相
互印证。

---

① 王𫖮：《思轩文集》卷九，《续修四库全书》第1329册，第502页。
② 徐溥：《故南京吏部尚书进阶荣禄大夫致仕赠太子太保谥文肃王公神道碑铭》，《谦斋文
　　录》卷四，《四库全书》第1248册，第639页。
③ 李东阳：《王文肃公传》，王𫖮：《思轩文集》附录，《续修四库全书》第1329册，第675页。

又万历《常州府志》卷一五、乾隆《武进县志》卷一〇、光绪《武进阳湖县志》卷二六记载徐孟曾、孟恂、孟伦三兄弟事，后二县志是根据《常州府志》转录，多有疑误，现引《常州府志》卷一五《人物·方伎》如下：

> 在毗陵，以医著姓者，称徐、蒋、汤、丁云。徐之先世为毗陵人，元兵屠城，获脱，复被虏至燕，居久之，得常州织局官以归。生二子，长曰养浩，博通儒书，始业医名世，任无锡州医学教授。子仲清，继其业尤精，任湖州路医学教授。子矩，用荐两任襄县、黄县教谕。是生三子：长曰述，字孟鲁；次曰迪，字孟恂；又次曰选，字孟伦。述善诊，迪善意。述诊决人生死，旦夕岁月若神；迪所治不尽责效于汤液醴洒，率以意为之。述尝过市，市人靳之，跃而逾柜请诊。述曰："子肠已断，法当死。"市人曰："吾方饱食而出，本无疾，乌得死？"至暮，果死。其他病甚且暝，述与其生，血肉华色，动履如常。①

据前引王偁《赠世医徐伯旸序》，徐孟曾有行兄弟孟恂、孟伦，则万历《常州府志》中的"孟鲁"，是"孟曾"形近之误。借此，知徐孟曾名述，孟曾其字。两位胞弟分别名迪（字孟恂）、选（字孟伦）。府志所记徐氏"先世"在蒙古灭南宋之际，"元兵屠城，获脱"，竟而被掳掠至燕京（大都），后得"常州织局官以归"诸事，在后文所引的王偁《陕西略阳知县徐公墓志铭》（《思轩文集》卷一九）、邵宝《故上高训导徐君东之墓志铭》（《容春堂后集》卷五）等文献中可以得到进一步证实，且知此"先世"为徐孟曾的高祖，名烨。蒙古军队屠城常州发生在元至元十二年（1275）十一月。《元史》卷一二七《伯颜传》载：至元十二年十一月"壬午，伯颜军至常州。先是常州守王宗洙遁，通判王虎臣以城降，其都统制刘师勇与张彦、王安节等复拒之，推姚訔为守，固拒数月不下。伯颜遣人至城下，射书城中招谕：勿以已降复判为疑，勿以拒敌我师为惧。皆不应。乃亲督帐前军临南城，又多建火炮，张弓弩，昼夜攻之。……宋兵大溃，拔之，屠其城②。府志中段记载的是徐迪"以意为之"而治愈乡人疾病的例证，更因为用针"尤多神效"，以致有"徐神仙"之称。接着叙写三人之品行：

---

①　万历《常州府志》卷一五《人物·方伎》，明万历四十六年刻本。

②　《元史》卷一二七《伯颜传》，第 3107 页。

　　然三人者，皆负意气，好施与，博物洽闻，于诸家多所刿心①。述，尤工天文，喜吟诗②。选，更以孝友称。……述尝夜读《岳武穆传》③，怒甚，持挺起，无所泄忿，碎其盏于礨下。邻人惊问之，曰："吾方切齿于桧贼也。"

"喜吟诗"，读《岳武穆传》，与王偲《赠世医徐伯旸序》谓其兼通儒家典籍，以及《录鬼簿续编》记其"平居好吟咏，乐府尤工"，颇相吻合。

《常州府志》又云："洪武中，述、迪皆以他医累，当远戍，选赘，得免。述、迪将奉母行，选不忍也，遂同行，艰苦备尝者廿年，不以为劳。"所谓"以他医累，当远戍"，是指因同族兄弟徐孟铭案受到牵连。徐孟铭其人，王行《半轩集》卷六《赠徐孟铭序》载：

　　毗陵徐孟铭，盖所谓能自慎者。予闻之矣，其族祖仲清，尝侨吴城中，时四方大夫士多萃吴下，家惟无病，病必延仲清视之，仲清之名籍甚。去归其乡，今十五年矣，而又闻孟铭之声焉。徐氏何多贤耶！徐氏之先有以药济人者，见于《神仙家书》，岂其泽至今犹未泯与？矧闻孟铭不独精于医，又能读儒家书，好赋咏，则其人又可知矣。④

王序提到的徐孟铭"族祖"仲清，即万历《常州府志》所记徐孟曾的祖父，序称"族祖"，表明徐孟铭与孟曾是旁系兄弟。但家风传统显然一脉相承，"孟铭不独精于医，又能读儒家书"，"能自赋咏于诗"。徐孟铭后来因官司远戍"海隅"，客死异乡。谢应芳《龟巢稿》卷八《悼徐孟铭》诗云：

　　读尽轩岐上古书，幡然读律应时需。一官再调炎州幕，二竖交攻瘴海隅。赖有故人收白骨，归来乡国瘗黄垆。杏林花落纷如雨，何树哀啼五尺孤。⑤

谢应芳（1296—1392），字子兰，号龟巢，常州武进人。曾为徐孟曾刊刻的

---

① "刿心"，乾隆《武进县志》卷一〇、光绪《武进阳湖县志》卷二六作"会心"。
② "喜吟诗"，万历《常州府志》无，据光绪《武进阳湖县志》补。
③ "岳武穆传"，光绪《武进阳湖县志》作"《宋史·岳飞传》"。
④ 王行：《半轩集》卷六，《四库全书》第1231册，第363页。
⑤ 谢应芳：《龟巢稿》卷八，《四部丛刊三编》影印江安傅氏双鉴楼藏钞本。

陈北溪《经训启蒙》作跋（《龟巢稿》卷一八），又与徐孟曾讨论诗歌（卷七《独孤公桧诗并序》），文中称孟曾"郡人"。由谢诗可知，徐孟铭好读书，可能曾参加科考，不利，改而"读律"（学习律法、律令）从吏，做过炎州幕府，为竖子小人所陷，远谪"海隅"（海南），客死他乡。徐孟曾、孟恂兄弟"皆以他医累，当远戍"，"艰苦备尝者廿年"，指的就是受同族兄弟徐孟铭之官司牵连而被远戍。万历《常州府志》记此事发生在"洪武中"，按谢应芳《跋经训启蒙》记徐孟曾见自己收藏的陈北溪《经训启蒙》，谓"明珠暗投"，于是谋划刊梓，谢跋署时洪武二十二年己巳（1389）九月，而谢应芳卒于洪武二十五年，故徐孟铭戍"海隅"，孟曾受牵连"远戍"应在洪武二十二年至二十五年之间。由洪武二十五年下推"廿年"，为永乐十年（1412）。此时的徐孟曾已步入晚年，无意仕进。万历《常州府志》卷一五载："文皇帝尝召见述，欲官之，不果，厚赐金帛以归。"《录鬼簿续编》亦云："日与东廓唐永铭先生辈更唱迭和，浅斟低唱，以适其所乐而终焉。"轻易就放弃了皇帝的赏官，以致"时人以为矜傲，呼为'戆斋'"。

万历《常州府志》又载："正统初，（徐）述语族子曰：'天象如此，不越三年，万乘其蒙尘乎？'既而曰：'其在己巳也。'是年，果有'土木之变'。"正统己巳为正统十四年（1449），是"土木之变"发生的时间。如此，徐孟曾不但活到了明英宗正统十四年，还成功预言该年发生的"土木之变"。乾隆《武进县志》相信了这个话，把万历《常州府志》"文皇帝尝召见述"中的"文皇帝"改为"景帝"①。而到了光绪《武进阳湖县志》，对于前面两部方志的不同记载拿不定主意，干脆既不说"文皇帝"，也不说"景帝"，直接改作"帝"。按万历《常州府志》在记述徐孟曾、孟恂、孟伦三兄弟"皆负意气"之后，依次载："洪武中，述、迪皆以他医累，当远戍"；"正统初，述语族子曰"云云；"文皇帝尝召见述，欲官之"。这段记载涉及三个时间节点：洪武、正统、文皇帝（永乐），叙述事件发生的先后次序与自然时序颠倒，显然不合逻辑，只能理解为插在"洪武"与"文皇帝"中间的"正统"事迹是后人添加的。之所以要添加"正统"这段奇闻，可能是受万历《常州府志》记载"述，尤工天文"的影响，附会其因观天象而预言"土木之变"。

---

① "景帝"，即明代宗朱祁钰，年号景泰，"土木之变"后次月即皇帝位。

二　同宗其他成员考索

徐孟曾除了有两位胞弟孟恂、孟伦外，同族中还有数人可考索。前文所引王㒜《赠世医徐伯旸序》提到的徐彦常是徐孟安、徐孟颛的父亲，徐伯旸的祖父。孟安、孟颛，从命名的特点判断，二人显然是孟曾的同辈旁系兄弟。王行《赠徐孟铭序》及谢应芳《悼徐孟铭》诗中的徐孟铭也是孟曾的同辈。行兄弟还有徐孟容，谢应芳《龟巢稿》卷一八《跋经训启蒙》云：

> 尝避兵东吴，得此书三十余载。郡人徐孟容、孟曾等见而宝之，谓明珠暗投，良可惜也。用是刻版以广其传。[①]

末署时间为洪武己巳九月重阳日，洪武己巳为洪武二十二年（1389）。又《龟巢稿》卷七《云林书舍》自注："为徐孟容作。"诗云：

> 东家领军鞋一屋，西家买妓倾珠玉。寂寞南州高士孙，灯火小窗书夜读。羲皇画卦龙负图，蝌蚪此时无简牍。神农本草轩岐语，为是传家先烂熟。唐虞三代二千载，六经圣贤常在目。牙签插架日益多，蔗境渐佳心未足。便便腹笥贮琅玕，齿颊霏霏吐珠玉。钟期骨冷呼不醒，谁复赏音听此曲。青林不着软红尘，只许白云檐下宿。云乎云乎知不知，封胡羯末森如竹。白眉之良众所称，能绳祖武栖幽谷。清河有颂泰阶平，应着先鞭驾黄鹄。[②]

"南州高士孙"，泛言徐孟容乃东汉名士徐孺子后裔。"神农本草轩岐语，为是传家先烂熟"，道出徐孟容医业传家、谙熟医学典籍的出身背景，显然与"世业医""医家诸书背诵"的徐孟曾系出同脉。更可贵的是，徐孟容与孟曾一样，不仅精熟医学，还能兼通"六经圣贤"，谢应芳甚至称自己是徐孟容"赏曲"的知音。徐孟容的妻子亦以医擅名。弘治《无锡县志》卷二〇《人物志·方技》载：

---

① 谢应芳：《龟巢稿》卷一八，《四部丛刊三编》影印江安傅氏双鉴楼藏钞本。
② 谢应芳：《龟巢稿》卷七，《四部丛刊三编》影印江安傅氏双鉴楼藏钞本。

陆氏，医士徐孟容妻，善医，名闻于朝。永乐丁酉，遣中使召入宫。既老遣归，赐赉甚厚，仍蠲其丁役。①

永乐丁酉为永乐十五年（1417），徐孟容与徐孟曾属同辈兄弟，其妻陆氏在永乐十五年以"善医"召入宫，可作为万历《常州府志》所记"文皇帝尝召见述，欲官之"的旁证。相反，乾隆《武进县志》改"文皇帝"为"景帝"，纯属后人妄改附会之举。

王偁《思轩文集》卷一九《陕西略阳知县徐公墓志铭》载：

公徐氏，讳起，字贵昇，先世淮人。赵宋时有讳克正者，明经及第，后以母老不仕，卒谥节孝。季克忠，滁州同知。再传而至季明，始徙居晋陵。季明生烨，德祐间，元兵屠城，居民有伏积尸中得脱者七人，烨其一也。仕至常州路织染局提领，公高祖也。曾祖养源。祖潢。考斡，字彦贞，洪武间举人材，拜大理寺丞，与都御史詹徽论事不合，免归，后起知宁海州。娶金氏、蔡氏、曾氏，生四子，公其季也，曾出。六岁失怙，母抚育之，教之读书，遣游邑庠。时先公兵部府君方为予姊择配，盖居与公相邻，知其贤，遂以妻焉。公屡游场屋不偶，而家益贫，学益励，养母极甘旨，实予姊有以相之。正统辛酉，中应天乡试，壬戌会试，授兖之城武教谕。……秩满，用工部尚书王公复荐，升郓城知县。……三载，丁内艰，服除，调汉中略阳县。……又三载，竟谢事归，时成化己丑，公年甫六十，并谢家事，日居城南之别墅，曳杖逍遥陇亩间。……其平生勇于行义，于恤族尤厚。盖自为校官，已收养族孙之贫者四人：曰敦、敏、政、散，皆毕婚娶，教使成立。……配王氏，即予姊，柔和贞顺，表著闺闱，先公十二年卒，生二子：瑞，太学生；……瑛，义官。……侧室张氏、王氏，生二子：瑭……珑……。孙男五：淑、滂、潜、渊、泾。②

撰者王偁是墓主的内弟，且同为武进籍，所记墓主家族谱系与事迹自然可信。所谓"德祐间，元兵屠城"，"伏积尸中得脱"，后"仕至常州路织染局

---

① 万历《常州府志》卷一五、康熙《常州府志》卷三〇记载相同，唯"医士徐孟容"前多"无锡"二字。

② 王偁：《思轩文集》卷一九，《续修四库全书》第1329册，第623—624页。

提领"的徐烨，即万历《常州府志》所载"元兵屠城，获脱，复被虏至燕，居久之，得常州织局官以归"的徐述"先世"。《常州府志》记徐述"先世"，"生二子，长曰养浩"，则《陕西略阳知县徐公墓志铭》中徐起的曾祖养源，即徐烨的次子。徐起与徐述、徐迪、徐选是同辈，而王偁《赠世医徐伯旸序》所记孟安、孟颛父亲彦常，与徐起父亲徐幹（字彦贞）属同一代。虽然徐起与徐述属同辈，却是同出一个高祖，谱系较远，所以年岁相差很大。墓志记徐起"寿七十有四，成化癸卯九月十五日卒"。成化癸卯为成化十九年（1483），寿七十四，生年在永乐八年（1410），这已经是徐述的晚年了。王偁比姐夫徐起还小十五岁，所以他在《赠世医徐伯旸序》中说自己幼年时期"不及见"徐孟曾。

王偁《徐公墓志铭》记徐起之父徐幹，先后任大理寺丞、宁海知州，而徐起本人自幼读书，"游邑庠"，似与以医学传家的常州徐氏子孙大异。按《思轩文集》卷二一《亡姊孺人王氏墓志铭》载：

> 徐故比邻，贵昇早以才俊有名，遂纳聘焉。时其父彦真（贞）已殁，故所业医弃之，而业儒，为邑庠生。①

由于徐起"六岁失怙"，其父所"业医"无法传授给他，其母只能另谋出路，令其"业儒"。徐起科举及第，再到他的下一代，自然令其"业进士举"，即便是学业不精者，也要"输粟授义官"。

邵宝《容春堂后集》卷五《故上高训导徐君东之墓志铭》载：

> 越数月，君弟鸿以其孤本及婿潘溱来告葬，且出段主事子辛状请铭。……君讳淮，字东之，别号静轩，徐其氏也，系出汉南州高士稺元。有讳烨者，仕为常州路织染局提领，因籍武进，于君为高祖。曾祖用，国朝以明医征。祖遂，医学正科。父镕，母黄氏。君幼警敏，成童能属文，弱冠为郡庠诸生，有才望，于是君之世父文式以进士及第，为翰林编修，没未久，而君继起。……君凡八举不利，始应弘治戊午岁贡，以母老请就禄，得训导江西上高，居八年，母病失明，遂有致仕之请。……所著有《静轩稿》藏于家。②

---

① 王偁：《思轩文集》卷二一，《续修四库全书》第 1329 册，第 653 页。
② 邵宝：《容春堂后集》卷五，《四库全书》第 1258 册，第 288 页。

墓主徐淮，字东之，别号静轩。"生景泰丙子（1456）"，"卒于正德丁丑（1517）"，享年六十二岁。墓志称徐淮"系出汉南州高士稗元"，与前引谢应芳《云林书舍》诗谓徐孟容是"寂寞南州高士孙"一样，都是托名人为先祖。从命名特征看，徐淮及其弟徐鸿，应与《陕西略阳知县徐公墓志铭》之墓主徐起的孙辈徐淑、徐滂、徐潜、徐渊、徐泾同辈，徐淮之祖父徐遂则与徐述、徐迪、徐选、徐起为同代人。若此，"仕为常州路织染局提领"的徐烨就不是徐淮的"高祖"了，而是六世祖。墓志中提到的徐淮之"世父文式"，即徐辖，字文式，景泰五年（1454）进士第三名，授翰林院编修①。

三　小结

综合上文的考察，可以对徐孟曾的家世及行迹做个总结。徐孟曾，名述，孟曾其字，号爱梦。卒年不迟于永乐二十二年（1424），与胞弟徐迪"俱以高年终"②。先世淮人，五世祖季明始徙常州，高祖烨当宋元易代之际，在蒙古伯颜军队至元十二年（1275）屠城时得脱，复被掳至大都，后得官常州路织染局提举，占籍武进。曾祖养浩始以业医名世，授无锡州医学教授。祖仲清，任湖州路医学教授。父矩，两任襄县、黄县教谕。述兄弟三人，胞弟迪（字孟恂）、选（字孟伦），俱以善医名乡里，有"徐神仙"之称。洪武二十三四年（1390—1391），因受同族兄弟徐孟铭的官司连累，述、迪、选三人奉母远戍，"艰苦备尝者廿年"。永乐年间，徐述以能医被召入朝，"欲官之，不果，厚赐金帛以归"。常州府武进县徐氏虽以医业传家，但至迟到徐孟曾这一代，在谙熟医学、"医家诸书背诵"的同时，还能兼通儒学，徐孟曾本人不仅有医学著作《难经补注》（佚）③，且"喜吟诗"，曾与同籍名诗人谢应芳讨论诗作，并与同族兄弟孟容版刻陈北溪的《经训启蒙》，以广其传。"乐府尤工"，晚年更是与乡老"更唱迭和，浅斟低唱，以适其所乐而终焉"。惜所作散曲不传。徐孟曾的同辈兄弟中，无论是同胞的孟恂、孟伦，还是旁系的孟容、孟铭、孟安、孟颢，都在精熟医业的同时兼通儒学。随着时代的推移变迁，徐氏后代子孙已有弃医业者，"其学亦有转而他求"。（王偁《赠世医徐伯旸序》）

①　万历《常州府志》卷一一下"选举"条。
②　光绪《武进阳湖县志》卷二六。
③　万历《常州府志》卷一五《人物·方伎》、《千顷堂书目》卷一四"医家类"、万斯同《明史》卷一三五《艺文志三》。

杨 贲

杨贲之名见于《录鬼簿续编》与《太和正音谱》。谢伯阳先生编《全明散曲》，从《北宫词纪》《词林摘艳》《群音类选》等明人曲选中辑录其套数四套，其中三套为北曲，一套为南曲，显现出元末明初南北曲交融并盛的历史事实。孙楷第《元曲家考略》遍索元代文献，未见有杨贲，故阙如不考。近代学人亦未见有考证者。《录鬼簿续编》记杨贲字彦华，自号春风道人。滁阳（今安徽滁州市）人。按清万斯同《明史》卷一七六《杨元杲传》附杨贲的简略记载：

> 元杲有子贲，尤博学强记，以词翰知名。荐授大名知县，至周府纪善。①

又卷一三六《艺文志四》：

> 杨贲《春庵集》。字彦华，滁州人。中书省右司郎中杨元杲子，官楚府纪善。②

前者记杨贲"至周府纪善"，后者又谓其"官楚府纪善"，所记当有误。随后王鸿绪、张廷玉等人在万斯同所撰《明史》的基础上新编《明史》③，是为官修，其中关于杨贲父子的记载沿用了万斯同《明史·杨元杲传》的记述。张廷玉《明史》卷一三五《杨元杲传》载：

> 杨元杲、阮弘道，皆滁人，家世皆儒者。从渡江，同为行省左右司员外郎，与陶安等更番掌行机宜文字。元杲以郎中榷理军储于金华，

---

① 万斯同：《明史》卷一七六，《续修四库全书》第 327 册，第 350 页。
② 万斯同：《明史》卷一三六，《续修四库全书》第 326 册，第 489 页。
③ 《明史》卷首"出版说明"，第 1 页。

而弘道亦于是岁以郎中从大都督文正守南昌，皆有功。二人皆于太祖最故，又皆儒雅嗜文学，练达政体，而元杲知虑尤周密。帝尝曰："文臣从渡江，掌簿书文字，勤劳十余年，无如杨元杲、阮弘道、李梦庚、侯元善、樊景昭者。"其后，元杲历应天府尹，弘道历福建、江西行省参政，皆卒官。

元杲子贲，博学强记，以词翰知名，荐授大名知县，仕至周府纪善。①

所谓"从渡江"，指元至正十五年（1355）明太祖朱元璋渡长江、占太平路。《明史·太祖本纪一》：至正十五年"五月，太祖谋渡江"，"遂乘胜拔太平，执万户纳哈出"，改太平路为太平府，置太平兴国翼元帅府，自领元帅事，召陶安参幕府事。至正十六年攻集庆路，同年七月，太祖称吴国公，置江南行中书省，自总省事，置僚佐。杨元杲出身"家世儒者"，"练达政体"，"知虑周密"，"掌行机宜文字"，深得太祖的信赖赏识，任江南行中书省左右司员外郎，总理军需储备，累官应天府尹。杨彦华出生在这样的家庭氛围中，自幼读书，接受的也是传统士大夫经史诗文的教育。《录鬼簿续编》谓其"滁阳宦族也"，"八岁能属文，甫弱冠，明《五经》。酷好吟咏，尝访桂潭和尚，一茶之顷，赓和百篇"。其父历任应天府尹，杨彦华应是跟随其父居住金陵。《北宫词纪》选录杨彦华【正宫·端正好】《春游》散套，写的是早春时节江南游览的盛况，其中【脱布衫】曲云："一处处仕女游嬉，一攒攒客醉尊罍，一簇簇笙歌韵美，一步步管弦声沸。"【小梁州】【幺篇】云："江南自古繁华地，胜迫游尽醉方归。"【尾声】："游春不觉金乌坠，乘兴还随玉兔回。倒玉颓山醉似泥，相赏休违，莫负芳菲，看了这万紫千红，端的是画图里。"② 充满了强烈的欣喜和新鲜感，可能是其父官应天府尹时，杨彦华随父初次来到金陵，喜悦之余写下这首《春游》散套。

《录鬼簿续编》又记杨彦华"洪武辛巳，以明经擢濮阳令"。洪武辛巳，即建文三年（1401）。考《明史·恭闵帝本纪》，建文三年未开科举试，建文二年三月，赐胡广等进士及第、出身有差。《录鬼簿续编》所记"洪武辛巳"或为"洪武庚辰"（建文二年）笔误，然"辛巳"二字，似很难笔误为"庚辰"。按《明史·太祖本纪》：洪武四年辛亥（1371）三月，始策试

---

① 《明史》卷一三五，第 3921 页。
② 谢伯阳编《全明散曲》，齐鲁书社，1994，第 207 页。

天下贡士，赐吴伯宗等进士及第、出身有差。又十四年辛酉（1381）八月，"诏求明经老成之士，有司礼送京师"。《录鬼簿续编》所记"洪武辛巳"应是"洪武辛亥"或"洪武辛酉"之误。这里提供几条证实此说的旁证与反证。其一，杨彦华任赵府纪善时，唐文凤为其同僚，为彦华先后作《跋杨彦华书虞文靖公苏武慢词后》（《梧冈集》卷七）、《春庵杨纪善见子之喜，有诗，次韵奉贺三首》（卷三）一文一诗，跋文称杨彦华为"僚友"，杨彦华年岁当与唐文凤相近。据文凤五世孙唐泽撰《高祖梧冈先生墓表》："先生殁于宣德壬子，享年八十有六。"宣德壬子为宣德七年（1432），享年八十六岁，则唐文凤生年在元至正七年（1347）。若杨彦华与唐文凤年岁相仿的推测成立，洪武四年辛亥（1371），杨彦华约二十五岁，正是风华正茂之年，与前引其在金陵所作【正宫·端正好】《春游》散套所表现的积极乐观、轻松喜悦的心态相吻合。其二，《录鬼簿续编》记杨彦华"甫弱冠，明《五经》"，那么二十五岁时，以明经及第自是情理中事。其三，杨彦华永乐年间任赵王府纪善（详后文），赵王朱高燧是成祖嫡三子，永乐二年受封（《明史·诸王世表四》）。倘若杨彦华是建文帝三年的进士，燕王朱棣在"靖难"成功、登基帝位后，不会任用杨彦华为赵藩府纪善。其四，至于《录鬼簿续编》所记"洪武辛巳"为"洪武辛酉"（十四年，1381）的推测，也难成立。因为假若是洪武辛酉，时杨彦华约三十五岁，显然与《明史》记载的"老成之士"不符。故我们推定杨彦华洪武四年以明经中进士第，擢濮阳令，《录鬼簿续编》所记"辛巳"是"辛亥"之误。万斯同、张廷玉《明史·杨元杲传》均记载杨彦华"荐授大名知县"，而《录鬼簿续编》记其"擢濮阳令"。按张氏《明史·地理志一》：洪武二年四月，以州治濮阳县省入开州，开州隶大名府。故《明史》与《录鬼簿续编》的记载并不冲突。

万斯同《明史·杨元杲传》记杨彦华"至周府纪善"，而同书《艺文志》又记其"官楚府纪善"。张廷玉奉诏修《明史》时沿用万氏《明史·杨元杲传》的记载，亦谓彦华"仕至周府纪善"。嘉庆年间修《大清一统志》，直接搬用了张氏《明史》的记载。现代学者著述，如台湾地区编撰的《明人传记资料索引》、谢伯阳先生编《全明散曲》杨贲小传，也都沿用张氏《明史》的记述。似乎与杨彦华同时代的《录鬼簿续编》作者记载的"永乐初，改除赵府纪善"和正史比起来，完全不足取信。

唐文凤《梧冈集》卷七《跋杨彦华书虞文靖公苏武慢词后》云：

今按调寄【苏武慢】词十二阕，盖和冯尊师所作。其自序经阅累岁而成，飘飘然有出尘想，如在九霄之上，下视世纷胶扰，曾不足以入其灵台丹府，所谓不吃烟火食，所道乃神仙中人语也。史称南岳真人降生，岂其然乎！余僚友杨春庵酷嗜此词，喜而书之，联为巨轴。字体萧散俊逸，有晋唐人气。或遇风清月霁之夕，冯、虞二公有知，当乘云御风而来，寻歌审音，玩书留迹，亦复绝倒也。故跋以归之。①

"余僚友杨春庵"，"春庵"自然是文题中杨彦华的号。万历《滁阳志》卷一二《列传》记杨彦华"晚号春庵"，《录鬼簿续编》记其号"春风道人"，这应是他晚年仕途失意后，遁入黄冠后的自号。唐氏跋文是为杨彦华书虞文靖公（虞集）【苏武慢】词而作，称彦华"字体萧散俊逸，有晋唐人气"，知杨彦华作散曲外，亦善书，与万历《滁阳志》卷首张瑄弘治癸丑序谓杨彦华"书法遒劲恣媚，可亚赵松雪（赵孟頫）"②相互印证。又《梧冈集》卷三《春庵杨纪善见子之喜，有诗，次韵奉贺三首》：

乏嗣承宗亦可羞，掌珠喜见瑞光浮。家声有绍惟杨震，天道无知只邓攸。贺客每传诗志喜，夸人不用酒消忧。他年好绍箕裘业，才俊当推第一流。

津津喜色上眉头，宾主持杯互劝酬。有酒何烦说曇耻，无钱安用效囊羞。应门岂比李泰伯，生子当如孙仲谋。欲验寸心窥造化，百年春雨长松楸。

意令与国助租丁，自是承宗德泽馨。祥凤已知生鸑鷟，小虫何必负螟蛉。阳回气候生邹律，春蔼芝兰满谢庭。父子祖孙传百代，此心安用测沉冥。③

唐文凤诗是次韵杨彦华"见子之喜，有诗"而作，杨原诗佚。据唐文凤《跋白云吴公诗》，其授赵府纪善在永乐元年（1403）夏④，而《明史·成祖本纪》及《诸王世表》，成祖授封第三子朱高燧为赵王在永乐二年四月，

---

① 唐文凤：《梧冈集》卷七，《四库全书》第 1242 册，第 626 页。
② 万历《滁阳志》卷首，明万历四十二年刊本。
③ 唐文凤：《梧冈集》卷三，《四库全书》第 1242 册，第 578 页。
④ 唐文凤：《梧冈文稿》卷二七，程敏政编《唐氏三先生集》，《北京图书馆古籍珍本丛刊》第 115 册，第 773 页。

盖敕命在永乐元年，实封则在次年。据唐泽《高祖梧冈先生墓表》，唐文凤生于元至正七年（1347），永乐二年已五十八岁，杨彦华年岁应相近。故唐诗谓"乏嗣承宗亦可羞"。正因为杨彦华是老年得子，故而"喜色上眉头"，视为"掌珠"，邀请同僚好友"持杯"相贺，并赋诗"志喜"。唐文凤次诗一方面为僚友得子送上祝福："他年好绍箕裘业，才俊当推第一流。"另一方面还有劝慰的意思："父子祖孙传百代，此心安用测沉冥。"《录鬼簿续编》谓杨彦华在赵府"不遂所志"，似杨彦华在赵府并不十分如意，仕途不显。纪善系藩府属官，"掌讽导礼法，开谕古谊，及国家恩义大节，以诏王善"。"凡宗室年十岁以上，入宗学，教授与纪善为之师。"秩正八品。（《明史·职官志四》）唐文凤是安慰说，一时的困顿并不要紧，子孙必然能为之传名后世。

唐文凤（1347—1432），字子仪，歙县（今属安徽黄山）人。与父唐桂芳、祖唐元俱以文学名世。建文元年，授兴国县尹，三载受代，擢赵府纪善。《高祖梧冈先生墓表》载：

> 时王日侍天颜，宫僚得同朝臣出入禁近。先生积诚辅导，随事箴规，或进讲，或应制，寓忠爱于言表。文庙优重之，王亦深知敬信。在朝诸名硕若学士王公景彰、杨公士奇、祭酒徐公旭、状元曾棨辈，皆与缔文字交，赓酬倡和，殆无虚日。①

赵王朱高燧永乐二年（1404）受封，洪熙元年（1425）令就藩彰德府（治今河南安阳）。（《明史·诸王世表》）实际上赵王二十余年都在京城，《高祖梧冈先生墓表》也说："王尝奉敕留守北京数年，先生以道翊赞，宣上德，达下情，号令严明，仁恩敷洽，畿甸以宁，雅称文庙简擢之意。"故唐文凤、杨贲作为赵府属官，得以与"在朝名硕"赓酬倡和，"缔文字交"。《录鬼簿续编》记杨彦华任赵府纪善时，"凡有著述，举皆右让，亲王亦礼重"。成祖本人雅好词曲，身边聚集着诸如汤舜民、杨景贤、贾仲明一批曲家。赵王将曲家杨彦华招揽在幕府，自然也有投父所好的意思。

万历《滁阳志》卷一二《列传》、康熙《滁州志》卷二二《人物》均载录杨彦华《赠武金事征交趾》诗：

---

① 唐泽：《高祖梧冈先生墓表》，程敏政编《唐氏三先生集》附录，《北京图书馆古籍珍本丛刊》第 115 册，第 833 页。

日日炎荒只苦吟，吟边①谁识老臣心。半窗斜月侵寒幕，一榻清风拂素琴。海阔水声流入梦，山高雁影杳来音。名贤本是霜台客，暂且乘骢过郁林。

末联"名贤本是霜台客"，表明赠诗对象本是御史台属官。按唐文凤《梧冈诗稿》卷二三有《送金宪武本大之官闽南》，与杨彦华诗所写的应是同一人。唐诗云：

拜命新除被宠光，观风持节镇炎方。三山恩煦绣衣日，八郡威凝白简霜。冰碗沉红尝荔子，晓盘摘绿荐槟榔。圣朝求治苏民瘼，肯让澄清说范滂。②

据唐文凤诗，杨彦华诗题中的"武金事"名武本大，任巡按福建监察御史金事。"征交趾"事应在永乐四年、五年间。《明史·外国列传五》载：永乐元年，占城国王朝贡大明，告安南（即交趾）侵略，请求降敕戒谕。帝可之，遣使者至安南，赐纱罗绸缎。四年（1406），占城复告安南之难，"帝大发兵往讨，敕占城严兵境上，遏其越逸，获者即送京师。五年攻取安南所侵地，获贼党胡烈、潘麻休等献俘阙下"。③

《录鬼簿续编》记杨彦华在赵府"终不遂所志，怏怏成疾而逝"。万历《滁阳志》卷一二记杨彦华"仕终赵府纪善"，"才浮于位，识者惜之"。成化《中都志》卷八载录杨贲《水濂洞避暑记笔》诗一首，署题"杨彦华纪善"。均证实赵府纪善是杨彦华最终官职。按唐泽《高祖梧冈先生墓表》："宣德初，汉庶人谋不轨，宣庙亲董六师征之，词连赵府，卒之转危为安者，先生（指唐文凤）之功也。一时宫僚多得罪，而独以屡谏全。"《明史·宣宗本纪》载：宣德元年（1426）八月，汉王朱高煦反，宣宗亲征之，高煦出降。九月，锢高煦于西内，法司鞫高煦同谋者，词连晋王、赵王，诏勿问。《宣宗本纪》虽记对受到"词连"的晋王、赵王"诏勿问"，但二王最终还是受到牵连。晋王济熿于宣德二年四月，"废为庶人"。（《明史·宣宗本纪》）《诸王列传·朱高燧传》载："及高煦至京，亦言尝遣人与赵通谋。户部主

---

① 康熙《滁州志》卷二二《人物》，"吟边"作"边疆"。
② 唐文凤：《梧冈诗稿》卷二三，程敏政编《唐氏三先生集》，《北京图书馆古籍珍本丛刊》第 115 册，第 734 页。
③ 《明史》卷三二四，第 8386 页。

事李仪请削其护卫，尚书张本亦以为言。帝不听。既而言者益众。明年（宣德二年），帝以其词及群臣章遣驸马都尉广平侯袁容持示高燧。高燧大惧，乃请还常山中护卫及群牧所、仪卫司官校。帝命收其所还护卫，而与仪卫司。"① 赵王本人于"大惧"中在汉王朱高煦政变后五年（即宣德六年）逝世，其幕佐"宫僚多得罪"。《高祖梧冈先生墓表》谓唐文凤"成功不居，见几求退，遂对迁洛阳少尹，寻致其政而归"，可能是对同样受到牵连的唐文凤的委婉避讳之辞。杨彦华应也在这场失败的政变中受到打压，最终"怏怏成疾而逝"。

成化《中都志》卷八载杨贲《水濂洞避暑记笔》诗：

> 平生畏暑如畏魔，寻凉步出城南坡。城南白石环坡陀，水濂洞口凉风多。藕花吹香鱼戏荷，阴阴花树交枝柯。人间愁毒相煎磨，此中别有安乐窝。黄冠白发风婆娑，三五迎笑舒情和。茶瓜款留日景过，兴来舞唱青天歌。归来日压西山阿，海东月色登松萝。仙凡咫尺犹关河，人生知分余无他。前途行人日奔波，黄埃饥渴将奈何。②

按《明史·地理志一》，洪武二年于临濠府建中都，置留守司，六年改称中立府，七年称凤阳府。杨彦华籍贯滁州，洪武七年属凤阳府，二十二年直隶南京。这首《水濂洞避暑记笔》诗应是杨彦华被罢黜赵府纪善，归乡后所作。"平生畏暑如畏魔"，"人间愁毒相煎磨"云云，似带有双关隐喻之意。正是在经历那场政治风波之后，杨彦华真正体会到尘世"奔波"的徒劳，托身"黄冠"，寻求世外桃源式的"安乐窝"，过着"三五迎笑舒情和""兴来舞唱青天歌"的生活。《录鬼簿续编》谓杨彦华"自号春风道人"，万历《滁阳志》说他"善玄言"③。这显然不是出身世代儒学之家、弱冠明《五经》的杨彦华青年时期的所作所为，只能是历经仕途颠沛，体味官场波谲云诡的风云变幻后的一种选择，也与其《水濂洞避暑记笔》诗"黄冠白发"，"仙凡咫尺犹关河，人生知分余无他"的夫子自道相印证。

杨彦华所作散曲现存四套数，都为郊游、闺怨题材，特点恰如《太和正音谱》所评"如春风飞花"。应是青年时期随父在江南寓居时期所作。同时工

---

① 《明史》卷一一八，第 3621 页。
② 成化《中都志》卷八，《四库全书存目丛书》史部第 176 册，第 388 页。
③ 康熙《滁州志》卷二二作"善道家言"。

诗属文，万历《滁阳志》、《明史·艺文志》均记载杨彦华有《春庵集》，未标明卷数。《滁阳志》记载是其门人裒集刊行，张瑄弘治癸丑为《滁阳志》作序时，称对杨彦华是否"曾仕"不清楚，但明确说他"有《春庵集》行于世"，表明至迟弘治六年癸丑（1493）《春庵集》尚存。唐文凤为杨彦华所作《跋杨彦华书虞文靖公苏武慢词后》谓"余僚友杨春庵"，知杨彦华任赵府纪善时就以"春庵"自号，《春庵集》应主要是杨彦华任赵府纪善期间所作，其令"举皆右让，亲王亦礼重"的作品即在其中。这些篇什中既有如唐文凤《梧冈诗稿》中《奉赋祯祥诗》（卷二一）、《奉赋蹇驴》《进贺千秋节诗》《秋晓陪驾出猎用钟伴读韵》（以上卷二三）类的应制奉和之作，也有如《赠武金事征交趾》这样僚友间的送别酬唱性质的作品。惜《春庵集》不传，只能从仅存的《赠武金事征交趾》《水濂洞避暑记笔》两诗中窥其片鳞半爪。杨彦华亦善书，所书虞集十二阕【苏武慢】词，唐文凤称"字体萧散俊逸，有晋唐人气"，张瑄亦谓其"书法遒劲恣媚，可亚赵松雪"。

结　语

　　要对元曲家整体做一个全新的评述，自然是要建立在对他们各自的生平事迹有翔实的研究、对作品有充分的阅读研讨的基础上。本书稿所考曲家共计三十人，要做这样的评述结语，难免挂一漏万，也只得勉强为之。

　　元曲的出现并非一时之间从天而降，它是宋金杂剧及其他说唱伎艺长期酝酿发展的结果。近十余年来以河北邯郸为中心的冀南地区考古发现的金元时期磁州窑系瓷器词曲，揭示了元曲在文人参与创作前的民间原生形态，为我们解决一些学术难题提供了新的材料证据。钟嗣成《录鬼簿》列关汉卿为杂剧家之首，明初朱权《太和正音谱》以风格审美为标准，将关汉卿降至第十位，特注云："盖所以取者，初为杂剧之始，故卓以前列。"对于何以将关汉卿列为第一位，过往学界多认为关汉卿是第一个编创杂剧者，且数量最多。从事物发展的内在逻辑上说，一种新文体的诞生不可能是某一位作家个人的行为。元曲同样如此。《录鬼簿》之所以将关汉卿列为第一，不是说从关汉卿开始才有元杂剧，而是说关汉卿是文人参与创作杂剧的第一人，之前的杂剧不过是艺人为之。陶宗仪《南村辍耕录》卷二五"院本名目"条记"金季国初"教坊色长魏、武、刘三人"鼎新编辑"，"至今乐人皆宗之"[1]，说的是他们对自北宋汴京以来教坊艺人所编撰"杂剧本子"体制和艺术水准的巨大革新贡献[2]。其中"长于科范"的刘耍和，是《录鬼簿》卷上所载与关汉卿同属"前辈已死"剧作家，曾与马致远合编《黄粱梦》杂剧的花李郎、红字李二之岳丈，较关汉卿年长一辈。魏、武（光头）、刘（耍和）三人是以关汉卿为首的文人参与杂剧文本编写之前，艺人编撰杂剧水平的最高代表。胡适据《录鬼簿》记载"前辈已死"杂剧作家多活跃在元贞、大德年间，认为魏、武、刘三人"鼎新编辑"院本时

---

①　陶宗仪：《南村辍耕录》卷二五，第 306 页。
②　吴自牧《梦粱录》卷二〇"妓乐"条："向者汴京教坊大使孟角球曾做杂剧本子"。见《东京梦华录（外四种）》，第 301—302 页。

代大约在至元时期，关汉卿、马致远诸文士始为教坊写剧是到元贞、大德年间①。这里还可以举南戏为参证，现存南戏比较可靠的元代剧本是《永乐大典戏文三种》，其中《张协状元》标注"九山书会编撰"，《小孙屠》《错立身》分别署"古杭书会编撰"和"古杭才人新编"，皆为集体创作。文人参与南戏剧本创作从元末高明始。《太和正音谱》引关汉卿语："非是他当行本事，我家生活，他不过为奴隶之役，供笑献勤，以奉我辈耳。子弟所扮，是我一家风月。"又赵子昂言："良家子弟所扮杂剧，谓之'行家生活'，娼优所扮者，谓之'戾家把戏'。"②"行家""戾家"之争，原来自绘画领域，古代绘画有宫廷画和文人画两派，宋代以前，文人画不发达，被称为"戾家"——外行。宋代文人画开始大量涌现，就出现了话语权争夺的问题，文人开始称自己的画为"行家"之作。关汉卿借用绘画领域的这对术语，将自己与杂剧艺人相区分，可以想象在金元之际，杂剧由艺人独揽向文人逐渐参与并主动争夺主导权转变的历史背景。艺人编撰杂剧是其本行，故称"行家"理所当然。文人驰骋的领域是诗文，最多偶作小词，编杂剧自然是"戾家"外行。现在关汉卿作为文人的代表，要与艺人争夺这个话语权——我才是行家，并以数量众多的优秀作品作为言语的实际支撑，终于形成一种社会潮流，杂剧的创编特权从艺人手中转移至文人。所以关汉卿才不无自豪地说：优人所演，不过"是我一家风月"。本朝人编集曲家文献时，将他列为第一。

虽然时至金末元初，元曲作为一种新兴文体的发展势不可挡，以关汉卿为代表的文人积极参与其中，并最终将创作的主导权掌握在手里，但这要具体而论，文人的身份是有层次差别的。自金亡至元仁宗延祐二年重新恢复科举，前后长达八十年没有开设科考，已有七百余年的历史、文人晋身仕途最主要渠道之科举制度的废除，给元代文人的打击之大可想而知，但对于这一突然的变革，文人的反应及人生选择不尽相同。一部分文人仍然恪守着传统，以诗文为自己的笔耕之地，谢升孙《皇元风雅序》载，"我

---

① 胡适 1937 年 3 月 6 日在致冯沅君的信中说："所谓'魏、武、刘三人鼎新编辑'者，就是说这三个人始创（'鼎新'是革故'鼎新'，因易卦本义，今言就是'革命'）这新式的戏剧。初时都称'院本'，后来士人为之，始称'杂剧'，以别于行院之本。""其'鼎新'时代大约在至元时代。到了元贞、大德时代，关、马诸人始为教坊写剧，就开一个戏剧史上的'唐、虞之世'。"杜春和、韩荣芳、耿来金编《胡适论学往来书信选》，河北人民出版社，1998，第 372—373 页。

② 姚品文点校笺评《太和正音谱笺评》，中华书局，2010，第 38—39 页。

朝混一海宇，方科举未兴时，天下能言之士，一寄其情性于诗"①，如刘因、吴澄等元初诗文名家；一部分思想较开放者如卢挚、姚燧、阎复等，既以诗文擅场，同时对新兴的时行散曲也不排斥，抱着接纳的态度；还有一部分如关汉卿、白朴等最前卫者，注意力不仅在"今乐府"，而且编撰不登大雅的杂剧，甚者如关汉卿"躬践排场，面傅粉墨"，"偶倡优而不辞"（臧懋循《元曲选序》），俨然成为伎艺人中的一分子。在元初杂剧家中，除白朴、侯克中、史樟、马致远等少数外，很少有与诗文作家交往者，他们的身份已发生转变，介乎文人与艺人之间。散曲家则多有与诗文作家交往酬唱者。伴随着元曲这一新兴音乐文学的出现，元初文人的自我身份定位已然发生分化。这种现象至元代中期则发生改变。杨梓官至杭州路总管，秩正三品。张鸣善以能诗擅时名②，与诗人张翥、成廷珪、王逢等往返酬唱，且有诗作留存。郏经乃进士出身③，曾任江浙行省考试官，"权衡允当，士林称之"。（《录鬼簿续编》）钟嗣成本人是名士邓文原的及门弟子，曾"累试于有司"。（朱凯《录鬼簿序》）而他们都参与了杂剧的编写。

　　从元初文人群体之诗文作家与曲作家的分流到元中后期两者的合流，与文人对曲体文学价值意义的认识分不开。元初正处在曲文体诞生的伊始阶段，部分具有开放思想的文人参与其中，也不过是自娱和娱人。但随着时间的推移，曲这种新兴文体越来越显现出它的强大生命力，作为一种与诗词迥然不同的审美风格越来越显明，以致有"世之共称唐诗、宋词、大元乐府"的社会舆论，成为有元一代最具标志性的文学样式。而对于这种已然到来的现象，当时的文人因身处其中，看得十分清楚。元初《唱论》的作者燕南芝庵，为指导实际演唱而作的理论著作，完全是不自觉的，更没有藏之名山、传之后世的想法，以至连自己的姓名都没有留下。而至元代后期，伴随着曲文学作品的大量累积、参与作家数量的增多，出现了诸多整理总结的选本和理论著作。钟嗣成搜集编撰元曲家传记、杂剧名目文献资料，意在使曲家成为"不死之鬼"，而他自己同样希望凭借自己的杂剧

---

① 谢升孙：《皇元风雅序》，孙存吾编《皇元风雅》后集卷首，《四部丛刊》影印高丽仿元刊本。

② 张翥《宗人鸣善将还武昌诗以叙别》："能诗杜老律尤深。"（《蜕庵集》卷四，《四库全书》第 1215 册）袁凯《赠张鸣善》："悲歌三百首，一一断人肠。"（《海叟集》卷三，《四库全书》第 1233 册）

③ 王逢《谢郏仲义进士寄题澄江旧稿》云："释褐平生友。"应是中乡试。《梧溪集》卷五，《四库全书》第 1218 册，第 781 页。

作品和《录鬼簿》这部著作成为"不死之鬼"，所以在初稿完成后，不止一次地进行修订增补。杨朝英先后编选《阳春白雪》《太平乐府》，请名公兼名士贯云石为前者作序。周德清著《中原音韵》，为南人作杂剧提供"中原音韵"的依据，评选出在他看来最优秀的四位元杂剧家——关、郑、白、马，并请诗文领袖虞集作序。王晔"集历代之优辞"编成《优戏录》，杨维祯作序将王晔此举与司马迁《史记》为优孟等作列传相媲美。杨朝英、周德清、王晔等人与钟嗣成一样，都有以此而立言不朽的自觉意识。张可久在仕途绝望的情况下全力创作散曲，鲍天祐以近乎苦吟的姿态创作："平生词翰在宫商，两字推敲付锦囊。耸吟肩有似风魔状，苦劳心，呕断肠。"（钟嗣成吊词）同样有君子立言的自觉性。虞集的一段话是元后期文人对当朝曲体文学价值的自觉认识的最好说明，他说："一代之兴，必有一代之绝艺足称于后世者，汉之文章，唐之律诗，宋之道学，国朝之今乐府，亦关于气数音律之盛。其所谓杂剧者，虽曰本于梨园之戏，中间多以古史编成，包含讽谏，无中生有，有深意焉，是亦不失为美刺之一端也。"[1] 元末明初人叶子奇也说："传世之盛，汉以文，晋以字，唐以诗，宋以理学。元之可传，独北乐府耳。"[2] 可见元季文人已视元曲为当朝文学创作的最高典范。

　　正是由于对曲体文学之价值和意义的认知发生重大改变，元代中后期的文人一方面参加科考，追求功名，写作诗文，另一方面不排斥散曲杂剧，积极参与其中。这种合流的真正完成是到明代，所以明代的曲作家基本上同时是诗文作家。

---

① 孔齐：《至正直记》卷三"虞邵庵论"条，《四库全书存目丛刊》子部第 239 册，第 253 页。
② 叶子奇：《草木子》卷四上"谈薮篇"，中华书局，1959，第 70 页。

参考文献

一 史部

[1]《元史》，中华书局，1976。

[2] 朱右：《元史补遗》，姚之骃：《元明事类钞》，《景印文渊阁四库全书》（以下简称《四库全书》）第884册，台湾商务印书馆，1986。

[3] 柯劭忞：《新元史》，张京华、黄曙辉总校，上海古籍出版社，2018。

[4] 邵远平：《续弘简录元史类编》，《续修四库全书》第313册，上海古籍出版社，2002年影印本。

[5] 曾廉：《元书》，《四库未收书辑刊》第4辑第15册，北京出版社，2000年影印本。

[6] 袁桷：《延祐四明志》，《四库全书》第491册。

[7] 俞希鲁编纂《至顺镇江志》，《续修四库全书》第698册。

[8] 张铉：《至正金陵新志》，《四库全书》第492册。

[9] 王元恭：《至正四明续志》，《续修四库全书》第705册。

[10] 北京图书馆善本组辑《析津志辑佚》，北京古籍出版社，1983。

[11] 成化《河南总志》，影印河南大学图书馆藏1985年影抄本。

[12] 嘉靖《陕西通志》，黄秀文、吴平主编《华东师范大学图书馆藏稀见方志丛刊》第3册，北京图书馆出版社，2005年影印本。

[13] 嘉靖《浙江通志》，《中国方志丛书》，台北成文出版社，1983年影印本。

[14] 嘉靖《澉水志》，《四库全书存目丛书》史部第186册，齐鲁书社，1996年影印本。

[15] 万历《绍兴府志》，《四库全书存目丛书》史部第201册。

[16] 天启《海盐县图经》，《四库全书存目丛书》史部第208册。

[17] 天启《吴兴备志》，刘承幹嘉业堂刻《吴兴丛书》本。

[18] 崇祯《嘉兴县志》，《日本藏中国罕见地方志丛刊》，书目文献出版社，1991年影印本。

［19］康熙《山阴县志》，《首都图书馆藏稀见方志丛刊》第9册，国家图书馆出版社，2011年影印本。

［20］乾隆《直隶澧州志林》，清乾隆十五年刻本。

［21］乾隆《吴江县志》，《中国地方志集成》本。

［22］乾隆《西安府志》，《中国地方志集成》本。

［23］光绪《吉安府志》，《中国方志丛书》本。

［24］光绪《德安府志》，《中国地方志集成》本。

［25］王士点：《秘书监志》，《四库全书》第596册。

［26］陈垣编纂，陈智超、曾庆瑛校补《道家金石略》，文物出版社，1988。

［27］赵绍祖：《安徽金石略》，《续修四库全书》第912册。

［28］张金吾编《爱日精庐藏书志》，《续修四库全书》第925册。

二　子部

［1］鲜于枢：《困学斋杂录》，《四库全书》第866册。

［2］孙崇涛、徐宏图笺注《青楼集笺注》，中国戏剧出版社，1990。

［3］郭畀：《云山日记》，顾宏义、李文整理《金元日记丛编》，上海书店出版社，2013。

［4］刘佶：《北巡私记》，《续修四库全书》第424册。

［5］陶宗仪：《南村辍耕录》，中华书局，1959。

［6］姚桐寿：《乐郊私语》，上海古籍出版社，2012。

［7］杨瑀：《山居新语》，中华书局，2006。

［8］蒋正子：《山房随笔》，《四库全书》第1040册。

［9］盛如梓：《庶斋老学丛谈》，《四库全书》第866册。

［10］孔齐：《至正直记》，《四库全书存目丛书》子部第239册。

［11］陆友仁：《研北杂志》，《四库全书》第866册。

［12］蒋一葵：《尧山堂外纪》，《四库全书存目丛书》子部第148册。

［13］夏文彦：《图绘宝鉴》，《四库全书》第814册。

［14］陶宗仪：《书史会要》，《四库全书》第814册。

［15］张丑：《清河书画舫》，《四库全书》第817册。

［16］郁逢庆：《书画题跋记》，《四库全书》第816册。

［17］张照：《石渠宝笈》，《四库全书》第825册。

三　集部

（一）别集

[1] 刘辰翁：《须溪集》，《四库全书》第 1186 册。

[2] 方夔：《富山遗稿》，《四库全书》第 1189 册。

[3] 元好问：《遗山集》，《四库全书》第 1191 册。

[4] 方回：《桐江续集》，《四库全书》第 1193 册。

[5] 戴表元：《剡源文集》，《四库全书》第 1194 册。

[6] 张伯淳：《养蒙文集》，《四库全书》第 1194 册。

[7] 邓文原：《巴西集》，《四库全书》第 1195 册。

[8] 刘诜：《桂隐文集》，《四库全书》第 1195 册。

[9] 释善住：《谷响集》，《四库全书》第 1195 册。

[10] 胡祗遹：《紫山大全集》，《四库全书》第 1196 册。

[11] 吴澄：《吴文正集》，《四库全书》第 1197 册。

[12] 魏初：《青崖集》，《四库全书》第 1198 册。

[13] 安熙：《默庵集》，《四库全书》第 1199 册。

[14] 龚璛：《存悔斋稿》，《四库全书》第 1199 册。

[15] 刘将孙：《养吾斋集》，《四库全书》第 1199 册。

[16] 王恽：《秋涧集》，《四库全书》第 1200 册。

[17] 姚燧：《牧庵集》，《四库全书》第 1201 册。

[18] 王旭：《兰轩集》，《四库全书》第 1202 册。

[19] 程文海：《雪楼集》，《四库全书》第 1202 册。

[20] 袁桷：《清容居士集》，《四库全书》第 1203 册。

[21] 释大䜣：《蒲室集》，《四库全书》第 1204 册。

[22] 马臻：《霞外诗集》，《四库全书》第 1204 册。

[23] 张之翰：《西岩集》，《四库全书》第 1204 册。

[24] 侯克中：《艮斋诗集》，《四库全书》第 1205 册。

[25] 贡奎：《云林集》，《四库全书》第 1205 册。

[26] 同恕：《榘庵集》，《四库全书》第 1206 册。

[27] 刘敏中：《中庵集》，《四库全书》第 1206 册。

[28] 马祖常：《石田文集》，《四库全书》第 1206 册。

[29] 虞集：《道园学古录》，《四库全书》第 1207 册。

[30] 虞集：《道园遗稿》，《四库全书》第 1207 册。

［31］揭傒斯：《文安集》，《四库全书》第 1208 册。

［32］范梈：《范德机诗集》，《四库全书》第 1208 册。

［33］杨载：《杨仲弘集》，《四库全书》第 1208 册。

［34］王沂：《伊滨集》，《四库全书》第 1208 册。

［35］蒲道源：《闲居丛稿》，《四库全书》第 1210 册。

［36］柳贯：《待制集》，《四库全书》第 1210 册。

［37］欧阳玄：《圭斋文集》，《四库全书》第 1210 册。

［38］许有壬：《至正集》，《四库全书》第 1211 册。

［39］宋褧：《燕石集》，《四库全书》第 1212 册。

［40］萨都剌：《雁门集》，《四库全书》第 1212 册。

（二）总集

［1］汪泽民、张师愚编《宛陵群英集》，《四库全书》第 1366 册。

［2］蒋易编《国朝风雅》，《中华再造善本》，北京图书馆出版社，2005 年影印本。

［3］杨维祯编《西湖竹枝集》，孙小力校笺《杨维祯全集校笺》，上海古籍出版社，2019。

［4］孙存吾编《皇元风雅后集》，《四库全书》第 1368 册。

［5］周南瑞编《天下同文集》，《四库全书》第 1366 册。

［6］顾瑛编《草堂雅集》，《四库全书》第 1369 册。

［7］沐昂编《沧海遗珠》，《四库全书》第 1372 册。

［8］偶桓编《乾坤清气》，《四库全书》第 1370 册。

［9］孙原理辑《元音》，《四库全书》第 1370 册。

［10］沈季友编《橋李诗系》，《四库全书》第 1475 册。

［11］顾嗣立编《元诗选》，中华书局，1987。

［12］顾嗣立、席世臣编《元诗选癸集》，吴申扬点校，中华书局，2001。

［13］程敏政编《新安文献志》，《四库全书》第 1376 册。

［14］杨朝英编，隋树森校订《新校九卷本阳春白雪》，中华书局，1957。

［15］杨朝英编，卢前校订《朝野新声太平乐府》，文学古籍刊行社，1955。

［16］佚名氏编，隋树森校订《类聚名贤乐府群玉》，上海古籍出版社，1982。

［17］隋树森编《全元散曲》，中华书局，2018。

［18］唐圭璋编《全金元词》，中华书局，1979。

［19］杨镰主编《全元词》，中华书局，2019。

［20］李修生主编《全元文》，凤凰出版社（江苏古籍出版社），1998—2004。

［21］杨镰主编《全元诗》，中华书局，2013。

四　近人著作

（一）论著

［1］《王国维戏曲论文集》，中国戏剧出版社，1957。

［2］孙楷第：《元曲家考略》，上海古籍出版社，1981。

［3］王德毅、李荣村、潘柏澄编《元人传记资料索引》，中华书局，1987。

［4］袁世硕、张倩倩、都刘平校订笺释《录鬼簿及续编校订笺释》，齐鲁书
　　　社，2021。

［5］胡世厚：《白朴著作生平论考》，台北"国家"出版社，2014。

［6］徐凌云：《天籁集编年校注》，安徽大学出版社，2005。

［7］门岿：《元曲百家纵论》，教育科学出版社，1990。

［8］陈垣：《元西域人华化考》，上海古籍出版社，2000。

［9］陈垣：《二十史朔闰表》，陈智超主编《陈垣全集》第6册，安徽大学
　　　出版社，2009。

［10］萧启庆：《内北国而外中国：蒙元史研究》，中华书局，2007。

［11］《冯沅君古典文学研究论文集》，袁世硕、张可礼主编《陆侃如冯沅君
　　　合集》第14卷，安徽教育出版社，2011。

［12］叶德均：《戏曲小说丛考》，中华书局，2004。

［13］《胡适全集》第十二卷，安徽教育出版社，2003。

［14］门岿：《元曲管窥》，天津人民出版社，1993。

［15］《徐朔方集》第一卷，浙江古籍出版社，1993。

［16］陆林：《元代戏剧学研究》，安徽文艺出版社，1999。

（二）论文

［1］彭万隆、张永红：《元代文学家滕宾生平稽考——兼考徐琰》，《浙江工
　　　业大学学报》2015年第4期。

［2］王连起：《程文海徐琰致义斋二札考》，《故宫博物院院刊》2015年第
　　　6期。

［3］周清澍：《卢挚生平及诗文系年再检讨》，《中华文史论丛》2014年第
　　　4期。

［4］蔡美彪：《杜仁杰生平考略》，《文学遗产》2002年第1期。

［5］徐朔方：《从关汉卿的〈普天乐·崔张十六事〉说起》，《文学遗产》1998 年第 2 期。

［6］徐朔方：《同姓名人物的失考：大师的一个小疵》，《昆明师范高等专科学校学报》2002 年第 2 期。

［7］赵义山：《元散曲家陈草庵、鲜于必仁考略》，《文学遗产》1993 年第 3 期。

［8］陈定睿：《关于〈鲜于必仁生活时代考〉的一点补正》，《文学遗产》1995 年第 4 期。

［9］陈根民：《宋元三作家合考》，《文献》2000 年第 4 期。

［10］邓绍基：《关于高文秀为元代东平府学生员问题》，《中华文史论丛》1985 年第 3 辑，上海古籍出版社。

［11］邓富华：《元代戏曲作家高文秀新考》，《古籍研究》第 57—58 卷，安徽大学出版社，2013。

［12］车文明：《元代"礼乐户"考》，《文学遗产》2005 年第 5 期。

［13］齐易：《元代〈真定路乐户记〉碑研究》，《音乐研究》2012 年第 2 期。

［14］孙楷第：《元曲家考略稿摘钞》，《文学遗产》1983 年第 4 期。

［15］门岿：《元代蒙古族及色目诗人考辨》，《文学遗产》1988 年第 5 期。

［16］宁希元：《散曲家鲜于枢行年考》，《中华戏曲》第 34 辑，文化艺术出版社，2006。

［17］门岿：《元曲家二十人资料点滴》，《文学遗产》1985 年第 1 期。

［18］胡世厚：《白朴与〈白氏宗谱〉》，《文学遗产》2002 年第 5 期。

附录一　白朴年谱汇考

白朴是元初杂剧作家中留存文献材料最丰富的，近人所撰年谱已有数种：苏明仁《白仁甫年谱》（1933）、叶德均《白朴年谱》（1949）、郑骞《白仁甫年谱》（1971）、幺书仪《白朴年谱补证》（1983）、王文才《白朴年谱》（1984）、李修生《白仁甫年谱》（1990）、胡世厚《白朴年谱》（1991）及徐凌云《白朴年谱再补证》（1998）。可以说，白朴是考察元杂剧家的一把标尺，对他生平的研究或对全面认知元初杂剧家群体有不可替代的作用。以上诸年谱，在材料的运用上固有详略之别，对文献的解读也意见纷纭。故而有必要对诸家所提供的原始材料再度解读，对前辈学者们的观点意见重新审视，其中确为有证可据的积极吸收利用，对推测性主观意见则兼及众说，择取最合理者。这是本年谱汇考的目标及意义所在。在作年谱之前，先制"山西隩州白氏宗谱图"，依据的主要材料有：元好问《遗山集》卷二四《善人白公墓表》、袁桷《清容居士集》卷二七《同金太常礼仪院事白公神道碑铭》及 2000 年在安徽省六安市发现的《白氏宗谱》。按宋禧《题白太常三岁时手书卷后》诗序云："太原白应章，以其曾祖太常竹梧先生三岁时手书八卦名，及诸名公赞美诗文卷示玄僖。玄僖伏玩之际，乃知太常为一代伟人者，非独间气所钟。元遗山先生于其作字时，以七言古诗美之，大有期待，而果如其言。盖太常生有异质，实能成于问学故也。"[1] 宋序所谓"白太常"，即白恪（字敬甫），曾任太常礼仪院金事。由宋诗序知白恪号竹梧。又宋禧《赋白氏瓶中梅》诗序云："太原白子芳都事，居其父无为太守丧时，常折梅一枝，树新陶器中，其华既落，而布叶结实，蔚然有生意。当世诸名公以诗文美之，既成巨轴矣。其子应章乃索予诗，辞不获，为成五十六字。"[2] 则白子芳系白恪孙辈，不知是否即"宗谱图"所列之贞、采、暹、辟、楸、枢、桂七人者之一，子芳是其字。

---

① 杨镰主编《全元诗》第 53 册，第 430 页。
② 杨镰主编《全元诗》第 53 册，第 431 页。

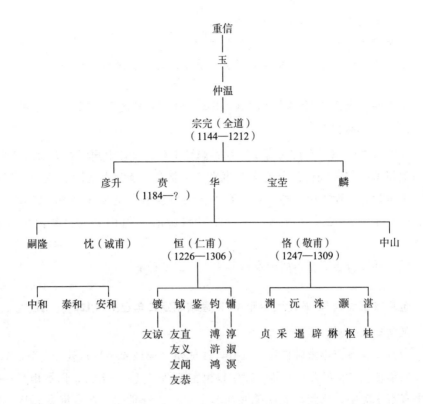

金哀宗正大三年/蒙古太祖二十一年/宋理宗宝庆二年丙戌（1226）　一岁

生于汴京。王博文《天籁集序》："甫七岁，遭壬辰之难。"壬辰为金哀宗天兴元年（1232），上推七年，为金正大三年。

父华（字文举）任枢密院经历。（《金史》卷一一四本传）

元好问为镇平令，时年三十七。[《金史》卷一二六本传，施国祁《元遗山诗集笺注·年谱》（以下简称"施《年谱》"）]

王博文四岁。王恽《秋涧集》卷六四《御史中丞王公谏文》："大元至元二十五年岁在戊子秋八月十有一日，前礼部尚书、御史中丞东鲁王公薨于维扬之客舍"，"以公寿言，六十六秩"。知王博文生于金宣宗元光二年癸未（1223）。

史天泽二十五岁。（《元朝名臣事略》卷七《丞相史忠武王天泽》）

杨果三十岁。（《元朝名臣事略》卷一〇《参政杨文献公果》）

金哀宗正大四年/蒙古太祖二十二年/宋理宗宝庆三年丁亥（1227）　二岁

随父母居开封。

元好问为内乡令。（施《年谱》）

胡祗遹生。（《元史》卷一七〇本传）

王恽生。（《秋涧集》附录王公孺《太原郡公王公神道碑铭》）

金哀宗正大五年/蒙古拖雷监国/宋理宗绍定元年戊子（1228）　三岁

随父母居开封。

文举曾往归德（今河南商丘）视察修城工役，又往卫州（今河南卫辉市）经画卫州帅府与武仙恒山公府合并事宜。《金史·哀宗本纪》："正大五年八月，增筑归德行枢密院，拟工役数百万，诏遣权枢密院判官白华喻以农夫劳苦，减其工三之二。以节制不一，并卫州帅府于恒山公府，命白华往经画之。"

元好问以母丧罢官，居内乡白鹿原。（施《年谱》）

金哀宗正大六年/蒙古太宗元年/宋理宗绍定二年己丑（1229）　四岁

随父母居开封。

二月，文举权枢密院判官；五月，往邠州（今陕西彬州）处理军务。《金史·白华传》："（正大）六年，以华权枢密院判官。……五月，以丞相赛不行尚书省事于关中，蒲阿率完颜陈和尚忠孝军一千驻邠州，且令审观北势。如是两月，上谓白华曰：'汝往邠州六日可往复否？'华自量日可驰三百，应之曰'可'。……华如期而还。"

金哀宗正大七年/蒙古太宗二年/宋理宗绍定三年庚寅（1230）　五岁

随父母居开封。

五月，真授文举枢密院判官。《金史·白华传》："正大七年五月，华真授枢密判官。上遣近侍局副使七斤传旨云：'朕用汝为院官，非责汝将兵对垒，第欲汝立军中纲纪、发遣文移、和睦将帅、究察非违，至于军伍之阅习、器仗之修整，皆汝所职。其悉力国家，以称朕意。'"

是年秋，蒙古太宗窝阔台率兵入陕西，攻凤翔。（《元史·太宗本纪》）

金哀宗正大八年/蒙古太宗三年/宋理宗绍定四年辛卯（1231）　六岁

随父母居开封。

是年正月，文举至阌乡谕行省完颜合达、移剌蒲阿进兵救凤翔；五月，赴楚州（今江苏淮安）视察军务。《金史·哀宗本纪》："正大八年春正月，大元兵围凤翔府。遣枢密院判官白华、右司郎中夹谷八里门谕閦乡行省进兵，合达、蒲阿以未见机会，不行。复遣白华谕合达、蒲阿将兵出关以解凤翔之围，又不行。"（参见《金史·白华传》）

八月，元好问自南阳县令迁尚书省掾。（凌廷堪《元遗山先生年谱》）

金哀宗天兴元年/蒙古太宗四年/宋理宗绍定五年壬辰（1232）　七岁

蒙古自是年正月围攻开封，四月暂退，至秋复来，岁暮，攻势益急。十二月二十五日，哀宗自开封出奔河北，转赴归德。（《金史·哀宗本纪》）

四月十六日，枢密院并入尚书省，文举罢枢判；十二月初，复起为右司郎中；岁暮，从哀宗出奔。仁甫仍随母居开封。《金史·白华传》："（正大）九年，京城被攻，四月兵退，改元天兴。是月十六日，并枢密院归尚书省，以宰相兼院官，左右司首领官兼经历官，惟平章白撒、副枢合喜、院判白华、权院判完颜忽鲁剌退罢。忽鲁剌有口辩，上爱幸之。朝议罪忽鲁剌，而书生辈妒华得君，先尝以语撼之，用是而罢。"《金史·哀宗本纪》："（天兴元年）十二月丙子朔，以事势危急，遣近侍即白华问计，华对以纪季以酅入齐之义，遂以为右司郎中。"刘祁《归潜志》卷一一《录大梁事》："（正大九年）十二月，朝议以食尽无策，末帝（即哀宗）亲出东征。丞相塞不、平章白撒、右丞完颜斡出、工部尚书权参知政事李蹊、枢密院判官白华、近侍局副使李大节、左右司郎中完颜进德、张衮、总帅徒单百家、蒲察官奴、高显、刘奕皆从。"

元好问是年六月任左司都事（郝经《遗山先生墓志铭》、《金史》本传及《遗山集》卷三七《南冠录引》）、东曹掾、吏部主事（《遗山集》卷二七《赠镇南军节度使良佐碑》），冬为东曹掾知杂权都司（《赵闲闲真赞》），蒙古围城时，适在病中（《围城病中文举相过》）。

金哀宗天兴二年/蒙古太宗五年/宋理宗绍定六年癸巳（1233）　八岁

正月二十六日，开封守将崔立叛变，以城降元。二十九日，崔立拘随驾官吏家属于尚书省，又禁民间嫁娶，搜刮城中金银。① 《金史·哀宗本纪》："天兴二年正月甲戌（二十九日），（崔）立阅随驾官属军民子女于省署，及禁民间嫁娶，括京城财。"又《崔立传》："立托以军前索随驾官吏家

---

① 崔立叛降时间，《金史·哀宗本纪》、《崔立传》及《元史·太宗本纪》俱云正月。《金史·白华传》独云三月，或有误。

属，聚之省中，人自阅之，日乱数人，犹若不足。又禁城中嫁娶，有以一女之故，杀数人者。……又括在城金银，搜索薰灌，讯掠惨酷，百苦备至。郧国夫人及内侍高祐、京民李民望之属，皆死杖下。温屯卫尉亲属八人，不任楚毒，皆自尽。白撒夫人、右丞李蹊妻子，皆被掠死。"文举不仅随驾，且为要员，家属自然在被拘之列，仁甫失母，当亦在此时。王博文《天籁集序》："幼经丧乱，仓皇失母。"

元好问留汴京为左司都事，转行尚书省左司员外郎（《金史》本传），四月出京（《癸巳岁四月二十三日寄中书耶律公书》《癸巳四月二十九日出京》），五月北渡（《癸巳五月三日北渡》）。仁甫失母，与姊随元好问北上。《天籁集序》："明年（癸巳）春，京城变，遗山遂挈以北渡。"白朴【水调歌头】（韩非死孤愤）序云："予儿时在遗山家，阿姊尝教诵先叔《放言》古，今忽白首，感念之余，赋此词云。"元好问《放言》五古，见《遗山先生文集》卷二。

是年正月，文举奉哀宗命自归德往息州（今河南息县）送虎符，是月三十日，哀宗又遣文举往邓州（今河南邓州市）招兵，遂留邓。四月三十日，邓州节度使移剌瑗降宋，文举从之。宋署文举为制干，改任均州（今湖北丹江口市）提督。自此居宋三年余，至太宗八年始得北归。《金史·完颜娄室传》："完颜娄室三人，皆内族也，时以其名同，故各以长幼别之。……天兴二年正月，河朔军溃，哀宗走归德。中娄室为北面总帅，小娄室左翼元帅，收溃卒及将军夹谷九十奔蔡州。蔡帅乌古论栲栳知其跋扈，不纳，遂走息州，息帅石抹九住纳之。时白华以上命送虎符于九住为息州行帅府事。"又《哀宗本纪》："天兴二年正月乙亥（三十日），遣右宣徽提点近侍局事移剌粘古如徐州，相地形，察仓库虚实；白华如邓州召兵。……四月甲辰（三十日），邓州节度使移剌瑗以其城叛，与白华俱亡入宋。"《白华传》：天兴二年，"上在归德……适朝廷将召邓兵入援，粘古因与华谋同之邓，且拉其二子以往，上觉之，独命华行，而粘古改之徐州。华既至邓，以事久不济，淹留于馆，遂若无意于世者。会瑗以邓入宋，华亦从至襄阳，宋署为制干，又改均州提督，后范用吉杀均之长吏送款于北朝，遂因而北归"。《宋史·理宗本纪》："端平三年（即蒙古太宗八年）三月，襄阳北军主将王旻、李伯渊焚城郭仓库，相继降北。"

金哀宗天兴三年/蒙古太宗六年/宋理宗端平元年甲午（1234）　九岁
是年文举在宋。

三月，仁甫随元好问羁管聊城。(施《年谱》)

是年正月初十日，宋军与蒙古会师入蔡州，哀宗自缢，金亡。(《金史·哀宗本纪》《元史·太宗本纪》《宋史·理宗本纪》)

蒙古太宗七年/宋理宗端平二年乙未（1235）　十岁

文举仍在宋。

是年春仁甫在聊城，七月随元好问移济南。(《遗山集》卷三四《济南行记》)

蒙古太宗八年/宋理宗端平三年丙申（1236）　十一岁

是年夏，仁甫随元好问居冠氏（今山东冠县）。(《遗山集》卷三四《东游略记》、《中州集》韩玉传)

三月，襄阳、均州等地北军叛宋降蒙古，文举遂得北归。

蒙古太宗九年/宋理宗嘉熙元年丁酉（1237）　十二岁

仁甫与相别五年（1232—1237）的父亲重聚。

李俊民有《白文举、王百一索句送行》诗。按王鹗（字百一）在天兴三年陷蔡州时，入蒙古万户张柔军幕。(《元史》卷一六〇本传)李俊民当金末猝变，居乡间不出。(《元朝名臣事略》卷八)王文才《白朴年谱》认为三人相见，当是白华同王鹗北上，道经河南至山西晋城，与李相遇。诗有"伤心城郭来家鹤，过眼秋光赴蛰蛇。弹铗歌中成老境，班荆话后各天涯"语，是金亡后之情境。元好问《遗山集》卷八《镇州与文举、百一饮》诗云："翁仲遗墟草棘秋，苍龙双阙记神州。只知终老归唐土，忽漫相看是楚囚。"从诗内容看，当是金亡后元、白初见之时。"只知终老归唐土"，谓白华降宋；"忽漫相看是楚囚"，谓现在投诚蒙古。元好问是年八月自大名还太原（施《年谱》)，诗写在秋季，王文才《白朴年谱》认为与李诗写在同一年。则仁甫当也在是年与父重逢。王博文《天籁集序》云："数年，寓斋北归，以诗谢遗山云：'顾我真成丧家狗，赖君曾护落巢儿。'居无何，父子卜筑于滹阳（河北真定)。"文举有【满庭芳】《示刘子新》词："光禄池台，将军楼阁，十年一梦中间。短衣匹马，重见镇州山。内翰当年醉墨，纱笼在、高阁依然。今何夕，灯前儿女，飘荡喜生还。　　衣冠初北渡，几人能得，对酒常闲。算唯君日日，陶写余欢。得陇且休望蜀，南山卧、白额黄班。茅檐底，男儿未老，勋业后来看。"(《永乐大典》卷一三三四四示字韵引《元寓斋》）词作于"衣冠初北渡"，儿女重逢之际。

蒙古太宗十一年/宋理宗嘉熙三年己亥（1239）　十四岁

郑骞《白仁甫年谱》："此后约十年中，仁甫随父在真定家居读书，中间曾否他往，无可考。"

蒙古乃马真后称制二年/宋理宗淳祐三年癸卯（1243）　十八岁

是年，元好问往来秀容、燕京间，并曾至赵州（施《年谱》），可能曾至真定。

蒙古定宗元年/宋理宗淳祐六年丙午（1246）　二十一岁

十二月，弟白恪生。（袁桷《同金太常礼仪院事白公神道碑铭》）按文举原配已失，续娶罗氏当在真定。

蒙古定宗二年/宋理宗淳祐七年丁未（1247）　二十二岁

仁甫约是年成婚。

《遗山集》卷三九《与枢判白兄书》："自乙巳岁往河南举先夫人旅殡，首尾阅十月之久，几落贼手者屡矣。狼狈北来，复以葬事往东平。连三年不宁居，坐是不得奉起居之问。吾兄亦便一字不相及，何也？……但近得仲庸书，报铁山已娶妇，吾兄饮啖如平时，差用为慰耳。"铁山为仁甫乳名，乙巳为乃马真后称制四年（1245），由此下推三年，在本年。

蒙古定宗三年/宋理宗淳祐八年戊申（1248）　二十三岁

是年春，张德辉偕元好问北谒潜邸，推忽必烈为儒教大宗师。（《蒙兀儿史记》卷八五《张德辉传》）

是年夏，张德辉向忽必烈举荐白华等人，未录用。苏天爵《元朝名臣事略》卷一〇《宣慰张公德辉》："上（忽必烈）在王邸，岁丁未，遣使来召。……戊申，公释奠，致胙于王。……其年夏，公得告将还，因荐白文举、郑显之、赵元德、李进之、高鸣、李槃、李涛数人。"

蒙古海迷失后称制二年/宋理宗淳祐十年庚戌（1250）　二十五岁

是年春仁甫离开京师，作【满江红】《庚戌春别燕城》词。

蒙古宪宗元年/宋理宗淳祐十一年辛亥（1251）　二十六岁

是年秋冬，元好问在真定，其间曾往顺天，十二月为仁甫之祖撰《善人白公墓表》。（《遗山集》卷二四）墓表云："岁辛亥冬十有二月，河曲白某持雁门李某所撰先大夫行事之状，请于某。"

蒙古宪宗二年/宋理宗淳祐十二年壬子（1252）　二十七岁

是年冬仁甫往顺天，拜谒张柔妻毛氏，为赋【秋色横空】《咏梅》与【垂杨】（关山杜宇）二词。【秋色横空】词序云："顺天张侯毛氏，以早梅命题索赋，时壬子冬。"【垂杨】词序："壬子冬，薄游顺天，张侯毛氏之兄正卿，邀予往拜夫人。既而留饮，撰词一《咏梅》，以【玉耳坠金环】歌之；一《送春》，以【垂杨】歌之。词成，惠以罗绮四端。夫人大名路人，能道古今，雅好客。自言幼时，有老尼，年几八十，尝教以旧曲【垂杨】，音调至今了然。事与东坡《补洞仙歌》词相类。中统建元，寿春榷场中得南方词编，有《垂杨》三首，其一乃向所传者，然后知夫人真承平家世之旧也。"

张柔妻毛氏与元好问继室为同族，但辈分长。《遗山集》卷四〇《毛氏家训后跋语》云："某向在汴梁，妇翁提举以宗盟之故与君通谱牒，相好善已数十年矣。……己酉冬，某自燕还幕府，馆客勤甚。公夫人，予姨也。获观世德名氏，敢以芜辞继于王内翰之后。十一月二十六日侄婿河东元某敛衽书。"张柔妻毛氏为元好问姨辈，故白朴以"太母"称之。毛正卿，名居节，大名人，张柔妻毛氏同族。毛氏兄弟名居谦、居政、居仁（《遗山集》卷二八《潞州录事毛君墓表》），可知毛居节正卿与毛氏之关系。毛正卿曾协助张柔营建顺天府。《遗山集》卷三三《顺天府营建记》："适衣冠北渡，得大名毛居节正卿，知其材干强敏，足任倚办，署为幕府计议官，兼领众役。"白朴与毛氏及正卿相识当由元好问引荐。

是年七月元好问入都，十月在真定，后与张德辉往东平。（《元史》卷一六三《张德辉传》）

蒙古宪宗四年/宋理宗宝祐二年甲寅（1254）　二十九岁

白朴有【凤凰台上忆吹箫】词，胡世厚《白朴六词系年》（《文学论丛》第3辑）考证作于是年，赠张柔。是。词云："箫鼓秋风，旌旗落日，使君威震雄边。羡指麾貔虎，斗印腰悬。尽道多多益办，仗玉节，亳邑新迁。江淮地，三军耀武，万灶屯田。　　戎轩。几回□□，□画戟门庭，珠履宝筵。惯雅歌堂上，起舞樽前。况是称觞令节，望醉乡，有酒如川。明年看，平吴事了，图像凌烟。"

按《元史·张柔传》："辛亥，宪宗即位，换授金虎符，仍军民万户。甲寅，移镇亳州。"又《张弘略传》："弘略字仲杰，柔第八子也。有谋略，通经史，善骑射。尝从柔镇杞徙亳。"又《宪宗本纪》：四年甲寅，"张柔移镇亳州。……张柔以连岁勤兵，两淮艰于粮运，奏据亳之利。诏柔率山前八军，城而戍之"。《元朝名臣事略》卷六《万户张忠武王柔》："大河自汴已失堤障，南放分流为三，杞为中潬，南接涡、涣，东连淮、海，浩瀚无际。宋人恃舟楫之利，驻亳、泗，犯汴、洛，以窥河南。大帅察罕以公威名素为敌人所畏，奏公总诸军镇杞。公乃相地形以杀水势，筑为连城，分成战士，结浮梁以通往来，远斥候以防冲突。津要既固，奸谋坐折，濒河居民始得耕稼矣。久之，移镇亳社。亳去杞又五百里，四面皆黄流，非舟楫莫能至。公至之日，葺民居，建府第，城壁悉甃以甓，又为桥梁，以通归德，人民坌集，商旅舟车往来，如承平时。宋人睨视莫敢犯。"与仁甫词"仗玉节，亳邑新迁，江淮地，三军耀武，万灶屯田"句相合。

是年四月，元好问曾至真定（施《年谱》），以事往燕。冬，应严忠济召，往东平。（凌廷堪《元遗山先生年谱》）

蒙古宪宗七年/宋理宗宝祐五年丁巳（1257）　三十二岁

是年元好问作《示白诚甫》诗。（李光廷《广元遗山年谱》）

九月，元好问卒于获鹿，享年六十八。（施《年谱》）

蒙古世祖中统元年/宋理宗景定元年庚申（1260）　三十五岁

是年仁甫可能曾至寿春（今安徽寿县）。

其【垂杨】词序云："中统建元，寿春榷场中得南方词编，有《垂杨》三首，其一乃向所传者。"郑骞《白仁甫年谱》认为此句还有另一种解读："为商人购得之，至北方售与仁甫。""详其文法语意"，以此说为"恰当"。

是年七月，史天泽以河南路宣抚使兼江淮诸翼军马经略使。（《元史·世祖本纪》《史天泽传》）

蒙古世祖中统二年/宋理宗景定二年辛酉（1261）　三十六岁

仁甫辞史天泽之荐。

王博文《天籁集序》："中统初，开府史公将以所业力荐之于朝，再三逊谢，栖迟衡门，视荣利蔑如也。"《元史·世祖本纪》：中统二年四月，"命宣抚司官劝农桑，抑游惰，礼高年，问民疾苦。举文学才识可以从政，及茂才异等，列名上闻，以听擢用"。五月，史天泽拜中书右丞相，河南军民并听节制。(《元史·世祖本纪》《史天泽传》)

王文才、胡世厚《白朴年谱》均认为仁甫是年已离家南游，依据是白朴【念奴娇】《壬戌秋泊汉江鸳鸯滩寄赠》词有"又今年孤负中秋明月"句，壬戌为下一年。又万历《六安州志》卷六、雍正《六安州志》卷一六："中统初，开府史公等屡荐不屈，遂渡江而避。"

蒙古世祖中统三年/宋理宗景定三年壬戌（1262）　三十七岁

是年秋，泊舟汉水之鸳鸯滩，赋【念奴娇】《壬戌秋泊汉江鸳鸯滩寄赠》词。

《元史·史枢传》："乙卯（1255），败宋舟师于汉水之鸳鸯滩。"又史天泽侄史权中统二年（1261）以屯田万户兼江汉大都督。(《元史·世祖本纪》)《秋涧集》卷一六《哀大都督史公》诗注云："名权，中统初授江淮大都督。"诗有"威摄荆蛮尽父风，士乐死怀羊傅爱"句。白朴南游汉水，投奔的应是史权。鸳鸯滩在襄阳府光化县（今湖北老河口市）南二十里汉江中。(正德《光化县志》卷一"山川类")

蒙古世祖至元三年/宋度宗咸淳二年丙寅（1266）　四十一岁

重九日，赋【石州慢】《丙寅九日期杨翔卿不至，书怀，用少陵诗语》词。

王文才《白朴年谱》据词内容认为是年仁甫曾游汴京。胡世厚《白朴年谱》从之。郑《白仁甫年谱》谓其时仁甫在真定家居，依据是"明年在真定家居，既有确证"。按词的内容是怀古之作，"梦中鸡犬新丰，眼底姑苏麋鹿"云云，乃用典故，不必为游汴京而作。况是"用少陵诗语"，更不必亲历。又仁甫中统三年至汉江鸳鸯滩，北归必经河南，追记所见所思，亦在情理之中。杨翔卿其人俟考。

蒙古世祖至元四年/宋度宗咸淳三年丁卯（1267）　四十二岁

在真定家居。八月，代真定路总管作【春从天上来】《至元四年恭遇圣节，真定总府请作寿词》，为忽必烈祝寿。

忽必烈生于蒙古太祖十年乙亥（1215）八月乙卯（二十八日），是年五十三岁。(《元史·世祖本纪》)据《元史·贾文备传》，该年贾文备任真定路总管兼府尹。贾辅、贾文备父子为张柔部下，仁甫当是应贾文备之请为忽必烈作寿词。

白朴【水龙吟】《送史总帅镇西川，时方混一》："壮怀千载风云，玉龙无计三冬卧。天教唤起，峥嵘才器，人称王佐。豹略深藏，虎符荣佩，君恩重荷。看旌旗动色，军容一变，鹏翼展、先声播。　我望金陵王气，尽消磨、区区江左。楼船万橹，瞿塘东瞰，徒横铁锁。八阵名成，七擒功就，南夷胆破。待他年画像，麒麟阁上，为将军贺。"胡世厚《白朴六词系年》、徐凌云《天籁集编年校注》（以下简称"徐注"）均考证该词作于是年，赠史天泽侄史枢。是。按《元史·史枢传》："至元四年，宋兵围开、达诸州，以枢为左壁总帅，佩虎符，凡河南、山东、怀孟、平阳、太原、京兆、延安等军悉统之，宋兵闻之，解去。"又《世祖本纪》："至元四年春正月甲午，陕西行省以开州新得复失，请益兵，敕平阳、延安等处签民兵三千人，山东、河南、怀孟、潼川调兵七千人益之。……十一月甲辰，立夔府路总帅府，戍开州。"开州、达州皆在四川。四川宋时曾称西川路。雍正《四川通志》卷二："宋乾德三年平蜀，置西川路。"又《读史方舆纪要》卷六六《四川·瞿塘关》：宋景定五年（1264），守将徐宗武于白帝城下岩穴设拦江锁七条，立二铁柱，企图阻挡蒙古舟师顺江东下。故白朴词有"楼船万橹，瞿塘东瞰，徒横铁锁"语。《秋涧集》卷一三《十一月十三日宿滩宁梦总帅史子明见教》诗云："何时挥老泪，墓额拜征西。"又《秋涧集》卷七五【感皇恩】（叠嶂际清江）词序有"史公总帅子明"语。子明是史枢字，证实史枢曾任"征西"总帅。

蒙古世祖至元六年/宋度宗咸淳五年己巳（1269）　四十四岁

正月，世祖命史天泽与枢密副使忽剌出师视襄阳。二月，签民兵二万赴襄阳。（《元史·世祖本纪》）

是年仁甫往怀州（古称覃怀，今河南沁阳市），与杨果、奥敦周卿赋【木兰花慢】《覃怀北赏梅，同参政西庵杨丈和奥敦周卿府判韵》。杨果（1197—1271），字正卿，号西庵，祁州蒲阴（今河北安国）人，《元史》卷一六三有传，是年正月十四日奉命出任怀孟路总管。（《元史·世祖本纪》）胡祗遹《送参政西庵公总管覃怀》诗有"沁园春早东风软"语，王恽《饯参政杨公出镇覃怀》诗有"人间桃李几春风""洛阳三月春如画"句。是年卒。（《元朝名臣事略》卷一〇《参政杨文献公果》）《遗山集》卷九有《寄杨弟正卿》诗，遗山与西庵以兄弟相呼，故仁甫称"杨丈"。奥敦周卿，女真人。名希鲁，以字行，号竹庵，晚号沧江，淄川（今山东淄博市）人。《元史》卷一五一有小传。是年为怀孟路判官。

【木兰花慢】《复用前韵，代友人宋子冶赋》，徐注认为也作于是年，在怀州。宋子冶其人俟考。

元世祖至元八年/宋度宗咸淳七年辛未（1271）　四十六岁

是年十一月，蒙古始建国号大元。（《元史·世祖本纪》）

元世祖至元十年/宋度宗咸淳九年癸酉（1273）　四十八岁

二月，宋将吕文焕以襄阳降元。（《元史·世祖本纪》《宋史·度宗本纪》）

王鹗卒，年八十四。

元世祖至元十一年/宋度宗咸淳十年甲戌（1274）　四十九岁

夏秋间，元世祖遣史天泽、伯颜率师大举侵宋。自襄阳南下，转趋鄂州（今属湖北），水陆并进。（《元史·世祖本纪》《伯颜传》《史天泽传》）

七月，宋度宗崩，恭帝（瀛国公）即位，太后称制。（《宋史·度宗本纪》）

郑《白仁甫年谱》认为仁甫是年可能随元军南下至襄阳。证据是白朴【西江月】《九江送刘牧之同知之杭》作于至元十三年，词有"置酒昔登岘首，题诗今对匡庐"句。岘首，即岘山，在襄阳城南不远。嘉庆重修《大清一统志》卷三四六《襄阳府·形势》引晋习凿齿《襄阳记》："檀溪带其西，岘山亘其南。"又《山川·岘山》："在襄阳县南九里，一名岘首山。"说明仁甫在至元十三年前曾至襄阳，且置酒游览。襄阳在至元十年二月吕文焕降元前一直为宋军把守，仁甫至岘山只能是十一年史天泽、伯颜率军南下之时。

按【西江月】《九江送刘牧之同知之杭》作于至元十五年（1278），非至元十三年。（详后文）虽然如此，郑先生的推测仍有极大启发，因为至元十三年白朴在九江，十四年在岳阳，十五年又返九江（详后文），并没有至襄阳的迹象。另外，白朴有【水龙吟】《九月四日为江州总管杨文卿寿》词，按《元史·伯颜传》："至元十一年，大举伐宋。……（十月）甲子，次沙洋。乙丑，命断事官杨仁风招之，不应。……（十二月）已未，师次鄂州，遣吕文焕、杨仁风等谕之。"又《元史·阿剌罕传》：至元十一年十月"取鄂州，阿剌罕同断事官杨仁风东略寿昌，得米四十万斛，遂统左翼军顺流东下，沿江州郡悉降，乃抚辑其人民"。杨仁风字文卿，仁甫既与文卿相识，而文卿正是伯颜北军部伍中的断事官。又《元史·贾文备传》：至元十一年，贾文备"从阿术先渡江，大军继之，遂取鄂、汉。以功赐白金，加昭毅大将军，守鄂州"。按贾文备至元二年任真定路总管，至元四年请白朴代作祝忽必烈生诞词。(【春从天上来】《至元四年恭遇圣节，真定总府请作寿词》)贾文备又是张柔部下，白朴与张家关系亲密。这可作为仁甫本年随北军自襄阳南下经岘山的两个旁证。

元世祖至元十二年/宋恭帝德祐元年乙亥 (1275) 五十岁

史天泽途中得疾北归，二月七日卒于真定，年七十四。

是年伯颜、阿术、阿里海牙三军会于鄂州，阿里海牙驻守鄂州，向南攻略巴陵、岳州、潭州，伯颜、阿术率大军继续沿江东下。(《元史·伯颜传》《阿术传》《阿里海牙传》)史格原属阿术部下，因在渡江夺鄂州中失利，遂留下从属阿里海牙，并在攻潭州中受伤，于至元十三年克潭州后留戍。(《元史·史格传》)

是年正月，江州守将吕师夔降元，伯颜以师夔为江州守。

元世祖至元十三年/宋恭帝德祐二年丙子 (1276) 五十一岁

二月，伯颜率军入临安，三月，执宋恭帝及太后北去。五月，宋益王昰即位于福州，改元景炎，是为端宗。(《元史·世祖本纪》《宋史·瀛国公本纪》)

是年仁甫在九江始识吕师夔。其【满江红】词序云："吕道山左丞觐回，过金陵别业。至元丙子，予识道山于九江，今十年矣。"道山，师夔号。[1]

是年冬，在九江作【木兰花慢】《丙子冬寄隆兴吕道山左丞》词。按《元史·世祖本纪六》："至元十三年秋七月……以江东江西大都督知江州吕师夔、淮东淮西左副都元帅陈岩并参知政事。"立江西行省于隆兴在至元十四年。《元史·地理志五》载"龙兴路"(即隆兴路)："至元十四年，改元帅府为江西道宣慰司、本路为总管府，立行中书省。"又《世祖本纪六》："至元十四年秋七月置行中书省于江西。"又《蒙兀儿史记》卷九五《李恒传》："至元十四年秋，江西始立行中书省，就拜(恒)参知政事。"隆兴在至元十二年降元，《元史·世祖本纪五》："至元十二年十一月己卯，宋都带等军次隆兴府，宋江西转运使、知府刘槃以城降。"设官守应在至元十三

---

① 杨瑀：《山居新语》卷四，第233页。

年，而置实际官署在明年。

吕师夔与白朴，一为南人，一为北人；一系武将，一则文士。他们二人何以有密切交往，且白朴定居建康后仍与之往来。徐凌云先生对此表示"实在搞不清"，是个"谜"。我们认为真相正在于白朴身在蒙古军中，且他所投靠的人是元军中极有分量的人物。《元史·伯颜传》："至元十二年正月丙戌，伯颜至江州，即以师夔为江州守。师夔设宴庾公楼，选宋宗室女二人，盛饰以献，伯颜怒曰：'吾奉圣天子明命，兴仁义之师，问罪于宋，岂以女色移吾志乎？'斥遣之。"吕师夔作为投诚的宋将，自然想竭力拉拢元军中的高级将领以取得信任，而这些高级将领因对宋降将或存有戒心，往往不易接近，这样就需要从他们身边的亲近人物入手，以采用迂回手段。这或是吕师夔竭力与白朴打交道的真正用意与目的所在。再者，白朴父亲白华由邓州降宋，至襄阳，后被任为均州提督，自金哀宗天兴二年（1233）四月末至宋理宗端平三年（1236）三月，近三年。宋均州隶属襄阳府，吕师夔的父叔吕文德、文焕兄弟在宋时先后守襄阳，二吕与白华即便谈不上深厚交情，也必然相识。也正是有这一层面的缘故，吕师夔打感情牌，借着上一辈的"交情"，极力与白朴靠近，再以他为桥梁取信于蒙古主子。白朴这边，多少怀着对自己父亲"旧友"的尊崇，对其后代心生好感。且从白朴至元十四年游岳阳来看，他并没有随蒙古大军沿江东下，而留在鄂湘赣一带。结识吕师夔这样的高级将领，也可以解决生活需求的问题①。

元世祖至元十四年/宋端宗景炎二年丁丑（1277）　五十二岁

是年春，仁甫至岳阳，冬季离开，在彼留滞一年，作词四首：【水龙吟】《登岳阳楼，感郑生龙女事，谱大曲〈薄媚〉》、【绿头鸭】《洞庭怀古》、【满江红】《题吕仙祠飞吟亭壁，用冯经历韵》、【满江红】《用前韵，留别巴陵诸公，时至元十四年冬》。【水龙吟】登岳阳楼词有"洞庭春水如天"语，知春季已至岳阳。

仁甫何以在岳阳逗留一年之久，学界多无解释。我们认为，仁甫自九江至岳阳之行，很可能是为投奔史格而去。岳阳在至元十二年为阿里海牙攻下。《元史·阿里海牙传》："至元十有二年春三月，（阿里海牙）与（宋）安抚高世杰兵遇巴陵。……世杰败走，追降之于桃花滩，遂下岳州。"史格至元十二年从阿里海牙攻潭州，十三年春拔，因受伤，遂留戍。《史格传》（附《史天泽传》）："俾从平章阿里海牙攻潭州……遂以军民安抚留戍。"又《世祖本纪六》："至元十三年春正月丁卯朔，克潭州。"仁甫至元十三年始识吕师夔于九江，同年七月吕走任隆兴；十四年春仁甫西行岳阳，然史格于前一年五月已从阿里海牙南下攻广西静江，仁甫可能至岳阳方才得知史格已离开潭州的消息，故只得逗留岳阳，于本年冬离开。《元史·世祖本纪六》：至元十三年五月，"命阿里海牙出征广西"，秋七月，"诏谕广西路静江府等大小州城官吏使降"。《阿里海牙传》：至元十三年十一月，"遂逼静江"。《史格传》："入觐，加定远大将军，赐以天泽所服玉带，从攻静江。"

弟敬甫授江南行御史台掾史（袁桷《同金太常礼仪院事白公神道碑铭》），时行台治扬州（《元史·世祖本纪》）。

元世祖至元十五年/宋帝昺祥兴元年戊寅（1278）　五十三岁

四月，宋端宗殂，卫王昺即位。五月，改元祥兴。

叶德均《白朴年谱》、郑骞《白仁甫年谱》均认为是年仁甫至扬州，依据是【木兰花慢】《灯夕到维扬》词，以及【满江红】（行遍江南）词有"要烟花三月到扬州，逢人说"句。徐注认为仁甫至元十四年冬离开岳阳，十五年春至九江，且确认以下六首词写于本年，在九江。是。六词分别为：

（1）【西江月】《九江送刘牧之同知之杭》。按《元史·世祖本纪六》："至元十四年十一月庚子（十五日），命中书省檄谕中外，江南既平，宋宜曰亡宋，行在宜曰杭州。"是知南宋都城临安恢复杭州旧名在至元十四年十一月之后，而白朴至元十四年冬方离开岳阳，至九江应在至元十五年春。魏初《青崖集》卷二《出溢浦寄刘牧之》诗云："九江一月又吴东，千里青山半日风。昨晚看潮亭子上，一尊白酒与君同。"据《庐山记》："江州有青盆山，故其城曰溢城，浦曰溢浦。"可证牧之确曾在九江。刘牧之其人事迹不详，应也是南下之北人，除与白朴、魏初相识外，与侯克中、张之翰亦有交往。侯氏有《宿酒成疾寄刘金事》《寄刘签事牧之、郭运副邦彦二首》《寄刘牧之、霍清甫二廉访》《他日刘牧之回持李鹏举书并所和诗见寄，复用前韵答之》四诗。张氏有【沁园春】《送刘牧之同知归江南》词。

（2）【水龙吟】《九月四日为江州总管杨文卿寿》词亦可作为仁甫该年在九江的证据。按《元史·地理志五》：江州在至元十四年升江州路，这样才会设总管府，而至元十四年白朴在湖南岳阳，冬季才返九江。故认定该词作于至元十五年九月。杨文卿，名仁风，潞州人（王恽《中堂事记》），与王恽、姚燧均有交往。王有《简寄杨治中文卿》诗，姚《金同知沁南军节度使杨公传》乃为文卿父作。据《元史·伯颜传》：至元十一年大举伐宋，十月甲子，次沙洋；乙丑，命断事官杨仁风招之，不应；十二月己未，"师次鄂州，遣吕文焕、杨仁风等谕之"。又《阿剌罕传》：至元十一年十月，"取鄂州，阿剌罕同断事官杨仁风东略寿昌，得米四十万斛，遂统左翼军顺流东下，沿江州郡悉降，乃抚辑其人民"。知杨文卿曾任元军断事官。

（3）【水调歌头】《至元戊寅为江西吕道山参政寿》。《元史·世祖本纪七》："至元十五年秋七月丙申，以右丞塔出、左丞吕师夔、参知政事贾居贞行中书省事于赣州，福建、江西、广东皆隶焉。"

（4）【玉漏迟】《段伯坚同予留滞九江，其归也，别侍儿睡香，予亦有感》词可作为仁甫本年春季在九江的旁证。词有"睡香花正吐"句，"睡香"乃早春开放之花。

（5）【西江月】《李元让赴广东帅幕》。《元史·世祖本纪六》："至元十四年春正月癸巳，行都元帅府军次广东，知循州刘兴以城降。"又《世祖本纪七》：至元十五年秋七月，"以江西参知政事李恒为都元帅，将蒙古、汉军征广"。又《李恒传》："至元十五年，益王殂，其枢密张世杰、陆秀夫等复立卫王昺，守广东诸郡，诏以恒为蒙古汉军都元帅经略之。恒进兵取英德府、清远县，败其制置凌震、运使王道夫，遂入广州，世杰等移屯崖山。"徐注认为李元让此行可能是赴李恒帅府为幕僚（二人皆山东籍）。陶宗仪《书史会要补遗》："李处巽，字元让，东平人，至元间，能小篆。"又陆友仁《研北杂志》卷下："刘时中言：李处巽元让乃高舜举之甥，舜举得篆法于党世杰，以授杨武子。武子以授元让，其来盖有自也。"李元让善书，故仁甫赠词有"陈琳檄草右军书"语。李元让与赵孟頫、姚燧亦有交往，赵《松雪斋文集》卷四有《送李元让赴行台治书侍御史》诗，姚《牧庵集》卷三六【烛影摇红】词序云："新斋肃政李元让座间，任氏妇歌海棠开后之语，非专为海棠设，故别赋二首，录呈太初宣相、时中。"至元二十七年任南台治书侍御史。（《至正金陵新志》卷六下《官守志二》）

（6）【贺新郎】（喜气轩眉宇）。词有"浪花溢浦，老我三年江湖客"句，据上引《庐山记》，溢浦在九江，知该词作于九江。又【朝中措】（东华门外软红尘）词亦有"三年浪走"句。仁甫至元十三年在九江结识吕师夔，至本年正是三年之久。词又有"□卢郎，风流年少，玉堂平步。……别后江头虹贯日，想君还东观图书府"句，李修生、胡世厚二位先生认为"卢郎"指卢挚。是。然又谓其时卢挚"赴任江东道提刑按察副使，途经九江"。（李修生《卢疏斋集辑存·卢挚年谱》、胡世厚《白朴年谱》）误。按王炎午《吾汶稿》卷一《上参政姚牧庵》："至元初年，翰林学士疏斋卢公巡行江南，谕有司求野史。此时南国初归，讳言节义，而翰林公归往匆匆，势必遗逸。"又姚燧《牧庵集》卷三《读史管见序》："宋社既墟，诏令湖南宪使卢挚以内翰籍江南诸郡在官四库精善书板，舟致京师，付兴文署。"可知至元年间卢挚以翰林身份"巡行江南"，搜集图书。姚文所谓"湖南宪使"，是用卢挚后来的官称。王、姚所记与白朴词"玉堂""想君还东观图书府"语相合①。

元世祖至元十六年/宋帝昺祥兴二年己卯（1279）　五十四岁

二月，元兵攻取厓山，南宋亡。

郑骞《白仁甫年谱》谓是年仁甫"踪迹当不出江浙一带"，依据是"去年到扬州，明年卜居建康"。按，去年（至元十五年）仁甫在九江。

徐注认为是年仁甫由江西北返真定，准备举家南迁，途经扬州，沿京杭大运河北上的可能性最大，故认定【木兰花慢】《灯夕到维扬》是该年元夕白朴北返真定取道扬州时作。弟白恪时任江南行御史台掾史，在扬州。

徐注认为是年仁甫曾至大都。依据是白朴【风流子】词序云："丁亥秋，复得仲常书，有'楚星燕月，千里相望，何时会合，以副旧游'之语，就谱此曲以寄之。"词有"十年无定"句。仲常，即王仲常，名思廉，真定获鹿人，幼拜元好问为师。丁亥为至元二十四年（1287），上推十年为至元十五年，但至元十五年白朴在九江，十六年始由江西北返真定，途经扬州，沿京杭运河至大都，丁亥年所作之【风流子】所谓"十年无定"，盖举成数。又据【木兰花慢】《为乐府宋生赋，宋字寿香，燕城好事者为渠写真，手撚荼蘼一枝》词"留得一枝春在"句，及题目提及"荼蘼"，可知白朴至大都时已暮春②。按：元夕在扬州，暮春至大都，在时间逻辑上没有问题。据《元史·王思廉传》，思廉自至元十年（1273）授符宝局掌书后，至成宗大德三年（1299）一直任京官，故仁甫至元十六年至大都时，得与相聚。

又【水龙吟】《幺前三字用仄者，见田不伐〈哕呕集〉，〈水龙吟〉二首皆如此。田妙于音，盖仄无疑，或用平字，恐不甚协。云和署乐工宋奴伯妇王氏，以洞箫合曲，宛然有承平之意，乞词于予，故作以赠。会好事者为王氏写真，末章及之》，徐注也认定为本年重游大都时作，词有"邂逅京都儿女"语。

---

① 参见周清澍《卢挚生平及诗文系年再检讨》，《中华文史论丛》2014 年第 4 期。

② 元好问《酴醾》："拟借浓阴作罗幕，玉缨多处卧残春。"又王恽【木兰花慢】《赋酴醾》："开较晚，尽春融。"唐圭璋编《全金元词》下册，第 664 页。

　　郑骞《白仁甫年谱》认为《天籁集》"全集绝无重返故乡作品。据此可知，自本年（1280）至大德丙午（大德十年，1306），将近三十年中，仁甫踪迹似始终在江浙一带，未回北方"。失之细察。且揆以常情，白朴决定卜居金陵，必然要返乡接取家属，因为在此之前，他一直处于漫游的生存状态，且极有可能在南下攻宋的蒙古军中，不大可能携带家眷。其【朝中措】词云："三年浪走，有心遁世，无地栖身。何日团圞儿女，小窗灯火相亲。"即为旁证。

元世祖至元十七年庚辰（1280）　五十五岁

　　是年携家眷卜居建康，赋词多首。

　　【夺锦标】词序云："庚辰卜居建康。"【水调歌头】《初至金陵，诸公会饮，因用〈北州集·咸阳怀古〉韵》、【水调歌头】《咸阳怀古，复用前韵》、【水调歌头】《诸公赓前韵，复自和数章，戏呈施雪谷景悦》、【水调歌头】《感南唐故宫，就檃括后主词》及【水调歌头】（朝花几时谢）五词，牌调、用韵相同，故徐注认为皆作于初至金陵之时。据《初至金陵，诸公会饮，因用〈北州集·咸阳怀古〉韵》"赋朝云，歌夜月，醉春风"句，知仁甫是年春已抵达金陵。

　　又【满江红】《重阳后二日王彦文并利用、秦山甫相过小饮》，胡世厚《白朴六词系年》考证作于是年，白朴迁居建康后。题中的"利用"，叶德均《白朴年谱》考证为王利用，《元史》卷一七〇有传。王彦文生平事迹俟考。秦山甫为秦长卿从子，官至建康府判官。《元史·秦长卿传》："是时尚书省立，阿合马专政，长卿上书曰：'……观其禁绝异议，杜塞忠言，其情似秦赵高；私蓄逾公家赀，觊觎非望，其事似汉董卓……'（阿合马）由是大恨长卿。除兴和宣德同知铁冶事，竟诬以折阅课额数万缗，逮长卿下吏，籍其家产偿官，又使狱吏杀之。……长卿从子山甫为建康府判官，闻长卿冤状，即日弃官去，累荐不起以卒。"《阿合马传》："时阿合马在位日久，益肆贪横，援引奸党郝祯、耿仁，骤升同列，阴谋交通，专事蒙蔽。……有宿卫士秦长卿者，慨然上书发其奸，竟为阿合马所害，毙于狱。"又《世祖本纪》："至元十七年六月，阿合马请立大宗正府。……秋七月戊午，从阿合马言，以参知政事郝祯、耿仁并为中书左丞。"至元十九年三月，"益都千户王著，以阿合马蠹国害民，与高和尚合谋杀之"。从以上所引材料看，秦山甫与白朴"重阳后二日"在建康"小饮"，只有两个时段：一是至元十七年，一是至元十八年，因至元十九年三月阿合马即被杀。秦长卿被害在十七年秋七月戊午后，则山甫得知消息当在"重阳后二日"以后，"即日弃官去"，不然也不会有心情觅友小饮。故定该词作于至元十七年九月十一日。

元世祖至元十八年辛巳（1281）　五十六岁

敬甫是年授江东建康道提刑按察司经历。（袁桷《同金太常礼仪院事白公神道碑铭》）该任时，卢挚有《与白敬夫经历》书，举荐其舅。书云："某记事顿首再拜某吾友执事：自车从如浙，久不接音问，可胜向仰。少意有沈其姓，而鉴名者，占籍余杭。其人解事有干局，素慎行检，不肖所娶吴氏之尊舅也。鉴知不肖与执事有葭莩之亲，欲得鄙言为先，容获趋承执事，寅缘威望，少得一小小名色，以为户门计。不肖因知吾友职在宪幕，不可以区区衷曲相浼。所谓执事之权，吾友其无游目余刃之地术也。切祷切祷，不宣。"（《中州启札》卷四）白敬甫之妻卢氏，为卢挚之妹，故云"有葭莩之亲"。

元世祖至元二十二年乙酉（1285）　六十岁

是年在金陵与吕师夔相聚，作【沁园春】《吕道山左丞觐回，过金陵别业，至元丙子，予识道山于九江，今十年矣》。至元丙子为至元十三年，下推十年为该年。

徐注认为【沁园春】《送按察司合道公赴浙东任》作于是年。依据是白朴另有【木兰花慢】《戊子秋送合道监司赴任秦中》，两词中的合道当是同一人。戊子为至元二十五年。【木兰花慢】词有"倦区区游宦，便回棹谢山阴"句，盖由浙东迁调秦中。又据《元史·选举三·铨法中》："（凡迁官之法：）内任以三十月为满，外任以三岁为满。"故推定合道赴浙东按察司在是年，白朴赋【沁园春】词送别。

元世祖至元二十三年丙戌（1286）　六十一岁

四月，作【水调歌头】，序云："丙戌夏四月八日，夜梦有人以'三元秘秋水'五言谓予，请三元之义，曰：'上中下也。'恍惚玩味，可作《水调歌头》首句，恨秘字之义未详。后从相国史公欢游如平生，俾赋乐章，因道此句，但不知秘字何义？公曰：'秘即封也。'甫一韵而窭，后三日成之，以识其异。"

又有【水调歌头】《予既赋前篇，一日举似京口郭义山，义山曰：此词固佳，但详梦中所得之句，元者应谓水府，今止咏甲子及〈秋水篇〉事，恐未尽也，因请再赋》。郭义山，《至顺镇江志》卷一八有传："郭景星，字元德。镇江人。宋咸淳五年以乡试待补贡太学生，归附初，翰林王构、编修李谦使江南选佳士，郡守以为荐，以亲老辞不行。后大司农燕公楠、提刑赵文昌到，荐于省，授淮海书院山长，调湖州路长兴州儒学教授。秩满，改教乡校，以从仕郎、台州路黄岩州判官致仕。……卒年七十九。自号义山。有《寓意斋文集》及集前哲嘉语若干卷藏于家。"

又有【满江红】《同郑都事复用前韵退讫所租学田》。"复用前韵"，指用同调《重阳后二日王彦文并利用、秦山甫相过小饮》韵。徐注谓该词最迟不能超过是年秋天（词有"满庭秋草"句）。按《元史·世祖本纪十一》：至元二十三年二月，"江南诸路学田昔皆隶官，诏复给本学，以便教养"。又《刑法二·学规》："诸赡学田土，学官职吏或卖熟为荒，减额收租，或受财纵令豪右占佃，陷没兼并及巧名冒支者，提调官究之。"郑都事，胡世厚《白朴交游考》认为可能即郑元。元字长卿，吴郡人，与郑元祐同宗。其事迹见郑元祐《遂昌杂录》及《寄郑长卿》诗，但未提及郑元曾任都事，尚存疑。

又【水调歌头】《冬至同行台王子勉中丞、韩君美侍御、霍清夫治书登周处读书台，过古鹿苑寺》，徐注定于本年，时在金陵。是。

张之翰【沁园春】词序云："不肖掾内台，时西溪王公为侍御史，遵晦韩兄为监察御史，恕斋霍兄为前台掾。……至元甲申（二十一年）春，不肖以南台里行求去，退居高沙。又二年（至元二十三年）冬十月，迫以北归，由维扬至金陵，别行台诸公。适西溪、柳溪拜中丞，遵晦擢侍御，颐轩、恕斋授治书。"又《至正金陵新志》卷六下《官守志·御史中丞》有王博文，注云："至元二十三年上。"又同卷"侍御史"条载韩彦文（字君美），注云："至元二十三年上。"可知王博文等在至元二十三年调任江南诸道行御史台，因初至，故有兴致游览。又据王恽《秋涧集》卷一九《梦王尚书子勉，时罢中丞，在扬州》自注："丁亥八月二日。"丁亥为至元二十四年。丁亥八月王博文已罢中丞，知仁甫【水调歌头】《冬至同行台王子勉中丞、韩君美侍御、霍清夫治书登周处读书台，过古鹿苑寺》词只能作于至元二十三年冬至，而不能是二十四年冬至，亦知霍清夫任南台治书侍御史也在至元二十三年①。

---

① 《至正金陵新志》卷六下《官守志·治书侍御史》栏有霍肃（字清甫），注云："至元二十四年上"。误。

王博文（1223—1288），字子勉，号西溪。东鲁人，徙彰德（今河南安阳）。曾从元好问受学，与王恽、胡祗遹等交往深厚。王恽【感皇恩】词序云："至元十七年八月八日为通议西溪兄寿。三十年前，西溪授馆苏门赵侯南衙，予始相识。时初夏，桐阴满庭，故有南衙清昼之句。"又《御史中丞王公谏文》云："大元至元二十五年岁在戊子秋八月十有一日，前礼部尚书、御史中丞东鲁王公薨于维扬之客舍，友生王恽谨遣子某致奠，以不腆之文谏焉。"又有《中丞王公祭文》《路祭中丞王兄永诀文》。胡氏《祭中丞子勉文》云："我年十七，君冠而婚。君来自东，识我先人。命我以兄，事君如神。……四海知君，莫如我真。群贤爱君，莫如我亲。"此外，卢挚《西溪赞序》云："西溪公，名博文，字子勉。宏裕有蕴，中朝号称厚德。其言论风旨、学殖文采，士论归焉。尝五居监司、七至侍从，扬历余卅年。顷由礼部尚书、大名总管为御史中丞，行台江南云。"

韩彦文，字君美，号遵海。祖籍郫城，出生大都。与王恽、魏初、张之翰等交往甚密。王恽【木兰花慢】词序："宪台诸公九日登高韩墅远风台，侍御继先首唱乐府，诸公赓和，以纪雅集之盛。予时移病在告，既而君美御史以严韵见征，勉为续貂。"又《秋涧集》卷三七《韩氏遵海堂后记》："燕今为大都会，世家巨族，飘轻裾，荫华穰，非不侈而盛也。及论夫居室，善而内有则者，韩氏为足称。长即总管通甫，次即君美判府。予御史里行，在燕者凡三年，用是交好甚款，知为人甚详，修身齐家、读书、治生、礼宾客、应外务，一以忠信孝弟为主。"魏初《青崖集》卷五有《遵海堂铭并序》。

霍肃，字清甫，号恕斋。祖籍唐山，徙居裕州。与胡祗遹、侯克中、刘敏中、张之翰等均有交往。胡有《送霍金事序》《霍金事世德碑铭》文，侯有《寄刘牧之、霍清甫二廉访》诗，刘有《霍清甫提刑同登登州蓬莱阁》《霍清甫留宿上都宣徽后亭》诗。

是年吕文焕请老还乡，仁甫赋【沁园春】《十二月十四日为平章吕公寿》词。《元史·世祖本纪十一》：至元二十三年春正月，"吕文焕以江淮行省右丞告老，许之，任其子为宣慰使"。从"平章事，便急流勇退，黄阁难留"句看，该词应作于吕文焕告老不久。

元世祖至元二十四年丁亥（1287）　六十二岁

王博文为《天籁集》作序，末署云："至元丁亥春二月上休日，正议大夫、行御史台中丞、西溪老人王博文子勉序。"

王博文此时任江南行御史台中丞，治所在建康。《元史·百官志》："至元十四年，始置江南行御史台于扬州，寻徙杭州，又徙江州。二十三年迁于建康。"是年八月，王博文罢江南行台中丞。王恽《梦王尚书子勉，时罢中丞，在扬州》诗自注："丁亥八月二日。"

秋，得友人王思廉（字仲常）书，赋【风流子】《丁亥秋，复得仲常书，有"楚星燕月，千里相望，何时会合，以副旧游"之语，就谱此曲以寄之》。

弟白恪改任浙西提刑按察司经历，迁平江。袁桷《同金太常礼仪院事白公神道碑铭》："至元二十四年，改浙西提刑按察司经历，迁平江，丁母罗夫人忧。以夫人丧于吴，将终老焉。"

徐注、胡世厚《白朴交游考补》谓是年仁甫或由其弟结识陈深。陈深有【沁园春】《次白兰谷韵》、【水龙吟】《寿白兰谷》词两首，从《寿白兰谷》"此翁疑是香山，老来愈觉才情富"句看，二人似交谊匪浅。郑元祐为陈深之子陈植撰墓志云："始予东入吴，识其尊人宁极先生。……予与先生有维私之契，而先生长予廿余年。"（《慎独陈君墓志铭》）陈深别号宁极。假若陈深长郑元祐二十五岁，则陈深生年在至元五年（1268）。《慎独陈君墓志铭》载陈植"至正壬寅辜月五日卒，享年七十"。知陈植生卒年为1293—1362年，则陈深二十六岁得子，亦合乎常情。《元诗选初集》陈深小传："郑元祐志其子叔方墓，称与子微（陈深字子微）为僚婿，而子微长三十余年。"检核郑氏原文，知《元诗选》陈深传实误。又康熙《吴县志》卷四九《人物志·陈深》："天历间，以能书荐，潜匿不出。年逾八十，学益超卓，自名其斋曰清全。卒年八十有五。"则卒年在至正十二年（1352）。陶宗仪《书史会要补遗》："陈深字子微，号宁极，吴中人，学古不群，为名流所尚，草书步骤急就。"清邵远平《元史类编》卷三六："陈深字子微，号清全，世居平江。宋亡，即谢去举业，沉潜问学，著《读易编》、《读诗编》及《读春秋编》十二卷，原本左胡，采摭群说。与人高谭遗经，亹亹不倦，为一时耆宿。天历间，圭章阁臣以能书荐，匿不出。所著诗文名《宁极斋稿》。"白朴年长陈深四十余岁，且深为南人，又不仕新朝，本无与仁甫结识之机缘。按白朴【西江月】《李元让赴广东帅幕》盛赞李元让书法，喻为"陈琳檄草右军书"，而陈深以书法见称，二人相识的契机或在此。

元世祖至元二十五年戊子（1288）　六十三岁

秋，作【木兰花慢】《戊子秋送合道监司赴任秦中兼简程介甫按察》。

合道事迹不详。程介甫,名思廉,《元史》卷一六三有传。《国朝文类》卷
六九载王思廉《河东廉访使程公神道碑》:"公始知读书,从枢判白公学,
故文笔议论,皆有师法。"白朴在真定时应已结识程介甫,二人交情或非一
般。介甫是年任陕西汉中道提刑按察使,合道铨调秦中,与之同衙为官,
故送合道"兼简程介甫"。

八月十一日,挚友王博文卒于维扬,享年六十六。(《秋涧集》卷六四
《御史中丞王公诔文》)

元世祖至元二十六年己丑（1289）　六十四岁

是年曾至扬州,送胡祗遹、王恽分别赴任浙右、闽中,【木兰花慢】词
序云:"己丑送胡绍开、王仲谋两按察赴浙右、闽中任。时浙宪置司于平
江,故有向吴亭之句。"词有"相逢广陵陌上,恨一樽,不尽故人情"语。
《元史·世祖本纪十二》:至元二十六年五月,"行御史台复徙于扬州,浙西
提刑按察司徙苏州"。

叶德均《白朴年谱》引柳贯《柳待制文集》卷一五《婺源州重建晦庵
书院记》:"至元二十六年江东按察副使卢公挚行部次县,恶焉愧之,方议
经始书院。"认为白朴【水龙吟】《送张大经御史,就用公九日韵,兼简卢
处道副使使宁国,置按察司时》(自注:"卢号疏斋")词,"虽不能确证为
何年作,当距(至元)二十六年不远也"。按张之翰【水龙吟】《张大经寓
第牡丹》云:"旧时来往燕都,为花常向花前醉。……曾见君家,后园深
处,满栽姚魏。"张大经或为大都人,喜植牡丹。刘因《张大经画赞》云:
"眉之扬然,若将远游;目之凝然,若有深忧。其清雄俊逸者,在骨之奇,
果决通达也,如霣之虹。有欲验夫襟怀志趣之高,与其文章政事之美者,
于兹焉而求之。"刘因还有【西江月】《送张大经》词。此外,赵孟頫有
【水调歌头】《和张大经赋盆荷》词,刘敏中有【水龙吟】《同张大经御史
赋牡丹》词。

元世祖至元二十八年辛卯（1291）　六十六岁

二月三日,与李景安游杭州,赋【永遇乐】《至元辛卯春二月三日同李
景安提举游杭州西湖》。

《至顺镇江志》卷一八:"李浩,字景安,金坛人。至元二十三年寻访
行艺高尚之士,郡以浩应选,授承务郎、江东道儒学提举。再调承直郎、
湖广儒学提举。"李景安与张之翰亦有交往,张有《西冈李存畊泪弟景安访

余山中以诗为别》。

元世祖至元二十九年壬辰（1292）　六十七岁

郑骞《白仁甫年谱》考证敬甫是年或授福建宣慰司经历。

袁桷《白公神道碑铭》："至元十八年，授从仕郎、江东建康道提刑按察司经历。改荆湖占城等处行省都事。时荆湖省臣某，括财恣威福，君度不可与共事，辞不拜。后果受诛。二十四年，改浙西提刑按察司经历，迁平江。……会诏举不附权臣自晦者，有以君辞荆湖事荐于上，除福建宣慰司经历。……三十一年，丞相太傅公为湖广平章，君时为都事。俾陈枢密院及本省利便，侍丞相入觐，有旨允其奏，复升员外郎。"按《元史·世祖本纪》：至元二十八年五月甲辰，"要束木以桑哥妻党为湖广行省平章。至是，坐不法者数十事，诏械致湖广省诛之。……辛亥，诏以桑哥罪恶系狱按问，诛其党要束木、八吉等。……秋七月丁巳，桑哥伏诛"。知《白公神道碑铭》所谓"时荆湖省臣某"，即要束木。敬甫任福建宣慰司经历应在至元二十八年五月要束木被诛之后，三十一年调湖广行省都事、员外郎之前。故系本年或明年。侯克中《艮斋诗集》卷五《白敬甫经历有闽中之行》诗云："里巷亲情未易疏，岂期岁晚别中吴。"克中真定人，与敬甫同乡，故有"里巷亲情"语。敬甫赴闽中，自苏州出发，故有"别中吴"句，知其时克中在苏州。

元世祖至元三十年癸巳（1293）　六十八岁

仁甫长子是年应举及第。《白氏宗谱》："仁甫公长子，讳镀，字景宣，行三。……至元癸巳应举茂才异等，擢用，累官至宣授嘉议大夫、江西道肃政廉访司副使。"

秦山甫卒。（《新元史·秦长卿传》）

胡祗遹卒，享年六十七。（《元史·胡祗遹传》）

元世祖至元三十一年甲午（1294）　六十九岁

敬甫任湖广行省都事、员外郎。（袁桷《白公神道碑铭》）

正月，元世祖崩。四月，成宗即位。（《元史·世祖本纪》）

元成宗大德二年戊戌（1298）　七十三岁

敬甫任湖广行省理问官。（袁桷《白公神道碑铭》）

元成宗大德四年庚子（1300）　七十五岁

敬甫调江西行省理问、翰林院待制、同金太常礼仪院事。（袁桷《白公神道碑铭》）程钜夫《雪楼集》卷二七有《送白敬父赴江西理问》诗。

元成宗大德五年辛丑（1301）　七十六岁

吕师夔卒，享年七十二。

元成宗大德八年甲辰（1304）　七十九岁

王恽卒，享年七十八。（《元史·王恽传》）

贾文备卒。（《蒙兀儿史记·贾文备传》）

元成宗大德十年丙午（1306）　八十一岁

是年秋，至扬州，赋【水龙吟】《丙午秋到维扬，途中值雨，甚快然》词。此为白朴行迹可考的最后一年，有学者认为其卒年当在本年后不久。（胡世厚《白朴卒年考辨》）

附录二　盛如梓生平及《庶斋老学丛谈》编撰年代述考

——兼论《天净沙·秋思》非马致远作

　　盛如梓和他编撰的《庶斋老学丛谈》（以下简称《丛谈》）最开始为学界所瞩目，是其中节引了耶律楚材关于西域山川、风俗物产等记述的《西游录》，清末李文田依据《丛谈》所引，作《西游录注》（光绪丁酉刊本）。又《丛谈》中引录世传马致远所作元曲名篇《天净沙·秋思》，为元曲研究者所关注。《天净沙》是否为马致远作其实存在很大争议，因此考证盛如梓的年代、生平及《丛谈》编集完成的时间，成为重要的突破口。若盛如梓的年代及编成《丛谈》的时间较马致远早得多，所引散曲作品自然不应是马致远作，反之亦然。此外，盛如梓作为时人记时事，十分重视资料的可靠性，往往注明出处来源，对保存宋元文献、考察宋元史实都极有价值。恰如《四库全书总目提要》所言："各条之下，间注出某人说。盖如梓犹及与元初故老游，故所纪多前人绪论，颇有可采云。"其中引述的宋元人诗文，成为后世文集辑佚的重要来源。如元初李庭《寓庵集》失传亡佚，缪荃孙即据《丛谈》所引《咸阳怀古》诗辑入《藕香零拾》本《寓庵集》。

　　研究历史学、戏曲史的前辈学人虽曾引述讨论盛如梓及《丛谈》，因限于本身的研究对象，并未对盛氏及其书做专门深入的研讨，所论多有可商之处。如朱勤楚先生因袭旧说，认为"盛如梓为由宋入元的南宋遗民"，其生活的时间下限"至迟不会晚于元世祖忽必烈当政的最后年代"[①]。汪楠《盛如梓〈庶斋老学丛谈〉版本及文献价值初探》一文[②]，着重探讨的是《丛谈》的版本和文献价值，因而对盛如梓其人未做充分考证，如所论"至少在至元三十年（1293）前，盛如梓仍然在世"，时间过于宽泛。又刘博学

---

①　朱勤楚：《[天净沙]〈秋思〉作者新探》，《文学遗产》1983 年第 1 期。
②　汪楠：《盛如梓〈庶斋老学丛谈〉版本及文献价值初探》，《古籍整理研究学刊》2013 年第 6 期。

位论文《〈庶斋老学丛谈〉研究》①，是关于盛如梓及《丛谈》的专题研究。或受限于时间，刘文在考证盛如梓生平方面颇多疏漏，如误认方逢振为盛氏《扬州盛庶斋吟稿》所作序为其兄方逢辰作，将王结所赠和韵误以为金末王鹗作，以致所得结论多南辕北辙。

本篇重在考证盛如梓的生卒年、生平仕宦、交游及《丛谈》编撰和最终完成的时间。在此基础上，考察马致远与盛如梓生活年代、活动地域有无重叠交集，以及为《丛谈》所引之"沙漠小词"有无为马致远作之可能，为此桩公案的解决澄清提供依据。

一　盛如梓的籍贯与生年

盛如梓籍贯，清官修《四库全书总目》卷一二二《〈庶斋老学丛谈〉提要》、《续文献通考》卷一七七《经籍考》及清末曾廉《元书》卷二三《艺文志》均记为衢州人。清鲍廷博刻《知不足斋丛书》收录《丛谈》，鲍跋谓盛如梓庶斋"扬州人，曾为衢州教官，见龚璛《存悔斋集》。他未能详也"②。按元龚璛《存悔斋稿》有《送盛庶斋任衢教》诗，中有"淮南木叶纷然堕，大江君挟清秋过"，"书来扬州千里难，乡之贤侯主衣冠"③句（扬州在宋代为淮南东路所在）。又方逢振《山房遗文》有《扬州盛庶斋吟稿序》，明谓"扬州盛庶斋"④。《丛谈》中记载耶律宣慰柳溪（耶律希逸）在扬州之日，令其"草丞相（耶律铸）行状"，又记张孔孙"签汴省，分治扬州"，命盛氏记张孔孙与孙德谦少年时从元好问读书，二人当元氏返乡时求诗之事。这些证据都指明盛如梓系扬州籍，《四库全书总目》、《续文献通考》及《元书》都以讹传讹，记载错误。

盛如梓的生年，无明文记载，只能通过现有材料做一定程度的推考。方逢辰《蛟峰文集》附录其弟方逢振《山房遗文》，中有《扬州盛庶斋吟稿序》，开头用杜甫作《赠卫八处士》诗故典，并引"少壮能几时，鬓发各已苍"语，接着记述自己与盛如梓昔年交游情况："予少从军淮海，时盛君之年妙之又妙，予且未得友之，矧敢小？越二十有五年，以《吟稿》索予于

---

①　刘博：《〈庶斋老学丛谈〉研究》，硕士学位论文，山西师范大学，2017。

②　鲍廷博：《庶斋老学丛谈跋》，《知不足斋丛书》第二十三集。

③　龚璛：《存悔斋稿》，《四库全书》第 1199 册，第 327 页。

④　方逢振：《山房遗文》，《四库全书》第 1187 册，第 583 页。

万山深处，属之叙。"① 方逢振宋景定三年（1262）进士，"从军淮海"当在进士及第之前。按其兄方逢辰宋淳祐十年（1250）进士，次年金书平江军节度判官厅公事②。方逢振所谓"从军淮海"，应指依附其兄在平江军节度任上。自淳祐十一年（1251）"越二十有五年"，时在元世祖至元十三年（1276），与《扬州盛庶斋吟稿序》方逢振自叙"自辛未（1271）放还，抱痼疾卧空山"相合。方逢辰生于宋嘉定十四年（1221），至元十三年五十六岁，方逢振大概仅比逢辰小两三岁③。杜甫作《赠卫八处士》诗时年近半百，是"焉知二十载，重上君子堂"之时，方逢振"越二十有五年"与盛如梓再度相逢，与杜甫年岁、境况几近一致，用典可谓妥帖。方逢振"从军淮海"时约三十岁，时盛如梓"之年妙之又妙"，逢振呼为"小友"，盛如梓生年盖在宋理宗嘉熙四年，即蒙古窝阔台十二年（1240）。

二　入元后依附于南来之北方名宦

盛如梓出身及家世，文献无征，《丛谈》卷中之上记武昌黄鹤楼有"不知为何人作"之【汉宫春】词，作者自注："外舅制溁辛公说。"④ 联系盛如梓少年即受南宋平江军节度金判之弟方逢振瞩目，其祖父或在南宋时及第为官。通考《丛谈》中揭示的内证和元人其他文献，盛如梓入元后主要依附于先后在扬州或江南行台的南来北人达宦，或就是僚佐身份。

《丛谈》卷中之下记云："左丞崔公仲文斌，弘州人。资兼文武，重道崇儒。统兵平湖湘，时潭帅李肯斋，苻城将破，举家自刑，继之以火。忠义大节，天下咸知。公以诗吊云（诗略）。"⑤ 又卷中之下记左丞崔公仲文《题金山》诗。崔斌，字仲文，《元史》卷一七三有传。⑥ 至元十年，"伯颜既渡江，分阿里海牙定湖南，诏斌贰之"，"十月，围潭州，斌攻西北铁坝"。城破，劝诫阿里海牙屠城之不利，"潭人德之，为立生祠"。至元十五

---

① 方逢振：《山房遗文》，《四库全书》第 1187 册，第 583 页。

② 《初补承事郎授平江金判诰》，方中辑《蛟峰外集》卷一，《四库全书》第 1187 册，第592 页。

③ 方回《石峡书院赋序》（《桐江集》卷一）称方逢振为"同年宗兄"，方回 1227 年生，方逢振略长方回数岁。

④ 国图藏两种清抄本"制溁"作"制準"，《文渊阁四库全书》本作"制渠"，疑因形近致误。

⑤ 盛如梓：《庶斋老学丛谈》卷中下，《知不足斋丛书》第二十三集。

⑥ 《丛谈》谓崔斌弘州（今河北阳原县）人，而《元史·崔斌传》作马邑（今属山西朔州）人。元代弘州、马邑均隶大同路。

年，迁江淮行省左丞，"既至，凡前日蠹国渔民不法之政，悉厘正之"。终因阿合马诬构以罪，为所害①。按江淮行省至元十三年初置，治扬州。（《元史·百官志七》）盛如梓得以知悉崔斌破湖南潭州，潭帅李肯斋死节，崔以诗吊之的详情及崔游镇江所作《题金山》诗，当是崔斌至元十五年出任江淮行省左丞，盛氏在其幕府的缘故。

《丛谈》卷中之下载太常徐威卿《赠文山》诗。徐威卿，即徐世隆，威卿其字。金正大四年进士，金亡入东平严氏幕府，中统三年除太常卿，至元十五年拜江北淮东道提刑按察使，十七年召为翰林学士、集贤学士，以疾辞。（《元史》卷一六〇《徐世隆传》）江北淮东道按察司亦治扬州，盛如梓或当徐世隆任职淮东按察使时与之结识，故得以备述徐氏赠文天祥诗。

《丛谈》中多处记述和引用耶律楚材、耶律铸、耶律希逸祖孙三人的事迹、言语及诗作。如卷上云："耶律文献公（耶律履）②、子中书令湛然居士（耶律楚材）、孙丞相双溪（耶律铸）、曾孙宣慰柳溪（耶律希逸）四世，皆有文集，共百卷行于世。""中书令国初时，扈从西征，行五六万里，留西域六七年，有《西游录》述其事，人所罕见，因节略于此。"又卷下记："东坡响簧铁杖，长七尺，重三十两，四十五节，嵇康造。"此条下注："见《耶律双溪文集》。"又卷上引耶律柳溪诗集中"角端呈瑞移御营，扼亢问罪西域平"语。卷中之下还引柳溪《咏剪子》律诗。盛如梓谓"柳溪在扬日，委草丞相行状"。丞相，即耶律希逸之父耶律铸。这些透露出盛如梓与曾在扬州任淮东道宣慰使之耶律希逸的不寻常关系。按《元史》卷一四六《耶律楚材传》附《耶律铸传》，耶律铸有十一子，记录姓名者九人，希逸列九人最后一位，所记官职为淮东宣慰使。据张之翰《西岩集》卷一二【沁园春】词序及《至正金陵新志》卷六《官守志》，耶律希逸至元二十三年任江南行台御史中丞，大概第二年就卸任，铨调淮东宣慰使。③ 王恽《饯中丞羲甫还阙下并序》记"自后，君由维扬移秦中，不肖亦承乏福唐"④。福唐，即福州，王恽至元二十六年任福建闽海道提刑按察使。（《元史》卷一六七《王恽传》）耶律希

---

① 《元史》卷一七三，第4037—4038页。

② 据《国朝文类》卷五七所载宋子贞《中书令耶律公神道碑》，耶律楚材之父耶律履，谥文献。

③ 《至正金陵新志》卷六《官守志》载，至元二十四年有两位新任御史中丞，江南行台御史中丞定员一般为二人。

④ 王恽：《秋涧集》卷二一，《四库全书》第1200册，第260页。

逸（字义甫）在扬州任淮东宣慰使的时间在至元二十四五年①。

《丛谈》卷中之下载录李屏山乐府：

几番冷笑三闾，算来枉向江心堕。和光混俗，随机达变，有何不可？清浊从他，醉醒由己，分明识破。待用时即进，舍时便退，虽无福，亦无祸。　你试回头觑我，怕不待峥嵘则个。功名半纸，风波千丈，图个甚么？云栈扬鞭，海涛摇棹，争如闲坐。但樽中有酒，心头无事，葫芦提过。

李屏山，即李纯甫，字之纯，屏山其号。金承安二年经义进士。《金史》卷一二六本传记李屏山少自负其才，"喜谈兵，慨然有经世心"，"作《矮柏赋》，以诸葛孔明、王景略自期"。"当路者以迂阔见抑，中年，度其道不行，益纵酒自放，无仕进意。得官未成考，旋即归隐。日与禅僧士子游，以文酒为事，啸歌祖裼出礼法外。"晚年更是倾心佛道之学，"探其奥义，自类其文，凡论性理及关佛老二家者号'内稿'"，"为名教所贬"②。《丛谈》所引"几番冷笑三闾"词，寄【水龙吟】调，以"冷笑"屈原投江起兴，表达的是自己"和光混俗，随机达变"、明哲保身的人生选择，显然是中年仕进无望，归隐放歌时期所作，主题、手法及语言风格都与元代散曲一般无二。按李屏山与耶律希逸祖父耶律楚材交笃，二人曾"同为省掾"③，耶律楚材甲午年为李屏山《楞严外解》作序，称后者为"故人"，并谓"余与屏山通家相与，尔汝曾不检羁，其子阿同辈，待余以叔礼"。④ 又为屏山《鸣道集》作序。（《湛然居士集》卷一四）盛如梓得以记述金元之际李屏山所作的"散曲化"乐府词，大概是从耶律希逸处获知。《丛谈》卷中之下还记述金末赵秉文奉使西夏，中途闻夏主殂而返，尚书杨之美作诗以戏之事。杨诗有云："一封书贷扬州牧，半夜碑轰荐福雷。穷达书生略相似，满头风雪却回来。"⑤ 盖也是闻知于耶律希逸。

① 参见刘晓《耶律希逸生平杂考》，纪宗安、汤开建主编《暨南史学》第2辑，暨南大学出版社，2003。
② 《金史》卷一二六，第2734—2735页。
③ 耶律楚材：《湛然居士集》卷一三《屏山居士金刚经别解序》，《四库全书》第1191册，第613页。
④ 耶律楚材：《湛然居士集》卷一三，《四库全书》第1191册，第610页。
⑤ 盛如梓：《庶斋老学丛谈》卷中下，《知不足斋丛书》第二十三集。

　　龚璛《存悔斋稿》有《盛庶斋先生初见于维扬程雪楼学士坐中，再见练溪学官，诗见遗次韵》，作于盛如梓在"练溪学官"，即嘉定州儒学教授任上（详后文），揭示在此之前初见盛庶斋于"维扬程雪楼学士坐中"的重要信息。按《丛谈》卷中之下记云："中丞容斋徐公，人物魁岸，襟度宽洪，文学吏才，笔不停思。"录容斋《题莱州海神庙》诗。继之又云："建台扬州日，确斋苟（苟）公、雪楼程公、校官胡石塘唱和无虚日，亦一时之交会也。"① 容斋徐公，即徐琰，东平人，元初名臣，与李谦、阎复、孟祺被时人称为"四杰"。按《元史》卷一四八《董文用传》，至元二十五年董文用拜御史中丞，推举徐琰、魏初为行台中丞。徐琰赴任江南行台御史中丞则在至元二十六年。（《至正金陵新志》卷六）程雪楼，即程钜夫，至元二十三年以集贤直学士拜侍御史、行御史台事，求贤于江南。四月"至行台视事"②。至二十九年以十老臣身份应诏赴阙，其间虽曾"乘传入朝"，但一直未离开行台之任③。确斋苟公，即苟宗道，字正甫，号确斋。清苑（今属河北保定）人。至元二十六年任行台治书侍御史。（《至正金陵新志》卷六下）胡石塘，即胡长孺，字汲仲，号石塘。婺州永康（今浙江金华）人。至元二十五年朝廷下诏求贤，授集贤修撰，与宰相议不合，改授扬州路教授。（《元史》卷一九〇《胡长孺传》）考《元史·世祖本纪》，至元二十六年五月，行御史台复徙于扬州。又徐琰至元二十八年拜江西行省参知政事④。盛如梓得以列席"维扬程雪楼学士坐中"，并记述"建台扬州日"，徐容斋、苟确斋、程雪楼、胡石塘唱和交会之事，当在至元二十六七年。程钜夫任职江南行台侍御史的重要任务是为新朝搜访遗逸。《元史》卷一七二《程钜夫传》载，钜夫"荐赵孟頫、余恁、万一鹗、张伯淳、胡梦魁、曾晞颜、孔洙、曾冲子、凌时中、包铸等二十余人，帝皆擢置台宪及文学之职"⑤。视盛如梓为忘年友的方逢振也在荐举之列⑥。盛如梓及平江龚璛当也被举荐，或其时二人供职行台吏员。盛如梓能文擅诗，方逢振评其诗稿

① 盛如梓：《庶斋老学丛谈》卷中下，《知不足斋丛书》第二十三集。
② 《至正金陵新志》卷六《官守志》记程钜夫至元二十四年就任江南行台，与《程钜夫年谱》略有出入。
③ 程世京：《程钜夫年谱》，程钜夫：《雪楼集》附录，《四库全书》第1202册，第469页。
④ 拙文《徐琰行实交游考》，刘迎胜主编《元史及民族与边疆研究集刊》第36辑，上海古籍出版社，2018。
⑤ 《元史》卷一七二，第4016页。
⑥ 国图藏《蛟峰先生文集》卷一一附《山房遗文》，十一世孙方世德序云："元至元丙戌（二十三年），雪楼程公荐授淮西江北道按察佥事，辞疾不赴。"

寄吟于"楚山之云，秦淮之水，二十四桥之风月"①，盛氏当也参与了建台扬州期间由南北文人共同进行的诗歌唱和②。按上文所考与盛如梓过从甚密的耶律希逸，至元二十三年任江南行台御史中丞，次年调任淮东宣慰使之职，仍在扬州，徐琰任行台中丞虽不是直接继任耶律氏，但终究为前后任的关系，又同在扬州，二人当相识。盛如梓得以位列时任行台侍御史的"程雪楼学士坐中"，参与由中丞徐琰主持的诗文酬唱，或与耶律希逸的引介有关。

《丛谈》卷中之下引录安西王府咨议李庭《咸阳怀古》诗，评云："语意、格律俱妙，有唐体。"③ 李庭，字显卿，号寓庵，至元七年授京兆路教授，至元十年为安西王府咨议。④ 按至元初徐琰任陕西行省左右司郎中，当其随侍赛典赤用兵四川时，李庭作《送徐子方郎中》《送徐郎中之蜀》（《寓庵集》卷二）诗送行，后一首将徐琰比为急难好义之鲁仲连。王博文至元十九年（1282）作《李公墓碣铭》，记李庭"平生所为文章有《寓庵大全集》若干卷，《诗材群玉山集》三十卷"⑤。李作今无全本流传，当时或以稿本、抄本流传，盛如梓得以获见并记录李庭诗作，或借徐琰之助。

《丛谈》卷中之下载：

> 张寓轩相公少年与孙德谦于东平严侯府从元遗山读书。其归也，命二子送行。及别，求诗，以"东平"二字为韵。孙得诗云："鹊山一带伤心碧，羡杀孙郎马首东。"公得诗云："汝伯年年发如漆，看渠著脚与云平。"孙竟不永年。公之诗，亦不知何人藏去。阅四十年，公签汴省，分治扬州。里人高山甫一日以元诗归之，公喜甚，命余纪其事。或者谓德谦诗有"煞孙郎"语，不祥如此，则诗果有谶乎？⑥

张寓轩，即张孔孙，字梦符，号寓轩。张澄之子。元好问赠张寓轩诗今不

---

① 方逢振：《扬州盛恕（庶）斋吟稿序》，《山房遗文》，《四库全书》第1187册，第583页。
② 按扬州路教官胡长孺与盛如梓友人龚璛为忘年交，见黄溍《龚先生墓志铭》（《金华黄先生文集》卷三三，《续修四库全书》第1323册），"唱和交会"应也有龚璛。
③ 盛如梓：《庶斋老学丛谈》卷中下，《知不足斋丛书》第二十三集。
④ 王博文：《故咨议李公墓碣铭并序》，李庭：《寓庵集》附录，《续修四库全书》第1322册，第351页。
⑤ 王博文：《故咨议李公墓碣铭并序》，李庭：《寓庵集》附录，《续修四库全书》第1322册，第351页。
⑥ 盛如梓：《庶斋老学丛谈》卷中下，《知不足斋丛书》第二十三集。

存，《赠别孙德谦》诗见于《遗山先生文集》卷四，诗云："津桥垂杨雪花白，挽断春衫苦留客。西湖一雨春意浓，绝似铜驼洛阳陌。湖亭轰醉卧春风，到手金杯不放空。鹊山一带伤心碧，羡杀孙郎马首东。"① 狄宝心《元好问诗编年校注》系该诗于蒙哥三年癸丑（1253），可信从②。按《元史》卷一七四《张孔孙传》，孔孙至元二十八年拜河南江北行省佥事。又考《元史·世祖本纪》，至元二十八年十二月，立河南江北行中书省③，治汴梁，割江北州郡隶焉。张孔孙"佥汴省，分治扬州"，因里人高山甫以所得元好问四十年前所作赠诗归之，命盛如梓"纪其事"，应在至元二十九年④。

《丛谈》卷中之下还记张孔孙之父张澄（字之纯，一字仲经，号橘轩）与元好问笃交事，谓其父"与元遗山为斯文骨肉"，元好问为张橘轩改诗。如张云："富贵倘来良有命，才名如此岂长贫。"元改"倘来"为"逼人"，"此"为"子"。又张云："半篙溪水夜来雨，一树早梅何处春。"元认为"既曰一树，乌得为何处？"遂改"一树"为"几点"。又张金亡后作《寄遗山》诗云："万里相逢真是梦，百年垂老更何乡。"元改"里"为"死"，"垂"为"归"。盛如梓评元好问改诗"如光弼临军，旗帜不易，一号令之，而精采百倍"⑤。《丛谈》还转引张橘轩《杂录》关于凤翔古城瓦片上古篆文字的记载。这些应该都得自至元末"佥汴省，分治扬州"的张橘轩之子张孔孙。

三　入品官为儒学教授与州判

《元诗选癸集》甲集谓盛如梓"大德间为嘉定州学教授"⑥，有研究者

---

① 元好问：《遗山集》卷四，《四库全书》第 1191 册，第 50 页。

② 清李光廷《广元遗山年谱》、缪钺《元遗山年谱汇纂》系该诗于窝阔台十三年辛丑（1241）。狄宝心《元好问诗编年校注》认为不确，提出两条比较坚实的理由。其一，据《元史·张孔孙传》，孔孙"大德十一年卒，年七十有五"，则辛丑年张孔孙才九岁。其二，元好问《寒食灵泉宴集序》："出天平北门三十里而近，是为凤山之东麓，有寺曰灵泉。……昭阳荐岁，维莫之春……不期而至者：德谦、梦符。""天平"指东平。"昭阳荐岁"指太岁在癸。癸卯年元好问未至东平，故应在癸丑。

③ 张铉《至正金陵新志》卷一《南台按治三省十道图考》谓至元二十九年立河南行省，大概诏令在至元二十八年十二月颁布，施行则在次年。

④ 自蒙哥三年（1253）至至元二十九年（1292），正是四十年，与《丛谈》记载相符，也证实狄宝心《元好问诗编年校注》系元遗山诗在蒙哥三年癸丑属实。

⑤ 盛如梓：《庶斋老学丛谈》卷中下，《知不足斋丛书》第二十三集。

⑥ 顾嗣立、席世臣编《元诗选癸集》，中华书局，2001，第 65 页。

虽从龚璛《存悔斋稿》中检出《嘉定州道中寄庶斋》诗，但认为"没有任何证据证明他（指盛如梓）作过嘉定州学教授一职"①。按龚璛《盛庶斋先生初见于维扬程雪楼学士坐中，再见练溪学官，诗见遗次韵》云：

> 尘世重逢惊鬓须，世人不满笑谈余。从渠胃脯亦连骑，顾我纬萧宁锻珠。白雪共闻楼上曲，青藜谁照阁中书。淮南桂树相携隐，千首新诗酒百壶。②

龚璛生于宋咸淳二年（1266），较盛如梓小二十余岁，故敬称后者"先生"。练溪，又名澄江，在嘉定（今属上海）境内，范纯《练溪醉叟传》记云："（练）溪贯于邑城中，以达于郡，来自吴淞江。江吞太湖水，以泄于海。溪，江之支流也。四时澄洁如练，故曰练溪，或曰澄江。"③按黄溍《江浙儒学副提举致仕龚先生墓志铭》："东平徐公持浙右宪节，闻龚生名，辟置幕下，寻举教官，历平江之和静、学道两书院山长，以累考合格，当赴吏部铨。""御史周公驰、金廉访司事郑公云翼交荐先生，宜在馆阁，皆不报，用例调宁国府儒学教授，秩满，迁主信之上饶簿，以所生母蒋氏忧，不赴。"④东平徐公，即徐琰，至元二十九年（1292）拜江南浙西道肃政廉访使。周驰至大三年（1310）任江南行台监察御史（《至正金陵新志》卷六），终燕南河北道廉访司佥事。（《书史会要》卷七）据万历《嘉定县志》卷八《官师考上》，盛如梓任嘉定州儒学教授在大德九年（1305），与至大末龚璛宁国府儒学教授秩满，以丁忧归乡平江的时间略合。龚璛早在至元二十六年建台扬州时就与盛如梓结识，嘉定州又隶平江路，龚氏自宁国（今属安徽宣城）受代，返家途中前往谒见在自己家乡任教的长辈友人盛如梓，固在情理之中。龚璛《嘉定州道中寄庶斋》诗云："客梦孤云散，渔翁一帆投。人行江路晚，花绕槿篱秋。有酒谁同醉，还家此暂留。中年发尽白，岂必为离忧。"⑤作者明言是"还家此暂留"，其时龚璛约四十五岁，故谓"中年发尽白"，与上引次韵盛如梓诗"尘世重逢惊鬓须"同义。诗题"嘉定州道中"及末句"为离忧"语，表明是龚璛与盛如梓在嘉定惜别

---

① 刘博：《〈庶斋老学丛谈〉研究》，硕士学位论文，山西师范大学，2017，第12页。
② 龚璛：《存悔斋稿》，《四库全书》第1199册，第324页。
③ 万历《嘉定县志》卷一九《文苑考上》引，明万历刻本。
④ 黄溍：《金华黄先生文集》卷三三，《续修四库全书》第1323册，第425页。
⑤ 龚璛：《存悔斋稿》，《四库全书》第1199册，第324页。

后作。

　　《吴都文粹续集》《元诗选癸集》《练音集补》均载录盛如梓《游集仙宫》诗，这也是盛氏今存唯一一首诗。《吴都文粹续集》卷二八"道观"条引该诗，编者注云："集仙宫在嘉定县治西南隅，宋嘉定十七年高道叶子琬建。"① 诗是盛如梓任嘉定州儒学教授时所作。按《丛谈》卷上记："《禹贡》三江，余于《嘉定集》已尝言之。"嘉庆《甘泉县续志》卷二记盛如梓"官教授日，尝辑其诗文为《嘉定集》，一时文人多投赠之作"②。似盛如梓教授嘉定期间，曾编辑诗文为《嘉定集》，多为友朋间酬送之作。

　　龚璛《存悔斋稿》有《送盛庶斋任衢教》诗。考《元典章·吏部》卷三《教官·诸教官迁转例》："儒学教授：至元十九年八月，定府、州一任准正九，再历路教一任准从八。大德八年，定须年五十以上。"③ 盛如梓大德九年任嘉定州儒学教授时已年过六旬，铨调从八品的衢州路教授应在嘉定州教授之后。《丛谈》中同样留下他供职衢州期间的蛛丝马迹。如卷中之上云："徐偃王事，衢新刊《郡志》，不得其实。按《徐氏世谱》，乃王之三十七世孙元洎公避阳朔之乱，徙居江浙，随处建祖庙，不独灵山，他处亦有。编类不得其人。余已致事归，不及订正矣。"④ 徐偃王是传说中与周穆王同时之人，建国徐州，多行仁义，后为周穆王所败，逃至彭城，又传言逃战至衢州，故后世于衢州建庙祠祀。天启《衢州府志》卷一《舆地志·山川·灵山》载："县南四十里旧名徐山，山下有溪，溪外有徐偃王庙。"⑤ 韩愈曾作《衢州徐偃王庙碑》(《昌黎先生文集》卷二七)。又《丛谈》卷下记："衢学耆宿，言留中斋所生粗获也，其父暮坐于庭，其获过于前，两目灿然如金，光采射人。人问为谁，左右以获对，后生中斋。"⑥ 留中斋，即留梦炎，衢州人，宋淳祐四年状元及第，累官至左丞相，入元拜礼部尚书。盛如梓闻悉"衢学耆宿"所言留梦炎出生之奇闻轶事，应是任教衢州期间。

　　诸本《丛谈》均署"从仕郎、崇明州判官致仕盛如梓撰"，表明崇明州判官（正八品）是盛如梓所任最终官职。按雍正《安东县志》卷二《建置

①　钱谷编《吴都文粹续集》卷二八，《四库全书》第 1385 册，第 721 页。

②　清嘉庆十五年刻本。考《清史稿》卷五八《地理志五·扬州府》，雍正九年析江都置甘泉。

③　《元典章》第 1 册，第 302 页。

④　盛如梓：《庶斋老学丛谈》卷中上，《知不足斋丛书》第二十三集，四库本"元洎"作"元泊"。

⑤　天启《衢州府志》卷一，明天启二年刊本。

⑥　盛如梓：《庶斋老学丛谈》卷下，《知不足斋丛书》第二十三集。

志·祠庙·显节侯祠》载："去治东十里，祀王公义方。元盛如梓、明杨谷各有记。……碑文详《艺文志》内。"① 同书卷一二《艺文志上》载录盛如梓记文，题为《唐显节侯庙碑》，《全元文》未辑得盛如梓文，现移录碑文如下：

道足以匡时，言足以华国，乃臣子声爱君之心，岂为用舍计哉！全是美哉，必归诸忠勇仁义之士。世之污隆，实系乎用其舍。唐侍御史王公义方仕永徽间，纲常日紊，国风既歌，四牡亦废，视人猫为方虎，籍笑刀为石柱，田其阳媚而附有阴也。锡贵无时，朋比纷如，僭贼之罪滋甚，畴敢瑕衅其万一，贷囚妇而通，迫狱丞而殒，柄专天宪，令阃攸禀，罪莫大焉。沧胥底止，民不堪命。公蹇然执其咎，誓除污恶，疏举而廷核之，犯颜触忌，四凶两观之罚未足侔。大母氏复以王陵勉烈，烈斯心义，夫竟以三叱退，公虽稍左，然权奸詟矣。晋阳三百年之基业，赖以延洪者，直言居多，公实胚之，其忠勇有如是者。途人有省亲之急，念彼困惫，解骖为赠，买地复召主，而更益其树植，其仁有如是者。知己者，不乘彼显而婚；托己者，不忍彼亡而负，格天则云浪开，淑人则教化美，其义有如此。名虽不与凌烟瀛洲间，亦奚以异。公涟产也，郡之震隅，距城逾十里瞰淮，曰赤岸，郡人作庙祀公，于是母窆其后，众尊之曰贤母墓。宋崇宁间，锡号显节侯，名诸郡乘，荣莫俦焉，胗蠁昭答。彼憸人稔恶，百世之下，耳其名者，犹唾视与犬彘垺。公乃庙食一方，笃祐无斁，盖负刚方之气，山川草木，英风直节，凛然如生，非特匡其时，华其国而已。垂宪言，贻后世，公足当之。昔参政马绅尝碑之，泐于兵燹。至元戌（戊）子，乡达宣慰稽公慨其颓废，捐资一新，加饬宏壮，实莅于昔，欲碑未果。延祐戌子（午）②，奉政莒城王公来任牧守，政修教兴，百废咸举，儒学学正陈宗彝偕耆艾辈合辞请跋纪事于石，公然之，达鲁花赤阿都赤式符斯议，专遣直学孙仲文以所纪本末来征余文。惟公之名之德，又奚俟碑而显，然匹夫匹妇致身节义，尚旌其门，矧公乎！公之初殁，门人庐墓者种种，矧乡人之于庙乎！今三十载，王公甫成之光昭门

---

① 雍正《安东县志》卷二，清抄稿本。
② 延祐无"戌"纪年，文末署时延祐己未（六年），戊午为五年。又自至元戌子（1288）至延祐戊午（1318），凡三十年，与碑文"今三十载"语合。

绪，诚有待焉。过是庙者，起敬慕，遵其道，味其言，心存而身践，
固为邦人之祀，为邦人之勉者尤至。毋谓涟无人，爰作乐歌，庸赞
时祀。

谔谔厥志，凛凛英风。此首可碎，彼奸勿容。母言在耳，我心所同。
甘自底兮，笾肯国邙。迹屈志伸，位卑望崇。涟不扬波，神之靖共。
遗休克相，咸底岁丰。礼严祀事，孔惠侯封。狷狖守臣，有光乃荣。
载询载谋，以善悦从。俟其来止，子孙吉逢。高山景行，永安于东。
　　　延祐己未七月吉，元从仕郎、崇明州判官盛如梓撰①

碑文署时延祐己未，即延祐六年（1319），盛如梓自署官衔从仕郎、崇明
州判官。按延祐六年，盛如梓已年届八旬。又元安东州隶属淮安路，盛如
梓所任崇明州隶扬州路。盛文谓"达鲁花赤阿都赤式符斯议，专遣直学孙
仲文以所纪本末来征余文"，当是盛如梓崇明州判官致仕居乡扬州时所
作，所署崇明州判官是其历任之最后职务，非撰文之延祐六年尚在崇明州
判任上。

王结《文忠集》卷一有两首写给盛如梓的诗，其一为《作古诗一篇奉
呈庶斋盛翁暨诸士友，继再用原韵，未及录呈，蒙庶斋泊诸友示予和章，
而容川刘君所作，与余再和第二篇梓字韵一联合若符契，乃重次前韵用以
赠刘，仍不改前句以表志同道合之意云》：

庐阜抗灵岳，磅礴奠江涘。岂伊宅列仙，多士亦爰止。士林擢孤秀，
峨峨冠仙里。贻我英琼瑶，藉以双鸳绮。愧此樗栎姿，跂彼乔与梓。埙
篪唱斯和，合宫复谐徵。奇君如莫邪，锋锷几淬砥。椟韫谅已久，赏音
岂无士。老我歌远游，佩茞扈芬芷。方驾遵修途，骈骈勿停轨。②

《元史》卷一七八本传载，王结"仁宗即位，迁集贤直学士，出为顺德路总
管"，"迁扬州，又迁宁国，以从弟绅佥江东廉访司事，辞不赴，改东昌
路"③。史传记载简略，似仁宗延祐初王结未赴任扬州路总管之职。按苏天爵
《滋溪文稿》卷二三《中书左丞知经筵事王公行状》："仁宗登极，公迁集贤直

①　雍正《安东县志》卷一二《艺文志上》，清抄稿本。
②　王结：《文忠集》卷一，《四库全书》第1206册，第206页。
③　《元史》卷一七八，第4144页。

学士，出为顺德路总管"，"再迁扬州，郡当水陆要冲，舟车不绝，公曰：'吾为郡守，务在理民，送往迎来，非所先也。'又迁宁国，以从弟绅金宪江东，辞不赴，遂改东昌郡"①。知延祐初王结辞任的是宁国路总管，扬州路总管实曾赴职。王结（1275—1336）较盛如梓小三十余岁，延祐初年盛如梓年七十余，王结宜称"庶斋盛翁"。王结自怨"送往迎来"，非郡守"所先"，大概在扬州总管任上不甚如意，与致仕居家的盛如梓及江南诸士友多有诗作赠酬②。

《文忠集》卷一又有《复次前韵呈庶斋先生》：

> 伊昔汗漫游，弭节江之涘。娥英阻灵覜，九疑徒仰止。超忽岁云迈，
> 驾言返田里。被我芙蓉裳，含章粲如绮。亭亭南山桐，嶷嶷九山梓。
> 爰伐清庙瑟，朱弦发宫徵。顾惟椎钝质，永言资砺砥。岂无青云彦，
> 眷兹黄发士。赠我荆山玉，报以沅江芷。轶驾谅绝尘，遄驱尚同轨。③

开篇"伊昔汗漫游，弭节江之涘"，是追忆昔日供职扬州之岁月。又云"超忽岁云迈，驾言返田里"，谓时光转瞬，如今自己已"返田里"。显示与前诗非同时作。考王结行迹，有两个时间段闲居故里：一是泰定二年（1325）除浙西廉访使，中途以疾还，岁余拜辽阳行省参知政事；一为天历二年（1329）八月，以论议忤近侍，罢参知政事，命为集贤侍读学士，丁内艰不起，直至元统元年（1333），召拜翰林学士。（苏天爵《王公行状》、《元史·王结传》）天历二年盛如梓年届九十，大概不至于如此高寿。王结泰定二年赴浙西廉访使之任，或至扬州（浙西宪司治杭州），与昔日友好再次相聚，中途因疾而返时，盛如梓以十年前酬诗之韵再作新篇以赠其行（有"赠我荆山玉"语），其时王结年过五旬，盛如梓赠诗当多激励之语，故王次韵有"顾惟椎钝质，永言资砺砥"之句。

---

① 苏天爵：《滋溪文稿》卷二三，《四库全书》第1214册，第273页。
② 王结《广陵程公通甫卜居骑鹤楼之右，扁其斋曰鹤西，持卷求诗于予，乃赋二绝句以塞命，通甫昔掾集贤，予方继入为直学士，相得欢甚，后予假守此邦，君亦得告家居，相见欢若平生，故终篇略及此意也》，其一首联云："风台月观古扬州，骑鹤南来亦漫游。"其二尾联云："秋风鹤背重欢会，一洗尘埃芥蒂胸。"（《文忠集》卷三）证实王结确上任扬州，"一洗尘埃芥蒂胸"，表明在官场上不得意，借友朋之欢消解。程通甫自然是王结和盛庶斋诗题中的"诸士友"之一。
③ 王结：《文忠集》卷一，《四库全书》第1206册，第206页。

四 《庶斋老学丛谈》的编撰与写定时间

《丛谈》存世版本均无作者自序，也没有署时，无法考定编撰的确切时间。按书名既云"老学丛谈"，作者又自署"致仕盛如梓"，应是晚年编定。从《丛谈》显示的内证来看，并非一次性作成，当是随时编记，致仕后结集成书。如卷中之上记云："姚公牧庵近刊《五经文字》于宁国路学。"姚牧庵即姚燧，考其行迹，大德五年授江东宪使，大德八年拜江西行省参知政事，该年十月至龙兴（今江西南昌）。（刘致《牧庵年谱》）江东建康道廉访司置司宁国，姚燧于宁国路学刊行儒家经典，应在大德五年至七年任江东宪使期间。盛如梓记述此事之时间称谓用"近"，应距事件发生的实际时间不甚远。又《丛谈》卷上记元初名臣阿术家族四代功勋云："今河南省丞相吉公，武定王之子，亦已封王。诏书褒美，卓冠古今。王之子集贤学士南谷公以世其家。"① 吉公，即卜怜吉歹，武定王即阿术，谥武定。卜怜吉歹授封河南王在延祐元年（1314），《丛谈》既已记吉公"封王"之事，其编撰完成自然不会早于这个时间。《丛谈》还有一条内证可证实其编成时间不会早于延祐初。卷下记云：

> 章德元嘉（矗），温平阳人。性喜静，文笔立成，讲解精到。时官延之师席，偕诣京师，咸推重之。献《汉图会同赋》，诸公称赏，列荐除翰林编修。莅职将二年，其父寄以诗云："九十衰②翁七十儿，此时那可两分离。客乡已是三年别，人世应无百岁期。春雁北飞频送目，夕阳西下几颦眉。何如及早成归计，莫待山榴开满枝。"即告归侍焉。③

章德元，名矗，德元其字。温州平阳人。明凌迪知编《万姓统谱》卷四九载，章矗大德元年为永嘉县学教谕，因上《风潮赋》，"宪司与帅阃交荐于朝，授翰林国史院编修官"，"延祐己未，自翰林还里"。④ 记章德元辞翰林返故里在延祐六年己未（1319），不确。按现存章矗《集仙宫上真殿记》，自署"延

---

① 盛如梓：《庶斋老学丛谈》卷上，《知不足斋丛书》第二十三集。
② "衰"，原作"翁"，从《元诗选癸集》乙集、《元诗纪事》卷二一改。
③ 盛如梓：《庶斋老学丛谈》卷下，《知不足斋丛书》第二十三集。
④ 凌迪知：《万姓统谱》卷四九，《四库全书》第956册，第763页。

祐四年正月日，翰林国史院编修官东嘉章嚞春谷甫记"①。集仙宫在嘉定（今属上海），表明至迟延祐四年正月章嚞已南行至嘉定。又程钜夫《雪楼集》卷一五《温州路达鲁花赤拜特穆尔德政序》，记拜特穆尔大德十一年就任温州路达鲁花赤，因在位多行惠政，至大三年受代去，民众为立德政碑。程序末云："予虽未之识，而翰林经历张子仁、编修章德元缕缕为予道之，且属予序。"②考程钜夫行迹，至大四年九月拜翰林学士承旨，延祐三年夏以疾得请南还，五年卒。则章嚞入职翰林不会晚于延祐三年春夏之际。再结合《丛谈》记其"莅职将二年"，以亲老告归。章嚞供职翰林盖在延祐元年冬，三年夏与程钜夫一道辞归。或二人自大都南下，沿运河曾在扬州做过短暂停留。程钜夫延祐三年六十八岁，章嚞其时年过七十（其父寄诗有"九十衰翁七十儿"语），盛如梓略长章氏数岁，程、盛二人早在世祖至元末就相识，此次老友重逢，当相得甚欢。盛如梓得以详悉章嚞事迹并记录其父寄诗，应在于这次相会。

五　小结

通过以上的排比考证，可以对盛如梓的行状做个小结。盛如梓，号庶斋，扬州人。生年约在宋理宗嘉熙四年（1240）。他在南宋的情况不详，入元后，以能文先后依从于在扬州和江南行台为高官之北人身边。大德九年始入品官为嘉定州儒学教授，秩满后迁调衢州路教授，以正八品崇明州判官致仕。中山王结泰定二年（1325）赴任浙西廉访使时，行至扬州，还与盛如梓有诗什唱和，其时盛如梓约八十六岁，卒年应在泰定二年后不久。盛如梓宋亡入元，以能诗擅文见称于先后任官扬州之北方名公显宦，多附风雅。方逢振曾为其《吟稿》作序，多所称许，又尝结集任教嘉定期间之诗文为《嘉定集》，此外还编有儒学著述《诸儒史说》，皆亡佚不存。所存除《庶斋老学丛谈》笔记外，仅《全元诗》已辑录之《游集仙宫》诗及本篇新辑《唐显节侯庙碑》文，又嘉庆《西安县志》卷二一《物产》所引佚诗残句："我闻仙人或食飞鱼死，岂能怪尔竟不尝。"③所著以考据见长的笔

---

①　李修生主编《全元文》第 32 册，第 133 页。清钱大昕《潜研堂集·文集》卷二〇《集仙宫访碑记》，记其自丁亥冬归居嘉定县城东之奎英坊，常往游集仙宫寻访古碑，见有《上真殿记》碑刻，"延祐四年正月立，文为章嚞撰，不著书者姓氏"。

②　程钜夫：《雪楼集》卷一五，《四库全书》第 1202 册，第 206 页。

③　嘉庆《西安县志》卷二一，1917 年重刊本。

记《丛谈》，系随闻随记，非一时所作，晚年致仕后编定成集，时间不早于延祐初年。

最后还有一点需再做申论，即《丛谈》卷中之下载录的三阕"沙漠小词"，第一首是世传马致远所作之元曲名篇《天净沙·秋思》，与通行本在个别文字上稍有差异。就目前所知，这首小令在元代有五个版本，其中两个本子是考古发现，一是山西兴县红峪村发现的元至大二年墓室壁画本①，一是河北邯郸出土的磁州窑瓷器本②，皆出自北方，《丛谈》也说是"北方士友传"，作者为北方人应无疑议。唯是否果为马致远作争论较大，因为元代的五个本子都没有署作者名，谓作者为马致远始自明万历时期之蒋一葵《尧山堂外纪》，近代学术大师王国维在《人间词话》中也持此说，后来者遂坐实为马致远。曲家马致远是否即为曾任奉化、吉水知州之广平马称德致远，尚存疑，其中一条重要反证是周德清泰定元年所编《中原音韵》自序谓包括马致远在内之"诸公已矣"，而明初江西吉水人胡广为同邑之陈颜作《静轩陈处士墓志铭》，记"泰定乙丑，州守马称德作新学校"③，则广平马致远泰定二年乙丑（1325）尚任吉水知州。此可不论。唯可论者曲家马致远与盛如梓为同辈人而年岁略小，曾在江浙行省入吏职。至元二十四年任溧阳路总管之元淮化用马致远《汉宫秋》《岳阳楼》名剧成句入诗，表明马致远曲作至迟世祖至元中后期在江南地区已传布甚广。泰定初年周德清编《中原音韵》，已将马致远与关汉卿、郑光祖、白朴并列为元曲四大家，则时至延祐、至治年间，马致远在元曲界已然享有大名。从世祖至元到延祐年间，与盛如梓在以扬州为中心的江浙地区活动与从宦的时间基本重叠，又《丛谈》延祐初尚未编定完成。时人视为"秋思之祖"的名篇【天净沙】，若果为在江南声名大噪的马致远作，盛如梓没有理由不知道而不加记述。

———————————

①　韩炳华、霍宝强：《山西兴县红峪村元至大二年壁画墓》，《文物》2011 年第 2 期。

②　杨栋：《元曲起源考古研究》附录一《考古收藏原始报告》，中国社会科学出版社，2014，第 236 页。

③　胡广：《胡文穆公文集》卷一三，《四库全书存目丛书》集部第 29 册，第 85 页。

附录三　刘时中佚诗佚词辑录

台北"故宫博物院"收藏一册题署"句曲外史诗草"的书法作品，该院于 1987 年编辑出版《兰千山馆法书目录》[①]，将其彩印公布于世，题作《元张雨自书诗草》。张雨所书实为刘时中作品，共计诗作 60 首，其中 1 首重复，另 2 首为杨镰主编《全元诗》已收；另词作 8 首，其中 2 首有残缺。彭万隆教授曾整理发布这批诗词[②]，笔者重新辨识原文，对部分错误之处予以更正，以为学界进一步研讨之用。重复及《全元诗》已收载者不录。原文未标诗题、词牌者，出以"［失诗题］""［失词牌名］"字样。部分诗篇有原注文，或说明字音、字义，或解释诗句所叙内容，为阅读便利，以括号标出，字用楷体。

一　佚诗

1.《闲居杂兴十首》

屋后一亩园，蔓草日已芜。晨兴足凉意，带露手自锄。匪徒薙菅艾，庶得存嘉蔬。园东两稚桑，沃叶半已枯。兹焉一披拂，生意回昭苏。吾生多燕闲，时来此勤渠。

夜来雨新霁，今日天气凉。披衣坐前除，可以延我觞。独酌诚寡欢，意适亦已良。过眼等梦幻，何劳苦奔忙。要非高阳徒，赖尔逃吾狂。

夫何一佳人，黾勉在后谷。凄风薄绤葛，独夜倚修竹。岂不怀广居，乃尔甘窜伏。怡然有余适，进此杯中醁。溪毛荐余芳，园品羞野蔌。乱以商声讴，继以春阳曲。冥鸿当遐征，何乃渐平陆。

离娄伏暗室，双目黯如瞽。及其登太山，秋毫了然睹。慨彼蓬荜士，

---

① 台北"故宫博物院"编辑委员会：《兰千山馆法书目录》，台北"故宫博物院"，1987，第41—44 页。

② 彭万隆：《被遮蔽近七百年的元代刘致诗词》，《古籍研究》第六十七卷。

嗒焉守环堵。才或应时需，默默夫谁语。一朝在廊庙，芳名炳千古。

精卫衔木石，意欲填东海。东海长不竭，木石长可采。此海终不干，此志终不改。

孤鹤时警夜，忽作寥天鸣。志士方感秋，一听千古情。起拊囊中琴，琴声少和平。起舞匣中剑，剑光腾晶英。雄鸡不敢号，东方不敢明。

良玉初在璞，混然隐天质。持至售玉人，剥以衰圭璧。居然廊庙器，坐兴连城敌。至宝不雕琢，徒为楚人泣。

曙光达暗牖，秋声薄疏竹。花绞六尺筵，冷浸一池玉。落月正西倾，流光满华屋。薄衾如泼水，羁怀动幽独。慨然叹浮生，欢笑不满掬。搴衣起徘徊，何得长录录。逸思虞机张，唾手不忍触。

琅琅太古音，众听未易谐。古音乃希声，聊以纾我怀。悠哉山中人，素尚凤所该。白云有遐心，流水初无涯。何当据槁梧，相与吟高斋。

秋夜不成寐，起坐弹鸣琴。调以太古弦，发以正始音。古人不可作，古声犹可寻。须知天地间，正声日惛惛。时或有淳驳，声乃无古今。不然千载下，谁识羲父心。推琴坐达曙，怀古何其深。

2.《荆山》

淮山有佳色，淮水仍清流。山能醒我心，水能方我舟。我志乐山水，得此忘百忧。孤蓬日燕坐，远风集河洲。尘襟一披豁，五月如凉秋。淮山直丛丛，淮水深油油。安得桂树枝，日夕聊淹留。

3.《洛河水驿晚望》

落日下远汀，人影长如树。帆归动江色，百丈回薄暮。宿鸟趋北林，喧噪不知数。云霞裂高岸，烟霞集平墅。客怀每多感，默默叹流寓。蜃气晚未开，氤氲散成雾。

4.《寿春怀古》

群山抱连屏，一水萦半玦。孤城相钩带，合沓类偃月。昔年争战地，杀气殊未歇。至今风雨来，草木带腥血。天昏走磷火，月黑见白骨。豪华今安在，势去随影灭。要知英雄人，不忍坐埋没。我生谈王霸，及此意超忽。恨不在当时，磔裂事征伐。明当放吾舟，悲歌夜深发。

5.《古意次赵集贤子昂韵四首》

凤凰览德辉，志在鸣朝阳。徘徊久未下，怵惕摧我肠。朝阳不可留，急景驰素商。志士苦易感，发短嗟意长。梧桐生蒺藜，默默徒自伤。

旸乌出海浦，经天有余辉。万类播大钧，生遂咸得宜。穷阴大荒北，惨冽独可悲。动植仰末照，短晷终不移。高高岂非仁，悠悠复何知。玄守亦云易，寂寞不可师。

玄发易种种，衰颜惜蹉跎。顾瞻周行中，贤俊何其多。驱车者谁子，日暮犹委蛇。道远马力微，如此苍天何。

少年白面生，佩服争新鲜。回鞭绝驰道，冠盖何联翩。山鸡照渌水，顾影空自怜。念彼幽栖士，白首谁与言。终老死蓬荜，千载嗟独贤。何如贵且富，荣华况当年。

6. 《燕城岁暮，寓舍萧然，因忆东坡〈馈岁〉〈守岁〉〈别岁〉三诗，次韵呈同邸生，兼寄玉堂诸公》

《馈岁》

平生梁父吟，所期在王佐。深藏若良贾，晦匿类居货。泯泯叹羁束，默默嗟老大。空斋四壁立，日晏卧饥卧。一钱不守囊，五鬼常入座。争如许父休，衣食给马磨。我既不人馈，人亦不我过。数奇固不候，调高自寡和。

《别岁》

禄仕何用早，物理有疾迟。未来或可迎，既去难复追。一出三十年，寂寞江汉涯。行道岂无日，得意亦有时。天殆淫者富，言乃食则肥。衰荣兴疵贱，在我无喜悲。行与新岁过，复与旧岁辞。一岁复一岁，甚矣嗟吾衰。

《守岁》

我生巧成拙，往往如画蛇。意欲行有适，百梗相邀遮。五十无所闻，奈此时命何。而复蜀之日，众吠争欢哗。廉贞怀沙赋，蹀躞渔阳樝。河汉清且浅，经天自横斜。昔年欲问津，此意今蹉跎。作诗语五鬼，勿诮吾言夸。

7. 《蔺花行》

青青马蔺花（即苞荔，又曰马荔、箴析、马蓝，亦见《汉书》），照日何杲杲。托根得依松，更觉颜色好。岂无茝与兰，弃置悲远道。秋风下白露，零落不自保。芳华亦已盛，坐阅岁年老。古来贤达士，致身自不早。物理固若斯，安用叹枯槁。

8. 《嘉禧殿山水图歌》

南游看山今始还，眼中历历高屏颜。昔年住山不识画，今日见画如还山。丹崖翠巘澹相对，便欲着屐行其间。长松夭矫倒绝壁，石泉落涧声潺湲。瞿塘白帝萦岩峦，黄牛赤甲难跻攀。峨嵋西来划开豁，剑阁北首争巑岏。暝云不度万壑静，秋气欲集千峰寒。山风萧萧卷秋发，恍若身在青林端。我生爱山山入骨，欲讼真宰尤造物。几年囚山生白发，尔来复堕山水窟。

洞庭云梦波沖瀜，西望鸟道通巴邛。苍梧九疑云几重，仿佛元气开鸿濛。潇湘竹雨半为血，帝子远骛随飞龙。南山霜后转清峭，礌卓石廪堆祝融。紫霞花翻激笑电，宝露瓮仄腾渴虹。香炉瀑布明石潭，紫烟灭没金芙蓉。悬流迸落虎溪石，冷月遏住东林钟。九华叠翠青于葱，金焦跨海连方蓬。不知扁舟落吾手，发兴已过扶桑东。嘉禧秘殿九天上，风日清美闲房栊。金铺玉署相焜耀，顾视一笑回重瞳。直疑图书出河洛，龙马负入蓬莱宫。又疑海若幻蜃市，霜木云岫浮青红。泥金捡玉有盛典，应欲远狩华与嵩。圣神明见万里外，一览海宇皆提封。天子八十一万岁，磐石巩固河山雄。商君胸中有丘壑，活处天成妙追琢。解衣盘礴追所见，广厦闲房出乔岳。李成郭熙俱已杳，绝艺从知不彫（凋）落。康刘二君皆绝致，破墨含毫见生意。将军又见小李君，神完意到下笔亲。乃翁解为竹写真，父子笔意俱入神。我来见画诗益新，是知数子皆诗人。吾君聪明古所无，远轹周汉追唐虞。退朝左图右诗书，篆刻几杖铭盘盂。圣人寓物不留物，愿献孝经无逸图。

9. 《安山》

梁山西驰来，得意万马会。崩腾势未已，屹若奔鲸沛。直疑秦皇帝，鞭石东赴海。安山当其前，隐伏久相待。政如韩孺子，痛愤摅所憝。力士奋铁槌，狙击似其昜。两山自犄角，万古期一嗑。东南际大泽，远势连海岱。我生走南北，所至得胜概。云梦与洞庭，仿佛亦其对。荷花一百里，幻此香色界。好风忽西来，红绿纷破碎。安得若耶女，曹耦百千辈。折花当干戚，肆作红粉队。兰舟入明镜，起舞凌黮黯。酒酣时一笑，击楫歌慷慨。乘此秋夜凉，放意鸥鸟外。

10. 《玉堂杂兴呈秋谷相国，兼柬院中诸公》

贞松栋梁具，落落山野姿。偶然入城府，本性谅不移。寒声乱秋涛，凉樾涵清漪。流膏化灵饵，岁久如伏龟。苍然起古色，霰雪不得欺。顾言保岁寒，特操固若斯。

11. 《石步洪次东坡韵》

悬流激石翻白波，长舟斗转轻松梭。下窥玄窖见水府，仿佛龙伯牙相磨。溪风掠面过箭疾，迅若飞兔驰长坡。龙骧舣鹅鹘横海，荡漾不翅风中荷。鼋鼍骄豪鳅鳝舞，踊跃出没千盘涡。人生行险戒侥幸，何异赤手夸凭河。可怜性命寄鱼腹，刭复天堑逾汨罗。大声汹汹若斗虎，怒若猎猎如奔驼。我行南北屡经此，意每不乐无委蛇。跳身脱险私自幸，抑首如出曰与寨。瞿塘三门在平地，此身道远将如何。作诗拍手语河伯，济川事业渠应呵。

12.《吕梁洪再次东坡韵》

吴儿狎涛能撇波，水底没得蛟人梭。几回然犀照幽怪，戏与龙伯相荡磨。操舟涉险如履地，稳似骏马驰平坡。我生太一仙人孙，意欲偃仰一叶荷。卧吹洞箫看天宇，过此溹潘蛟次涡。何人牵牛饮渚次，疑是犯斗经天河。回头失险水镜净，微风不动吹纤罗。脱巾傲兀坐篷背，仿佛夜跨驰明驼。不须击楫缓容与，底用退食闲委蛇。弃官南来若脱兔，归隐东下如投窠。此生赋分业已定，天地万物如吾何。一杯聊尔相慰藉，二豪有口将谁呵。

13.《虎丘秦皇剑池歌》①

池边野阴云幂幂，池上穹林倚高壁。直须便作滴池看，山鬼应曾此留壁。下临重泉黑无底，万古长教祖龙蛰。苌弘骨化知几年，恨血犹然此凝碧。渴虹下饮终不竭，影动千山万山赤。牧儿火冷鲍鱼腥，银甲金凫了无迹。当时按剑睨六合，谁谓白虹曾贯日。

14.《歌风台》②

赤龙初提剑三尺，便见西方白蛇泣。牧猪奴子本无奇，不意丛祠老狐识。人生大节孝与忠，忍令置俎烹而翁。发丧缟素直儿戏，沐猴自蹶鸿沟东。歌风台上风烟老，台下行人怨秋草。古今得失皆偶然，造物何心计侥佼。大风自起云自扬，猛士安在守四方。我来怀古意悄怆，荒台日落天苍茫。

15.《古郓先生牧庵甲第观图史古物，呈谅夫弟，兼寄先生武昌》

翁昔楚都我潇湘，我来郓城翁武昌。可人犹幸小坡（小坡谓先生长子杨五，即谅夫）在，拜跪问客来何方。怡然前导登北堂，退寻康瓠（亭名，先生有记，图史古物皆在内）陈家藏。商彝周鼎古罍洗，卣瓒鉴敦争煌煌。（罍卣绝佳，敦其次，瑵子母螭虎者佳，皆三代物也）宝钩瑶玦来太康，螭龙盘拿凤回翔。土花锉涩永蚀啮，酬直百万宜莫当。（此所谓琱王盘螭也。国初史忠武一军守太康，有发古圹者，尚方秘器，全壁三重，玉物无数，珠玑悉为尘土。如今之碧甸石皆如干酱色。盖古帝王冢，或以为羌柴，又以为高欢，又以为梁孝王。孝王盖近之。此环得之圹中者，见先生《玉谱》）牙签插架万轴强，扃题锢镉严闲防。乃翁心事我所悉，要留此物传诸郎。石城眉目尤敦庞（幼子也），楚楚学语莺转篁（最小女也）。阿圻昔见未识字（第二子也），今已讽读声琅琅。我知姚家泽未央，其源既深流自长。从

---

① 该首后原为《古意次韵赵集贤子昂韵》，与前面第5《古意次赵集贤子昂韵四首》第一首重复。不再录入。

② 该首后原为《秋雨吟》，《全元诗》据《元音》卷三已收录（第29册，第274页）。不再录入。

兹公侯看衮衮，始信积善多余庆（叶平）。我将移家莫愁庄，葛巾野服从翁傍。苏门成蹊富桃李，自撰当在卢阎行（阎谓子济）。感翁尘埃识楚狂，驽钝不任翁激扬。敢期低头拜东野，愿托名姓翁文章。北风吹沙天欲黄，官舟不许留江乡（时驿舟诣疏斋赴湘南宪）。明朝回首碧云合，横山樠木空微茫。

16.《吴道玄〈风雩图〉为止敬左相赵公赋，兼呈太初宣相》

凤兮德衰歌楚狂，丧家之狗何伥伥。齐侯可辱地可反，甲兵无若三都强。沈犹何处朝饮羊，鲁国自可东周王。诛行两观甫三月，女乐已至君臣荒。天生德予何畏逆，桓魋阳虎犹蛣蜣。是知日月不容毁，大明暂晦庸何伤。用之则行舍则藏，长沮桀溺诚知方。有心击磬道将废，羌尔雌雉山之梁。九夷可居将远飏，尼丘书社不足偿。争如归欤老洙泗，坐阅诸子观虞唐。雩坛魏魏沂水阳，冠衣俨然斋以庄。仲由率尔起避席，赤也冉有环相望。此时点尔亦侍傍，心存希声天渺茫。宁知夫子在我侧，此身与瑟俱相忘。逡巡欲对如不遑，铿尔舍瑟声未央。不言已知异三子，既对意度殊深长。春服既成兰苣芳，童子冠者将翱翔。沂滨咏归浴初罢，振衣起舞雩风凉。喟然兴叹何激昂，三子之撰不足当。不须更问子之志，夫子与点相颉颃。画师之心技亦良，仿佛问答相抑扬。画中不尽千古意，今我作诗为补亡。

17.《古意次韵答元复初》

洞庭木落秋水波，我将与君游九河。并驰两龙萦骊马，晞发傲兀阳之阿。山阿含睇带薜荔，水中筑室葺芰荷。夫君不返潇水深，道路阻修如君何。行吟泽畔见渔父，鼓枻坐诵沧浪歌。沧浪水寒沙渚清，岁晏雨雪何其多。青蝇止樊良足畏，白圭少玷犹可磨。逍遥汀洲搴杜若，湘灵起乱弹云和。塞予媒劳困辞拙，迟（去）君不来吾则那。

18.《祠灶辞》

蜡日祀灶从古闻，黄羊遗意今岂存。我居荆俗识土俗，吉蠲庶品羞盆樽。烊夫爨媪足殃咎，再拜属君千万寿。饩馈亦足胶君牙，更复垆糠锢君味。主人善不君饱知，我不媚君无所祈。膏君车兮秣吾马，新年别适王孙贾。

19.《除夜辞》

柏枝渍香蛮酒浓，吴椒巧作茱萸红。梅花低翴侑婪尾，桂香火热春融融。角声幽幽龙夜惊，西家小儿爆竹声。美人骨醉眠枕屏，坐吹孤箫学凤鸣。夜缸凝花笑红花，渴乌冻涩金壶水。兴酣击碎玻璃盆，慷慨悲歌夜深起。南枝啼乌声促促，斗杓潜运斜河曲。东方淫淫转红旭，万寿逢瞻圣人祝。

20.《迎春辞》

木神开光司八荒，海天动荡春茫茫。苍虬驷车载初日，青鞘黛耜迎句芒。东风飘飘降灵雨，彩仗翠旌寒不举。冲融淑气转浮灰，云翘青阳动歌舞。晓坛蓬蓬鼟鼓鸣，何年肇此群曹争。前山发雷蛰已惊，东郊草色遥青青。吾君勤农古莫比，行议三推籍田礼。

21.《林少府茂卿反风灭火歌》

阏伯不祀今几时，食心食味谁复知。燧人官废亦已久，毕方作祟在在万嚱屎。我从江南来，屡见此祸奇。土涂绠缶遍，闾巷鸣钟击柝。庶民庶尹错愕，旁午交相随。往年武昌火，天地如蒸炊。前年余杭火，海岳欲转移。去年仪真火，日月相蔽亏。阳乌顾兔焚炮煨，灼渴欲死低头喘，汗贸贸，相与东西驰。豪薧杰栋千万间，烟焰过眼须臾期，共有性命忧何暇。营财赀探丸，斫吏行侠子。白昼攫掷什伯，曹耦群游嬉。老癃稚弱哭连月，壮健胥靡相拘累。我实亲见之，束手无所施。或云物之盛，或云理数宜。天灾人火自古昔，但轸赤子冻馁多流离。何当长民者，尽若林君为。反风诚偶然，灭火或庶几。呜呼！此意复谁语，使我三复起坐成歔欷。安得守宰如君数百布天下，坐令四海无疮痍，灾眚不作民熙熙。

22.《李侯息斋仲宾着色竹》

李侯胸中有竹成，岁久天全森似束。忽然吐出一寸萌，散作萧萧万苍玉。我生踏浪潇湘儿，眼明见此潇湘姿。绿茎缥节先欲动，坐令短发生凉飔。平生连鳌今白首，可堪笔削见鲁叟。要侯快扫万丈梢，慰我江湖钓竿手。

23.《黄鹄矶赠云伯让》

断矶耽耽瞰江浒，矶下潜蛟作人语。洞庭云暝天欲愁，冻雨萧萧湿荒戍。饕风吹沙死留客，幸有南梅相媚妩。岂无樽酒共留连，却恐酣歌动羁旅。我诗虽穷君莫取，一字饥来不堪煮。试呼沙鸥诧鹦鹉，黄鹤飞来为君舞。

24.《同石抹君章游西山》

黑山雄狐插九尾，饮冰啮雪老不死。隋堤古柳吹白华，摇荡春风渡江水。佛狸骨冷霸业空，恨身不有江之东。千年精魂幻余孽，飞来直堕吴山中。吴山繁华几销歇，铜狄空悲汉城月。五陵宫树入长烟，一夜西风黯无色。呼猿亭前禅老家，盈盈列肆于阗花。红蓝莹肌醉双颊，鹖冠锦帔何修姱。天风瑝然动金刹，便拟投簪散予发。兴酣直上佛国山，树间落叶石磴滑。

25.《登齐山次唐人杜紫微韵并序》

新天子嗣圣之年，当大德十一年丁未冬十有二月，宫师府遣正字吕洙将旨奉皇太子教持太师沈阳王王璋书，如汉征四皓故事，起先生牧庵以太子宾客。予时客宣城疏斋寓馆，亟往秋浦候之。既至，则下维扬矣。因登齐山翠微亭，次牧之韵怀先生且寄疏斋肃政使君。

春兴猿吟秋鹤飞，晴烟散作雨霏微。风回溟渤鹏南运，云涨溪潭龙夜归。境纳太虚尘浩浩，天围平野日晖晖。不知吞得几云梦，试向冈头一振衣。

26.《反和一首》

有美人兮薜荔衣，山阿含睇立斜晖。时临春渚乘龙去，或下芳洲拾翠归。木落波平风袅袅，江空路转步微微。琼枝折得无人寄，愁绝沙禽独自飞。

27.《水仙花次张子敬都司韵》

浅晕鹅儿半额黄，故将白练制仙裳。佩捐汉水幽冤断，瑟怨湘灵别恨长。好把苍蟾栖月窟，却骑赤鲤驻江乡。国香流落情何限，犹幸诗人为发扬。

28.《黄陵庙》

贾客纷纷自乞灵，阿逋聊此寄余情。蛟宫妹去暝云合，蜃舍郎回暗浪平。长剑倚天歌浩荡，深杯卷海击空明。日斜倚竹英皇泣，泪眼何时得暂晴。

29.《杜鹃次张子敬韵》

客子春深意自迷，羁禽不用尽情啼。关河历历吴山迥，云海沉沉陇树低。泣血未平千古恨，寄巢才辨一枝栖。云安语万非畴昔，臣甫无劳再拜题。

30.《淮沘》

今古兴亡貉一丘，悄无人唱白浮鸠。忮心不悟鱼羊食，锐意犹耽燕雀谋。草木有时能济胜，江山何处好深游。直饶不倒符融马，未必投鞭可断流。

31.《日长至李应中检校送酒偶书》

前岁冰霜客虎林，去年风雨走江阴。好诗在在不如意，往事时时忽到心。莫道夜光多按剑，须知疏越有遗音。山瓢昨夜得新酒，且酹梅花细细斟。

32.［失诗题］

何地醒吾目，江天见此亭。野阴青更碧，山远烧还青。鹭立晴沙冷，鱼吹暗浪腥。沧洲梦无处，独立意冥冥。

33.《同官驿》（同一作铜）

远水明于练，寒山翠似葱。孤鸿号外野，残菊卧深丛。天地嗟吾道，江湖惜此翁。惟应杯酒后，时与古人同。

34.《江口水驿晚泊》①

捍索桅樯列巨艘，湿萤煜煜遍蓬蒿。毒龙才起岭云合，惊鹊不飞江月高。形势北来天杳杳，关河南去路迢迢。䚡缑弹彻无人会，起抚危衷叹二毛。

———————————

① 该首诗题前一栏原有"七言律"三字。

35. 《苏仙马岭福地》

岩扉石室洞宫遥，古洞时闻白鹿号。杉影月明清磬远，竹香云细露坛高。山深木客寻琼草，雨过溪童得石桃。回首烟霞迷橘井，墅鸦沙雁满空壕。

36. 《清胜园泛舟忆西湖》

记得西湖二月天，青山影里画桥边。数声啼鸟落花雨，一径绿杨芳草烟。云外笙歌朝逐水，月中灯火夜归船。要须卜筑钱唐上，还我平生未了缘。

37. 《永福寺杨氏快活楼》①

阿姊西游几日还，空余楼馆此山间。石坛净落松髶滑，竹篆密笼花骨寒。青琐鸾惊珠网碎，丹山凤返玉箫闲。乃翁更有无穷意，佛国长留万古看。

38. 《岳阳楼》

岳阳楼上望神州，满目风烟烂不收。星共北辰天浩浩，地虚南极水悠悠。君山月出兼葭冷，澧浦霜空草树秋。欲向沧江问渔父，隔江无语近沙鸥。

39. 《洞庭龙都》

青烟幂幂护龙都，蜃气氲氲拨不开。云向洞庭携雨去，水从油口送沙来。四更阴火明于电，五月奔涛怒似雷。日暮寒风冷如骨，不堪秋意满高台。

40. 《许旌阳祠》

旌阳遗庙入云长，山色荒寒半夕阳。路转紫崖烟漠漠，岩排红树石苍苍。碧潭夜静悲龙女，别浦秋深泣蜃郎。又跨青蛇向何处，空余铁轴镇南昌。

41. 《留别院中诸公兼呈秋谷相国、张希孟侍郎、李仲囷御史、文子方秘书》

此舌年来不可扪，忍教笑面作靴纹。鼻中端吸醋三斗，手内恒持笔五斤。谁遣胡孙入布袋，自惭夜鹤怨移文。便抽手板付丞相，归卧北山山北云。

42. 《西湖早梅》

风无忌惮月贪婪，骨立亭亭苦未堪。天亦不知缘底瘦，春犹未透带些憨。梨云梦远高情在，松雪香寒醉睡酣。秀色可餐那画得，夜来归思满枝南。

43. 《南山近体一百韵》

南岳配朱鸟，群山磔犬牙。荧煌神禹迹，欻忽祝融家。秩次三公比，巡游百代赊。茂陵徒惮远，虞舜不辞遐。大内青红烂，萧墙赭垩涂。城平旁迤靡，奥突秘宬（蛙）案（音茶）。影动罘罳暗，光连徼道斜。彤墀列钟簴（巨），兰锜设钑铧（音丫霞，颈铠也）。烛跋金犀转，流苏彩凤遮。仪

---

① 该首后原为《姑苏台》，《全元诗》据《国朝文类》卷七已收录（第29册，第273页）。不再录入。

鸾闲卤薄，弖（音古镬切，张满弩也）骑树铤（延又婵）铊（阖）。猎捷罗旌斾，跟跰竞鼓筣。控拳扼陵鲤，缴矢下云驾。驯兽遵灵圉，攻驹产渥洼。巴僮踏盘鼓，戎女控琵琶。恶鬼工侦伺，狞龙怒攫拿。雕题行肮脏，椎髻立窊窫（上丫，下苦加切，女作姿态也）。豹服韬繁弱，鱼文闶鏌锄。椒房闲粉黛，天厩控骊骃。镰耳缇衣翰（夹），隅眶朱鬟鬆。齿牙翻碅（纤去）磋（电光也），须发怒鬟影。上殿心存敬，升阶手自叉。金铺光欲溜，玉座净无瑕。白泽蹲青琐，红鸾舞翠娑（挐）。侍臣纡紫绶，宫婢曳青裓（瓜）。天近颜如咫，神聪语近哗。衮衣明黼黻，羽佾乱髶毣（音加沙，毛衣也）。髦髮低瑜珥，祢揄副玉珈。宸班肃鹓鹭，仙仗杂麋麚（家）。簟齿铺蛮象，帘须揭海虾。榻筵陈几格，盏罨幂幪幏（音宾家，蛮宾布）。玉敦宁论侈，珠槃亦未奢。胖（判音，半牲体）腝（音呼，无骨脂）羞鹿豕，鳙脍荐鳌鲨。工部诗难继，昌黎事足嘉。降神歌激楚，会鼓舞传芭。小憩萧王寺，闲寻唐相衙。炉煨风后叶，瓶沦雨前芽。骧首瞻弥勒，虔心礼释迦。慈云迷法界，慧日丽袈裟。梵女娇擎跽，胡僧巧结跏。讵能了生灭，庶可逭滛哇。驯扰跑泉虎，飞翔赴壑蛇。琅函栖贝叶，藻井蒂荷茄。驻锡微通窒，沿桥暴正邪。璇题缩蚯蚓，铁瓦伏鼍鼅（鼅鼍上钩又劬也，音儿麻）。箬雪占饥馑，觇扃卜秉秅（十六斗曰薮，十薮曰秉，四秉曰筥，十筥曰稯，十稯曰秅，音茶）。行深戒伥鬼，猎隽鹹奔麚。海日千峰炽，林灯万炬煆（许加反）。煌煌红晕赭，艳艳赤凝椵。罗汉林中带，安期海上瓜。横庚泉𣲛股，旁午树交枒。绿妥垂枝苘，黄栖槁树苴（音楂，浮草也）。韶华娇娅姹，怪鸟弄顧頢（麻退音，语无度也）。堑径联杉栅，樊园蒇俪笆。溪流迅㶊虮，栈阁走碈砑（音隈丫，地形不平）。穴室藏钟乳，崖倾露箭砂。袯涅川窈窕，烟褧谷唅呀（上火含切，下口加切）。木赘树联瘿，山鼯（音悭）云结痂。花能韵桃李，果或肖梨楂。帘泻悬岩水，舟横断港槎。松鬐纷卓朔，广豁迸齄齖（楂牙）。远绿横眉黛，微胭辏鼻鼿。萦冈争巀（当作峜，音未）崒（随上声），朽柄递权枒。袖揖浮丘伯，肩摩蔡少霞。羊肠穿峗崌，豕腹转䯝（夸）骺（五瓜反，额骨）。往返巡山鹿，飞鸣护观鸦。虹光宝露瓮，电影紫霞花。虎怒狞栽石，猴闲戏摘茶。廪充神漕米，辙熟鬼推车。白腻松粘粉，黄干茅蜕葬。阳岩顿牟客，阴洞邃谺谽。翯羽投林鹳，襐髻饮涧犯。稚筇骈篠筹，美植茂棠梌。蔓绿拖牛棘，悬青绁马𢶢。灵鸣时噂啫，虚籁自諆（遮）諔（挐）。杏挂鹏堪弋，花笼兔可罝。空房雄黠鼠，败壁桔贪蜗。风驭迎萧史，霓旌降道华。撩人厌鹧鸪，聒耳倦蝦蟇。拨雪朝寻药，穿云晓断畬。滑深埋屐齿，岚软扑衣纱。善女深思李，妖姑远忆麻。

道成犹善幻，技痒政须爬。咽白衣仍雅，眉青髻或丫。依微倚闾阖，仿佛出阊阖。礼圣朝王母，怀贤慕女娲。宝奁羞淖汋，锦帔惜修姱。铁板歌声婉，瑶琴雅韵佳。吟秋猿啸咏，警夜鹤咿哑。海阔无来鸟，庭空有吠蛙。吹箫应自怨，委佩亦堪嗟。逸驾知何许，遗衿亦漫夸。蕊云香豆蔻，灵颗诧枇杷。蕙帐清无寐，银龟冷不呿。杖携筇地竹，瓢婪九真椰。境迥乾坤阔，山深气候差。寻真篸冲漠，访道息奇邪。不管衣蒸湿，从教足痹麻。地幽情愈逸，诗隽句仍侉。曛曛天将晚，迟迟兴未涯。何当约琴友，引袖拂仙葩。（此少作也，语意多重复，姑录之以识吾过。）

二 佚词

1.【水调歌头】《过洞庭》

茫茫洞庭野，浩浩接青冥。长风怒蹴高浪，千里不留停。仿佛鱼龙悲啸，恍忽蛟鼍抃舞，五月水云腥。元气入横汇，阴火闪晶荧。　沃东荑，涵北极，渺南溟。君山与波上下，才若一浮萍。欲问三苗何处，重感祖龙安在，曾是见扬灵。天堑限南北，万古控蛮荆。

2. 又《京口陪先生牧庵浮玉山登眺》

苍烟拥乔木，落日下孤城。百年人事兴废，何限古今情。我有一壶新酒，浇起胸中磊块，慷慨不能平。三叫问苍月，此际为谁明。　小篮舆，长剑铗，短灯檠。王侯将相有种，老却几儒生。不必手遮西日，何苦志填东海，且趁北山耕。得酒须径醉，无用是虚名。

3.【摸鱼子】《次程雪楼韵呈疏斋且寄雪楼》

想青青，武昌官柳，只今谁赋鹦鹉。青帝摇曳渔庄外，知是侬家曾住。添逸趣。最好是，寒碧浅碧斜阳树。离骚莫赋。怕惊起沙鸥，飘萧飞去，烟水渺无处。　金沙软，不着尘埃布武。乾坤政自相许。沙头艇子驰双桨，载得莫愁归去。黄鹄举。看异日，江湖散满新诗句。无人付与。记红树题秋，沧波送晚，萧瑟白蘋雨。

4. 又《次先生牧翁赋玉簪韵，太初宣慰同作，仍呈疏斋使君》

是姮娥，玉簪潜坠，春工培植无处。秋来谁插芳丛上。（后阙）

5. ［失词牌名］

（前阙）非远，眼中楼阁雄杰。　笑我便欲乘风，帝阍三叫，轶驾从兹发。举手扪天青玉滑，仰见星河明灭。上逼清都，下窥倒影，爽籁生秋发。夜深归语，蹑云微步残月。

6.【石州慢】

草不知名，花分外娇，相与迎客。少游乡里浮沉，不要声名隆赫。平生豪举，而今老我夷犹，江湖浩渺乾坤窄。鬓影暮萧萧，减当时标格。凄恻。千年辽鹤，归来旧梦，可堪重索。真是真非，冰炭不留肝膈。飞云何处，坐来渺渺吟怀，望中不尽关河隔。江上数峰青，唤湘灵鸣瑟。

7.【声声慢】

溪头庐舍，溪上田园，故应容我夷犹。不奈渔童，更要买个扁舟。闲时短蓑笭箸，忘机静对沙鸥。□□向石间系缆，柳下垂钩。　政恐朝廷物色，有新诗千首，不博封侯。尽取装瓢，付与江水东流。朝来斜风细雨，缓收缗，稳转船头。暂归去，与樵青，齐唱棹讴。

8.【木兰花慢】《登敬亭山呈疏斋》

喜相看不厌，几度过敬亭祠。慨春树云林，霞霏绮散，并入遐思。松筠似知人瘦，悯新来鬓影欲成丝。何处飞来白鸟，为予翔舞移时。　兴来重把瘦藤枝。扶上碧参差。念景行高山，几年仰止，今日齐而。刚风乱飘征袂，问楚人何者是雄雌。近日玄晖在郡，故应别有新诗。

附录四 《录鬼簿》增订本著录萧德祥剧目五种为南戏考

《录鬼簿》初稿本未著萧德祥之名，天一阁增续本虽补录萧德祥，但未著录剧目，而增订本著录五种剧目，它们是：《王翛然断杀狗劝夫》《四春园》《四大王歌舞丽春园》《小孙屠》《包待制三勘蝴蝶梦》。学界对《录鬼簿》增订本著录的萧德祥五种剧目的性质意见分歧比较大，总结起来有三种：一是认为这五种剧目皆为杂剧，以邵曾祺《元明北杂剧总目考略》、王季思主编《全元戏曲》及徐征、张月中等主编《全元曲》为代表；二是认为《小孙屠》是南戏，其余四种为杂剧，如庄一拂《古典戏曲存目汇考》；三是认为五种剧目都为南戏，如傅惜华《元代杂剧全目》不载萧德祥，王钢《校订录鬼簿三种》也认为"有理由相信他（指萧德祥）是一位南曲作家，所作剧目五种是戏文而非杂剧"①。本篇拟从《杀狗劝夫》与《小孙屠》入手，在此基础上做迈前一步的推考，以期对此纷争的解决有所裨益。

一

元杂剧《杀狗劝夫》的作者有萧德祥与佚名氏两种说法。增订本《录鬼簿》萧德祥名下著录《王翛然断杀狗劝夫》剧目，有学者据此认为现存的《杀狗劝夫》杂剧的作者即萧德祥。傅惜华先生在《元代杂剧全目》中指出该杂剧为无名氏作，他提供了三条证据：（1）《录鬼簿续篇》将其列入"失载名氏"栏；（2）脉望馆抄校本题"元无名氏"撰，总题为《断杀狗劝夫》，题目正名作"杨氏女劝兄弟和睦，王翛然断杀狗劝夫"；（3）《元曲选》甲集载录，题作"元□□□撰"，题目正名作"孙虫儿挺身认罪，杨氏女杀狗劝夫"。② 下面我们再提供五条新的证据，以进一步证实傅先生的论

---

① 王钢：《校订录鬼簿三种·前言》，第9页。
② 傅惜华：《元代杂剧全目》，作家出版社，1957，第298—299页。

断。（1）朱权《太和正音谱》将此剧列入"古今无名氏杂剧"栏。（2）清钱曾《也是园藏书目》卷一〇"古今杂剧"栏将其列入"元无名氏"条。（3）清黄文旸《重订曲海总目》将其列入"无名氏"条。（4）清梁廷枏《藤花亭曲话》卷一将其列入"其余无名氏可考，亦无别寓他名，而其曲仍行于世者"之列。又同书卷二云："元无名氏有《杀狗劝夫》杂剧，四折中已觉铺叙费力，况伸为全部，无怪其一览无余味也。"①　（5）《杀狗劝夫》杂剧编写于元初，年代早于萧德祥。杂剧第三折【牧羊关】【幺篇】云："这等人是狗相识，这等人有什么狗弟兄？这等人狗年间发迹来峥嵘。这等人说的是狗气狗声，这等人使的是狗心狗行。有什么狗肚肠般能报主，有什么狗衣饭泼前程？是一个啜狗尾的乔男女，是一个拖狗皮的贼丑生。"这段话是孙华（孙虫儿）因柳、胡无信，借狗骂二人。王季思先生曾指出，此处的"狗年间"是指元初的戌狗年，"盖犹元初之俗，以太岁在戌为狗儿年也"。为证实此说，他提出三项证据。其一，杂剧第四折外（王翛然）上场自道："小官姓王，名翛然，在这南衙开封府做个府尹。方今大宋仁宗即位，小官西延边才赏军回来。"知杂剧原是敷演北宋时传说中的包龙图公案故事，南渡后，金人将故事中的包拯替换为王翛然。按《金史》卷一〇五本传：王翛然，金皇统二年（1142）进士，金世宗时同知咸平府，摄府事，复移知大兴府，以刚毅著于时。金末刘祁《归潜志》卷八载："金朝士大夫以政事最著名者曰王翛然……其为吏之名，至今人云过宋包拯远甚。"② 王翛然就是金朝人心目中的青天，因而将包龙图的故事嫁接到他身上，敷演成戏。也因此，王先生甚至"每疑"该杂剧的编创年代或还在关汉卿、马致远诸作之前。其二，杂剧曲辞真率自然，"抒情写景，全用白描，玩其气体风格，为北剧初期之作无疑"。其三，剧中方言成语特多，"盖亦金元旧俗也"。③ 王季思先生的这个论断很有说服力，蒙古自公元 1260 年始建年号中统，此前仅以民间生肖纪年，南宋彭大雅《黑鞑事略》载："（鞑人）其正朔，昔用十二支辰之象，如子曰鼠儿年之类。今用六甲轮流，如曰甲子正月一日或三十日，皆汉人、女真教之。"④ 此说有《蒙古秘史》可证，如卷五载："只那狗儿年，成吉思去剿捕塔塔儿时。"又《续集》卷二："兔儿

---

① 梁廷枏：《藤花亭曲话》卷一、二，《中国古典戏曲论著集成》（八），中国戏剧出版社，1960，第 245、257 页。
② 刘祁：《归潜志》卷八，崔文印点校，中华书局，1983，第 82 页。
③ 王季思：《翠叶庵读曲琐记·杀狗劝夫》，《玉轮轩曲论》，中华书局，1980，第 273—275 页。
④ 彭大雅撰，徐霆疏证《黑鞑事略（及其他四种）》，中华书局，1985，第 5 页。

年，斡歌歹皇帝征金国。"依此，杂剧《杀狗劝夫》的编成时间或在中统元年之前。这里还可以再提供两条佐证：其一，杂剧中称汴梁为南京。按《元史·地理志二》：金海陵王完颜亮改汴梁为南京，元世祖至元二十五年（1288）又改称汴梁路。编演杂剧是为给当下的观众看，用当前民众熟知的地名、器物属情理之中。该杂剧的编成时间当在至元二十五年之前①。其二，杂剧第二折【滚绣球】曲云：

> 似这雪呵，教买臣懒负薪。似这雪呵，教韩信怎乞食？似这雪呵，郑孔目怎生迭配？晋孙康难点检书集。似这雪呵，韩退之蓝关外马不前，孟浩然霸陵桥驴怎骑？似这雪呵，教冻苏秦走投无计，王子猷也索访戴空回。似这雪呵，汉袁安高眠竟日柴门闭，吕蒙正拨尽寒炉一夜灰。教穷汉每不死何为！②

这里提及的"买臣负薪""韩信乞食""孙康映雪""韩愈蓝关拥雪""孟浩然灞陵寻梅""冻苏秦""子猷访戴""吕蒙正"等，究竟是用历史故典，还是借喻元人杂剧名③，无法断然下结论。但"郑孔目迭配"并无历史典故可用，必是谓杨显之名剧《郑孔目风雪酷寒亭》。杨显之此杂剧在元初影响极大，为众多杂剧作家模仿和征引。李致远《都孔目风雨还牢末》、花李郎《像生李子酷寒亭》杂剧都是直接摹写杨剧而成。石君宝《曲江池》第三折【十二月】曲云："又不曾亏负了萧娘的性命，虽同姓你又不同名。"【尧民歌】曲云："你本是郑元和也上酷寒亭。"李文蔚《燕青博鱼》第一折【六国朝】："眼见得穷活路觅不出衣和饭，怕不道酷寒亭把我来冻饿杀。"可以说，"酷寒亭"是元初杂剧创作与演艺圈的热点话题。将它引作唱词之《杀狗劝夫》杂剧的编成年代当在杨显之《郑孔目风雪酷寒亭》杂剧后不久。同题材南戏"孙二雪中受窘"出没有引用"郑孔目"故实，因为时至元末，"酷寒亭"文化热早已过去，不再为观众所熟知。

南戏也有《杀狗劝夫》，最早为《错立身》南戏第五出【排歌】提及，

---

① 关汉卿《救风尘》剧赵盼儿云："你在南京时，人说你周舍名字。"杨显之《酷寒亭》剧赵用自述是南京人氏。张国宾《合汗衫》剧张义自报家门："本贯南京人也。"这三位都是元杂剧第一期作家，皆称汴梁为南京。徐朔方《金元杂剧的再认识》将它们列入"带有金代印记"的二十一种杂剧。《徐朔方集》第一卷，第105—106页。

② 王学奇主编《元曲选校注》第1册上卷，河北教育出版社，1994，第437页。

③ 庾天锡《买臣负薪》，王仲文《韩信乞食》，关汉卿《孙康映雪》，赵明道《蓝关记》，马致远《踏雪寻梅》，佚名氏《冻苏秦》《子猷访戴》，关汉卿、王实甫均有《破窑记》。

《永乐大典目录》及徐渭《南词叙录·宋元旧篇》均著录，有《六十种曲》本传世。明清曲论家多认为其作者是元末明初的徐㕮，如明吕天成及《六十种曲》的编纂者毛晋，清高奕及《寒山堂曲谱》的作者张大复等。对此，近代学者有不同的观点。一种信从明清人的说法，认为《杀狗劝夫》南戏的作者为徐㕮，如庄一拂。又如吴梅，一方面赞同《杀狗记》为徐㕮作，另一方面认为今存本已非原貌。他在《顾曲麈谈》中说："《杀狗》为徐㕮作。㕮字仲由，淳安人，洪武初征秀才，至藩省辞归。有《巢松阁集》行世。宜其词当渊雅矣，乃鄙陋庸劣，直无一语足取，有才者不宜如是也。……或者《杀狗》久已失传，后人伪托仲由之作，羼入歌舞场中耳。不然，不应与小令如出两人之手，且有天渊之别也。"[1] 又如日本学者青木正儿，他在《中国近世戏曲史》中说："是（指上引吴梅观点）亦一见解。然并无确证，故不可昧然武断，姑从旧说。"[2] 一种则认为萧德祥是南戏《杀狗劝夫》的作者，如傅惜华著《元代杂剧全目》，不著录萧德祥。又如郑振铎、谭正璧、钱南扬、赵景深等认为徐㕮所作的是传奇[3]，乃南戏改本。

　　如此看来，《杀狗劝夫》南戏的作者是徐㕮，还是萧德祥，各占百分之五十的可能。下面我们提供几条证据，以期澄清此纷争。（1）清朱彝尊《静志居诗话》卷四载，徐氏尝自言："吾诗文未足品藻，惟传奇词曲，不多让古人。"[4] 可见他对自己的"传奇词曲"颇为自信，大有与古人一争高下的雄心。然就现存文本来看，《杀狗劝夫》南戏不仅文辞"鄙陋庸劣"，且情节支离，抄袭雷同痕迹明显。如第十四出"乔人算账"，全为净、丑插科打诨，篇幅繁冗，话语重复，不堪卒读。第十七出"看书苦谏"更是直接照搬郑廷玉《疏者下船》杂剧的情节梗概。徐㕮"洪武初，征秀才，至藩省辞归"，可知徐氏明初尚在世，那么他所说的"词曲"，指的是体制有别于南戏的传奇，完全在情理之中。（2）对《杀狗劝夫》南戏进行修订润色者众多。王骥德《曲律·杂论第三十九上》云："《杀狗》，顷吾友郁蓝生（吕天成）为厘韵以饬，而整然就理也。"[5] 张大复《寒山堂曲谱》卷首《谱选古今传奇散曲集总目·杨德贤女杀狗劝夫记》注云："今本已吴中情

<hr />

① 王卫民编校《吴梅全集》理论卷上，河北教育出版社，2002，第141页。
② 青木正儿：《中国近世戏曲史》，王古鲁译，台湾商务印书馆，1996，第113页。
③ 郑振铎等所谓"传奇"，指明初长篇戏曲，是就时间上与元代南戏所做的区分。
④ 朱彝尊：《静志居诗话》卷四，人民文学出版社，1990，第87页。
⑤ 王骥德：《曲律》，《中国古典戏曲论著集成》（四），中国戏剧出版社，1959，第151页。

奴、沈兴白、龙犹子（冯梦龙）三改矣。"现存《六十种曲》本即为冯梦龙
校订。又明徐时敏《五福记》传奇自叙云："今岁改《孙郎埋犬传》。"① 所
谓《孙郎埋犬传》，应即指《杀狗记》。因南戏曲辞"鄙俚浅近"而加以润
改的人既然如此之多，自诩"传奇词曲，不多让古人"的徐㕔也参与其中
完全有可能。也即说，徐㕔至多是《杀狗记》南戏的修订者而非原创者。
(3) 钟嗣成《录鬼簿》传萧德祥云："名天瑞，杭州人。……凡古文俱檃括
为南曲，街市盛行。又有南曲戏文等。"贾仲明补【凌波仙】吊词云："武
林书会展雄才……戏文南曲衡方脉。"② 知萧德祥确作有南戏，今存《永乐
大典戏文三种》之一的《小孙屠》即萧德祥作。(4)《录鬼簿》作者钟嗣
成对所载"才人"是有闻必录，意在使他们成为"不死之鬼"。如曾瑞卿，
"善丹青，能隐语，小曲有《诗酒余音》行于世"③。吴中立，"有《本道斋
乐府小稿》及诗谜数千篇"④。钱子云，"自作乐府有《醉边余兴》，词语极
工巧"⑤。王伯成，"有《天宝遗事》诸宫调行于世"⑥。屈英甫，"编《一百
二十行》及《打看钱奴》院本等"⑦。陆显之，"有《好儿赵正》话本"⑧。
施君美，"有《古今砌话》，亦成一集"⑨。所记作品类型极其丰富，有乐府
散曲、诸宫调、院本、话本、砌话，甚而隐语、诗谜。既如此，钟嗣成对
萧德祥也绝不会例外，况且萧德祥被列在"方今才人相知者"，是作者钟嗣
成熟知的曲家。值得注意的是，以上所列举剧作家的非杂剧作品均出现在
"小传"中，而萧德祥的传文中只字未提其具体作品。我们大胆揣测，正是
因为包括《杀狗劝夫》在内的五种剧目皆为南戏，故而传文中只概括地说
他"凡古文俱檃括为南曲"，"有南曲戏文"，而不载具体名目，以避重复。
(5) 朱权《太和正音谱》没有著录萧德祥其人，《太和正音谱》最重要的
一部分内容是著录、品藻元代及明初杂剧作家、作品，其中元代杂剧家的
文献，主要取自钟嗣成《录鬼簿》。不载《录鬼簿》中有传的萧德祥，原因
可能正是萧氏所作为南戏而非杂剧。绾结而言，《杀狗劝夫》杂剧的作者为

① 蔡毅编著《中国古典戏曲序跋汇编》，第 1187 页。
② 袁世硕、张倩倩、都刘平校订笺释《录鬼簿及续编校订笺释》，第 523 页。
③ 袁世硕、张倩倩、都刘平校订笺释《录鬼簿及续编校订笺释》，第 434 页。
④ 袁世硕、张倩倩、都刘平校订笺释《录鬼簿及续编校订笺释》，第 475 页。
⑤ 袁世硕、张倩倩、都刘平校订笺释《录鬼簿及续编校订笺释》，第 506 页。
⑥ 袁世硕、张倩倩、都刘平校订笺释《录鬼簿及续编校订笺释》，第 336 页。
⑦ 袁世硕、张倩倩、都刘平校订笺释《录鬼簿及续编校订笺释》，第 482 页。
⑧ 袁世硕、张倩倩、都刘平校订笺释《录鬼簿及续编校订笺释》，第 381 页。
⑨ 袁世硕、张倩倩、都刘平校订笺释《录鬼簿及续编校订笺释》，第 452 页。

元佚名氏，同名南戏出自元末萧德祥之手①，明清人所说的徐畋只是众多修改、加工萧作中的一位。

二

接下来再看南戏《小孙屠》，首先对它的编剧年代略做考察。（1）该剧共有三出运用南北合腔，分别是第九出、第十四出与第十九出。根据《录鬼簿》沈和甫传："以南北调合腔，自和甫始。"② 又范冰壶传："有乐府及南北腔行于世。"③ 沈和甫与范冰壶都被列入"方今已亡"类，属元杂剧第二代作家。故现存《小孙屠》南戏的编剧年代不会早于沈、范二人，当在元末。（2）该戏第一出【副末开场】分为三个部分：第一部分，敷说一般人生道理；第二部分，提醒观众噤声，通过台上与幕内问答的形式报出即将表演的剧名；第三部分，另用一支曲牌陈说故事梗概。从形式上看，体制已相当完备和成熟，与明代传奇不相上下。惟南戏开场用白，而传奇用曲。（3）该剧第二出至第六出，各人物按重要性先后轮番登场，堪比明传奇。如第二出生上，交代自身基本情况；第三出旦上，先自诉，后与生相识；第四出末（孙必贵）上，表明欲外出；第五出，生欲为旦除乐籍；第六出外（府尹）上，为旦除乐名。后面的关目即按照这样的逻辑顺序层层展开。整个故事结构针线绵密，与明清传奇的角色上场次序并无二样，如李渔《闲情偶寄》卷三"出脚色"条云："本传中有名脚色，不宜出之太迟。如生为一家，旦为一家。"④ 推定南戏《小孙屠》的编撰时间在元代后期，盖与事实相去不远。

它的作者归属，同样是一个至关重要的问题。我们的观点是，《小孙屠》南戏为萧德祥作。（1）据上文考证，南戏《小孙屠》的编剧年代在元末。钟嗣成《录鬼簿》自序作于至顺元年（1330），实际上书中记事有涉及元统二年（1334）与至正五年（1345）者，可知在至顺元年初稿完成后有过多次修订。萧德祥被列入"方今才人相知者"，是元末剧作家。（2）现存

---

① 俞为民《南戏〈杀狗记〉作者和版本考略》认为，南戏《杀狗记》出自萧德祥手"当是十分可能的"。《文献》1988 年第 1 期。
② 袁世硕、张倩倩、都刘平校订笺释《录鬼簿及续编校订笺释》，第 437 页。
③ 袁世硕、张倩倩、都刘平校订笺释《录鬼簿及续编校订笺释》，第 449 页。
④ 李渔：《闲情偶寄》卷三，《中国古典戏曲论著集成》（七），中国戏剧出版社，1959，第68 页。

《永乐大典》本《小孙屠》题署"古杭书会编"。萧德祥正是杭州人，且参加过杭州书会的编演工作，贾仲明补吊词云："武林书会展雄才。"（3）《录鬼簿》增订本所著录剧名与《永乐大典》本戏文名目完全一致。（4）增订本《录鬼簿》所著录萧德祥《杀狗劝夫》为南戏，上文已论证，所载《小孙屠》乃至五种剧目皆为南戏也极为可能。按《录鬼簿》记萧德祥"以医为业"，而传本《小孙屠》南戏注云"古杭书会编"，青木正儿为此颇为困惑，他在其学术名著《中国近世戏曲史》中说："然小传中'以医为业'之语，与《大典》本'古杭书会编'注语之关系，究以何种见解解歟？"①对此，我们想提示《录鬼簿》关于其他杂剧作家的职业身份的记载：关汉卿，"太医院尹"；施君美，"以坐贾为业"；赵文贤，"善卜术，任阴阳学正"。盖这些"才人"大都生活在当时的社会底层，为生存计，可以从事的职业都会尝试，不必拘泥固定行业。

最后，再来检验下学界举出的萧德祥所作《小孙屠》为杂剧而非南戏的反证。证据有二：（1）增订本《录鬼簿》著录，《录鬼簿》所列其他作家剧目也都是杂剧；（2）"《录鬼簿》所列剧目有许多与南戏同名，但一般都认为是杂剧，此处似也不例外，钟嗣成破例的可能性较小。"②对这两条证据，这里提两条商榷意见，以就教于前哲时贤。（1）天一阁本《录鬼簿》只列萧德祥之名，而未著录其剧目，贾仲明为元末明初人，距萧德祥、钟嗣成年代不远，熟悉曲苑实情。《太和正音谱》《录鬼簿续编》虽著录《小孙屠》，但都将其归作"无名氏"。可见此杂剧为无名氏作，而非萧德祥。（2）检核《录鬼簿》，钟嗣成对所载"才人"之创作有闻必录，意在使他们成为"不死之鬼"。如上文列举曾瑞卿、吴中立、钱子云、王伯成、屈英甫、陆显之、施君美诸人，所著作品类型有乐府、诸宫调、院本、平话、砌话、诗谜、隐语。钟嗣成对萧德祥也不会例外，其小传中之所以只字未提具体作品名目，正是因为所著录的五种剧作皆为南戏，故而"传"中才概括地说他"有南曲戏文"，而不载名目，是为避重复。

三

在已证明增订本所著录之萧德祥《杀狗劝夫》与《小孙屠》为南戏的

---

① 青木正儿：《中国近世戏曲史》，第91页。
② 徐征、张月中、张圣洁、奚海主编《全元曲》第七卷，河北教育出版社，1998，第4642页。

基础上，再论证增订本所录萧氏五种剧目均为南戏。（1）《四春园》，关汉卿有《钱大尹鬼报绯衣梦》杂剧，题目作"王闰香夜闹四春园"。《包待制三勘蝴蝶梦》《四大王歌舞丽春园》，关汉卿、王实甫分别有同名杂剧。萧德祥此三剧若为杂剧，按《录鬼簿》体例应注"二本"或"次本"，而三剧都无小注。《太和正音谱》王实甫名下著录简名《丽春园》，注云"二本"。按高文秀、庾天锡均有《黑旋风诗酒丽春园》杂剧，高、庾《丽春园》剧目下也注有"二本"字样。故知《太和正音谱》之王实甫《丽春园》剧目"二本"注文，非为区分萧德祥同名剧而作。《录鬼簿》对萧德祥剧目未注"二本"的解释应是，萧氏此三种剧目是南戏，而非杂剧。既然不是杂剧，自然无需注"二本"了。（2）钟嗣成对所载作家有闻必录，不拘类型，所作非杂剧作品在人物小传中记载。独于萧德祥传谓"凡古文俱檃括为南曲，街市盛行，又有南曲戏文"，而不载具体名目，原因应在于其名下所著五种剧目是南曲戏文，为避重复，故仅概说。（3）《太和正音谱》没有载录萧德祥其人，而《太和正音谱》最重要的一部分内容是著录、品藻元代及明初杂剧作家。（4）增订本《录鬼簿》所著录的萧德祥《杀狗劝夫》与《小孙屠》两剧目既是南戏，其余三种亦为南戏自然在逻辑情理之中。（5）钟嗣成说萧德祥"凡古文俱檃括为南曲"，关汉卿、王实甫等前辈杂剧作家的《钱大尹鬼报绯衣梦》《包待制三勘蝴蝶梦》《四大王歌舞丽春园》名剧作品，自然属"古文"，萧德祥檃括[①]改编杂剧文本为南戏，取得巨大成功，"街市盛行"。基于以上的证据链，我们认为萧德祥非杂剧作家，而是完全的南戏作家，《录鬼簿》增订本所著录五种剧目皆为南戏。

[①]　"檃括"，本意指矫正曲木的工具，引申在文学创作中，指"依某种文体原有的内容、词句改写成另一种体裁"。《大辞海·语词卷》第 5 册，上海辞书出版社，2011，第 4279 页。

附录五　近现代元曲家史实研究成果索引

1. 陈垣：《西域之中国曲家》，《国学季刊》第 4 期，1923 年。

2. 苏明仁：《白仁甫年谱》，燕京大学文学会《文学年报》，1932 年。

3. 胡适：《关汉卿不是金遗民》，《读书周刊》1936 年 3 月 19 日。

4. 顾随：《关汉卿不是金遗民》，《读书周刊》1936 年 11 月 19 日。

5. 胡适：《致冯沅君》，1937 年 3 月 6 日①。

6. 胡适：《再谈关汉卿的年代》，《文学年报》1937 年 5 月。

7. 冯沅君：《再谈关汉卿的年代跋》，《文学年报》1937 年 5 月。

8. 吴晓铃：《关汉卿里居考辨》，（香港）《俗文学》1941 年 8 月 9 日。

9. 吴晓铃：《关汉卿的生卒辨》，（香港）《俗文学》1947 年 5 月 23 日。

10. 冯沅君：《才人考：关汉卿的年代》，《古剧说汇》，商务印书馆，1947。

11. 冯沅君：《记侯正卿》，《文艺复兴》1948 年 9 月 10 日。

12. 冯沅君：《元曲家杂考三则》，《文艺复兴·中国文学研究号（下）》，1949 年 8 月 5 日。

13. 叶德均：《白朴年谱》（载《戏曲小说丛考》），1949。

14. 叶德均：《元代曲家同姓名考》（载《戏曲小说丛考》），1949。

15. 孙楷第：《元曲家考略》，上杂出版社，1953。

16. 孙楷第：《关汉卿行年考略》，《光明日报》1954 年 3 月 15 日。

17. 谭正璧：《元曲六大家传略》，上海文艺联合出版社，1955。

18. 冯沅君：《王实甫生平的探索——王实甫〈退隐〉散套跋》，《文学研究》1957 年第 2 期。

---

① 胡适此信主要针对冯沅君提出"大德"或为和尚称号，关汉卿【大德歌】调名不是因元成宗年号得名。胡适认为【庆元贞】【大德歌】"因年号得名，都是很平常自然的事，毫不足怪"，并据关汉卿作【大德歌】散曲，认为关卒年至早不得在 1300 年以前，生年至早不得过 1220 年。杜春和、韩荣芳、耿来金编《胡适论学往来书信选》上册，河北人民出版社，1998，第 371—373 页。

19. 冯沅君：《关于元曲家的两个问题——答复一位朋友的来信》，《文史哲》1957 年第 7 期。

20. 蔡美彪：《关于关汉卿的生平》，《戏剧论丛》1957 年第 2 辑，中国戏剧出版社。

21. 赵万里：《关汉卿史料新得》，《戏剧论丛》1957 年第 2 辑，中国戏剧出版社。

22. 蔡美彪：《关汉卿生平续记》，《戏剧论丛》1957 年第 3 辑，中国戏剧出版社。

23. 赵万里：《一点补正》，《戏剧论丛》1957 年第 3 辑，中国戏剧出版社。

24. 野马：《关汉卿的生平及其作品》，湖南人民出版社，1958。

25. 戴不凡：《关汉卿生年新探——从高文秀是东平府学生员说起》，《光明日报》1958 年 6 月 29 日。

26. 苏夷：《关汉卿的年代问题——与孙楷第先生商榷》，《戏剧论丛》1958 年第 1 辑，中国戏剧出版社。

27. 〔日〕田中谦二：《关汉卿生卒年论争的延续》，《中国文学报》1960 年 4 月。

28. 孙楷第：《元曲家考略续编》，《文学评论》1963 年第 5 期。

29. 傅惜华：《元代杂剧作家传略》，台北文泉阁出版社，1972。

30. 郑骞：《白仁甫年谱》，《景午丛编》，台湾中华书局，1972。

31. 郑骞：《白仁甫交游生卒考》，《景午丛编》。

32. 叶庆炳：《关汉卿》，台北河洛图书出版社，1977。

33. 卢元骏：《关汉卿考述》，台北正中书局，1977。

34. 王忠林、应裕康：《元曲六大家》，台北东大图书公司，1977。

35. 罗忼烈：《关汉卿的年代问题》，（香港）《抖擞》第 20 期，1977 年。

36. 温凌：《关汉卿》，上海古籍出版社，1978。

37. 赵兴勤：《略谈关汉卿的生卒年代》，《徐州师范学院学报》1980 年第 1 期。

38. 孙楷第：《元曲家考略》，上海古籍出版社，1981。

39. 胡世厚：《白朴卒年考辨》，《文献》1981 年第 3 期。

40. 李平、徐济宪：《白朴卒年考辨》，《复旦学报》1981 年第 6 期。

41. 李修生：《白仁甫及其创作》，《北京师范大学学报》1981 年第 6 期。

42. 孔繁信：《关于张养浩事迹》，《文学遗产》1981 年第 3 期。

43. 黄天骥：《关汉卿和关一斋》，《文学评论丛刊》第 9 辑，中国社会科学出版社，1981。

44. 胡世厚：《关于白朴的籍贯》，《河南师大学报》1982 年第 5 期。

45. 李修生：《元代文学家卢疏斋》，《北京师范大学学报》1982 年第 6 期。

46. 陈垣：《萨都剌疑年》，《陈垣学术论文集》，中华书局，1982。

47. 索盛华：《关于关汉卿几个问题的考评》，《内蒙古师院学报》1982 年第 1 期。

48. 余尚：《钟嗣成的籍贯与生年》，《内蒙古师院学报》1982 年第 1 期。

49. 赵景深：《有关马致远生平的几个问题》，《复旦学报》1982 年第 5 期。

50. 尚达翔：《关汉卿生卒年新证》，《郑州大学学报》1982 年第 1 期。

51. 王雪樵：《为"关汉卿祖籍河东"说援一例》，《山西师院学报》1982 年第 3 期。

52. 李修生：《白仁甫二三事》，《中华文史论丛》1982 年第 2 辑，上海古籍出版社。

53. 杨镰：《贯云石评传》，新疆人民出版社，1983。

54. 杨镰：《贯云石新考》，《新疆大学学报》1983 年第 1 期。

55. 杨镰：《贯云石集考实》，《文学遗产》1983 年第 2 期。

56. 门岿：《元代两散曲家考补》，《光明日报》1983 年 11 月 15 日。

57. 胡世厚：《关于白朴生平的几个问题》，《中州学刊》1983 年第 5 期。

58. 张增元：《几位元曲家的生平史料》，《文学遗产》1983 年第 3 期。

59. 孟繁仁：《关于散曲〈上高监司〉》，（香港）《文汇报》1983 年 7 月 16 日。

60. 徐沁君：《关汉卿小传——关汉卿生平探索》，《黄石师院学报》1983 年第 2 期。

61. 余国钦：《萨都剌生平二三事》，《内蒙古师大学报》1983 年第 2 期。

62. 伯颜：《元蒙古两曲家》，《社会科学辑刊》1983 年第 3 期。

63. 孙楷第：《元曲家考略稿摘钞》，《文学遗产》1983 年第 4 期。

64. 门岿：《元曲家刘时中待制及其作品考》，《津门文学论丛》1984 年第 1 期。

65. 孟繁仁：《元散曲家刘时中的生平仕历》，《晋阳学刊》1984 年第 2 期。

66. 孟繁仁：《刘时中生卒时间笺证》，《山西大学学报》1984 年第 4 期增刊。

67. 李春祥：《钟嗣成生卒年辨析》，《河南大学学报》1984 年第 5 期。

68. 门岿：《谈元散曲大家张小山》，《津门文学论丛》1984 年第 3 期。

69. 官桂铨：《元福建戏曲家陈以仁新考》，《福建论坛》1984 年第 3 期。

70. 胡世厚：《白朴六词系年》，河南省社会科学院文学研究所、河南省文学学会编《文学论丛》第 3 辑，河南人民出版社，1985。

71. 门岿：《元曲家二十人资料点滴》，《文学遗产》1985 年第 1 期。

72. 门岿：《天津的元曲家鲜于枢》，《文学探索》1985 年第 1 期。

73. 孔繁信：《论元散曲家的两个刘时中》，《学习与探索》1985 年第 1 期。

74. 杨镰：《关于天一阁旧藏〈小山乐府〉》，《文史》第 25 辑，中华书局，1985。

75. 门岿：《谈元散曲家刘时中的两个问题——与孟繁仁同志商榷》，《晋阳学刊》1985 年第 2 期。

76. 门岿：《刘时中待制与刘时中州判考》，《山东师大学报》1985 年第 6 期。

77. 孟繁仁：《散曲家刘时中有关问题澄疑——兼答门岿同志》，《晋阳学刊》1985 年第 6 期。

78. 邓绍基：《关于高文秀为元代东平府学生员问题》，《中华文史论丛》1985 年第 3 辑，上海古籍出版社。

79. 朱建明：《马致远生平材料新发现》，《上海师范大学学报》1985 年第 1 期。

80. 常林炎：《关汉卿故里考察记》，《河北师院学报》1985 年第 4 期。

81. 张月中：《关汉卿的名、字、号新考》，《河北大学学报》1985 年第 4 期。

82. 张月中、杨国瑞：《关汉卿故乡——河北安国县伍仁村调查记》，《戏曲研究》第 16 辑，文化艺术出版社，1985。

83. 胡世厚：《试论白朴拒仕元朝之因》，《中州学刊》1986 年第 1 期。

84. 孔繁信：《关于〈上高监司〉套曲几个问题的商榷》，《文学遗产》1986 年第 4 期。

85. 门岿：《真定元曲十家》，《河北师范大学学报》1986 年第 4 期。

86. 张建清：《卢挚生卒年考辨》，《晋阳学刊》1986 年第 5 期。

87. 吴乾浩：《白朴评传》，中国戏剧出版社，1987。

88. 赵景深、张增元编《方志著录元明清曲家传略》，中华书局，1987。

89. 王强：《关汉卿籍贯考》，《戏剧》（中央戏剧学院学报）1987 年第 1 期。

90. 孟繁仁：《刘时中〈小山乐府跋〉探考》，《晋阳学刊》1987 年第 3 期。

91. 张洪慈：《元代西域散曲家阿里西瑛的族属问题》，《新疆教育学院学报》1987 年第 1 期。

92. 李汉秋、袁有芬编《关汉卿研究资料》，上海古籍出版社，1988。

93. 王钢辑考《关汉卿研究资料汇考》，中国戏剧出版社，1988。

94. 李春祥：《曾瑞简论》，《延安大学学报》1988 年第 2 期。

95. 门岿：《一代名士杜善夫》，《山东师大学报》1988 年第 3 期。

96. 门岿：《试论曹德和他的〈长门柳〉——兼谈〈元曲纪事〉中有关案语的失误》，《中国文学研究》1988 年第 4 期。

97. 刘荫柏：《吴昌龄及其剧作论考》，《中华戏曲》第 5 辑，山西人民出版社，1988。

98. 梁归智：《马致远新议》，《中华戏曲》第 5 辑。

99. 王强：《关于马致远的籍贯问题》，《中华戏曲》第 7 辑，山西人民出版社，1988。

100. 宁希元：《张可久生平事迹考略》，《中华戏曲》第 7 辑。

101. 黄钧：《〈上高监司〉作者刘时中之谜》，《湖南师范大学社会科学学报》1988 年第 3 期。

102. 张月中、卢彬主编《关汉卿研究新论》，花山文艺出版社，1989。

103. 孔繁信：《关、朱戏班南流臆测》，《山东师大学报》1989 年第 3 期。

104. 王钢：《关汉卿籍贯考》，《文学遗产》1989 年第 1 期。

105. 张月中：《关汉卿丛考》，《河北学刊》1989 年第 1 期。

106. 刘知渐：《元曲家刘时中研究中的问题》，《重庆师院学报》1989 年第 4 期。

107. 门岿：《元曲百家纵论》，教育科学出版社，1990。

108. 张云生：《关汉卿传论》，开明出版社，1990。

109. 刘荫柏：《马致远及其剧作论考》，文化艺术出版社，1990。

110. 孔繁信：《元初著名曲家杜善夫生平行迹考》，《东岳论丛》1990年第1期。

111. 李修生：《白仁甫年谱》，《北京师范大学学报》1990年增刊。

112. 宁希元：《薛昂夫行年考略》，《西北第二民族学院学报》1990年第3期。

113. 浦汉明：《〈录鬼簿续编〉作者贾仲明生平交游考略》，《青海民族学院学报》1990年第4期。

114. 王毅：《冯子振年谱》，《中国文学研究》1990年第1期。

115. 徐子方：《"初为杂剧之始"符合历史真实——关汉卿行年史料辨析》，《江海学刊》1990年第5期。

116. 徐沁君：《元杂剧作家丛考（一）》，《扬州师院学报》1990年第4期。

117. 刘荫柏：《王实甫生平、作品推考》，《戏曲研究》第33辑，文化艺术出版社，1990。

118. 杨镰：《薛昂夫新证》，《文学遗产》1991年第3期。

119. 张光宾：《元张雨自书诗草》，（台北）《故宫文物》1991年第6期。

120. 杨镰、石晓奇、栾睿：《元曲家薛昂夫》，新疆人民出版社，1992。

121. 刘荫柏：《关汉卿生平作品推考》，《山西大学学报》1992年第3期。

122. 王学奇：《关汉卿生、卒年的再认识》，《河北师院学报》1992年第4期。

123. 宁希元：《奥敦周卿家世生平考略》，谢伯阳主编《散曲研究与教学》，浙江教育出版社，1992。

124. 郝浚：《元代畏兀儿族文学家薛昂夫诸考说略》，谢伯阳主编《散曲研究与教学》。

125. 舒正方：《论元曲中的蒙古族作家》，《内蒙古社会科学》1992年第6期。

126. 门岿：《元曲管窥》，天津人民出版社，1993。

127. 宁宗一、陆广训：《关汉卿》，新蕾出版社，1993。

128. 黄宗健：《关汉卿并非金代生人》，严兰绅主编《元曲论集》，河北教育出版社，1993。

129. 黄宗健：《王实甫生年应后于关汉卿》，严兰绅主编《元曲论集》。

130. 夏写时：《论关汉卿的生存年代与生存心态》，《艺术百家》1993年第 3 期。

131. 赵义山：《元散曲家陈草庵、鲜于必仁考略》，《文学遗产》1993年第 3 期。

132. 徐凌云：《白朴交游考辨八题》，《文学遗产》1993 年第 6 期。

133. 桂栖鹏：《萨都剌卒年考——兼论干文传〈雁门集序〉为伪作》，《文学遗产》1993 年第 5 期。

134. 宁希元：《元曲四家杂考》，《河北师院学报》1993 年第 4 期。

135. 徐子方：《关汉卿研究》，台北文津出版社，1994。

136. 宁希元：《元曲五家杂考》，首届元曲国际研讨会组委会编《首届元曲国际研讨会论文集》，河北教育出版社，1994。

137. 赵义山：《马致远、张可久等散曲创作活动年代论考》，《首届元曲国际研讨会论文集》。

138. 黄竹三：《石君宝研究三题》，《首届元曲国际研讨会论文集》。

139. 陈定謇：《普庵萨里世系行年小考》，《首届元曲国际研讨会论文集》。

140. 宁希元：《杜善夫行年考略》，门岿主编《中国古典诗歌的晚晖——散曲》，天津古籍出版社，1994。

141. 黄钧：《王实甫非王结之父考辨》，《文学遗产》1994 年第 2 期。

142. 宁希元：《邓玉宾名号、著述小考》，《河北师院学报》1994 年第 3 期。

143. 徐子方：《关汉卿考异》，《河北师院学报》1994 年第 3 期。

144. 李佩伦：《论元代回族文人孟昉》，《西北第二民族学院学报》1994 年第 4 期。

145. 罗忼烈：《卢挚的出身、生卒年代及其佚作——兼评〈卢疏斋集辑存〉》，《两小山斋杂著》，中国和平出版社，1994。

146. 桂栖鹏：《元曲家奥敦周卿事迹考补》，《晋阳学刊》1995 年第 2 期。

147. 杨镰：《张可久行年汇考》，《文学遗产》1995 年第 4 期。

148. 陈定謇：《关于〈鲜于必仁生活时代考〉的一点补正》，《文学遗产》1995 年第 4 期。

149. 徐凌云：《白朴交游考述》，《古籍研究》1995 第 4 期。

150. 李修生：《白仁甫交游考辨——兼与徐凌云先生商榷》，《文学遗产》1995 年第 6 期。

151. 王丕震：《关汉卿》，台北秋海棠出版社，1996。

152. 徐子方：《关汉卿行迹推考》，《晋阳学刊》1996 年第 5 期。

153. 黄卉：《马致远生平籍贯考》，《文献》1996 年第 3 期。

154. 张继红、郭建平：《吴昌龄生平考》，《中华戏曲》第 19 辑，山西古籍出版社，1996。

155. 徐子方：《关汉卿身份考述——兼评"院户"论种种》，《南京师大学报》1997 年第 2 期。

156. 徐子方：《关汉卿籍贯考述》，《晋阳学刊》1997 年第 4 期。

157. 顾学颉：《关汉卿籍贯问题新证》，《说古道今》，中共中央党校出版社，1997。

158. 马建春：《元代西域散曲家辑述》，《西北民族研究》1997 年第 2 期。

159. 李占鹏：《关汉卿的名、字、号》，《西北师大学报》1998 年第 6 期。

160. 孟繁仁：《刘时中〈祥符钟楼记〉考》，《山西大学师范学院学报》1998 年第 2 期。

161. 徐朔方：《从关汉卿的〈普天乐·崔张十六事〉说起》，《文学遗产》1998 年第 2 期。

162. 钟林斌：《关汉卿》，春风文艺出版社，1999。

163. 涂元济、江五生编著《关汉卿》，海天出版社，1999。

164. 谢美生：《悠悠写戏情——关汉卿传》，东方出版社，1999。

165. 李修生：《白朴·马致远》，春风文艺出版社，1999。

166. 徐子方：《关汉卿生卒年辨正》，《山西大学师范学院学报》1999 年第 4 期。

167. 辛一江：《高文秀及其杂剧创作》，《湖北大学学报》1999 年第 4 期。

168. 戴立强：《〈鲜于府君墓志铭〉与鲜于枢生年》，《文物季刊》1999 年第 1 期。

169. 李占鹏：《关汉卿评传》，南京大学出版社，2000。

170. 陈根民：《宋元三作家合考》，《文献》2000 年第 4 期。

171. 孟繁仁：《元曲家关汉卿新考》，《中华戏曲》第 24 辑，文化艺术出版社，2000。

172. 杨光辉：《萨都剌生年考述》，《华东师范大学学报》2000 年第 6 期。

173. 王毅：《冯子振研究》，巴蜀书社，2001。

174. 胡世厚：《白朴封赠及其诸子仕宦考——六安苏埠〈白氏宗谱〉阅读记》，《文教资料》2001 年第 6 期。

175. 孔繁信：《关于钟嗣成的籍里行迹考》，《文学遗产》2001 年第 5 期。

176. 胡世厚：《白朴世系考补正》，《中州学刊》2001 年第 6 期。

177. 桂栖鹏：《冯子振生平三考》，《浙江师大学报》2001 年第 4 期。

178. 桂栖鹏：《薛昂夫事迹补正》，《绍兴文理学院学报》2001 年第 4 期。

179. 吴国富：《元曲家卢挚事迹补遗》，《文献》2001 年第 3 期。

180. 谢美生、王华之：《王实甫居家定州考析（六则）》，《河北大学学报》2001 年第 2 期。

181. 蔡美彪：《杜仁杰生平考略》，《文学遗产》2002 年第 1 期。

182. 胡世厚：《白朴与〈白氏宗谱〉》，《文学遗产》2002 年第 5 期。

183. 胡世厚：《白朴交游考补》，《山西大学学报》2002 年第 6 期。

184. 徐朔方：《同姓名人物的失考：大师的一个小疵》，《昆明师范高等专科学校学报》2002 年第 2 期。

185. 孟繁仁：《新发现的刘时中〈参政姚公谥议〉碑文》，《山西大学学报》2002 年第 1 期。

186. 宁希元：《王恽散曲系年小考》，《淮阴师范学院学报》2002 年第 3 期。

187. 王雪樵：《关汉卿籍贯河东说综论》，《运城高等专科学校学报》2002 年第 2 期。

188. 〔韩〕李淑宁：《马致远生平新考》，《艺术百家》2002 年第 1 期。

189. 宁希元：《王嘉甫生平小考》，《殷都学刊》2003 年第 1 期。

190. 周郢：《〈杜仁杰生平考略〉订补》，《文学遗产》2003 年第 1 期。

191. 徐子方：《元曲家生平及心态三题》，《中州学刊》2003 年第 2 期。

192. 黄卉、章宏伟：《关汉卿的生卒年和里籍问题》，《中国典籍与文化》2003 年第 4 期。

193. 马冀：《杨景贤生平考索》，《黑龙江民族丛刊》2003 年第 6 期。

194. 张文澍：《杨梓生平辨补》，《殷都学刊》2003 年第 4 期。

195. 周郢：《新发现的元曲家杜仁杰史料》，《中国典籍与文化》2004 年第 4 期。

196. 张文澍：《白朴家世补证》，《文艺研究》2004 年第 4 期。

197. 张淼：《乔吉的生平、行踪、交游及心路历程》，《太原师范学院学报》2004 年第 2 期。

198. 徐凌云校注《天籁集编年校注》,安徽大学出版社,2005。

199. 杨光辉:《萨都剌生平及著作实证研究》,高等教育出版社,2005。

200. 徐大军:《元代曲家杭州行迹述略》,《杭州师范学院学报》2005
年第 3 期。

201. 葛云波:《〈乐府群玉〉所收曲家杭州交游考》,《文艺研究》2005
年第 8 期。

202. 宁希元:《散曲家鲜于枢行年考》,《中华戏曲》第 34 辑,文化艺术
出版社,2006。

203. 吴国富:《黄冈籍元曲家滕斌考略》,《黄冈师范学院学报》2006
年第 2 期。

204. 易小斌:《冯子振籍贯与生平新证》,《北方论丛》2006 年第 5 期。

205. 孙侃:《沉抑曲家——张可久传》,浙江人民出版社,2007。

206. 郑海涛:《元杂剧作家史樟生卒年考》,《古籍整理研究学刊》
2007 年第 5 期。

207. 宁胜克:《关汉卿曾到河南考》,《开封大学学报》2007 年第 3 期。

208. 宁希元:《李爱山与王爱山》,《中国古代小说戏剧研究丛刊》第 6
辑,甘肃教育出版社,2008。

209. 郑海涛:《元杂剧作家史樟籍贯考》,《黑龙江史志》2008 年第 2 期。

210. 耿光华:《元代父子曲家史天泽和他的九公子——河北真定元曲作
家探析》,《河北北方学院学报》2008 年第 5 期。

211. 刘真伦:《陈垣先生〈萨都剌疑年〉补证》,《民族文学研究》2008
年第 3 期。

212. 余来明:《元曲家奥屯周卿生平补考》,《民族文学研究》2008 年
第 4 期。

213. 马艳、田同旭:《元曲家石君宝籍贯考论》,《晋阳学刊》2008 年
第 6 期。

214. 任明菊:《高文秀研究》,硕士学位论文,新疆师范大学,2008。

215. 范春义:《石盏君宝非杂剧家石君宝申证》,《中华戏曲》第 42
辑,文化艺术出版社,2010。

216. 邓绍基:《杨维桢涉及"关卿"的一首宫词》,《福州大学学报》
2010 年第 6 期。

217. 张金锋:《元曲家孔文卿的籍贯辨析》,《西安石油大学学报》2010

年第 3 期。

218. 李丽皇：《石君宝研究》，硕士学位论文，山西师范大学，2010。

219. 杨波：《元代少数民族散曲家研究》，硕士学位论文，兰州大学，2010。

220. 张石川：《白朴年谱》，《白朴与元初词曲之嬗变》附录，中华书局，2011。

221. 邓绍基：《白朴三题》，《中国社会科学院研究生院学报》2012 年第 1 期。

222. 邓绍基：《王实甫的活动年代和〈西厢记〉的创作时间》，《文化遗产》2012 年第 4 期。

223. 贾继用：《色目诗人孟昉生卒年考辨》，《民族文学研究》2012 年第 3 期。

224. 邓富华：《元代戏曲作家高文秀新考》，《古籍研究》第 57—58 卷，安徽大学出版社，2013。

225. 彭万隆：《元代文学家卢挚生平新考》，《浙江工业大学学报》2013 年第 1 期。

226. 邓绍基：《关于马致远的生平》，《文献》2013 年第 1 期。

227. 张昌红：《冯子振籍贯考——兼与易小斌先生商榷》，《中南大学学报》2013 年第 1 期。

228. 门岿：《曲家论考》，《门岿文集》卷一，华夏文艺出版社，2014。

229. 胡世厚：《白朴著作生平论考》，台北"国家"出版社，2014。

230. 段海蓉：《萨都剌传》，兰州大学出版社，2014。

231. 周清澍：《卢挚生平及诗文系年再检讨》，《中华文史论丛》2014 年第 4 期。

232. 毛海明、张帆：《史彬事迹钩沉》，《中国史研究》2014 年第 1 期。

233. 康相坤：《关汉卿生平籍贯研究的回顾与思考》，《兰州学刊》2014 年第 5 期。

234. 彭万隆、张永红：《卢挚生平几个疑难问题再考辨》，《浙江工业大学学报》2015 年第 2 期。

235. 彭万隆、张永红：《元代文学家滕宾生平稽考——兼考徐琰》，《浙江工业大学学报》2015 年第 4 期。

236. 求芝蓉：《元初文臣徐琰生平考》，魏崇武主编《元代文献与文化研究》第 3 辑，中华书局，2015。

237. 王连起:《程文海徐琰致义斋二札考》,《故宫博物院院刊》2015年第 6 期。

238. 李献芳:《杜仁杰在东平的文化活动及其贡献》,《齐鲁学刊》2015 年第 2 期。

239. 宁希元:《元代散曲三家小记》,王萍主编《中国古代小说戏剧研究》第 12 辑,甘肃人民出版社,2016。

240. 刘方园、赵望秦:《元代散曲家刘时中生平仕历新考》,《西南石油大学学报》2016 年第 4 期。

241. 蔡堂根:《从〈元史〉的编撰看冯子振的籍贯》,《浙江理工大学学报》2016 年第 4 期。

242. 彭万隆:《元代文学艺术家姚燧、李衎二题——以新发现的刘致诗作为中心》,《浙江工业大学学报》2017 年第 4 期。

243. 杨镰:《贯云石与畏吾双语文学》,《文史知识》2017 年第 7 期。

244. 易小斌、乔治彦诚:《再论冯子振籍贯——兼与张昌红先生再商榷》,《湖南工业大学学报》2017 年第 1 期。

245. 宁希元:《马谦斋为蒙古曲家说》,王萍主编《中国古代小说戏剧研究》第 13 辑,甘肃人民出版社,2017。

246. 都刘平:《元曲三家生平新考》,《中华戏曲》第 55 辑,文化艺术出版社,2017。

247. 都刘平:《白朴行迹考》,《唐都学刊》2017 年第 5 期。

248. 都刘平:《元代蒙古散曲家阿鲁威佚文辑存及生平新考》,《民族文学研究》2017 年第 3 期。

249. 彭万隆:《被遮蔽近七百年的元代刘致诗词》,《古籍研究》第 67 卷,凤凰出版社,2018。

250. 董玉洪、王平:《元末杂剧家暨诗人陈肃考述》,《江淮论坛》2018 年第 4 期。

251. 刘卓:《元曲家撒彦举生平考述》,邓正兵主编《人文论谭》第 10 辑,武汉出版社,2018。

252. 周雪根、熊秀梅:《元末明初名士郏经考述》,《内蒙古大学学报》2018 年第 6 期。

253. 张建伟:《贯云石交游新考——兼论贯云石与元代多族士人圈的关系》,《民族文学研究》2018 年第 6 期。

254. 都刘平:《徐琰行实交游考》,刘迎胜主编《元史及民族与边疆研究集刊》第 36 辑，上海古籍出版社，2018。

255．都刘平：《元曲家李好古、白无咎事迹新考》，《中华戏曲》第 57 辑，文化艺术出版社，2018。

256．都刘平：《元散曲家佚文辑考》，《澳门文献信息学刊》2018 年第 1 期。

257．都刘平：《元曲十九家行状考辨》，博士学位论文，山东大学，2018。

258．彭万隆：《元代散曲家刘致仕历新考——以新发现的诗词与材料为中心》，《江海学刊》2019 年第 3 期。

259．胡世厚：《关汉卿卒年新考》，《东南大学学报》2019 年第 3 期。

260．都刘平：《元代西夏遗裔孟昉行迹征略》，杜建录主编《西夏学》第 18 辑，甘肃文化出版社，2019。

261．都刘平：《元曲家张鸣善事迹考》，《中华戏曲》第 58 辑，文化艺术出版社，2019。

262．都刘平：《元散曲家赵世安事迹钩沉》，刘迎胜主编《元史及民族与边疆研究集刊》第 37 辑，上海古籍出版社，2019。

263．都刘平：《〈录鬼簿〉增订本著录萧德祥剧目五种系南戏考》，《中华戏曲》第 59 辑，文化艺术出版社，2019。

264．袁世硕、张倩倩、都刘平校订笺释《录鬼簿及续编校订笺释》，齐鲁书社，2021。

265．袁世硕：《元杂剧三家考实》，《文学遗产》2021 年第 1 期。

266．袁世硕、都刘平、张倩倩：《元曲三家考实》，《文史知识》2021 年第 1 期。

267．都刘平：《元杂剧三家身份考辨》，《中华戏曲》第 63 辑，文化艺术出版社，2021。

268．都刘平：《元曲家班惟志行履考详》，安平秋主编《中国典籍与文化论丛》第 24 辑，凤凰出版社，2021。

269．都刘平：《元末明初散曲家新考二题》，《北京大学中国古文献研究中心集刊》第 23 辑，北京大学出版社，2021。

270．都刘平：《元散曲家班惟志年谱简编》，《中国曲学研究》第 5 辑，中国社会科学出版社，2021。

271．都刘平辑注《元曲家传记资料汇辑校笺》，社会科学文献出版社，2022。

272. 都刘平、鲁玥含：《元杂剧家高文秀、姚守中身份考实》，《戏曲艺术》2022 年第 2 期。

273. 都刘平：《元散曲二家新考》，《北京大学中国古文献研究中心集刊》第 24 辑，北京大学出版社，2022。

274. 都刘平：《白朴年谱汇纂》，郭健主编《燕赵文化研究》第 7 辑，中国社会科学出版社，2022。

275. 王平：《元末明初曲家汤舜民考论》，杜桂萍主编《励耘学刊》第 36 辑，社会科学文献出版社，2022。

276. 都刘平：《元杂剧家杨显之身份推考》，《戏曲研究》第 129 辑，文化艺术出版社，2024。

277. 谢安松：《萨都剌至正十八年后仕宦行迹与卒年新考》，赵敏俐主编《中国诗歌研究》第 26 辑，社会科学文献出版社，2024。

278. 都刘平：《元杂剧家赵天锡、金仁杰身世考实》，《北京大学中国古文献研究中心集刊》第 29 辑，北京大学出版社，2024。

后　记

　　这本小书是在我的博士学位论文的基础上增补修订而成。2015 年秋我赴山东大学跟随袁世硕先生攻读博士学位，一开始袁先生并没有限定必须做具体某个题目。刚入学我就从同门师兄师姐及周围人那获悉山东大学博士毕业的要求之一是必须发表至少两篇南大核心期刊论文，又听说发表核心论文难度很大，不少博士生因论文不够而延期毕业，这就一下给我带来了巨大的压力和焦虑。于是惯性地沿着硕士期间研究的领域继续读书、查材料、写文章，希望能早点解决博士毕业的"拦路虎"。后来有次在和硕士导师杨栋教授交流的过程中，说到博士学位论文的选题问题，杨老师指出博士选题非常重要，关系到以后的学术规划和发展，并建议如果袁先生没有硬性要求的话，不妨沿着硕士学位论文《宋元南戏与北杂剧同名剧目关系研究》的基础继续做，将对象范围扩大，做"宋元南戏与北杂剧交叉研究"，并将自己考虑成熟的研究思路和设计跟我做了详细的讲解。这样我犹如吃了一颗定心丸，全身心地投入到"交叉研究"的题目中。一年下来先后写出关于《张协状元》编剧年代、南北同名本生曲调考原、南北《拜月亭》与《白兔记》的改编关系等数篇文章。每写完一篇就及时交给袁先生批阅，先生大概觉得我还比较用功，有时会给出"好"的肯定语，就更增强了我继续做这个题目的信心。博士论文开题时，我就以《宋元南戏与北杂剧交叉研究》为题提交了报告。

　　其实我刚入学时袁先生就申报获批了一个关于整理校笺《录鬼簿》的项目。据袁先生自己后来讲述，他最初留校跟随冯沅君先生做助教时，冯先生让他做关于元曲的研究。天一阁藏蓝格抄本《录鬼簿》被发现后，冯沅君先生就计划做一部新的《录鬼簿》校注本，后来马廉先生的《录鬼簿新校注》出版，冯先生就放弃了这个打算。袁先生自己在 20 世纪 80 年代带第一位研究生门岿时，就让他做《录鬼簿》的校注，书稿完成了，但未能出版。袁先生晚年重拾《录鬼簿》整理的工作，大概既有总结自己大半生以来对元曲思考的心得，也有完成冯沅君先生未竟事业的夙愿。袁先生不止一次地向我们介绍陆侃如先生在《中古文学系年》自序中谈到的关于古代文学研究必经历小学、史学和美学三个阶段的观点，所以指导我之前的两位同门师姐甄飒飒和张倩倩分别做了《元杂剧美学研究》和《元杂剧版本研究》的博士学位论文。因为我之前读硕士时做的也是元曲方向，按照袁先生的设想，我的博士论文自然应该做"元曲家考证"。关于《录鬼簿》的重新整理，袁先生不想做成简单的校注形式，希望在作家生平考证方面能有较大的推进，这样也才更有学术价值。于是先让我依托《元人传记资料索引》编一部《元曲家传记资料汇编》。这部索引收录的文献很不全，我又翻检了大量集部文献、石刻文献、书画题跋文献，遍览近现代学人关于元曲家研究的成果。这过程中渐渐感受到新材料发掘、人物考证的巨大乐趣，真有如古人所说"老吏断案"的快感。这样我就暂时放下了《宋元南戏与北杂剧交叉研究》的题目，全心投入这个新领域，因二者都是有关宋元时期的文献，也并没有感到太大的隔阂。在资料搜集的过程中，对于前人没有考证、考证有误或不详的元曲家，写成独立文章，日积月累，文字便多了起来，本书所考元曲家基本上都作为单篇论文在专业刊物发表过。最后我以《元曲十九家行状考辨》为题顺利通过了博士学位论文的答辩。这期间做的另一项重要工作是协助袁先生做《录鬼簿》的整理，我和张倩倩先拟成初稿，袁先生再修订完善，一些重要作家，袁先生也会自己撰写。整理《录鬼簿》这项工作一直延续到我毕业就职河北大学以后，其间我还前往北京袁先生住处商讨文稿修订的问题。该成果入选 2011—2020 年国家古籍整理出版规划，并获得 2019 年度国家古籍整理出版专项经费支持，最终于 2021 年以《录鬼簿及续编校订笺释》为书名由齐鲁书社出版。袁先生为肯定我们做的一些工作，让我和张倩倩共同署名。这部近 70 万字的著作先后荣获 2021 年全国古籍出版社百佳图书一等奖和 2024 年第九届高等学校科学研究优秀成果奖三等奖。

2018 年毕业我就职河北大学文学院，学院鼓励青年教师做科研工作，有专项经费支持"青椒"出版学术著作，于是我又对博士期间搜集的有关元曲家生平资料的书稿进行了修订，2022 年出版了《元曲家传记资料汇辑校笺》。在这前一年我以《元曲家考实》为题申报获批了国家社科基金后期资助项目，于 2023 年底结项，所考曲家数量由参加博士论文答辩时的十九人增加至三十人。至此，我自 2015 年开始长达十年关于元曲家新考的研究工作就暂告一段落，呈现在大家面前的这部著作就是这项工作的最终成果，质量的验收，自然要交给学界同行和广大读者。

此书最终得以问世，首先要感激恩师袁先生和杨栋教授一直以来的关怀和鼓励。同时要感谢诸多师长和专家的帮助，无论是博士论文审阅和答辩，还是项目申报、论文发表，都有诸多专家同行提出宝贵的修改意见，他们有北京师范大学杜桂萍教授、华东师范大学程华平教授、厦门大学郑尚宪教授、中山大学黄仕忠教授、山东师范大学陈元锋教授、苏州大学马卫中教授、河北大学郭英德教授和田玉琪教授，以及还有很多不知道的匿名同行朋友。《元曲家传记资料汇辑校笺》和本书都是在社会科学文献出版社出版，责编都是赵晶华女士，她认真严谨的工作态度为本书的出版质量提供了保证，在此对赵女士致以深深的谢意。